宁波市政府与中国社会科学院共建中心（国际港口与物流研究中心）2016年度立项课题研究成果

王任祥 余祖伟 等◎著

中国制造
2025·宁波实践

ZHONGGUO ZHIZAO
2025.
NINGBO SHIJIAN

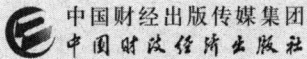

中国财经出版传媒集团
中国财政经济出版社

图书在版编目（CIP）数据

中国制造2025·宁波实践／王任祥等著．—北京：中国财政经济出版社，2019.4
ISBN 978-7-5095-8926-7

Ⅰ.①中… Ⅱ.①王… Ⅲ.①制造工业-工业发展-研究-宁波 Ⅳ.①F426.4

中国版本图书馆CIP数据核字（2019）第053284号

责任编辑：彭　波　　　　　责任印制：刘春年
封面设计：卜建辰　　　　　责任校对：张　凡

中国财政经济出版社 出版

URL：http://www.cfeph.cn
E-mail：cfeph@cfemg.cn

（版权所有　翻印必究）

社址：北京市海淀区阜成路甲28号　邮政编码：100142
营销中心电话：010-88191537
北京财经印刷厂印装　各地新华书店经销
710×1000毫米　16开　23.25印张　384 000字
2019年4月第1版　2019年4月北京第1次印刷
定价：88.00元
ISBN 978-7-5095-8926-7
（图书出现印装问题，本社负责调换）
本社质量投诉电话：010-88190744
打击盗版举报热线：010-88191661　　QQ：2242791300

序　言

　　制造业是立国之本、强国之基、兴国之器。为了抢抓新一轮科技革命和产业变革的历史性机遇，推动中国制造业由"大国"转向"强国"，2015年5月19日国务院正式印发《中国制造2025》行动方案，这是我国实施制造强国战略的第一个十年行动纲领，也是中国制造业转型升级的路线图，对于我国制造业依靠创新驱动迈向中高端水平，对于建立现代化经济体系，实现高质量发展，满足人民日益增长的美好生活的需要，具有重大战略意义。

　　提出这一战略主要是基于几个方面的考量。

　　首先，中国制造业面临发达国家和发展中国家的"双向挤压"。2008年金融危机之后，全球制造业的竞争态势不断升级，制造业重新成为全球经济竞争的制高点，中国制造业面临着"双向挤压"。一方面，发达国家推行再工业化战略。金融危机之后许多发达国家意识到了产业空心化的弊端，纷纷制定了制造业转型升级计划，旨在重振制造业发展大业，以德国工业4.0、美国工业互联网、日本新增长战略为典型代表，大力发展数字技术、智能制造等新产业，并运用新科技改造提升传统产业，同时通过减税等措施引导制造业和资本回流本土，增加就业机会；另一方面，部分发展中国家生产成本优势显现。中国由于受到人工、土地、环保成本的日益攀升，部分产业出现外迁，以越南、柬埔寨、泰国为代表的东南亚国家，以及南亚、非洲等很多发展中国家承接了中国大量劳动密集型产业。

其次，中国制造业"大而不强"，迈向强国之路任重道远。改革开放四十年，我国经济社会发展取得了巨大了成就，经济总量跃居世界第二，其中制造业的持续快速发展，总体规模大幅提升，是我国综合实力增强的主要贡献者。我国已经建成了门类齐全、结构完整的工业体系，产业规模在整个世界占有举足轻重的地位。目前，我国制造业产值占世界20%左右，连续多年保持世界第一。在500余种主要工业产品中，我国有220多种产量位居世界第一。2018年我国共有120家企业入选"财富世界500强"，中国上榜公司数量连续第15年增长，是世界500强企业数仅次于美国（126家）的第二大国。然而，中国制造业大而不强的问题十分突出，不仅在高端制造及关键领域技术受制于人，高端生活用品供给也很不足，产业结构性矛盾突出。与世界先进水平相比，中国制造业在自主创新能力、信息化智能化程度、资源利用效率、节能环保水平、质量效益等方面差距仍很明显，转型升级和创新发展的任务紧迫而艰巨。

中国制造2025战略正是在这样的背景下提出来的，它不仅合乎中国经济进入"新常态"后产业转型升级的客观要求，也适应全球新科技革命和国际产业发展的新趋势。

实施"中国制造2025"战略，需要落实具体的城市或地区为载体，为了在全国率先建成一批新型制造业强市和强区，探索形成具有推广意义的制造业转型路径和发展模式，以点带面示范推广，加快制造业整体素质提升，同时充分调动地方实施的主动性和创造性，2015年8月，国家工业与信息化部正式批准浙江宁波市为全国首个"中国制造2025"试点示范城市。此后，国家层面陆续开展以城市（群）为载体的《中国制造2025》试点示范工作，继宁波成为首个试点示范城市之后，陆续批复泉州、沈阳、长春、武汉、吴忠、青岛、成都、赣州、广州、合肥、湖州等11个城市为"中国制造2025"试点示范城市；与此同时，批复了江苏省的"苏南五市"、广东省的"珠江西岸六市一区"、湖南省的"长株潭衡"、河南省的"郑洛新"等4个试点示范城市群。

宁波地处浙江东部沿海，是中国对外开放较早的城市之一，是长三角南翼经济中心、全国重要先进制造业基地。宁波市产业体系完善，制造业基础雄厚，发展定位清晰，在工业化与信息化深度融合和新产业培育及发展方面取得显著的成就，形成了独特的优势，在全国乃至全球范围内拥有较强的竞争力。因此，宁波成为首批试点示范城市既是情理之中，也是对宁波制造业发展水平的肯定。当然，国家将首个试点示范城市落到宁波，寄于宁波厚望，希望宁波通过试点示范打造成为中国制造业转型升级的典范，探索出一条制造转型升级的新路径，推动"中国制造2025"战略落地开花结果。

2016年，宁波工程学院国际港口与物流研究中心（由宁波市政府与中国社会科学院战略合作组建）获得宁波市政府重大招标研究课题，随后成立了"《中国制造2025》宁波战略定位与策略"课题研究组，对宁波落实"中国制造2025"战略进行试点示范研究，希望达成两个目标：一是通过至上而下的途径，研究宁波市如何更好地对接"中国制造2025"战略，如何精准的把握工业4.0时代宁波市制造业发展的战略定位，如何借助国家战略更加有效快速地推动制造业转型升级；另一方面，通过至下而上的方式，研究破解宁波在实施"中国制造2025"战略以及实现制造业转型升级过程中遇到的难题与瓶颈，如何将信息及时反馈到中央，得到国家层面的支持与配合，更好地实现战略配套政策真正落地。经过课题组几年的努力，这些目标已经变为现实，并在本研究成果中得到体现。

当今国际形势复杂多变，不确定、不稳定因素增多。习近平总书记反复强调，"世界处于百年未有之大变局，我们既要高度警惕"黑天鹅"事件，也要防范"灰犀牛"事件"。2018年以来，中美贸易摩擦使我们认识到，"贸易战"本质上也是"科技战"，我们既要积极应对外部环境的变化，更要着力办好自己的事情。核心技术是大国重器，必须牢牢掌握在自己手里。要加大制造业核心技术的研发，尽快建立产学研政金一体化的创新链、产业链、价值链，抢占世界新技术的制高点，以制造强国为中华民族的伟大复兴做出贡献。

我以为，宁波工程学院国际港口与物流研究中心完成的这项成果，研究深入、基础扎实，针对性、前瞻性和可操作性强，无论是对宁波制造业转型升级创新发展，还是对我国整体制造业由大变强迈向中高端，均具有重要的理论和实践价值，特此作序。

陈　耀

2019年2月

（陈耀，中国社会科学院工业经济研究所研究员、博士生导师，中国区域经济学会副会长兼秘书长，国务院特殊津贴专家）

前　　言

回到三年前，2015 年 5 月，我国实施制造强国战略首个十年的行动纲领《中国制造 2025》正式发布。同年 8 月 18 日，在工信部、中国工程院、新华社和宁波市政府联合召开"中国制造 2025"城市试点示范新闻发布会，工业和信息化部领导宣布宁波正式成为全国首个"中国制造 2025"试点示范城市。这让全国甚至国内外制造业关注点聚焦到了宁波。

宁波，是我国沿海首批对外开放城市、计划单列市，长三角南翼经济中心，是全国工业大市和先进制造业基地。改革开放以来，宁波始终将制造业作为城市发展的支柱，已经形成门类齐全的制造业体系，形成了以石油化工、汽车及零部件、电工电器、纺织服装等为支柱的产业集群。制造业不仅是宁波经济的支柱产业，更是成为支撑宁波经济增长的重要引擎，在经济进入新常态后，宁波制造更是加快向智造"转身"。随着"一带一路"倡议、长江经济带、长三角城市群建设等多重战略机遇叠加，使其发展活力更为强劲。

2015 年宁波市工业销售产值突破 17000 亿元，工业增加值突破 3000 亿元，工业利税突破 1000 亿元，形成了以新材料、汽车制造、家用电器等 8 大千亿级产业为支柱的先进制造业体系，培育了 1500 多家高新技术企业和 6900 多家创新型初创企业，被列为国家创新型试点城市、质量强市示范城市、知识产权区域布局试点城市、小微企业创业创新基地示范城市和中国十大智慧城市。

宁波创建我国首个"中国制造 2025"试点示范城市，这既是国家赋予宁波探路先行、探索创新的重大使命，是宁波借机借势借力推进转型升级、实现跨越发展的重大机会，是宁波完善制造业创新体系、提升制造业核心竞争力、推动制造大市向制造强市跨越的重大机遇，也是宁波加快培育发展新动能、打造发展新引擎、厚植发展新优势的重大战略载体。

总体判断，宁波所代表的我国制造业重镇已经处于后工业化阶段，但是产业发展尚未迈向中高端水平，工业集聚程度较弱、创新驱动不足，产业转型升级任务迫切，走智能化、信息化、网络化的制造业发展路径是应对国外制造业的冲击和提升国际竞争力的不二法门。新一轮的产业革命引起世界产业分工和制造业布局体系的根本性变化，欧美发达国家陆续推出制造业强国战略，宁波制造业的发展要瞄准新科技革命潮流，发展新兴产业，找准定位，提升制造业在国内外的地位。宁波市确定为全国首个"中国制造2025"示范城市，应当明确制造业发展的基本内容、重点任务、关键领域，精准定位，充分发挥示范引领作用，为全国制造业的转型升级提供样板。

在此背景下，宁波市政府与中国社会科学院战略合作研究中心（国际港口与物流研究中心）提出了"《中国制造2025》宁波定位与策略"的研究课题，意在为《中国制造2025》宁波实践提供一定的决策咨询服务。近三年来，本课题组认为宁波作为首个"中国制造2025"试点城市，《中国制造2025》在宁波的实践具有典型示范意义。围绕这一初衷，课题组通过两年多的广泛调研，以管之见，形成了本书。

本书权当是宁波发展"中国制造2025"的实践成果，以宁波主要的智能制造产业、工业物联网产业、工业创新设计产业、战略新兴产业等为重点阐述了国内外发展的动态、宁波发展面临的问题、宁波的发展策略等内容，总结了宁波促进"中国制造2025"产业发展的政策体系及政策效用，剖析和提炼出宁波典型的10大企业案例，企业案例体现了我国现代制造业的创新发展之路径。

宁波工程学院国际港口与物流研究中心（与中国社会科学院工业经济所战略合作成立）多名团队成员全程参与了课题的研究和著作九大部分内容的撰写，其中，汪彬博士〔现已调至中央党校（国家行政学院）任教职〕承担了本书第二、三部分，余祖伟博士/副教授承担了第六、七、八部分，郭跃博士/教授承担了第四、九部分，邵万清博士/副教授承担了第五部分，杜运潮博士参与了部分统稿和修订工作。他们的辛勤工作非常值得肯定，特别在实证调研与数据收集方面十分严谨和认真。全书由王任祥教授规划与总撰，除承担第一部分撰写工作外，对全书进行了完善与校订定稿。

  本课题研究和著作撰写过程中，中国社会科学院工业经济研究所研究员、博士生导师陈耀，给予了大力指导，在课题立意和研究内容等方面提出了贵宝意见；宁波经信委综合调研处处长王懿栋等同志给予了大力支持，为课题研究提供了诸多原始数据和调研信息；课题所涉及的宁波相关企业，为研究提供了大量案例材料。在此表示衷心感谢！

  宁波实施中国制造2025的实践涉及面广、成效显著、代表性典例多，当然值得研究和总结的议题也较多，限于作者视野和研究水平，疏漏与浅显之处恳请各界专家读者批评指正。书中所引用的资料未一一注明的，特向原作者致以歉意。

作　者
2018 年 12 月

目 录

第一章
《中国制造 2025》之宁波定位 ·· 1
    一、背景分析 ··· 3
    二、《中国制造 2025》宁波定位 ··· 10

第二章
宁波经济发展现状及问题分析 ·· 15
    一、总体概况 ··· 17
    二、宁波经济发展存在的主要问题 ··· 23
    三、宁波经济发展存在问题的原因剖析 ····································· 44

第三章
宁波工业发展现状与"3511"产业体系 ································· 47
    一、宁波工业发展历程及概况 ··· 49
    二、宁波工业分行业发展情况评价 ··· 56
    三、宁波"3511"产业体系及发展动态 ····································· 65

第四章
宁波智能制造产业发展实践 …………………………………… 83
　　一、智能制造业国内外发展动态 ………………………… 85
　　二、国内智能制造发展现状 ……………………………… 95
　　三、宁波智能制造业发展现状 …………………………… 97
　　四、宁波智能制造业发展策略 …………………………… 104

第五章
宁波工业物联网产业发展实践 …………………………………… 111
　　一、工业物联网产业国内外发展动态 …………………… 113
　　二、宁波工业物联网产业现状 …………………………… 122
　　三、宁波物联网产业发展面临问题 ……………………… 125
　　四、宁波市工业物联网产业发展策略 …………………… 129

第六章
宁波市工业创新设计产业发展实践 ……………………………… 133
　　一、背景浅析 ……………………………………………… 135
　　二、工业设计定义及发展演变 …………………………… 136
　　三、宁波市工业创新设计产业发展现状 ………………… 145
　　四、宁波市工业创新设计产业面临问题 ………………… 149
　　五、宁波市工业创新设计产业发展策略 ………………… 155

第七章
宁波市战略性新兴产业发展实践 ………………………………… 165
　　一、背景浅析 ……………………………………………… 167
　　二、战略性新兴产业概念界定 …………………………… 168
　　三、战略性新兴产业国内外发展动态 …………………… 176
　　四、宁波市战略性新兴产业发展现状 …………………… 178
　　五、宁波市战略性新兴产业发展存在问题 ……………… 185
　　六、宁波战略性新兴产业发展策略 ……………………… 187

第八章

"中国制造2025"宁波实践典型案例 ······ 227
  一、案例：浙江大丰实业股份有限公司 ······ 229
  二、案例：宁波永发智能安防科技有限公司 ······ 241
  三、案例：宁波欧琳厨具有限公司 ······ 248
  四、案例：公牛集团股份有限公司 ······ 261
  五、案例：赛尔富电子有限公司 ······ 277
  六、案例：浙江月立电器有限公司 ······ 289
  七、案例：宁波市鄞州德来特技术有限公司 ······ 299
  八、案例：宁波舜宇集团 ······ 315
  九、案例：宁波江丰电子 ······ 321
  十、案例：宁波海天塑机 ······ 326

第九章

宁波推进《中国制造2025》试点政策 ······ 333
  一、国家出台的智能制造宏观政策趋向与特征 ······ 335
  二、宁波推进中国制造2025政策体系 ······ 344
  三、存在的问题与政策建议 ······ 352

参考文献 ······ 355

第一章

《中国制造2025》之宁波定位

一、背景分析

（一）《中国制造2025》概述

制造业是立国之本、兴国之器、强国之基。当前我国产业发展面临着双重夹击：一是发达国家再工业化战略的兴起，先进制造业回溯欧美本土；二是东南亚等发展中国家日益呈现出资源、人力等要素成本的低廉优势，部分产业开始由我国转移到该地区。同时，新一轮的产业革命将会引起世界产业分工和制造业布局体系的根本性变化，欧美发达国家陆续推出了制造业强国战略，如德国工业4.0、美国工业互联网、日本新机器人等国家战略，使得全球制造业竞争愈加激烈。

2014年12月，"中国制造2025"这一概念被首次提出。随后李克强总理在2015年的全国两会上作《政府工作报告》时首次提出"中国制造2025"的宏大计划，部署加快推进实施"中国制造2025"，实现制造业升级。2015年5月，我国正式发布《中国制造2025》十年的行动纲领，让这一概念上升到国家意志的战略层面。

《中国制造2025》，是中国政府实施制造强国战略第一个十年的行动纲领。在新的国际国内环境下，中国政府立足于国际产业变革大势，作出全面提升中国制造业发展质量和水平的重大战略部署。其根本目标在于改变中国制造业"大而不强"的局面，通过10年的努力，使中国迈入制造强国行列,为到2045年将中国建成具有全球引领和影响力的制造强国奠定坚实基础。《中国制造2025》规划,也是我国从制造大国迈向制造强国的行动纲领,旨在推动传统制造业转型升级,向高端制造业迈进,抢占未来竞争制高点。

《中国制造2025》指出坚持"创新驱动、质量为先、绿色发展、结构优化、人才为本"的基本方针,坚持"市场主导、政府引导,立足当前、着眼长远,整体推进、重点突破,自主发展、开放合作"的基本原则。在我国,自主创新能力不足,关键技术缺失依然是短板。中国工程院对全球制造业综合指数的测算结果表明,目前美国处在第一方阵,德国、日本处于第二方阵,中国、英国、法国、韩国处在第三方阵。根据《中国制造2025》,创新能力有两个定量指标:

(1) 到2025年规模以上制造业研发经费支出占主营业务收入比重要从0.95%提升到1.68%。

(2) 每亿元主营业务收入对应有效发明专利数要从0.36件增长到1.10件。

同时《中国制造2025》指出,要通过"三步走"实现制造强国的战略目标,如图1-1所示。

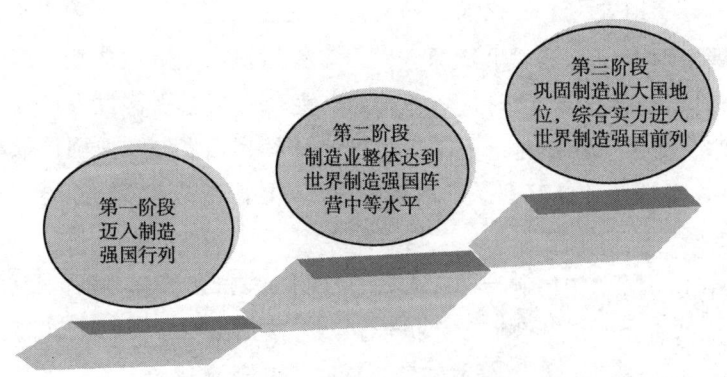

图1-1 中国制造2025"三步走"战略

为此要实行以下九大措施:提高国家制造业创新能力;推进信息化与工业化深度融合;强化工业基础能力;加强质量品牌建设;全面推行绿色制造;大力推动重点领域突破发展;深入推进制造业结构调整;积极发展服务型制造和生产性服务业;提高制造业国际化发展水平。

| 专栏 1-1 |　　德国工业 4.0、美国先进制造计划、
　　　　　　　　日本人工智能战略简述

1. 德国工业 4.0

工业 4.0，是由德国政府提出、德国联邦教研部与联邦经济技术部联手资助的一个高科技战略研究项目。旨在提升制造业智能化水平，建立具有适应性、资源效率及人因工程学的智慧工厂。

工业 4.0 突出了三大主题：一是"智能工厂"，研究智能化生产系统、过程及网络化分布式生产设施的实现；二是"智能生产"，涉及整个企业生产物流管理、人机互动及 3D 技术在工业生产过程中的应用等；三是"智能物流"，通过互联网、物联网、物流网整合物流资源，充分发挥现有物流资源供应方的效率，而需求方则能够快速获得服务匹配。

德国工业 4.0，专家学者概括为一个核心，两个重点，三大集成，四个特征和六项措施。

一个核心：互联网+制造业。

两个重点：领先的供应商策略，主导的市场策略。

三大集成：企业内部灵活且可重新组合的纵向集成，企业之间价值链的横向集成，全社会价值链的端到端工程数字化集成。

四个特征：生产可调节，产品可识别，需求可变通，过程可监测。

六项措施：实现技术标准化和开放标准的参考体系，建立复杂模型管理系统，建立综合的工业宽带基础设施，建立安全保障机制和规章制度，创新工作组织和设计方式，加强培训和持续职业教育。

2. 美国先进制造计划

2009 年起，美国政府出台《重振美国制造业框架》，并先后启动"先进制造伙伴计划"和"先进制造业国家战略计划"，发布《国家制造业创新网络初步设计》，集中力量推动先进制造业发展，力图打造一批具有先进制造能力的创新集群。2012 年美国出台"先进制造业国家战略计划"，提出建设智能制造技术平台以加快智能制造技术创新。

3. 日本人工智能战略

日本智能制造战略其突破口是人工智能，通过对人工智能产业的探索解决

劳动力断层的问题。首先应用的领域是工业化生产线。如本田公司通过对机器人等先进技术和产品的采用及改良，大幅缩短生产线，建成了世界上最短的高端车型生产线。同时，日本政府还加大了对3D打印机等尖端技术的财政投入，计划实施"以3D造型技术为核心的产品制造革命"的大规模研究开发项目，开发世界最高水平的金属粉末造型用3D打印机。日本提出"科技工业联盟"，加快发展协同式机器人和无人化工厂计划等措施。

| 专栏1-2 | 中国制造2025和工业4.0的比较

1. 相同点

（1）共同背景：新一代信息技术与制造技术的融合将对世界制造业发展产生深刻变革，全球产业格局发生变化，国际贸易规则重构。各国再工业化发展战略的提出，迫使德国和中国思考制造业的发展。

（2）共同目的：都为了实现智能化生产，减少成本，提高市场占有率。

（3）共同主题：智能工厂和智能生产。

（4）共同战略任务：都提到提高创新能力的战略目标。

2. 不同点

（1）发展背景差异。

德国是制造强国，产业规模大，有成熟健全的现代产业体系，生产技术先进，自主创新能力强，机械和装备制造业自动化水平在全球处于领先地位。

中国经济发展迈入新常态时期，制造业有巨大市场和强大产业基础，但制造业大而不强，自主创新能力弱，资源利用率低，产业结构水平、信息化程度、质量效益等方面较落后。

（2）战略基础差异。

德国工业4.0的提出是基于其较为成熟的基础科学研究。"高、精、尖"的理论知识支撑着工业4.0各项任务实施和发展。

中国基础学科研究处于起步阶段，科研创新推动力欠缺。

（3）发展目标差异。

德国希望推广"工厂的标准化"，打造智能制造新标准，巩固全球制造业龙头地位。更加关注工业生产方式的"质的变化",立足点在于从制造方式最基础层面上进行变革,从而实现工业发展质的飞跃。

中国制造2025强调通过"互联网+"的应用,寻求阶段内的改进和发展,实现结构变化和产量增加,从而完成三步走战略。

(4) 内涵与核心内容差异。

德国工业4.0是基于信息物理系统CPS的智能化;中国制造2025是我国实施制造强国战略第一个十年的行动纲领。工业4.0的核心是智能+网络化,中国制造2025的核心是智能制造。

(5) 面临的挑战差异。

德国劳动力成本上升,创新能力有待加强,制造业比重下降,出口下滑等。

中国高新技术产业市场有效需求不足,企业资金投入不足,政策和市场机制不完善,法律体系不健全等。

(6) 战略任务。

在战略任务方面我们发现德国工业4.0与"中国制造2025"有着许多差别,具体如表1-1所示。

表1-1 德国工业4.0与"中国制造2025"战略任务的差异

国别	德国	中国
战略任务差异	①实现技术标准化和开放标准的参考体系 ②建立模型来管理复杂的系统 ③提供一套综合的工业带宽基础设施 ④建立安全保障机制 ⑤创新工作组织和设计方法 ⑥注重培训和持续的职业发展 ⑦健全规章制度 ⑧提高资源效率	①提高国家制造业创新能力 ②推进信息化和工业化深度融合 ③强化工业基础能力 ④加强质量品牌建设 ⑤全面推行绿色制造 ⑥大力推动重点领域突破发展 ⑦深入推进制造业结构调整 ⑧积极发展服务型制造和生产性服务业 ⑨提高制造业国际化发展水平

（二）《中国制造 2025》宁波试点

《中国制造 2025》纲要发布后，国家工业与信息化部随即启动以城市（城市群）为载体的《中国制造 2025》试点示范工作，目的是探索创建有利于制造业转型升级的生态环境，推动《中国制造 2025》系统落地，调动地方实施主动性和创造性。

2016 年 8 月 18 日，工业和信息化部确立宁波成为全国首个"中国制造 2025"试点示范城市。宁波从哈尔滨、南京、苏州等 30 多个城市申请中获立。

对宁波来讲，创建我国首个"中国制造 2025"试点示范城市，这既是国家赋予宁波探路先行、探索创新的重大使命，是宁波借机借势借力推进转型升级、实现跨越发展的重大机会，是宁波完善制造业创新体系、提升制造业核心竞争力、推动制造大市向制造强市跨越的重大机遇，也是宁波加快培育发展新动能、打造发展新引擎、厚植发展新优势的重大战略载体。

宁波市作为东部沿海地区发达的制造业大市，面临外部冲击更为明显，制造业的兴衰关系着宁波经济社会的稳定和未来可持续的发展。如何抓住《中国制造 2025》的发展机遇，赶上世界新工业革命的浪潮，推动制造业迈向中高端水平，是宁波市当前面临的一项重要而紧迫的任务。

面对这一重大历史机遇，宁波市全域行动，相继出台《"中国制造 2025"宁波行动纲要》（2016 年 9 月 30 日）、《宁波市建设"中国制造 2025"试点示范城市实施方案》（2016 年 9 月 30 日）等政策文件，标志着宁波"中国制造 2025"试点示范城市创建工作全面展开。

（三）宁波为何领跑"中国制造 2025"

宁波，是我国长三角南翼经济中心，近年来"一带一路"倡议、长江经济带、长三角城市群建设等多重战略机遇叠加，使宁波发展活力更为强劲。

制造业是宁波经济的支柱产业。2015 年，宁波实现工业总产值 16700 亿元，其中规模以上工业总产值 13757 亿元，居浙江省首位，制造业成为支撑宁波经济增长的重要引擎，在经济进入新常态后，宁波制造更是加快向智造"转身"。

与同类城市相比，宁波具有已有的产业集群优势。宁波是我国沿海首批对外开放城市、计划单列市,是全国工业大市和先进制造业基地。改革开放以来,宁波始终将制造业作为城市发展的支柱,宁波已经形成门类齐全的制造业体系,形成了以石油化工、汽车及零部件、电工电器、纺织服装等为支柱的产业集群。

在石化产业方面,宁波是全国最大的成品油加工基地和国内重要的化工新材料生产基地;在汽车制造业方面,宁波拥有上海大众和吉利汽车两大整车制造龙头企业,也是全国综合竞争力较强的先进汽车零部件产业基地;在电工电器产业方面,全国1/3的小家电由宁波制造,有10多个细分行业小家电产量长期保持全国第一,是全国四大家电生产区。同时,宁波注塑机、文具、模具等产业领域在全国具有较强的竞争优势。

据相关部门统计数据,在产能上,宁波拥有3000万吨炼油、100万吨乙烯、600万吨炼钢、110万辆整车、1900万千瓦装机容量的电力和300万吨造船生产能力。在产值上,2015年形成了8个超千亿元的优势产业集群,石化产值超3000亿元、装备制造(不含汽车)产值4334亿元、新材料产值1000亿元、家电产值1200亿元、纺织服装产值1180亿元、电子信息制造产值1616亿元、汽车制造产值1453亿元、文具模具产值1000亿元。

在科技创新方面,宁波聚焦高端智能装备制造、智能终端产品开发、智能服务,加快推动宁波先进制造业发展。宁波2015年高新技术产业、装备制造业增加值占规模以上工业增加值比重分别达37%和45%。从材料创新到技术创新再到产业创新,宁波已拥有1000多家高新技术企业,形成近百家产值过10亿元的创新型高成长企业,并率先形成产业导向、企业主体、"政产学研金介用"相结合的自主创新体系。

2015年,宁波全社会R&D经费投入占GDP比例达到2.4%,共有市级以上企业工程(技术)中心1082家(其中国家认定9家,省级高新技术企业研究开发中心313家);全市专利申请量58779件,其中发明专利16056件,比上年增长23.9%。

科技人才引进方面。2015年宁波出台史上力度最大的人才扶持政策。一批海归博士及其团队携科技项目相继落户宁波。2015年5月,宁波智能制造产业研究院引入18位"国千"专家,专攻机器人系列产品、"中国制造2025"、工业4.0集成和下一代互联网通信技术。一年来,已研发出双臂柔性机器人、3D视觉弧焊机器人、家庭管家机器人、消防救援机器人等一系列先进机器人系列产品。截至2015年年底,宁波已有国家"火炬"计划重点高新技术企业60家,引进"国千"人才60多人；引进共建中科院宁波材料所、兵科院宁波分院、中物院宁波研究所等高端研发机构近200个。

在创建"中国制造2025"试点方式上。2015年5月，国务院发布《中国制造2025》后，宁波迅速做出了"争创'中国制造2025'试点示范城市"的战略部署。先后制定了行动纲要和若干扶持政策，同时大力推进智能制造工程、工业强基工程、绿色制造工程等一批示范工程建设。先后两次邀请中国工程院院士组团赴甬，对宁波创建工作进行专题指导。

在30个申报城市中，"中国制造2025"国家战略选择浙江宁波先行先试，这既是对宁波长期以来致力发展先进制造业的肯定，也是对宁波近年来切实推动产业转型升级、落实制造强国战略的鼓励。

二、《中国制造2025》宁波定位

《中国制造2025》在宁波落地，其定位很明确，即国家"中国制造2025"试点示范城市，走在全国前列，经过10年的努力，为中国制造业升级作出样本，从宁波政府出台的相关文件可解读其未来发展的内涵。

（一）发展目标

根据《"中国制造2025"宁波行动纲要》（中共宁波市委办公厅、宁波市人民政府办公厅，2016年9月30日）和《宁波市建设"中国制造2025"试点示范城市实施方案》（宁波市政府办公厅，2016年9月30日），确立的宁波建设《中国制造2025》试点示范城市发展目标可概述为：

通过3年建设，到2019年，在新材料、高端装备和新一代信息技术的重要领域和关键技术环节创新上取得重大成果，重点细分优势行业和企业具备较强国际竞争力；信息化和工业化深度融合广泛实现，智能制造、绿色制造、服务型制造等新型制造模式全面推进，制造业领域体制机制改革取得成效，成为全国一流的制造强市。力争到2025年，发展成为全国重要的制造业创新发展示范城市和智能经济发展代表城市、全球制造业创新网络枢纽节点和优势领域创新技术的策源地之一，建设成为具有国际竞争力的制造业创新中心。到2035年，形成具有较强国际竞争力的制造业体系，创新体系完善并成为驱动产业发展的主要动力,制造业重点领域具备明显竞争优势,国内制造强市地位更加巩固,建设成为具有国际影响力的制造业创新中心。

(二) 重点发展领域

根据《"中国制造2025"宁波行动纲要》(中共宁波市委办公厅、宁波市人民政府办公厅,2016年9月30日)等文件内容,推动"中国制造2025"建设,宁波市重点发展领域描述为:

以智能经济作为制造业发展的主攻方向,重点发展以新材料、高端装备和新一代信息技术为代表的三大战略产业,做强做优以汽车制造、绿色石化、时尚纺织服装、家用电器、清洁能源为代表的五大优势产业,积极培育以生物医药、海洋高新技术、节能环保为代表的一批新兴产业和以工业创新设计、科技服务、检验检测为代表的一批生产性服务业,努力打造形成"3511"新型产业体系。未来3年,重点将稀土磁性材料、高端金属合金材料、石墨烯、专用装备、关键基础件、光学电子、集成电路和工业物联网等八大细分行业作为"3511"产业发展的主攻方向,着力培育形成一批新的千亿级细分行业,带动提升全市产业发展能级。

(三) 发展路径

解读宁波市人民政府关于宁波市推进"中国制造2025"试点示范城市建设的若干意见(宁波市人民政府,2017年3月),可以看出宁波为贯彻落实《中国制造2025》,全面推进"中国制造2025"试点示范城市建设的路径。

一是着力打造新型产业体系。主要是构建"3511"产业体系、发展壮大稀土磁性材料等八大细分行业和产业集群,鼓励引进大企业大集团,鼓励投资新建重大工业项目,鼓励企业加大工业技改投资,建设特色产业示范园,鼓励重点企业创新发展和鼓励开展产业链招商等。

二是全力推进制造业智能升级。主要是实施智能制造工程、制造业创新能力工程、工业强基工程、"制造业+互联网"工程、制造业人才提升工程、制造业单项冠军培育工程、绿色制造工程和质量品牌标准工程等八大工程。

三是全面推进制造业领域供给侧改革。主要促进金融要素向制造业优化配置，促进土地资源优化配置，创新财政支持方式，支持小微企业创业创新发展和改善企业发展环境。

四是建立健全工作推进机制。包括建立完善政策体系，建立评价考核体系等。

当前，宁波推动"中国制造2025"试点示范城市建设提出了五个方面的工作设想和开展四项改革举措创新（见表1-2和表1-3）。2017年，从经济统计数据（来源于宁波市经信委）可以看出，宁波工业经济发展取得明显成效，规模以上工业总产值15866.1亿元，增长17.6%，规模以上工业增加值3266.7亿元，增长9.6%，规模以上工业利润1264.1亿元增长30.9%，总量和增长率均居浙江省首位。

表1-2 宁波推动"中国制造2025"试点示范城市建设的工作设想

工作方向	内涵
强化问题导向，扎实破解发展难题	1. 深化新旧动能转换，破解产业结构难题； 2. 创新工作方式方法，破解工业投资不足难题； 3. 加快谋划对接，破解产业开放合作难题
突出区域个性，全力打造特色路径	1. 深化发展智能经济，培植区域特色名片； 2. 实施由点及面智能化改造，打造特色推进路径
强化创新引领，增强产业发展新动能	1. 围绕产业链布局创新链，构建创新生态圈； 2. 围绕产业所需培养人才，打造人才最优城市
聚焦改革攻坚，优化产业发展生态	1. 深化产融合作，保障金融要素供给； 2. 推广土地改革试点，加大制造业用地保障； 3. 继续纵深"放管服"，强化政府补位作用
强化工作合力，推进各项任务落实	1. 多维度协同，形成工作合力； 2. 大范围推广，复制成熟经验； 3. 全社会共鸣，形成深浓郁氛围

表1-3 宁波推动"中国制造2025"试点示范城市建设的改革举措创新

改革举措	创新内涵
加强金融服务支撑	1. 拓宽企业融资渠道； 2. 创新金融产品与服务方式； 3. 推进金融创新试点建设
改革要素配置手段	1. 创新土地供应方式； 2. 推进要素价格市场改革； 3. 完善制造业布局规划统筹机制

续表

改革举措	创新内涵
加大财政资金扶持力度	1. 统筹优化财政支持政策； 2. 优化财政资金运作方式； 3. 加大政府购买服务力度
改善企业发展环境	1. 深入体制改革； 2. 加强开放合作招商； 3. 深化企业减负增效； 4. 健全中小企业共同服务体系； 5. 推进政务资源开放共享

第二章

宁波经济发展现状及问题分析

一、总体概况

(一) 全国副省级城市地位分析

截至目前,全国共设15个副省级城市,其中包括10个省会城市和5个计划单列市。按照2016年地区生产总值规模划分,可将副省级城市分为三个梯队,分别为:第一梯队GDP达到10000亿元以上城市7个:广州、深圳、武汉、成都、杭州、南京、青岛;第二梯队GDP为7000亿~10000亿元的2个城市:大连、宁波;第三梯队GDP为7000亿元以下的6个城市:沈阳、济南、西安、长春、哈尔滨、厦门。宁波市的经济总量在全国15个副省级城市中处于第二梯队,居第9位。

1. 总量比较

总量指标反映一个地区经济社会发展的基本情况。对比总量数据指标,可以准确判断各城市在经济发展总规模与水平上的差异。2016年宁波GDP总量为8686.49亿元,比2010年(5125.8亿元)增加了3560.67亿元,增长了69.5%。而同期中西部的成都、武汉分别由5508.30亿元、5515.76亿元上升至12170.23亿元和11912.61亿元,增加了6661.93亿元和6396.85亿元,分别增加了120.9%和115.9%。宁波在副省级城市排名中,保持2010年的第8位,规模以上工业增加值排名为第6位、地方一般公共预算收入排名为第7位,较2010年分别下降5位、3位。固定资产投资排名为第9名,较2010年下降2位,出口总额为第 5 位，较 2010 年下降 3 位。

从表 2-1 中的主要经济指标显示，宁波在全国 15 个副省级城市中排位居于中游，"十二五"以来，多项指标排位已经后移，规模以上工业增加值甚至出现大幅度的后退，说明全国其他地区都在迎头赶上甚至赶超，宁波经济的发展势头有所减弱。

表 2-1　　2016 年副省级城市主要总量指标对比一览表

城市	GDP（亿元）	规模以上工业增加值（亿元）	固定资产投资（亿元）	社会消费品零售额（亿元）	出口总额（亿美元）	地方一般公共预算收入（亿元）	金融机构本外币贷款余额（亿元）
广州	19547.44	4897.61	5703.59	8706.49	5158.77	1393.64	29669.82
深圳	19392.60	7268.93	4078.16	5512.76	2375.47	3136.42	34034.29
武汉	11912.61	3493.03	7093.17	5610.59	905.80	1322.10	20754.87
成都	12170.23	—	8370.50	5742.37	219.40	1175.41	25009.20
杭州	11313.72	2990.34	5842.42	5176.20	502.59	1402.38	26169.00
南京	10503.02	3581.72	5533.56	5088.20	295.92	1142.60	21681.28
青岛	10011.29	3653.33	7454.70	4104.93	447.92	1100.03	12955.30
大连	8150	1990.48	1436.40	3410.10	258.00	611.90	11803.50
沈阳	5546.40	1208.30	1631.60	3985.90	42.50	620.90	12798.20
济南	6536.10	—	3974.30	3764.80	101.54	641.20	13096.10
西安	6282.65	1320.61	5191.36	3730.70	947.31	641.07	15282.65
长春	—	—	—	—	—	—	—
哈尔滨	6101.60	1001.60	5040.10	3744.20	16.83	376.20	9048.70
厦门	3784.27	1544.59	1266.38	1283.46	491.15	647.95	8617.24
宁波	8686.49	2799.10	4961.39	3667.63	660.97	1114.54	16622.90
2016 年宁波位次	8	6	9	12	5	7	7
2010 年宁波位次	8	1	11	11	2	4	5
排名变化	0	-5	-2	-1	-3	-3	-2

2. 均量比较

均量指标反映一个地区人均所占有的物质或价值的。通过均量指标对比，可以清楚地看到各城市之间经济集中程度和个人创造财富能力的差异，从而综合评判城市经济总量的"含金量"。

从表2-2可见，2016年宁波5项人均指标中的4项在15个副省级城市中均位居前8。其中，人均社会消费品零售额和农村常住居民人均可支配收入位居第1；人均GDP较2010年后退1位；人均地方一般公共预算收入、城镇常住居民人均可支配收入分别较2010年前进3位和1位。整体而言，宁波市人均可支配收入在15个副省级城市中位居前列，人均GDP收入、人均地方一般公共预算收入稳居中游，人均社会消费品零售额指标略有后退。

表2-2　　2016年副省级城市主要人均指标对比一览表　　　　单位：元

城市	人均GDP	人均地方一般公共预算收入	人均社会消费品零售额	城镇常住居民人均可支配收入	农村常住居民人均可支配收入
广州	141933	—	8706.49	50941	21449
深圳	167411	26937	47346	48695	—
武汉	111469	12371.19	52499.57	39737	19152
成都	76960	24099	40692	35902	18605
杭州	124286	15406	56863	52185	27908
南京	127264	13845	61653	49997	21156
青岛	109407	12021.53	51765	43598	17969
大连	97470	7318.02	40783.12	38050	15664
沈阳	65851	7371.79	47323.58	39135	14445
济南	90999	10189	59825	43052	15346
西安	71647	7310.73	42544.70	35630	15191
长春	—	—	—	—	—
哈尔滨	63445	3911.76	38932.54	33190	14438.9
厦门	97282	16656.83	32993.86	46253.74	18885
宁波	110656	18930	62293	51560	28572
2016年宁波位次	6	3	1	2	1
2010年宁波位次	5	6	1	3	1
位次变化	-1	3	0	1	0

3. 工业经济指标比较

实体经济是经济增长的重要支点，第二产业特别是工业经济更是实体经济的重要组成部分。从表2-3可见，在可获得数据的城市范围内，宁波工业增加值占GDP比重居第1位。宁波工业经济对于宁波经济社会发展的重要性不言而喻。但是规模以上工业增加值率，宁波是唯一不足20%的副省级城市。这说明宁波的规模以上工业对宁波经济社会发展的贡献率略显不足。

表2-3　　　　　2016年副省级城市工业经济主要指标一览表

城市	工业增加值占GDP比重	规模以上工业增加值（亿元）	规模以上工业增加值率
广州	25.06%	4897.6125	25.03%
深圳	37.48%	7268.9274	25.46%
武汉	29.32%	3493.03	26.54%
成都	—	—	—
杭州	26.43%	2990.34	19.92%
南京	34.10%	3581.72	27.67%
青岛	36.49%	3653.33	20.98%
大连	29.23%	1990.4816	31.75%
沈阳	21.79%	1208.3	22.64%
济南	—	—	—
西安	21.02%	1320.61	24.18%
长春	—	—	—
哈尔滨	16.42%	1001.6	21.04%
厦门	40.82%	1544.59	29.72%
宁波	45.83%	2799.1	19.30%

4. 固定资产投资指标比较

"十二五"以来，宁波在保持投资持续增长的基础上，努力发挥产业政策作用，引导投资进一步向实体经济和民生保障、社会事业、科技创新、生态环保、资源节约等领域倾斜。这些措施在一定程度上提升了投资效果。2011~2016年，宁波工业投资占比则逐步提高。虽然位次有了一定提升，但是在15个副省级城市中仍然处于中游，距离第一集团有着不小的差距（见表2-4）。

表2-4　　2011~2016年副省级城市工业投资占固定资产投资比例一览表

城市	2011年	2012年	2013年	2014年	2015年	2016年
青岛	—	—	—	—	—	—
南京	49.90%	—	47.70%	39.40%	38.19%	31.84%
沈阳	33.40%	33.10%	33.70%	38.20%	—	26.57%

续表

城市	2011年	2012年	2013年	2014年	2015年	2016年
武汉	28.30%	33.80%	37.60%	37.40%	36.06%	29.85%
哈尔滨	28.70%	31.10%	32.30%	36.00%	37.65%	34.14%
济南	29.80%	32.10%	30.50%	34.00%	32.81%	31.14%
大连	29.30%	29.70%	31.00%	32.40%	31.46%	26.11%
宁波	27.90%	28.20%	31.10%	31.70%	33.28%	29.63%
成都	30.00%	29.70%	25.00%	21.20%	21.84%	26.97%
深圳	—	22.20%	15.10%	19.20%	—	—
厦门	20.50%	19.90%	20.20%	19.00%	18.31%	31.41%
杭州	24.10%	22.90%	21.40%	18.40%	16.74%	15.13%
广州	15.10%	15.40%	15.30%	14.00%	39.06%	—
长春	—	—	—	—	49.60%	—
西安	11.90%	13.60%	16.90%	20.40%	22.33%	18.29%
"十二五"期间宁波位次	8	7	5	5	6	6

（二）经济总量在全国计划单列市排名

根据2016年GDP总量的排名，宁波在全国5个计划单列市排名中第3，以8686.49亿元位居深圳、青岛之后；人均GDP以110656元排名第2，如图2-1所示。

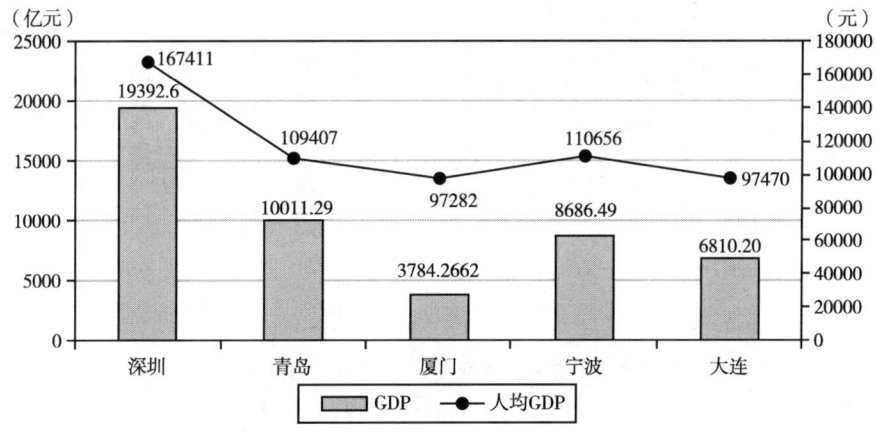

图2-1 2016年全国5个计划单列市经济排名

从 GDP 总量来看，宁波经济发展呈现逐年上升阶段，但是经济增长率趋于下降，尤其 2008 年遭受金融危机，经济下滑很快，到 2009 年达到 14.56%（见图 2-2 和图 2-3）。

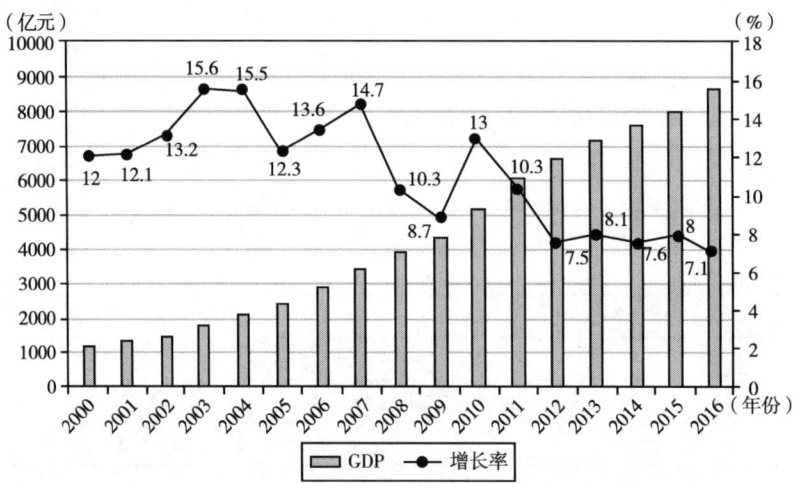

图 2-2　2001~2016 年宁波市 GDP 总量及 GDP 增长率

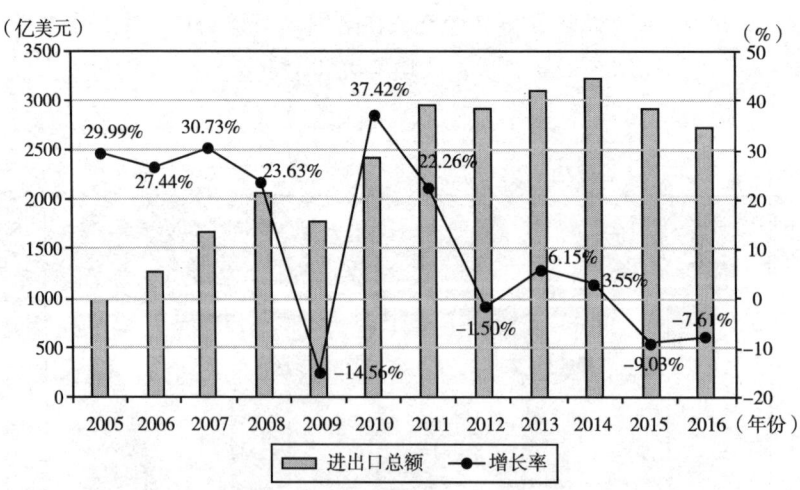

图 2-3　2005~2016 年宁波市进出口额及增长率

二、宁波经济发展存在的主要问题

(一) 宁波市城市相对地位下降

改革开放以来，宁波市的经济增长经历了以下三个阶段：一是 1997 年以前的大幅度波动阶段；二是 1998~2004 年的稳定增长阶段；三是 2005 年后的波动中增速减缓阶段。近年来的增速下降发生在两个时点：一是 2008 年受国际金融危机的影响，大幅下跌；二是 2012 年，在前期恢复性增长后的增速下跌。

2010 年以来，宁波经济增速开始转向个位数的中速增长。2010~2015 年宁波 GDP 增速为 9.1%，2016 年，全市地区生产总值达到 8686.49 亿元，按可比价格计算，较上年增长 7.1%。增速不仅低于预期 10% 的目标，增长速度为近几年最低，增速进一步放缓。

从图 2-4 可以看出，宁波市的经济增速与全省平均水平趋同，与全国平均增速比较，则从领先到略为落后。

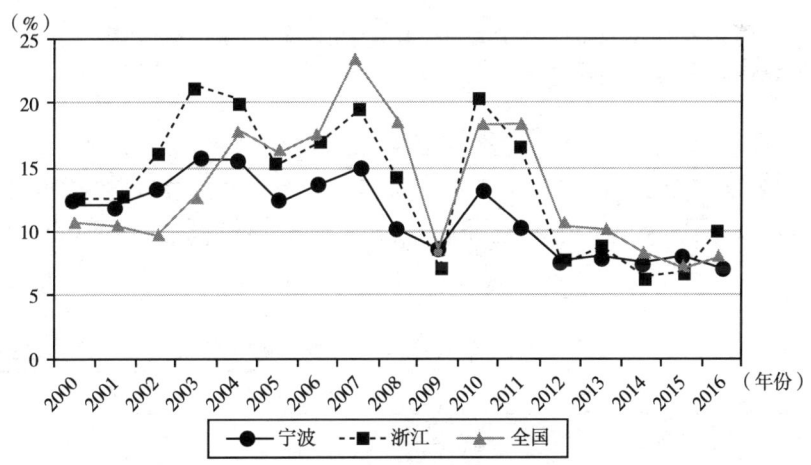

图 2-4　2000~2016 年地区生产总值的名义增长率

资料来源：历年宁波市统计年鉴。

按可比价格，2010~2016 年的年均增长率，宁波市为 8.8%，比全省平均水平（11.0%）低，低于全国（11.5%）、杭州市（14.57%）、深圳市（16.69%）。

从图 2-5 可以看出，近 10 多年来，宁波的地区生产总值与领先城市的差距在扩大，尤其是与深圳、苏州的差距在迅速拉大，与杭州的差距在扩大但幅度不是很大，与青岛之间的关系则是 2000 年的基本接近到 2005 年逐渐拉开差距；南京、大连则在 2011 年超过宁波。总体上看，宁波与同类城市的差距在 2010 年以后逐渐拉大。

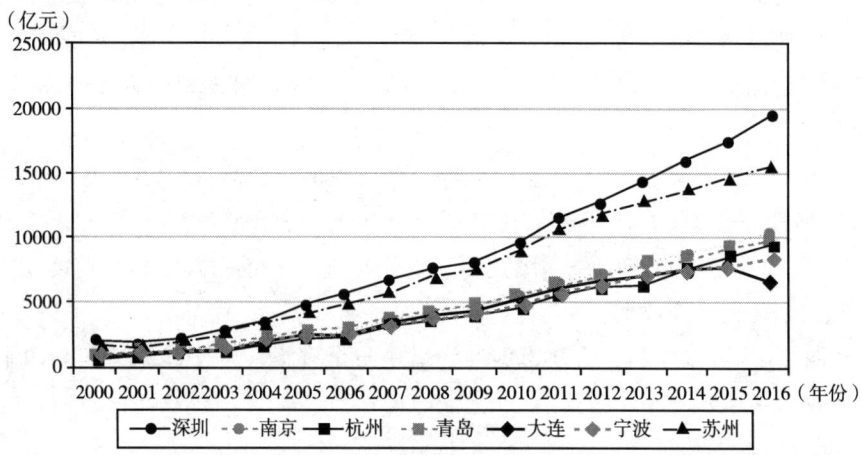

图 2-5　2000~2016 年部分同类城市的地区生产总值比较

资料来源：历年相关城市统计年鉴。

2016 年，宁波按常住人口计算人均生产总值为 147537 元，按年平均汇率折算为 23052.66 美元，超过 20000 美元。按照世界银行对经济发展阶段的分类指标（见表 2-5），宁波经济社会发展阶段处于第四个类别，即"高收入国家（地区）"。

表 2-5　　　　世界银行经济发展阶段划分标准（2012 年）　　　　单位：美元

分　类	标　准
低收入国家（地区）	1035 以下
中低收入国家（地区）	1036~4085
中高收入国家（地区）	4086~12615

资料来源：世界银行网站。

按常住人口测算的人均生产总值是反映区域发展水平的指标,但鉴于数据的不可得,用按户籍人口的人均生产总值进行同类城市的比较,如图 2-6 所示。

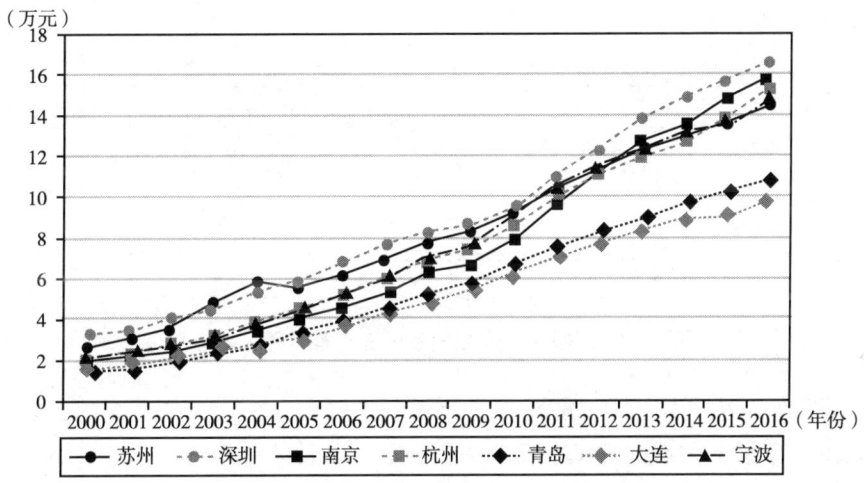

图 2-6　2000~2016 年同类城市的人均 GDP 的比较

资料来源:历年相关城市统计年鉴、统计公报、政府工作报告。

从图 2-6 中可以看出,深圳遥遥领先,苏州提高迅速,除了深圳与苏州外,其他城市的差距不明显,青岛略低一些。

2000 年以来宁波在副省级城市、长三角城市和全国大中城市中的经济总量排名变化情况,大致可划分为四个阶段:第一阶段为 2000~2002 年的平稳期,此间宁波在三类城市中的排名分别为副省级城市第 7 位、长三角城市第 5 位、全国大中城市第 11 位;第二阶段为 2002~2004 年的爬升期,期间宁波在副省级城市中的排名由第 7 位上升至第 5 位(超越武汉、南京),在全国大中城市中的排名由第 11 位上升至第 9 位,长三角城市排名维持不变;第三阶段为 2004~2007 年的相对稳定期,期间虽经历 2005 年的短暂下跌,但总体保持平稳;第四阶段为 2007 年以来的大幅下跌期,其中副省级城市排名由第 5 位下跌至 2012 年的第 10 位(即 5 年跌 5 位),2012~2016 年排名又逐渐上升,全国大中城市排名由第 9 位下跌至 2016 年的第 16 位(即 7 年跌 7 位),即使在非常稳定的长三角城市排名中,也于 2011 年被南京超越而下跌 1 位(详细趋势见图 2-6)。

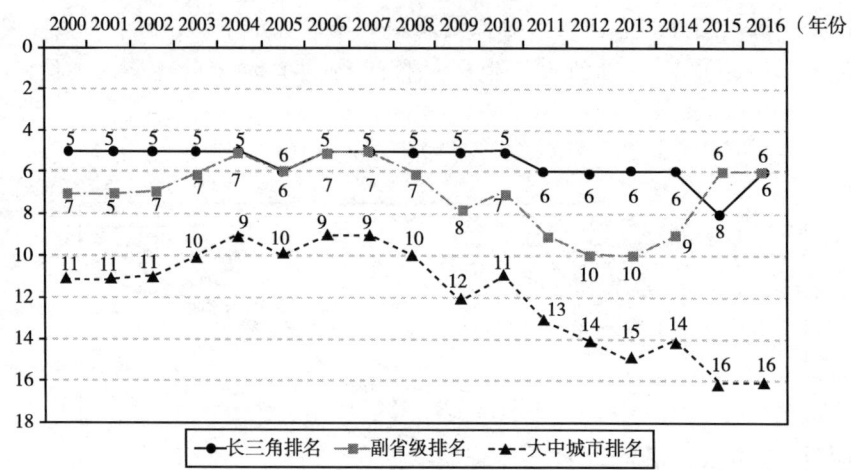

图 2-7 2000~2016 年宁波经济总量排名变化情况

根据副省级城市、长三角城市和全国大中城市三个划分体系，我们梳理出了 2016 年宁波与前后 5 位城市经济总量差距，以及"十三五"第一年的增速差距，以更好地厘清争先进位的主要追赶目标城市（见表 2-6）。要制订争先进位的目标，既要把握当前与对象城市的总量差距，也要明确潜在的增速差距。如果总量差距不大，但增速差距较大，则短期内实现超越的难度也很大。为此，表 2-6 列示了三大体系中经济总量领先和紧随宁波的五个城市，以及 2016 年经济总量和"十三五"第一年平均增速的差距。综合当前的总量差距和增速差距，我们认为"十三五"期间宁波实现争先进位的潜在竞争城市为大连、济南、西安、哈尔滨，但是，发现在"十三五"的开局之年，宁波被青岛超越，同时要保持对沈阳的领先优势，防止被其反超。

表 2-6   宁波与有关城市经济总量及增长率对比

1. 副省级城市			2. 长三角城市			3. 全国大中城市		
名称	2016 年 GDP 差距	"十三五"第一年增长率差距	名称	2016 年 GDP 差距	"十三五"第一年增长率差距	名称	2016 年 GDP 差距	"十三五"第一年增长率差距
成都	3483.74	4.14	上海	18779.66	3.3	杭州	2627.23	4.04
武汉	3226.12	0.70	苏州	6788.6	-0.03	南京	1816.53	-0.48
杭州	2627.23	4.04	杭州	2364	3.23	青岛	1324.8	-0.88

续表

1. 副省级城市			2. 长三角城市			3. 全国大中城市		
名称	2016年GDP差距	"十三五"第一年增长率差距	名称	2016年GDP差距	"十三五"第一年增长率差距	名称	2016年GDP差距	"十三五"第一年增长率差距
南京	1816.53	-0.48	南京	6816.53	1.33	长沙	622.51	0.87
青岛	1324.8	-0.88	无锡	523.53	1.4	大连	-536.49	-3.12
大连	-536.49	-3.12	南通	-1918.5	3.36	沈阳	-3140.09	-3.42
济南	-2150.39	-1.38	常州	-2912.6	2.77	郑州	-230	3.09
西安	-2403.84	-0.23	绍兴	-3976.3	-1.25	济南	-2150.39	-1.38
哈尔滨	-2584.9	-2.44	扬州	-4237.1	4.05	西安	-2403.84	-0.23
沈阳	-3140.1	-3.42	台州	-4843.7	1.41	长春	-2826.49	-1.03

注：表中结果依据各城市相关年份统计公报计算得出。

（二）城市经济产业结构不合理

1. 服务业发展加快，处在产业结构调整期

（1）三次产业结构进入转折点。从历史数据看，三次产业结构演变的第一次转折点出现在20世纪80年代中后期，随着第二、第三产业比重的上升，到1990年第三产业比重第一次超过第一产业。三次产业结构变化最大的时期则是20世纪90年代，第二产业比重在1992年、1993年达到最高值，超过60%，第三产业比重10年间提高了13.77%。进入21世纪后，三次产业结构变动放缓，处在相对稳定的状态。三次产业结构的另一重要转折点出现在2011年，第二产业的比重开始稳定下降，第三产业的比重开始稳定上升，但仍低于第二产业，如图2-8所示。

（2）服务业比重低于同类城市。在同类城市中，宁波第三产业的占比几乎是最低的，并且近10年来的变化率也接近最小。在近10年间，深圳、南京的第三产业占比虽有波动，但仍在提高，从50%左右提高到接近55%；杭州、青岛呈现出稳定提高态势，达到50%左右；苏州、宁波、大连相对较低，不到45%，大连是在波动中下降，宁波是略有上升，苏州则是先降后升（见图2-9）。

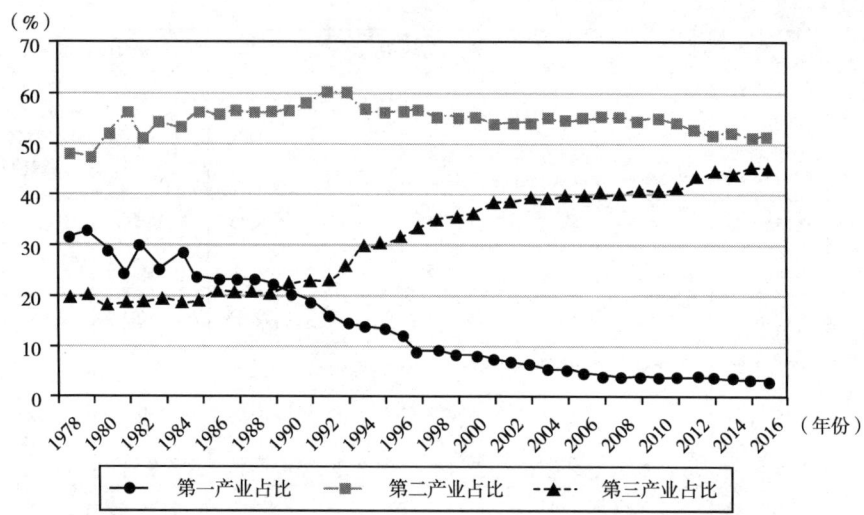

图 2-8 宁波三次产业结构演变

资料来源：历年宁波市统计年鉴。

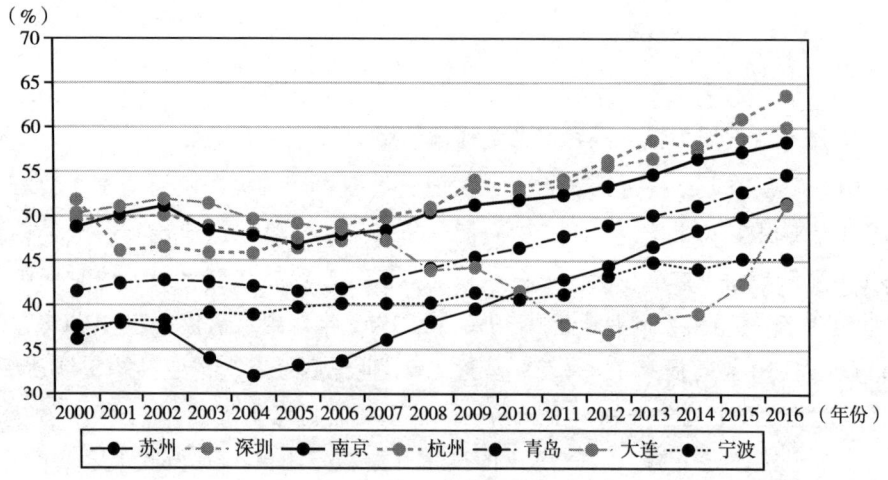

图 2-9 2000~2016年同类城市第三产业占比

资料来源：相关城市统计年鉴、统计公报、政府工作报告。

2. 临港型制造业结构特征明显，结构高度化不足

（1）以石化等临港工业和机电行业为主体的制造业结构。从宁波制造业发展政策的视角，宁波制造业分三大块：临港工业、传统优势产业与战略性新兴产业（高技术产业）。在临港工业中，石化为宁波市制造业的第一大行业，2016年产值占工业产值的 9.52%；化学原料及化学制品制造业为第三大行业，占 9.48%，比重上升迅速。在传统优势产业中，机电行业占比大、比重上升，其中的电气机械及器材制造业为第一大行业，占比 11.47%；纺织服装比重下降，占比已经不大，占 4.7%。高技术产业总体规模不大，通信设备、计算机及其他电子设备制造业占 5.99%。

（2）临港工业比重上升与传统优势行业比重下降并行。从统计的视角，按照标准产业分类的两位数编码，宁波制造业行业结构的变化如图 2-10 所示。从图 2-10 中可以看出，石化和电气两大占比 10% 以上的行业比重相对稳定，比重上升幅度最大的是化学原料及化学制品制造业，下降幅度最大的是纺织服装业。从大类看，包括石油加工业，化学原料及化学制品制造业，橡胶塑料制品的化工行业和包括电气机械及器材制造业，通信设备、计算机及其他电子设备制造业，交通运输设备制造业，通用设备制造业，专用设备制造业的机电行业，是制造业的两大类行业，纺织服装、文教体育用品制造等轻纺工业仍占一定比重。

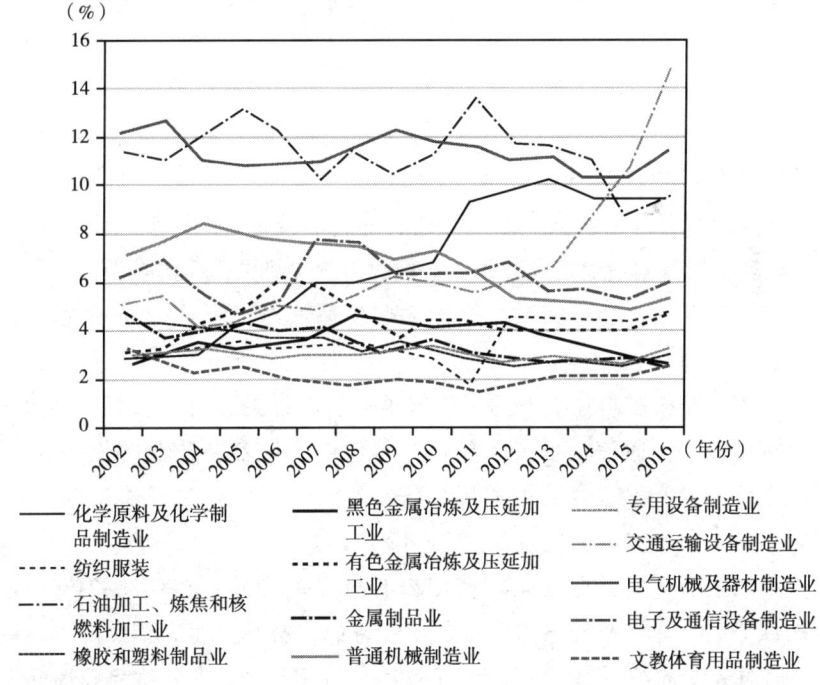

图 2-10 2002～2016 年宁波制造业主要行业产值占制造业产值的比重
资料来源：历年宁波市统计年鉴。

（3）行业优势度不显著且结构高度较低——基于区位商的优势行业分析。

进一步选取制造业中 12 个主要行业，进行基于区位商的横向比较与纵向优势分析。首先，采用 2016 年的数据，通过区位商横向比较宁波与青岛、厦门、深圳、杭州、南京、苏州、无锡、上海 8 个城市的优势行业。其次，采用 2003 年、2007 年、2011 年的数据，通过区位商纵向比较宁波的 12 个主要行业在浙江省、长三角、全国的地位。依据占比和区位商选取的 12 个行业为：石油加工、炼焦及核燃料加工业，电气机械及器材制造业，化工原料及化学制品制造业，通信设备、计算机及其他电子设备制造业，交通运输设备制造业，通用设备制造业，黑色金属冶炼及压延加工业，有色金属冶炼及压延加工业，纺织业，文教体育用品制造业，化学纤维制造业，仪器仪表及文化、办公用机械制造业。

各个城市的优势行业不同，宁波的主要行业具有比较优势，但相对于其他城市，优势度并不显著，相比深圳的结构高度不足；杭州以化学纤维制造业为优势行业，苏州、无锡、宁波这个行业的区位商也高于其他城市，说明这个行业是长三角区域的优势行业，有集群存在的可能性；深圳以计算机、通信和其他电子设备制造业为优势行业，厦门、苏州、上海、南京这个行业的区位商也很高，在长三角区域，该行业主要集聚在北翼；宁波主要行业中区位商最高的是石油加工、炼焦和核燃料加工业，相比其他城市来说具有很好的优势，对宁波来说，文教、工美、体育和娱乐用品制造业的区位商也很高，在 22% 以上，与宁波同样具有优势的有青岛、深圳、厦门等拥有港口的城市；对宁波来说，第二大行业的电气机械及器材制造业也具有优势，但比宁波优势更明显的是无锡。

宁波市制造业主要行业相对于全国的区位熵的时序变化差异较大。化学纤维制造业和化工原料及化学制品制造业区位商提高幅度最大，优势明显增强；石油加工、炼焦及核燃料加工业的优势度也有较明显的提升；仪器仪表及文化、办公用机械制造业，通信设备、计算机及其他电子设备制造业的优势度也有较大幅度的上升；但值得注意的是通用设备制造业和电气机械及器材制造业的优势下降幅度最大，优势在弱化，如图 2-12 所示。

宁波市制造业主要行业在全国范围内有较强优势的，在浙江省内、长三角区域内的优势度下降。在长三角区域、浙江省内，石油加工、炼焦及核燃料加工业的优势远强于在全国范围内的优势，但文教体育用品制造业的优势则远低于在全国范围内的优势，化学纤维制造业，电气机械及器材制造业，仪器仪表及文化、办公用机械制造业等情况也相似，低于在全国范围内的优势度；通信设备、计算机及其他电子设备制造业在省内的优势度高于全国、长三角区域，如图 2-13 所示。

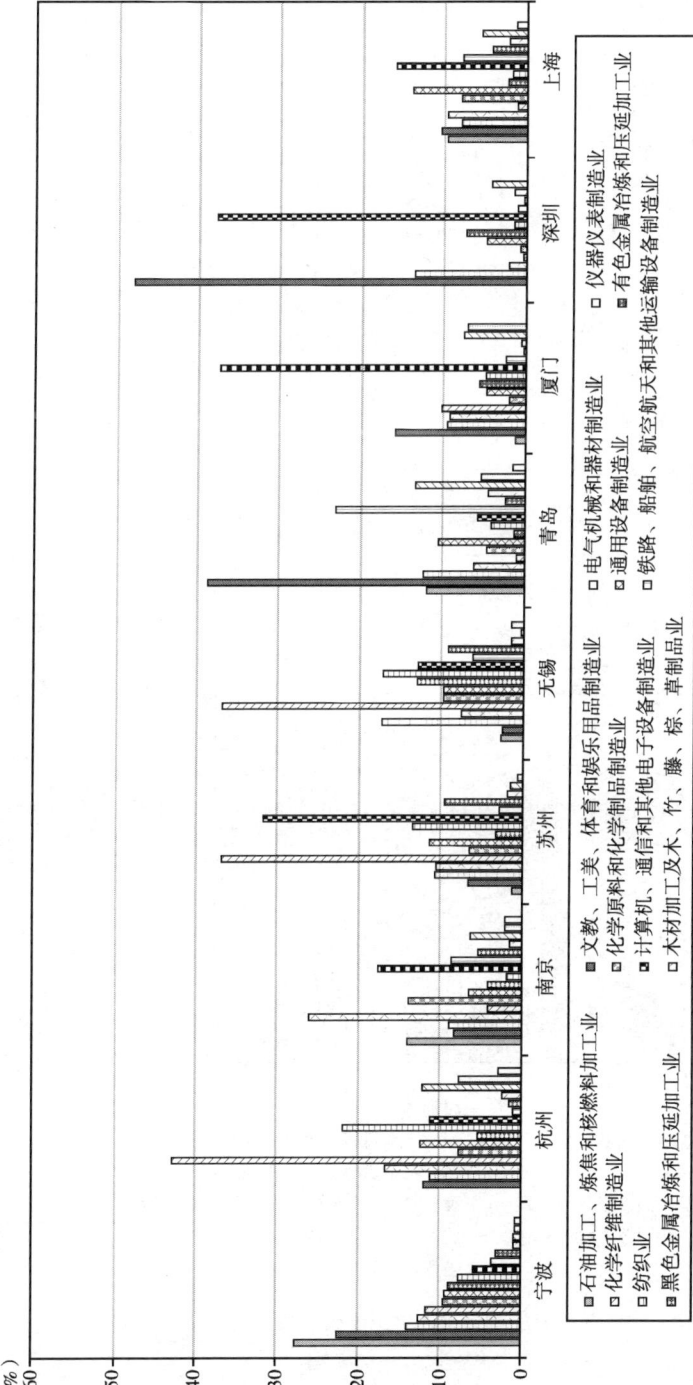

图 2-11 2016年同类城市制造业部分行业相对于全国区位商的比较

资料来源：历年宁波市、国家统计年鉴。

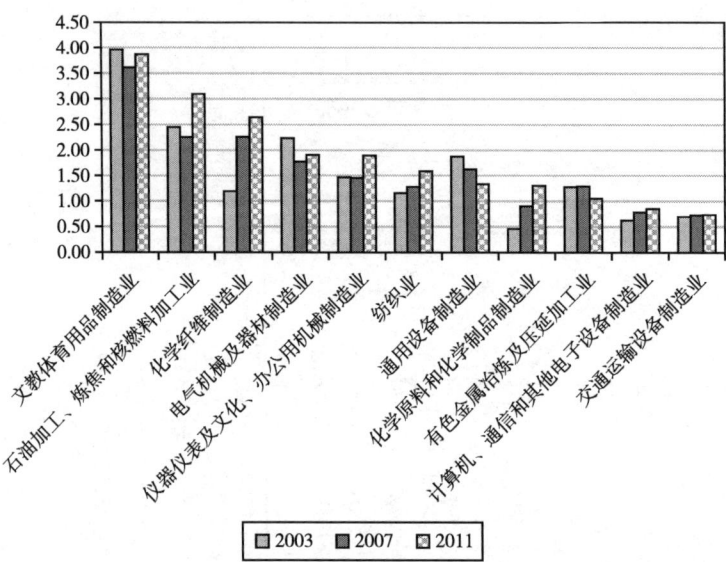

图 2-12　宁波制造业主要行业相对于全国区位商的变化
资料来源：历年宁波市、国家统计年鉴。

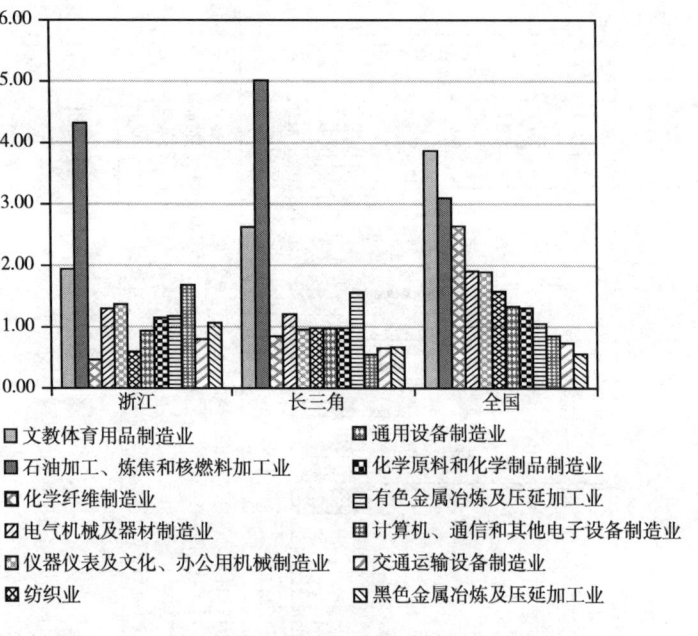

图 2-13　宁波制造业主要行业相对于全国区位商的变化
资料来源：历年宁波市、国家统计年鉴。

综合上述三个角度的制造业主要行业区位商分析，基本的结论是：宁波制造业具有较强优势并且优势度在上升的是以石化为代表的临港工业；作为宁波传统优势行业的，以电气机械及器材制造业为代表的机电行业优势度不是很明显，并且有下降的趋势；作为高技术产业代表的通信设备、计算机及其他电子设备制造业仅在省内具有较强的比较优势，在长三角区域、全国范围并不具备优势。

3. 以商贸金融物流业为主，但行业优势不明显

（1）行业结构格局基本没变，近两年变动有异。从近10年的变化看，批发和零售业的比重稳定上升，但近两年出现下降势头；金融业先是快速提升，后是基本稳定，近两年出现下降；房地产业在波动中略有下降；交通运输、仓储及邮政业基本稳定；公共管理和社会组织、教育的比重有明显的下降，其他行业有的变化幅度较大，但由于占比低，比重的绝对提升有限。

（2）近年来的内部结构变动与前10年的趋势不太一致。2010~2016年，服务业主要行业中比重变化较大的有三个行业：租赁和商务服务业比重上升了5.01个百分点，结构变动率为122.73%，房地产业比重上升1.03个百分点，结构变动率为10.47%，与2004~2010年的比重下降趋势相背；金融业比重下降了7.43个百分点，结构变动率为-40.31%，与2004~2010年的比重上升趋势相背（见图2-14和表2-7）。

表2-7　　　　　　　宁波市服务业内部结构及其结构变动率

指标	2004	2010	2016	2010~2016年结构变动率	2004~2010年结构变动率
交通运输、仓储和邮政业	11.03%	11.27%	9.52%	-15.54%	2.24%
信息传输、计算机服务和软件业	5.05%	3.59%	3.42%	-4.81%	-28.99%
批发和零售业	22.74%	24.17%	25.61%	5.93%	6.30%
住宿和餐饮业	4.23%	4.61%	3.40%	-26.26%	9.04%
金融业	12.21%	18.44%	11.01%	-40.31%	51.02%
房地产业	15.33%	11.10%	12.27%	10.47%	-27.58%
租赁和商务服务业	5.23%	4.09%	9.10%	122.73%	-21.84%
科学研究、技术服务和地质勘查业	1.78%	2.25%	2.88%	28.13%	26.21%
水利、环境和公共设施管理业	1.25%	0.73%	0.74%	0.86%	-41.25%
居民服务和其他服务业	2.10%	2.67%	2.68%	0.41%	27.25%

续表

指标	2004	2010	2016	2010~2016年结构变动率	2004~2010年结构变动率
教育	6.12%	5.48%	5.31%	-3.08%	-10.39%
卫生、社会保障和社会福利业	3.04%	3.22%	3.84%	19.27%	5.77%
文化、体育和娱乐业	1.28%	1.47%	1.78%	21.24%	14.77%
公共管理和社会组织	8.61%	6.90%	8.22%	19.07%	-19.86%

注：结构变动率 $K_i = \dfrac{q_{it} - q_{i0}}{q_{i0}} \times 100$。

资料来源：历年宁波市统计年鉴。

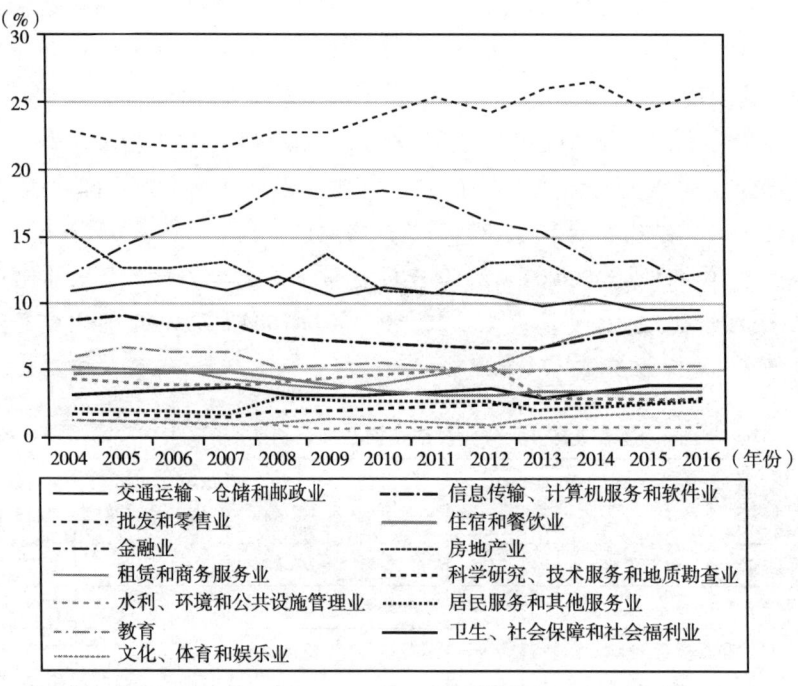

图 2-14　2004~2016 年宁波服务业内部结构变化

资料来源：历年宁波市统计年鉴。

（3）从近 10 年来的趋势看，金融业，科学研究、技术服务与地质勘查业，住宿和餐饮业，居民服务和其他服务业等比重有较大幅度的上升；信息传输、计算机服务和软件业比重的下降值得重点关注，交通运输、仓储及邮政业的比重不升反降也值得关注。

(三) 城市经济创新驱动力不够

创新驱动在不同的层面有不同的着力点。在国家层面，更重要的是抓住科技突破的机遇，实施重大科技专项，抢占科技、战略性新兴产业的制高点。在区域层面，更重要的是推进以新一代信息技术为代表的高技术与制造业的融合，加速制造业的转型升级。在战略性新兴产业发展上，要在产业发展要素要求与区域发展条件的耦合基础上，选择重点加以推进。在下一轮的创新驱动中，自主创新具有更重要的地位，通过自主创新构建基于自主关键技术基础上的核心竞争力。在制造业的转型升级上，要高度重视新一代信息技术带来的产业模式创新的机遇，实现业态与模式的创新，还要着力围绕产业链部署创新链、围绕创新链完善资金链，以区域产业竞争力提升为导向来布局区域科技资源。习总书记指出："构建高效强大的共性关键技术供给体系，努力实现关键技术重大突破，把关键技术掌握在自己手里。"

1. 规模较小

据宁波市2016年国民经济和社会发展统计公报显示，2016年，宁波市战略性新兴产业规模以上企业实现增加值484.5亿元，相比同类城市，规模实力明显不足。从各产业规模目标看，目前仅节能环保产业产值规模超千亿元，其他如新能源、生命健康、海洋高技术等产业的产值都仅为100亿～200亿元，产业规模偏小，规模以上企业数量较少，占地区生产总值比重也较低，落后于其他同类城市，离深圳、苏州等城市差距更远。宁波的区域大企业如宁波港股份有限公司、雅戈尔集团股份有限公司等大多处于传统产业领域，缺乏具有区域影响力的战略新兴产业龙头企业，在大企业大机构引进及骨干企业上市等方面也不足，在区域竞争中处于不利地位。

2. 层次较低

宁波依靠传统制造业的迅猛发展，逐步奠定了长三角南翼中心城市的地位，但产业发展水平和层次存在一定不足。从要素集聚集约利用看，在传统制造业发展的过程中，高端人才、科技资源以及土地等产业要素相对不足，而且具有显著的县域经济特征，各地产业发展平台的资源要素集聚水平和高效利用能力相对有限。从产业升级路径看，宁波传统的制造业在产业发展过程中过度依赖加工贸易，多数企业都是在低附加价值的环节进行国际代加工，技术标准、销售主动权等都掌握在外商手中。产业发展过程中形成的路径依赖性，不利于宁波产业加快升级和战略新兴产业的培育发展，与深圳、武汉、无锡等城市差距明显。

3. 布局较散

宁波新材料、新一代信息技术、新能源等八大战略新兴产业分散布局在宁波市各个县市区。其中，新材料产业分散布局在江东、鄞州、慈溪、镇海、余姚等区域；新一代信息技术分散在江东、鄞州、北仑、余姚、慈溪、象山等地；新能源产业分散布局在宁波市区、慈溪、象山、宁海、余姚、鄞州等区域，未能形成集聚化、集约化发展的优势产业集群（见表2-8）。另外，宁波战略新兴产业中的宁波菲仕电机、先锋新材等为数不多的几个高成长企业分散在各个领域，不利于发挥企业聚集效应。

表2-8　　　　宁波市八大战略新兴产业在各个县区分布情况

产业领域	分布地区
新材料	鄞州、慈溪、宁波市区、镇海、余姚
新一代信息技术	宁波市区、鄞州、北仑、余姚、慈溪、象山
新能源	宁波市区、慈溪、象山、宁海、余姚、鄞州
新装备	宁波市区、镇海、鄞州、余姚、北仑、慈溪、象山、奉化
海洋高技术	慈溪、象山、宁海、北仑、镇海
节能环保	余姚、慈溪
生命健康	宁波市区、宁海、象山、鄞州、余姚、慈溪、镇海
工业设计与创意	宁波市区、鄞州、镇海、慈溪

4. 创新较弱

战略性新兴产业发展可依靠本地区具有技术溢出效益的院校资源较少，仅有宁波大学、宁波工程学院、诺丁汉大学等7所本科院校。除诺丁汉大学外，宁波在全国范围内没有相对知名的高等教育院校。战略性新兴产业领域高端人才相对不足，根据宁波市统计公报显示，2010年，宁波硕士、博士、博士后、专家等高级人才占比仅为2.48%。另外，宁波全社会研发投入少，R&D 经费支出占GDP的比例多年来低于全国及浙江省的平均水平。多数民营企业家创新意识不强，对高新技术创业活动关注较少，缺乏投入投资周期长、风险高的战略新兴产业的商业意识，相关支持环境也有待改善。

因此，宁波市要实现创新驱动战略，必须以深化科技体制改革，确立企业技术创新主体地位，完善国家、区域创新体系；激活创新、创业活力，实现全民创新、创业和创新与创业的互动推进；完善知识产权创造、应用、保护体系，创造公平、透明的市场与法制环境。

（四）城乡区域经济发展不平衡

1. 区域协调：启动南部区域发展

随着"东扩、北联、南统筹、中提升"的区域发展战略的深入实施，区域协调发展出现新动态。

随着中心城市的拓展，中心城市及其周边区域的城市空间拓展与功能提升发展迅速，进入中心城市及其周边区域的功能完善阶段。

南北两翼的发展也较快，尤其是南翼区域随着海洋资源开发与海洋经济发展的加速，南翼区域有可能成为"十三五"期间加速发展的区域，但南北两翼的差距仍然较大。

北翼方面，规划沿杭州湾南岸及滨海线形成带形组团城市结构。以高速公路、轨道交通为纽带，卫星状小城镇为组团，实现网络互动，整体发展。目前，基本形成了余姚城区、慈溪城区、宁波杭州湾新区、姚周新城组团式发展的新格局。随着"北联"战略的实施，统筹余慈地区步伐加快，基础设施共建、共享，有序推进，余慈地区成为宁波对接上海的北部门户和"黄金节点"。杭州湾新区建设成为国家统筹协调发展先行区、长三角亚太国际门户重要节点区、浙江省现代产业基地、宁波大都市北部综合新城区，成为全省14个省级产业集聚区的"领头雁"。

南翼方面，随着"南统筹"战略的实施，奉化、宁海和象山开发建设速度加快，象山港大桥及接线工程全面建成通车，解决了制约象山、奉化、宁海这几个地区经济发展的交通因素，促进了宁波地区南北经济的平衡。正在规划建设的三门湾大桥一旦完工，象山港区域、三门湾区域的交通格局将会发生根本性变化。象山港沿岸区域、象山沿海区域、三门湾区域将成为新的发展空间，带动南翼加速开发。大目湾新城将基本建设城市框架，三门湾区块开发完成前期准备。

2. 中心城市：空间拓展形成框架

经过"十二五"期间的城市空间拓展，中心城区的框架已经形成。中心城区建成区面积由 2005 年的 120 平方公里提高到 2013 年的 242 平方公里。东部新城、南部新城、镇海新城、宁波滨海新城、国家高新区等新城区块日渐成熟；东钱湖旅游度假区、九龙湖旅游度假区等居民文化休闲区加快提升；文化广场、嘉恒广场、宁兴国际广场、财富中心等一批重大项目或建成投用或加快建设，为中心城区提升城市经济综合承载力添加后劲。但中心城市的辐射功能有待增强。中心城市的经济总量、人口规模、建成区面积分别只占全市的 60%、50% 和 63%[①]。

"十三五"期间，除了继续推进姚江新城、镇海新城等的建设外，重点转向中心城区城市产业的培育与城市功能的提升。

3. 城镇体系：进入全域城市化与城乡一体化阶段

自 2004 年以来，宁波的城市化率稳定提高，从 2004 年的 52.10% 提高到 2016 年的 71.9%，正处在城市化中期向城市化后期过渡的阶段。

但与同类城市相比，宁波的城镇化率水平相对落后，但城镇化速度居中。从城镇化率水平看，2012 年，宁波的城镇化率低于南京、杭州、苏州。从城镇化速率看，2004 年以来，速度最快的是杭州、苏州，宁波在居于这三个城市之后（见图 2-15）。

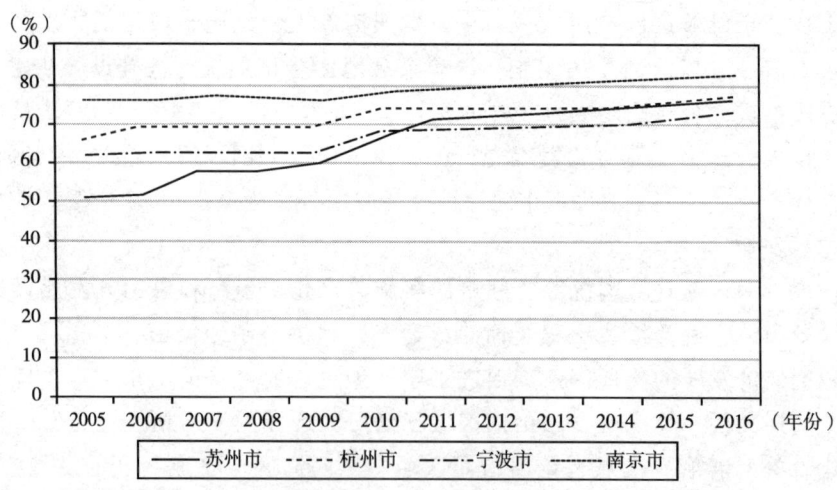

图 2-15 2005~2016 年同类城市城镇化水平的比较

资料来源：相关城市统计年鉴、统计公报、政府工作报告。

---

① 《宁波新型城市化规划（2014~2020 年）》。

宁波城镇体系的规模等级结构不太齐备。100万人口以上城市就1个（中心城市），缺50万～100万等级的城市，建制镇平均规模仅2万人左右（见表2-9）。

表2-9　　　　　　　　　宁波城市规模等级结构

规模等级（人口）	城镇数量等
100万～500万大城市	中心城（老三区、北仑、镇海、江北市区、鄞州市区）
50万～100万中等城市	无
10万～50万小城市	余姚市区、慈溪市区、奉化市区、宁海县城、象山县城、观海卫镇6个
5万～10万小城镇	慈城镇、姜山镇、古林镇、泗门镇、马渚镇、横河镇、龙山镇、周巷镇、庵东镇、溪口镇、纯湖镇、长街镇、石浦镇等13个镇
3万～5万小城镇	瀼浦镇、九龙湖镇、白峰镇、邱隘镇等27个镇
<3万小城镇	春晓镇、鄞江镇等48个镇

注：数据来源于2012统计年鉴户籍人口，少数区县由于缺少数据暂时为2011年鉴人口。

宁波的城乡区域差距在不断缩小。2016年，城镇居民人均可支配收入、农村居民人均纯收入分别达到51560元和28572元，城乡收入差距为1.81∶1，低于全国、全省的平均水平。

宁波市的高度城镇化是在大都市带或全球城市区域的高度城镇化，在此背景下，全域城镇化是一种必然的趋势。城镇的空间形态将呈现出以宁波中心城市为核心的都市区网络化城镇空间形态。

（五）城市经济发展资源环境约束加剧

在国家推行新型城镇化的背景下，户籍改革带来的城镇人口规模及其结构的变化，以及以人为核心的城镇化战略所要求的基本公共服务均等化，宁波市将面临更大的资源环境约束，这将是"十三五"期间城市、区域管理要面对的重要议题。

1. 节能减排强力推进，环境状况仍不容乐观

（1）生态环境有所改善。通过实施《宁波市生态环境综合整治三年行动计划》，生态环境保护取得一定进展，但总体形势不容乐观。

生态环境状况指数整体上达到优等水平。2006～2010年宁波市生态环境状况指数变化较小，呈现略微下降的趋势；但是在2011年，由于宁波市社会经济的快速发展，生态环境状况指数快速下降，2012年迅速上升，2013~2016年宁波市生态环境指数下降，但整体上达到优等水平，如图2-16所示。

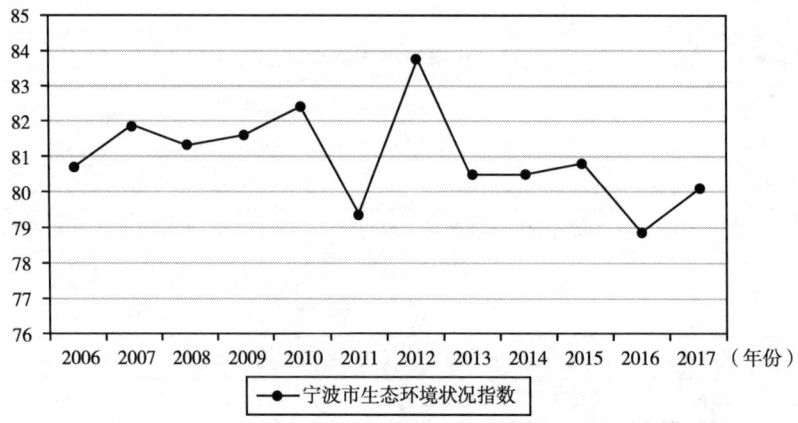

图2-16　2006~2016年宁波市生态环境状况指数变化趋势

但农村生态环境较差，大部分农村居住地无科学规划，功能布局较乱，环保基础设施落后，造成农村生活垃圾和污水的无组织排放，尤其以城乡结合部和农村中垃圾填塞河道，河道污染较严重。

（2）主要污染物排放量减少。2006~2016年宁波市主要污染物排放量减少，最明显的是二氧化硫、烟（粉）尘的排放量，但氮氧化物、化学需氧量、氨氮

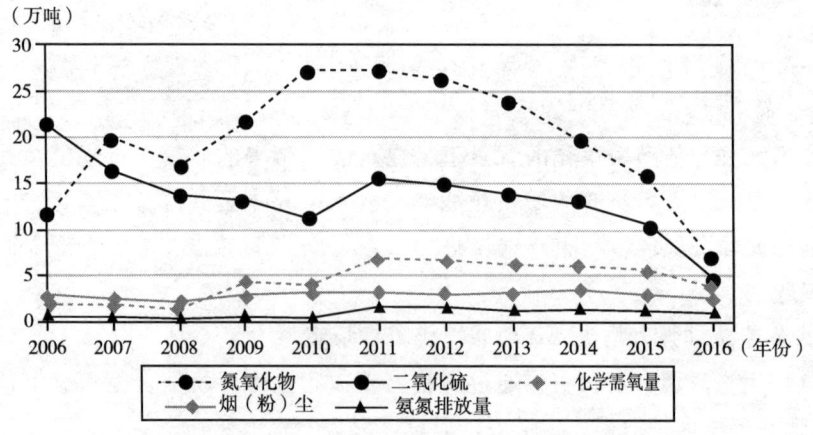

图2-17　2006~2016年宁波市主要污染物排放量

资料来源：宁波市环保局。

的减排量减少并不明显。2016年，全市化学需氧量和氨氮排放量分别为4.06万吨和0.98万吨，二氧化硫和氮氧化物排放量分别为4.32万吨和6.97万吨。

酸雨的频率降低，但酸度增大。2016年，酸雨污染程度略有减轻，但依然稍微有些严重，属轻酸雨区。就2006~2016年宁波市酸雨发生频率的变化趋势而言，2006~2008年酸雨发生频率呈现明显增加的趋势，达到历史最高值，为97.90%；从2009年开始，酸雨发生频率呈现显著下降趋势，到2016年达到70.6%，为历史最低水平。2006~2010年酸雨PH值变化不大，变化幅度为4.30~4.38；从2011年开始，酸雨的PH值呈现明显上升的趋势，到2016年PH值达到历史最高值，为4.97。

（3）大气污染形势严峻。空气质量呈下降趋势。除2011年外，2009~2016年，全市空气质量呈现下降趋势。大气灰霾日比例居高不下。2012年以来，宁波市灰霾日比例居高不下，极端灰霾现象频现。各污染物浓度变化区域性、季节性非常明显，秋冬季节污染天气持续出现，灰霾现象相对严重。2016年，宁波中心城区达标天数比例84.7%，市区环境空气复合污染趋势明显，主要污染物中NO_2、PM10和PM2.5年平均浓度超标，首要污染物为PM2.5（见表2-10）。

表2-10　　　　2006~2016年市区空气质量级别变化趋势

	2006年	2007年	2008年	2009年	2010年	2011年	2012年	2013年	2014年	2015年	2016年
Ⅰ	87	81	78	85	88	42	60	72	86	71	86
Ⅱ	241	248	248	243	228	247	234	203	216	231	224
Ⅲ	37	36	39	37	49	76	58	68	53	49	54
Ⅳ	—	—	—	—	3	—	10	11	7	10	2
Ⅴ	—	—	—	—	—	1	4	8	2	4	0
Ⅵ	—	—	—	—	—	—	0	3	0	0	0
达标天数比例	—	—	—	89.9	86.6	96.9	80.3	75.3	83	82.7	84.7

资料来源：宁波市环保局。

（4）能源消耗量大，结构性节能难度大。宁波市强力推进节能工作，能源强度逐年降低，但能源消耗总量近年攀升。万元地区生产总值综合能耗从2006年的0.29（吨标煤/万元）降到2016年的0.18（吨标煤/万元），但规模以上工业企业综合能耗仍从2006年的1851万吨标煤增长到2016年的2640.66万吨标煤（见图 2-18）。

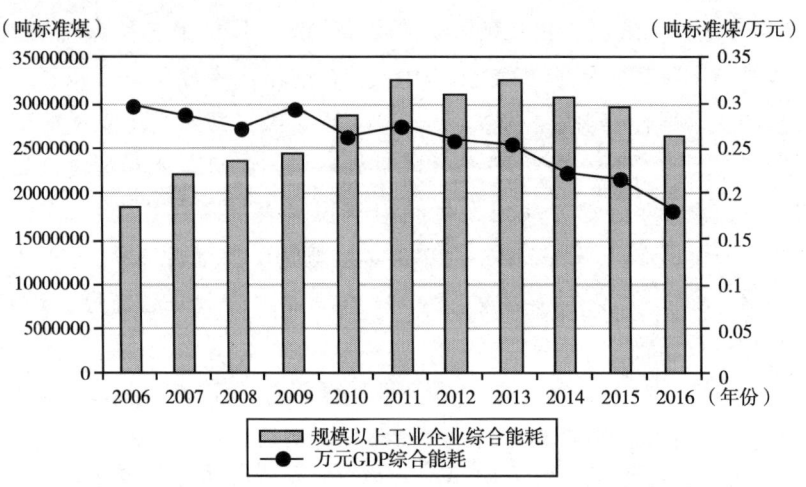

图 2-18　2006~2016 年宁波市工业综合能耗与经济能源强度

从规模以上工业综合能耗的角度看，2016 年，电力、热力的生产和供应业占 7.90%，石油加工、炼焦和核燃料加工业占 31.32%，黑色金属冶炼及压延加工业占 12.15%，化学原料和化学制品制造业占 18.40%。临港大工业构成了宁波市节能降耗的巨大压力。

另外，从规模以上工业万元产值综合能耗看，2013 年规模以上工业平均为 0.18 吨标煤，接近和大于这一均值的均为临港大工业：电力、热力的生产和供应业（0.24 吨标准煤），黑色金属冶炼和压延加工业（0.78 吨标准煤），造纸及纸制品业（0.5236 吨标准煤），石油加工、炼焦和核燃料加工业（0.60 吨标准煤），化学原料和化学制品制造业（0.34 吨标准煤）。综合来看，临港大工业发展对全市节能降耗的压力是结构性的，在技术层面，节能降耗在同行业中居领先地位。

2. 土地、水资源约束增强

（1）水资源面临的是结构性缺水。2016 年，宁波市水资源总量 103.84 亿立方米，总用水量 23.46 亿立方米。到 2020 年，宁波全市需水量预计为 30 亿立方米，现有的供水能力还无法满足需求。宁波市饮用水源地水质良好，但地表水轻度污染，近岸海域水质差。宁波市地表水水质总体以轻度污染为主，局部有所改善，水质优良率和功能达标率较低，特别是平原河网水质较差，城区内河无优良断面。宁波近岸海域水质均属营养型，超标指标主要是无机氮和活性磷酸盐，大部分海域还受到石油类污染，且富营养化程度总体呈加重趋势。

（2）建设用地紧张。按照用地需求预测，2006~2020年土地利用规划期间剩余的新增建设用地指标全部提前到"十二五"规划期间使用，仍然无法达到供需平衡，缺口约为8000公顷。利用沿海滩涂资源进行开发建设，预计五年间年均建设用海规模达到1000公顷，共计5000公顷。

在国家加强生态文明建设背景下，对于拥有大规模高能耗、高排放的临港工业的宁波来说，对节能减排的强制性政策等，是一种强约束，约束着宁波临港工业乃至整个经济发展的环境容量。宁波的水、大气环境质量仍然有待改善，酸雨问题依然比较严重。

在国家强调集约性城市发展、严格控制城市用地扩张的背景下，宁波的土地、水资源的供给与城市化需求之间的矛盾凸现，约束着宁波城市化和非农产业发展的用地需求。

（六）城市经济机制体制改革力度不够

进入"十二五"以来，宁波经济社会发展出现了许多新变化、新趋势。(1)从经济增速看，2011年以来宁波经济增速呈现明显的持续下滑态势（见表2-11）。"十二五"期间仅以8.30%的个位数增速增长，远低于规划预期目标，同时也低于全国同期经济增长速度（"十一五"之前宁波经济增速基本高于国家平均水平）。(2)从发展动力看，工业、出口、民营经济等曾经拉动宁波发展的动力逐步失去优势。"十二五"前半期，全市生产总值、自营进出口总额、工业增加值、金融机构本外币存贷款余额、居民消费率等体现宁波发展地位、特色、优势，且与基本建成现代化国际港口城市目标密切相连的重要指标均呈现增长乏力的态势，有些甚至在季度运行中出现负增长或零增长。几大主要指标同时出现难以完成规划预期目标的现象是以往规划执行中从未出现过的。(3)从风险控制看，经济增长换挡、社会发展滞后、环境问题突出等因素互相交织，同时伴随着互联网时代而来的信息管理和舆情处置的难度增加，使发展中的系统性风险进一步积聚。"十二五"以来，从房地产市场波动引发的纠纷，到优质教育资源设置、划片导致的矛盾，再到余姚水灾、镇海PX项目引发的群体性事件，各类矛盾的爆发呈现出综合性、复杂性、多样性、群体性。与以往相比，风险控制的难度大大增加。

表 2-11　　改革开放以来宁波与全省、全国经济增速比较

时　段	宁　波	浙江省	全　国
"六五"时期	17.29%	—	12.97%
"七五"时期	11.97%	—	12.72%
"八五"时期	28.84%	24.97%	22.78%
"九五"时期	7.86%	8.16%	6.80%
"十五"时期	13.82%	14.87%	11.07%
"十一五"时期	12.47%	11.97%	13.09%
"十二五"时期	8.30%	8.20%	9.83%
2016	7.10%	7.90%	7.40%

资料来源：宁波、浙江、国家各相关年份统计年鉴数据整理计算得到。

三、宁波经济发展存在问题的原因剖析

宁波发展过程中出现的这些新变化、新趋势是深层次矛盾和问题的反映，其背后的原因主要包括以下几个方面。

（一）旧有发展模式仍未改变，增长的新动力尚未形成

随着内外形势的深刻变化，以往拉动宁波发展的"出口+传统工业"、民营经济发展、改革开放政策三大优势正在逐步弱化，同时，资源、环境、要素等制约日趋突出，需要通过改变原有的发展模式，培育并形成新的增长动力。但从目前看，原有的发展模式没有根本改变。(1) 在产业结构方面，工业仍占主导地位，对土地资源要求较高的临港工业占工业比重依然高达70%左右；服务业占GDP比重不高且徘徊不前，即使在工业缓增、服务业发展力度加大的背景下，服务业增加值占GDP比重依然低于全省水平。传统产业转型步伐缓慢，战略性新兴产业大项目偏少、对经济增长拉动作用依然不强。(2) 在要素结构方面，经济增长主要靠资本和简单劳动投入的模式没有根本转变，技术创新、劳动者素质提高和管理创新等对经济增长的贡献率不高。资本对宁波经济增长的贡献率占80%以上，而代表创新能力和管理、制度红利的全要素生产率对经济的贡献率仅为10%左右，与发达城市差距仍然较大。(3) 在需求结构方面，消

费作为拉动经济主导力量的态势远未形成，近年来居民消费率不升反降；外部需求萎缩对外向度高的宁波影响深远，外贸发展、港口生产等增长动力明显减弱；投资也面临难以高位持续增长的问题。综上分析，在动力换挡期，宁波旧有的三大优势逐步丧失，投资、外贸两大动力后继乏力，而当前经济结构没有发生根本改变、可持续的增长新动力尚未形成，因此，宁波经济下滑的态势，以及发展中暴露出来的问题更先于国家，且深于国家。

(二) 社会发展滞后于经济发展，深层次矛盾凸显

长期以来，重经济轻社会，导致社会领域改革相对滞后，政府主导下的公共服务资源配置方式难以顺应新时期新形势的需求，尤其是在经济转型换挡、城乡差别性制度改革带来社会结构深刻变化的背景下，因利益分配不均而造成关系失衡的现象更为突出。主要体现在四个方面：（1）经济增长减速换挡，转型升级的系统性风险向就业、收入等社会发展领域传导。一方面，前期经济高速增长提高了人们获取更高收益和地位的预期，而现实的实现程度和预期之间的落差则产生了广泛的挫折感①；另一方面，目前的社会保障体系还处在较低水平和脆弱状态，使社会成员对失业以及收入下降的承受能力还比较弱。中小企业欠薪事件、房地产市场深度调整引发的纠纷，实质都是经济增速减缓、经济结构调整对居民生活带来直接影响而引发的社会矛盾。（2）城镇化加速推进并走向成熟过程中，城乡差别性制度改革的推进带来了城乡板块结构的变迁。原来分割的城乡社会群体的结构同化成为社会结构变迁的重要现象，并带来越来越多的社会问题。例如，城乡关系中的社会公正、歧视问题，城乡公共资源配置公平性的问题日益突出，近年来广受关注。（3）社会改革的滞后性以及改革进程的动态性，使社会改革和政策变动过程中新旧问题叠加。一方面，社会改革滞后于经济改革，难以满足居民改善生活的预期；另一方面，改革是一个渐进动态的过程，在解决老问题的过程中会不断产生新的问题。在推进各项改革创新的同时，如何在实践中灵活调适，并针对不断出现的新问题，及时提出可操作性的解决策略，成为社会领域改革探索的重要课题。

---

① 亨廷顿在《变迁社会中的政治秩序》一书中，分析了进入经济迅速发展阶段的发展中国家的不稳定政治秩序，他认为，预期收益和实现程度差异导致的挫折感是其中的重要原因之一。

（三）政府缺乏战略层面的统筹，体制机制红利尚未形成

近年来，政府在经济社会发展各个领域做了很多工作和努力，却没有充分发挥预期效应，其中最重要的原因就是宁波在战略层面上还缺乏顶层设计，加上在现行模式下的碎片化管理，各级政府及政府部门在面临同样的问题时各自为政，缺乏相互协调、沟通、合作，导致经济的行政化隔离和区域的碎片化发展。例如，从规划层面看，很多区块发展规划的制定权、审批权在市里，但规划的实施主要依靠县（市）区和功能区，当引进的项目与规划之间存在偏差时，规划的刚性就很容易被突破。从产业结构和布局看，杭州湾新区、梅山产业集聚区、三门湾区域、象山港区域、慈东滨海新区等几大重点产业集聚平台几乎都将主导产业锁定在装备制造、现代物流、电子信息、新能源等，产业同构率达到70%以上；与此同时，产业布局碎片化现象严重，以石化产业布局为例，北自国家级化工区、南至北仑小港和台塑专区、东至大榭开发区，碎片化、分散化布局既不利于产业集聚、打造产业集群，也不利于设施、资源共享，发挥整体效应和集聚效应，更对宁波中心城区形成半包围圈，带来较大的生态环境压力。除此之外，在城市建设和管理中也存在缺乏统筹的问题，导致宁波在城市规模、城市经济以及文化等软环境建设与城市定位不相匹配，城市缺乏吸引力。

（四）政府应对新变化的不适应，导致发展模式转变进程缓慢

（1）对经济"新常态"的不适应。"新常态"意味着经济发展的条件和环境已经或即将发生诸多重大转变，经济增长将与过去的模式告别，这一复杂的系统转型使新常态也不会只是短期调整。但地方政府对此依然认识不足，面对经济波动定力不够，延续老的思维和办法，阻碍了转型升级的推进，使市场本身的信号被弱化甚至变形。（2）对互联网迅速发展带来的冲击不适应。大数据、移动互联网等信息技术的迅猛发展，对思维方式、生产方式、交往方式、生活方式等各领域带来全方位颠覆性的变化。面对这些深刻而持久的冲击，地方政府从思维理念到应对方法都仍与新形势不相适应。（3）对依法执政、依法管理的不适应。随着宁波开放型经济的发展和国际化程度的提高，企业、群众的法律意识和权利意识也不断提高，越来越多的利益问题和矛盾纠纷依靠老思路、老办法难以化解。地方政府需要运用法治思维和法治方式，深化改革、推动发展、化解矛盾。

第三章

宁波工业发展现状与"3511"产业体系

一、宁波工业发展历程及概况

（一）宁波工业发展历程

宁波是长三角南翼的经济中心城市和重化工业基地，是华东地区重要工业城市，也是浙江省经济中心，自宁波开埠以来，工商业一直是宁波的一大名片。在近代史上，宁波市新兴工商业发展较早，宁波帮更是蜚声海内外，宁波港是世界著名的深水良港。

工业，是宁波的立市之本、强市之基，也是集改革开放经济发展大成的竞争力的产业。过去40年，宁波之所以能够从全部生产总值不足20亿元、非农人口比例不到15%的农业社会迅速实现向人均生产总值突破1万美元、财政一般预算收入近千亿元、城乡居民人均可支配收入位居国内前列、三次产业加速联动发展的历史性跨越，工业的迅速崛起和不断壮大发挥了不可替代的"中流砥柱"作用。当前及今后较长一个时期里，工业仍将是支撑宁波持续又好又快发展的中坚力量，如果工业发展不稳，全市经济发展就必然不稳。

宁波是我国东南沿海的一个重要港口，在清朝晚期上海港崛起以前，宁波一直是我国东南沿海开展对外交往的最大口岸。从19世纪末叶到1949年的半个世纪内，宁波近代工业所走的道路是极其曲折的，大致可分为这样几个阶段。

（1）1887～1912年：工业兴起时期。历史上，宁波的经济结构以农业、手工业的土特产品为主体。宁波的资本主义近代工业起源于19世纪90年代,正是清政府洋务运动高涨的时期。当时在中国创办现代工业的,除了清政府官办外,都是一些官僚买办阶级。他们看到帝国主义者在中国经营企业的巨额利润,就对资本主义的生财之道发生兴趣。宁波的第一个现代工厂是通久源轧花厂,设在宁波北门外。洋务派领袖李鸿章的幕僚严信厚,拉拢官僚买办、封建地主等集资而创立,从一家原有的手工轧花工场改建为机器轧花。这是宁波的第一家近代工厂,也是我国第一家机器轧花厂。

(2) 1914~1930年:工业发展时期。第一次世界大战爆发后,欧美帝国主义国家忙于战争,无暇东顾,暂时放松了对我国的压迫。这个时期,宁波和全国各地一样,民族工业得到进一步发展。从1914~1921年的8年中,宁波又先后创设了永耀电力公司、四明电话公司、美球针织厂、如生罐头厂、华陞印刷厂等21家工厂企业,至此,全宁波共有39家近代化工厂企业。棉纺针织业:9家;食品加工业:11家;机器修理业:6家;公用交通业:5家;日用品工业:8家。这一阶段是宁波工业发展的黄金时代,奠定了宁波资本主义工业的基础。

(3) 1931~1936年:经济衰退时期。到1932年宁波全市工厂100多家,多数为下行织布厂、针织厂和碾米厂,新设的大型厂仅恒丰布厂、立丰面粉厂和冷藏公司3家。这一阶段受到资本主义世界经济危机发生,帝国主义转嫁危机,加紧对华进行商品倾销,导致我国处在萌芽期的民族工业备受摧残,多数工厂面临巨亏倒闭的风险。

(4) 1937~1941年:畸形繁荣时期。在这段时间内,宁波工商业发生了深刻的变化,经历了两个截然不同的阶段。第一个阶段是从抗战开始到宁波沦陷为止,即从1937年秋季到1941年春季,约3年半时间。在此期间内,上海、杭州等地已相继沦陷。由于上海仍有租界存在,沪甬线航轮仍在通航,宁波成为内地各省物资的运转口岸,大量物资在宁波集散。宁波本身的工业品也畅销至内地各省,出现空前的景气,摆脱了原有的窘境。

(5) 1941~1945年:沦陷时期,工业瘫痪。第二个阶段是1941年4月19日日寇在镇海登陆后宁波沦陷,迄抗日战争胜利这一时期,宁波工商界中的一些头面人物一则为防范日寇汉奸勒索,二则避免沾上汉奸罪名,保全身家性命,纷纷走避内地和上海租界。宁波的一些较大工厂,有的关闭,有的缩小经营范围。整个宁波的工业生产,呈现一片萧条景象。

（6）1945～1949年：经济动荡时期。1945年8月，日本帝国主义战败投降，抗战胜利。但由于国民党当局的倒行逆施，宁波工商业表面上恢复繁荣景象，但实质上危机四伏。和丰纱厂恢复生产，久丰纱厂与美丰纱厂也扩大经营，万信纱厂与规模较小的利生纱厂先后创立。在布厂方面，恒丰、厚丰、大华本、丽华、大昌等布厂均恢复生产。100多家手工织布厂如天一、长生、同大丰等，也纷纷投产。交通运输方面，沪甬线恢复通航，宁穿、鄞奉与通往三北各地的公路运输也陆续恢复。正大火柴厂、太丰面粉厂、榨油厂等开工率也达到战前水平。其他手工业、工场、作坊也开始复苏。但是，一方面由于国民党政府滥发钞票，通货膨胀，工业生产周转缓慢，生意更是难做。另一方面，美国货充斥市场，如正在萌芽的宁波造纸工业，在美货牛皮纸大量入侵后，华伦纸厂被迫停工，改制粗纸，每月开工率只有5～10天；张新记牙刷厂的牙刷没有销路，积存了两个月的产量，资金周转困难，常常停工。总之，宁波的民族工业表面上虽然恢复繁荣景象，但实际上困难重重、危机四伏。在帝国主义、官僚资本的侵吞、独占以及苛捐杂税的重重盘剥下，民族工业只能面临破产和半破产的命运。1948年，宁波虽有484家工厂，但百人以上的大厂只有8家，职工总数只有7639人。

宁波工业历史经历了近代的"三支半烟囱"、1949年后的宁波投资的"四大工程"以及当前的宁波制造。"4+4+4产业"的集聚发展、9个工业"之都"以及宁波的"中国名牌"和"中国驰名商标"让企业家对宁波的工业充满信心。

1. 近代的"三支半烟囱"

1844年中英鸦片战争爆发及《南京条约》的签订，宁波作为条约规定五口通商口岸之一正式开埠，由此宁波近代民族工业起步并得到发展。之后，宁波的民族工业得到一定发展，这一特定历史时期可以用"三支半烟囱"来形容，工业规模小，其中和丰纱厂、太丰面粉厂、永耀电力公司各占一支，另外半支是指通利源榨油厂，由于通利源榨油厂长期开工不足，一年之中约有半年烟囱不冒烟，故只能算半支。不过，与同期内陆地区比照，宁波却属于领先，可与中国其他通商口岸齐名。彼时的宁波工业以纺织、食品加工为主。

2. 1949年后四大工程

1974年年底，宁波"四大工程"相继得到国家有关部门的批准并先后开工建设。宁波"四大工程"，是指依托宁波港区位优势，兴建宁波港、浙江炼油厂、镇海发电厂和镇海清水浦渔业基地等4个大中型工程，基建总投资达8亿元，是1949年后国家和浙江首次以宁波为中心开展大规模建设的开端。宁波"四大工程"建设，带动了宁波滨海炼油、化工、发电、造纸、钢铁和修造船等六大临港产业群和第三产业的大发展，是改革开放后浙江和宁波经济腾飞的重要基石之一。

3. 宁波现代工业体系

经过改革开放40年的高速发展，目前宁波已发展成为今天年产值超万亿元、拥有规模以上企业近1.20万家的全国性重要制造业基地，连续三次荣膺"中国品牌之都"称号，并获得了中国文具之都、中国模具之都、中国塑机之都、中国灯具之乡、中国家电基地、国家新材料高技术产业基地等多项殊荣。

但是，我们也必须清醒地看到，当前宁波工业正处在工业化中期加速向工业化后期过渡的重要历史转折期，长期以来制约宁波工业发展的结构性、素质性和机制性问题，仍然没有得到根本性转变，加上城市资源和环境承载压力的日益加剧，传统的粗放式发展路子早已"山穷水尽"。本轮国际金融危机深刻表明，在产业加速高端化和经济加速全球化的今天，加快工业转型升级已刻不容缓。

（二）宁波工业发展概况

宁波工业发展概况主要从宁波工业总产值、工业出口交货值、工业行业主营业务收入、工业行业利税总额来判断宁波工业发展的总体趋势。

1. 工业总产值

由图3-1可见，工业总产值总体上呈现出不断上升的趋势，总产值大致可以分为四个区间。1978~1992年，每年的工业总产值都低于100亿元，在这期间1980年和1985年增速出现峰值，在1980年工业总产值实现14.21亿元，同比上年增长38.7%，在1985年实现工业总产值36.96亿元，同比上年增长40.70%。到了1992年突破百亿元大关，达到了116.2亿元，与1978年的8.62亿元相比，翻了大约13倍。可以看出再改革开放初期宁波市工业发展是十分迅速的；1992~2003年，宁波市工业总产值在百亿元级别，从1987年的116.2亿元增长到2003年的847.79亿元，用了10年时间宁波市工业总产值翻了大约8倍，平均年增长速度高达19.10%，2004~2007年增速有所减缓，但是在2004

年突破千亿元大关,达到1027.26亿元;2004~2016年,宁波市工业总产值一直处于数千亿元级。由于受到亚洲金融危机的影响,2008年和2009年增长速度变慢,在随后的几年内,增长率在波动变化,在2016年实现3980.68亿元,比2010年增加了1421.04亿元,增长了55.51%,比2015年增长了9.00%。

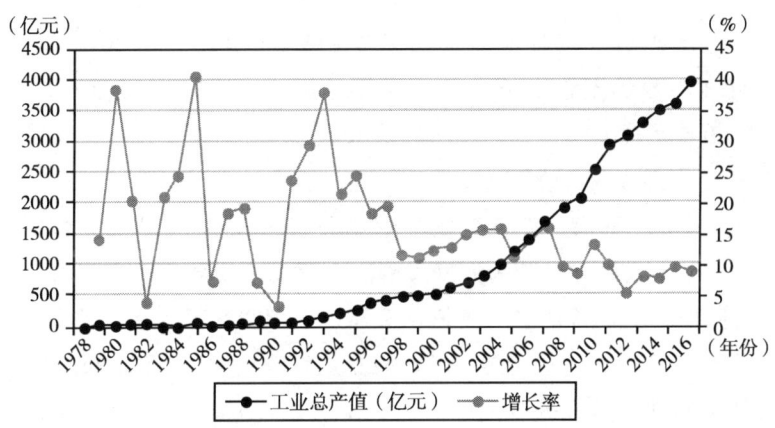

图3-1 1978~2016年宁波市工业总产值及增长率

2. 工业出口交货值

从图3-2可以看出,工业出口交货值总体上呈现出不断上升的趋势。其中,2003年、2007年增长速度最快,2003年实现出口交货值7778059万元,同比上年增长了36.70%,2007年实现出口交货值23744727万元,同比上年

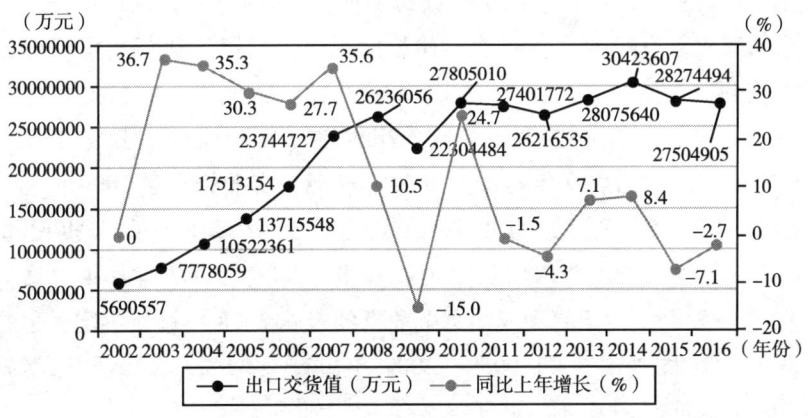

图3-2 工业行业出口交货值及增长率

增长了 35.6%，由于受到亚洲金融危机的影响 2008 年增长速度下降到了 10.50%，但是自然保持正增长，实现出口交货值 26236056 万元，但是到了 2009 年出现了负增长，相比 2008 年的出口交货值下降了 15.00%，2010 年又再一次快速增加，实现出口交货值 27805010 万元，相比 2009 年增加 5500526 万元，增长率高达 24.70%，并且也超过了 2008 年的出口交货值，之后连续下降了两年，工业出口交货值下降到了 26216535 万元，在 2013 年再次正增长，2014 年再一次出现正增长，实现出口交货值 30423607 万元，2015～2016 年连续两年出现负增长。

3. 工业行业主营业务收入

从图 3－3 可以看出，工业行业主营业务收入总体上呈现出波动上升的趋势，主营业务收入大致可以分为四发展阶段：第一个发展阶段为 1979～1986 年。在这一段时间内，工业行业主营业务收入都低于 100 亿元，由于改革开放初期，对各类产品的需求量大，因此在 1979 年的主营业务收入只有 18.71 亿元，在 1986 年的工业行业主营业务收入就达到了 86.67 亿元，除去 1982 年的增长率为 7.69%，其他年份的增长率都保持在 13% 以上，其中增长最快的年份是 1984 年，实现工业行业主营业务收入 54.57 亿元，与 1983 年的工业行业主营业务收入相比，增长了 39.99%。第二个发展阶段为 1987～1999 年，在 1987 年，工业行业主营业务收入首次突破 100 亿元大关，实现主营业务收入 110.96 万元，到了 1999 年工业行业主营业务收入已经达到了 985.32 亿元，与 1987 年相比增加了 874.36 亿元，工业行业主营业务收入在这 13 年期间翻了将近 8 倍。在这一时期内各个工业行业已经经过了改革开放初期前 10 年的发展，也都取得了一定的效益，市场需求家有很大，各行业开始扩大规模，所以工业行业主营业务收入依然保持较高的增长速度，其中在 1993 年增长速度最快，实现主营业务收入 480.46 亿元，与 1992 年的主营业务收入相比增长了 52.23%。第三个发展阶段为 2000～2009 年。在这 10 年间，自 2000 年主营业务收入突破 1000 亿元大关在 2000 年实现 1350.52 亿元，与 1999 的工业行业主营业务收入相比增长了 37.06%。从 2000～2008 年的增长率可以看出，2000～2007 年每年的增长速度都保持在 20% 以上，由于受到亚洲金融危机的影响 2008 年有所下降，但是依然保持正增长，增长速度为 11.09%，2009 年出现负增长，实现主营业务收入 7824.88 亿元，同比 2008 年下降了 5.53%。第四个发展阶段为 2010～2016 年，由于亚洲金融危机的影响已经结束，在 2015 年工业行业主营业务收入突破

10000亿元大关，实现主营业务收入10396.63亿元，同比2009年增长了32.87%。在接下来的几年中增长速度有所减慢，部分年份还出现了负增长，但是总体上依然呈现出上升趋势。

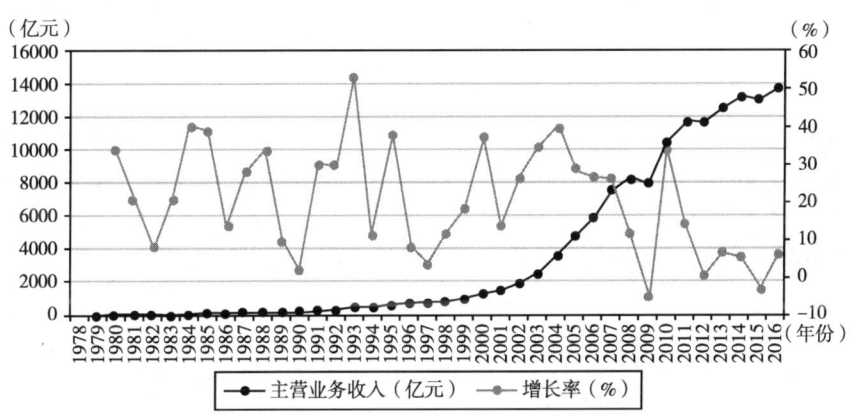

图3-3 1978～2016年工业行业主营业务收入及增长率

4. 工业行业利税总额

从图3-4可见，工业行业利税总额总体上呈现出波动上升的趋势，利税总额大致可以分为五个发展阶段：第一个发展阶段为1978～1987年。在这一段时间内，工业行业利税总额都低于20亿元，由于改革开放初期，对各类产品的需求量大，因此在1978年的利税总额只有4.29亿元，在1987年的工业行业利税总额就达到了18.54亿元，除去1986年的增长率为8.48%，其他年份的增长率都保持在10.00%以上，其中增长最快的年份是1980年，实现工业行业利税总额6.17亿元，与1979年的工业行业利税总额相比，增长了30.44%。第二个发展阶段为1988～1993年，在1988年，工业行业利税总额首次突破20亿元大关，实现利税总额23.24亿元，到了1993年工业行业利税总额已经达到了45.15亿元，与1988年相比增加了21.91亿元，工业行业利税总额在这6年期间翻了将近2倍。在这一时期内各个工业行业已经经过了改革开放初期前10年的发展，也都取得了一定的效益，市场需求很大，各行业开始扩大规模，所以工业行业利税总额依然保持较高的增长速度，其中在1993年增长速度最快，实现利税总额45.15亿元，与1992年的利税总额相比增长了42.15%。第三个发展阶段为1994～1998年。在这5年间，1994年利税总额突破50亿元大关，在1998年实现88亿元，与1997的工业行业利税总额相比增长了 11.96%。1994~1998 年的增长率可以看出,1994~1998 年每年的增长速度都保持在 10% 以上。第四发展阶段为 1999~2009 年,在 1999 年,工业行业利税总额首次突破 100 亿元大关,实现利税总额 118.65 亿元,到了 2009 年工业行业利税总额已经达到了 867.35 亿元,与 1988 年相比增加了 748.70 亿元,工业行业利税总额在这 11 年期间翻了将近 6.40 倍。由于受到亚洲金融危机的影响 2008 年有所下降,出现了负增长,增长速度为 -23.53%。第五个发展阶段为 2010~2016 年,由于亚洲金融危机的影响已经结束,在 2010 年工业行业利税总额突破 1000 亿元大关,实现利税总额 1160.50 亿元,同比 2009 年增长了 33.80%。在接下来的几年中增长速度有所减慢,部分年份还出现了负增长但是总体趋势上依然呈现出上升趋势。

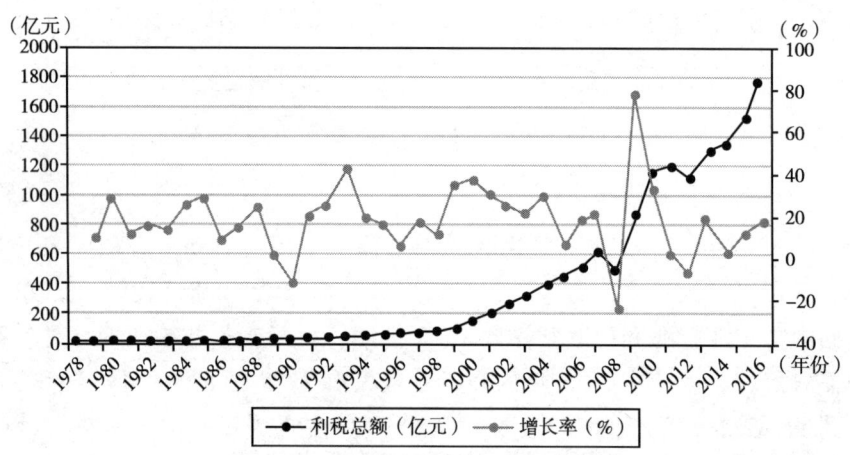

图 3-4 1978~2016 年工业行业利税总额及增长率

二、宁波工业分行业发展情况评价

根据《国民经济行业分类》(GB/T4754—2011)工业行业分为 43 个子行业,为了重点分析宁波市主要工业行业领域发展状况,我们采用每年的工业总产值指标作为行业排名,通过计算每个行业每年的排名确定各个行业历年平均排名,本章重点分析历年平均排名在前 9 位的行业领域,如表 3-1 所示。

第三章 宁波工业发展现状与"3511"产业体系

表 3-1　　　　　　　　　平均排名前 9 位的工业行业

序　号	工业行业
1	电气机械及器材制造业
2	石油加工及炼焦业
3	普通机械制造业
4	电子及通信设备制造业
5	汽车制造业
6	交通运输设备制造业
7	化学原料及化学制品制造业
8	纺织业
9	有色金属冶炼及压延加工业

（一）石油加工及炼焦业

从图 3-5 可见，宁波市的石油加工及炼焦业在总体上呈现出波动上升的趋势，从 2002 年的总产值 226 多亿元增加到了 2016 年的 1381 亿元，10 多年时间翻了 6 倍多。从增长率来看，2004 年增长速度最快，增长率高达 60%；2004 年~2008 年增长速度一直处于下滑状态；至 2009 年首次出现负增长，同比下降 14.16%；2010 年有所回升，保持正增长；之后几年，增长率又一直在波动中下

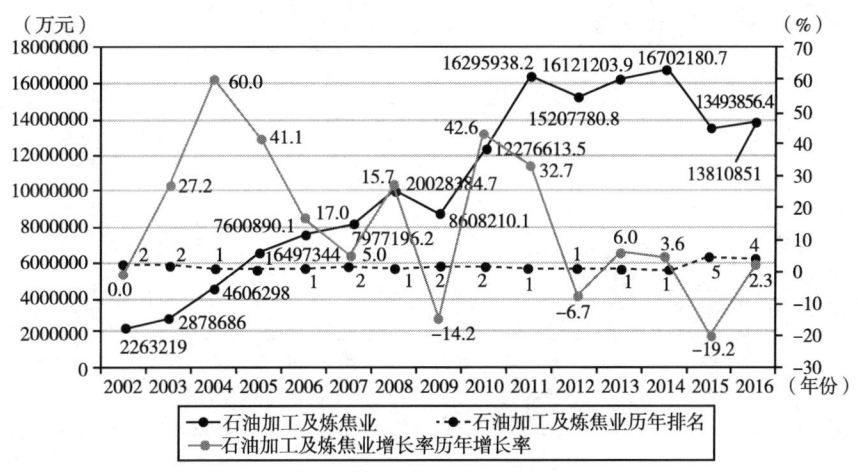

图 3-5　石油加工及炼焦业

降；2015年出现历史最低值，同比下降19.21%，总产值同比前两年减少300多万元。纵观石油加工及炼焦业的行业排名，2002~2014年，行业排名一直稳居前2名，但是2015年突然落至第5名，汽车制造业排名第1位，该行业在总产值的占比也有所下降，2015年占比仅为9.70%，说明宁波石油加工行业发展从总量上看上升，但是增长速度的迅速下降。

（二）电气机械及器材制造业

从图3-6可见，电气机械及器材制造业历年的总产值在整体上呈现出稳步上升趋势。由2002年的241.94亿元增长到2016年的1662.50亿元，增加了1363多亿元，翻了将近7倍。从增长率来看，14年间电气机械及器材制造业全部保持正增长，2008年前由于行业总量基数相对小，增长速度很快，年均增长率都大于18.00%，其中，2003年的增长速度最快，同比增长达到37.93%。受到2008年国际金融危机的外部冲击，2009年增长速度减慢，仅为0.48%，但是依然实现了正增长。2010年增长明显回升，增长率达到27.12%，不过，之后年均增长率呈下降趋势，增长率基本保持个位数，历经多年发展，宁波电气机械及器材制造业总产值已经突破1000亿元大关，增长速度减缓，但是依然维持正增长，电气机械及器械制造业在行业中的排名一直保持在前2名。其生产总值占全部工业生产总值的比重一直保持在10%以上，最高时达到12.70%。

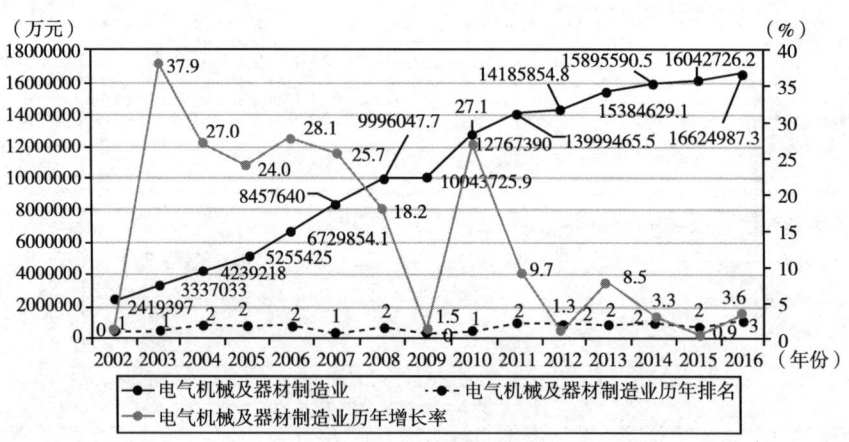

图3-6 电气机械及器材制造业

(三) 普通机械制造业

从图3-7可见，普通机械制造业总产值总体上呈现不断爬坡上升的趋势。从2002~2016年，总产值由1424491万元增加到了7685489万元，增长大约4.30倍。2002~2008年，年均增长速度都很快，2004年增长率最高，同比增长60.89%，其他年份增长率基本保持在10.00%以上。由于受到金融危机的影响，2009年的生产总值相比2008年有所回调，同比减少了12.88%，不过，2010年再一次大幅增长，同比增长38.34%。之后，2011年和2012年，又再次出现了两次连续回调，在2012年的下降幅度达到12.90%。在2013年和2014年再次回升，在2014年总产值达到了8037981.30万元，同比2013年增长了12.03%，2015年再次回调，2016年有所增长。从增长率来看，该行业处于不断波动中下降趋势。从行业排名来看，在2013年之前，普通机械制造业的总产值一直保持在前5名，最高时达到第3名，不过，从2013年开始，该行业排名连续下降，2016年已经下降到第8名。

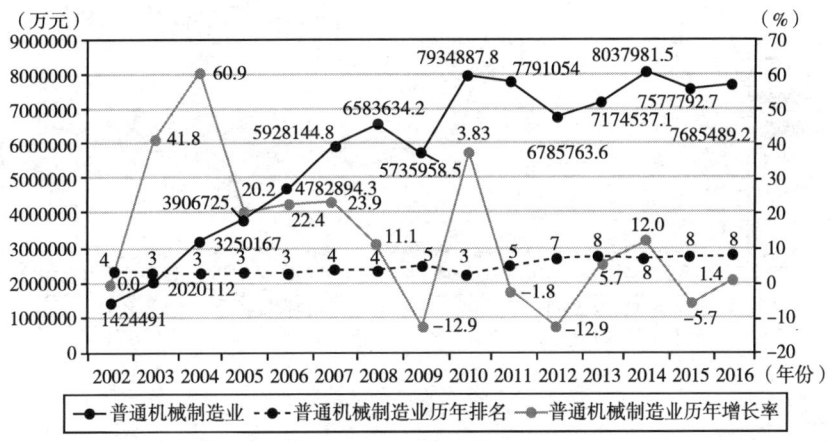

图3-7 普通机械制造业

(四) 电子通讯及设备制造业

从图3-8可见，电子及通信设备制造业总产值总体上呈现出不断上升的趋势,自 2002 年的 1232092 万元增长到 2016 年的 8679498.70 万元,增加了 7447406.70 万元,增长了 6 倍多,其中 2003 年和 2007 年增长速度最快,2003 年实现总产值 1858627 万元,同比上年增长了 50.85%,2007 年实现总产值 6063939 万元,同比上年增长了 89.12%。由于受到亚洲金融危机的影响,2008 年增长速度下降到了 9.06%,但是依然保持正增长,实现总产值 6613169.6 万元,但是到了 2009 年出现了负增长,相比 2009 年的总产值下降了 19.11%,2010 年又再一次快速增加,实现总产值 6927734 万元,相比 2009 年增加 1578015.10 万元,增长率高达 29.50%,并且也超过了 2008 年的总产值,之后连续增长了两年,总产值达到了 8635925.20 万元,在 2013 年又出现了负增长,2014 年再一次出现正增长,总产值实现 8727259.20 万元。2015 年出现负增长但是总产值依然保持在 800 亿元以上。从行业排名来看,电子及通信设备制造业的排名 2002~2016 年主要在第 3 名到第 7 名之间波动,而且 2012 年以后有下降的趋势。在 2016 年排名第 6。

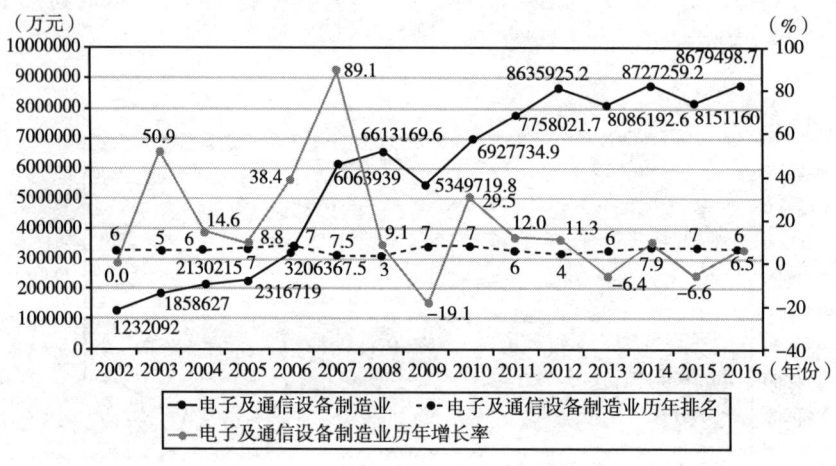

图 3-8　电子通讯及设备制造业

(五)汽车制造业

从图 3-9 可见,自 2012 年以来,宁波市汽车制造业发展迅速,从 2012 年的 590228.60 万元一直增长到 2016 年的 19643253.20 万元,增加了 19053024.60 万元,增长了 32 倍多,同比上年增长率在 2013 年和 2014 年逐年增加,分别高达 27.20% 和 48.52%，在 2016 年有所回调，但是依然保持在 32.50% 的增速。汽车制造业在历年的行业排名中，从 2012 年的第 9 名，逐年向前提高，到 2016 年提升到了第 2 名，占工业总产值的比重也是逐年提高，从 2012 年的 4.90% 提升到 2016 年的 13.55%，可见宁波市汽车制造业发展较快。

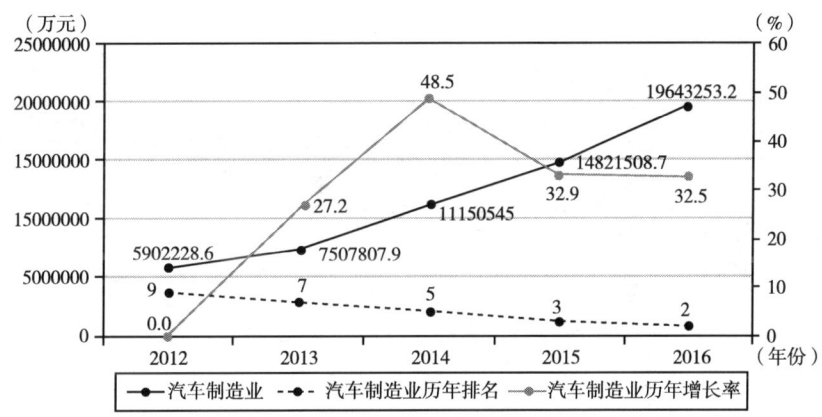

图 3-9 汽车制造业

（六）交通运输设备制造业

从图 3-10 可见，交通运输设备制造业总产值总体上呈现出不断上升的趋势。2002~2016 年，总产值由 991616 万元增加到了 21275284.40 万元，增加了 20283668.40 万元，增长了 20 多倍。2002~2008 年，每年的增长速度都很快，最快的年份是 2003 年，同比 2002 生产总值增加了 48.44%，其他年份业保持在 9% 以上，同比上年总产值增长最慢的年份是 2004 年，但是也达到了 9.48%。由于受到亚洲金融危机的影响，2009 年的生产总值相比 2008 年增长幅度不大，由 2008 年的 4745985.30 万元增长到 2009 年的 5137851.70 万元，增长了 8.26%，2010 年再一次大幅增长，2010 年总产值达到了 6669663.80 万元，同比 2009 年增长了 29.81%，相比 2008 年增长了 40.53%。2011 年的生产总值相比 2010 年有所回调，由 2010 年的 6669663.8 万元下降到 2011 年的 6630766 万元，减少了 0.58%，在接下来的 2011~2015 年这 4 年间，增长率又开始有所回升，2014 年的增长率达到 43.43%，2014 年总产值为 12987239.20 万元。从行业排名来看，2002~2016 年，交通运输设备制造业排名都在前 10 名之内，最好时能达到第 7 名,从 2014 年开始,行业排名提升到前 7 名,且 2014 年行业排名都为第 4 名,2015 年与 2016 年连续两年排名第一。

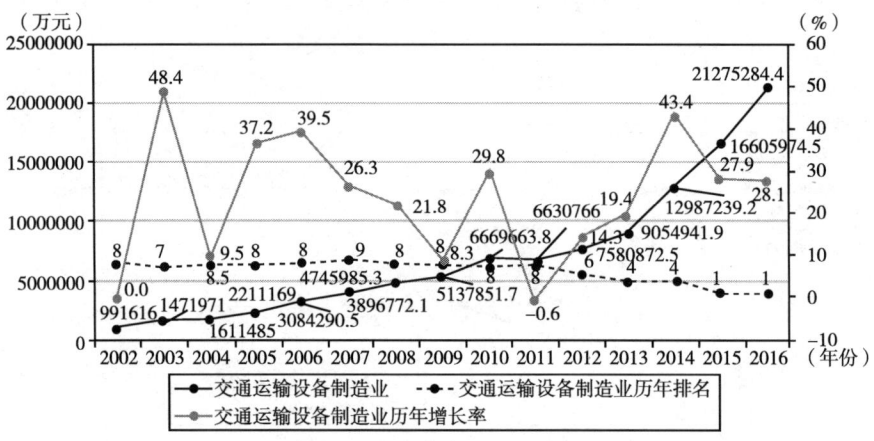

图 3-10 交通运输设备制造业

(七) 化学原料及化学制品加工业

从图 3-11 可以看出,化学原料及化学制品制造业总产值总体上呈现出不断上升的趋势。2002~2016 年,总产值由 567859 万元增加到了 13750818.3 万元,增加了 13182959.30 万元,增长大约 24 倍。2002~2008 年,每年的增长速度都很快,最快的年份是 2005 年,同比 2004 年生产总值增加了 75.82%,其他年份也保持在 5.00% 以上,同比上年总产值增长最慢的年份是 2008 年,但是也达到了 8.26%。由于受到亚洲金融危机机的影响,2009 年的生产总值相比 2008 年增长幅度不大,由 2008 年的 5185069.3 万元增长到 2009 年的 5403403.3 万元,增长了 4.21%,2010 年和 2011 年再次大幅增长,2010 年总产值达到了 7450282.3 万元,同比 2009 年增长了 37.88%,相比 2008 年增长了 43.69%。2011 年总产值达到了 11312266.7 万元,同比 2010 年增长了 51.84%,相比 2008 年增长了 118.17%。在接下来的 2011~2015 年这四年间,增长率又开始大幅下降,2014 年的增长率降到 0.48%,2014 年总产值为 14380930.80 万元。从行业排名来看,在 2005 年之前,化学原料及化学制品制造业排名都在前 10 名之外,最好时能达到第 12 名,自从 2005 年之后,行业排名提升到前 10 名,最好时能到达前 3 名。

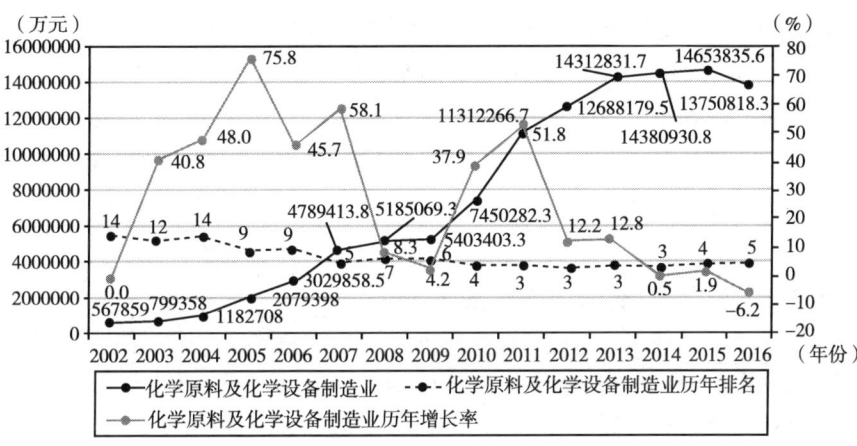

图 3-11　化学原料及化学制品加工业

（八）纺织业

由图 3-12 可见，纺织业的总产值总体上呈现出先上升后下降的趋势。自 2002 年的 1384256 万元增加到 2011 年的 7370198 万元，在 2012 年突然下降到了 3592043 万元，一直到 2016 年一直维持在 360 亿元左右。从增长率方面来看，除去 2012 年的负增长之外，其他年份都实现了正增长，在 2003 年增长速度最快，增长速度高达 81.58%，接下来几年的增长速度也保持在 10% 左右。在

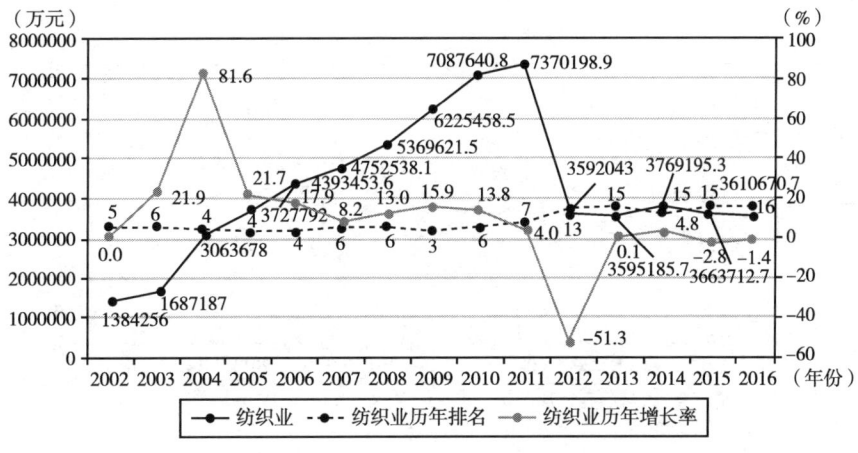

图 3-12　纺织业

2012年，总产值突然下降到了3592043万元，与2011年相比减少了3778155.9万元，下降了51.26%。随后几年，总产值在350亿元左右，总体上没有太大变化。从行业排名方面看，纺织业在2011年之前，行业排名一直处于前几名，2012年往后滑落了6名，处于第13名，2013年、2014年、2015年保持第15名不变，纺织业发展出现萎缩。

（九）有色金属冶炼及压延加工业

从图3-13可见，有色金属冶炼及压延加工业总产值总体上呈现出有回调式的上升趋势。2002~2007年为第一个上升阶段，总产值从573380万元增长到4617532.30万元，增加了4044152.30万元，增长了7倍多，其中在2004年增长速度最快，与2003年总产值相比，2004年增长速度高达96.93%，2006年同比上年的增长也达到了65.15%；行业排名也由2002年的第13名前进到了第8名。2008~2009年为回调阶段，总产值由2007年的4617532.30万元下降到了2009年的3013843万元，降低了1603689万元，下降了34.73%。行业排名也由2007年的第8名倒退到了第10名。2010~2016年为再次上升阶段，期间2012年出现小幅回调。2010年的总产值实现了4806584.20万元，一举超过回调之前的水平，同比上年增长了59.48%；随后，虽然2012年下降2.96%，但其他年份都实现了正增长；到了2016年总产值实现6808981万元，行业排名维持在第10名，低于历年平均排名。

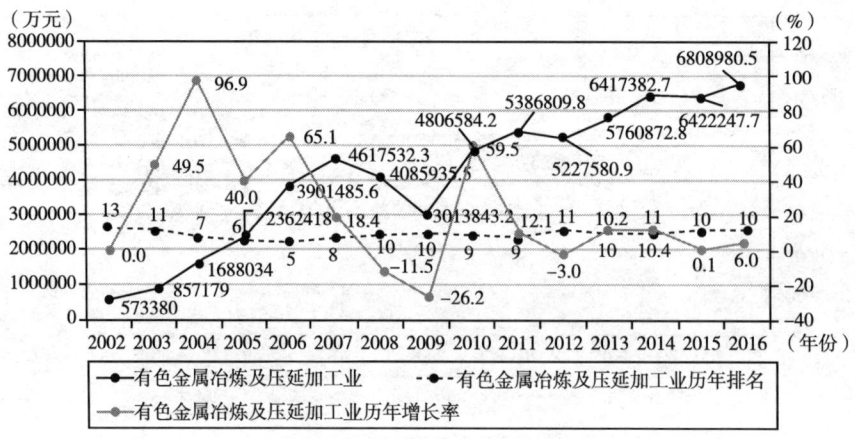

图3-13 有色金属冶炼及延压加工业

三、宁波"3511"产业体系及发展动态

产业发展是支撑实体经济发展的重要支柱,宁波市作为全国首个"中国制造 2025"试点示范城市,在由制造大市向制造强市跃升的过程中,必须大力发展制造业,振兴实体经济,宁波市为此制定了"3511"产业体系,[①] 推动产业的转型升级。

(一)新材料产业发展

宁波市是首批 7 个新材料产业国家高技术产业基地之一。经过多年的发展,在新材料产业领域已形成较好竞争优势,总体规模在战略性新兴产业中居于前列,对宁波市经济发展起到了重要的支撑与带动作用,已成为全市高新技术产业的重要支柱。2016 年,宁波市获批成为首个"中国制造 2025"试点示范城市,新材料产业作为重点发展的三大战略产业之一,未来将迎来新的发展机遇。根据新的企业系数法统计,截至 2016 年年底,全市新材料产业共实现工业产值 788.55 亿元,累计增速 2.80%,略低于全市战略性新兴产业平均水平(累计增速 5.80%);增加值为 107.06 亿元,累计增速 7.50%,略低于全市战略性新兴产业平均水平(累计增速 10.40%)。新材料产业总体运行平稳,总产值在八大战略性新兴产业中稳居首位,增加值居第二位。

(1)企业。宁波市第一家由"3315 计划"人才创办的上市企业宁波激智新材料科技有限公司在深圳证券交易所创业板正式挂牌上市,公司董事长为首批国家"千人计划"专家张彦。另一家以国家"千人计划"专家姚力军博士为核心创办的江丰电子近年发展迅速,正在积极准备上市。在姚力军博士的带动下,宁波在溅射靶材和超高纯金属材料产业上下游引进了 48 位硕士以上海外高层次人才,7 人入选"3315 计划",其中有 6 人入选国家"千人计划",形成了超高纯铜、铝、钛、钼、钽等靶材产业链,催生了江丰精密设备、创润新材料等一

---

① "3511"产业体系见第一章第二节。3 大战略产业:新材料、高端装备、新一代信息技术产业;5 大优势产业:汽车制造、绿色石化、时尚纺织服装、家用电器、清洁能源产业;1 批新兴产业:生物医药、海洋高新技术、节能环保为代表的产业;1 批生产性服务业:工业创新设计、科技服务、检验检测为代表的产业。

批高科技企业。

（2）人才。新材料科技城已集聚各类人才近6万名，其中，硕士以上学历和副高以上职称人才6500余名；引进海外留学人才1000余名、外国专家100余名，高层次人才总量名列宁波市各县（市）区前列。

（3）园区平台。新材料科技城积极实施创新驱动发展战略，积极搭建创新创业平台，集聚创新创业资源。正在建设总建筑面积42万平方米的宁波新材料国际创新中心，拥有宁波市科创中心、浙大科技园宁波分园、宁波市大学科技园、甬港现代创业中心等4家国家级科技企业孵化器和10万平方米的科技企业加速器，建成了总面积5万平方米的宁波众创空间，宁波新材料联合研究院首期项目已投入运营，有效整合了兵科院、中科院宁波材料所等研发机构的资源。

（4）面临主要困难。一是企业创新不足，自主创新和核心竞争力不足，关键技术受制约人；二是行业利润整体下降。

（二）高端装备制造产业

高端装备产业则是装备工业的核心，具备技术密集、附加值高、成长空间大等特点，是决定装备工业产业链综合竞争力的新兴产业。宁波市依托对外开放优势和制造业基础，高端装备产业不断发展，在行业专用装备、数控机床、轨道交通车辆装备和新能源汽车等领域培育形成了一批优势产品、行业龙头骨干企业、单项冠军企业或隐形冠军企业。

2016年，全市高端装备产业实现增加值372.70亿元，同比增长10.20%，比同期规模以上工业增速高出2.90个百分点；其中规模以上工业企业1155家，实现工业总产值1632.9亿元，同比增长10.20%，高于规模以上工业5.80个百分点，占规模以上工业比重为11.30%。高端装备产业规模不断扩大，增速高于规模以上工业平均水平（见表3-2）。

表3-2　　2016年宁波市高端装备产业总产值和出口交货值　　单位：亿元，%

行业名称	工业总产值		出口交货值	
	产值	同比增速	数值	同比增速
新能源汽车及轨道交通装备	368.8	52.4	32.6	-0.9
高端船舶装备	21.9	-54.5	10.1	-70.0

续表

行业名称	工业总产值		出口交货值	
	产值	同比增速	数值	同比增速
光伏及新能源装备	269.8	5.1	87.4	13.0
高效节能环保装备	203.7	6.0	67.9	-1.7
智能纺织印染装备	2.1	30.4	0.2	-36.7
现代物流装备	84.6	-6.8	5.7	4.8
现代农业装备	63.7	1.8	27.5	0.0
现代医疗设备及器械	29.6	11.1	8.9	22.0
机器人与智能制造装备	177.3	13.7	36.3	15.7
关键基础件	411.5	1.7	119.0	-0.6
合计	1632.9	10.2	395.8	-2.3

(1) 企业。宁波高端装备产业企业实力进一步增强,已培育形成一批行业龙头骨干企业或隐形冠军企业,在国内外细分领域具有明显竞争优势。2016年宁波高端装备产业产值超过100亿元企业1家(浙江吉利),20亿～50亿元企业1家(东方日升),10亿～20亿元的企业12家。2016年,宁波德鹰精密机械有限公司被认定为国家制造业单项冠军示范企业(第一批);宁波慈北医疗器械有限公司被认定为2016年浙江省"隐形冠军";宁波盛技机械有限公司等6家企业列入2016年浙江省列入"隐形冠军"培育企业名单。宁波长壁流体动力科技有限公司矿用连接件产品已稳居国内龙头老大地位,市场占有率在70.00%以上。宁波市凯博数控机械有限公司在全国数控雕铣机行业名列前三,国内市场占有率30.00%,长三角地区位列第一(见表3-3)。

表3-3　　　　2016年宁波高端装备产业龙头企业名单

序号		企业名称
一		产值100亿元以上企业
	1	浙江吉利汽车制造有限公司
二		产值20亿～50亿元企业
	1	东方日升新能源股份有限公司
三		产值10亿～20亿元企业
	1	宁波申菱电梯配件有限公司
	2	宁波三星医疗电气股份有限公司
	3	浙江舜宇光学有限公司

续表

序 号	企业名称
4	宁波奇美材料科技有限公司
5	中银（宁波）电池有限公司
6	宁波三星智能电气有限公司
7	宁波维科电池股份有限公司
8	浙江启鑫新能源科技股份有限公司
9	宁波德昌电机制造有限公司
10	宁波神通模塑有限公司
11	宁波银港铜业有限公司
12	宁波杜亚机电技术有限公司
四	国家制造业单项冠军示范企业名单（第一批）
1	海天塑机集团有限公司
2	宁波德鹰精密机械有限公司
五	2016年浙江省"隐形冠军"公示名单
1	宁波慈北医疗器械有限公司
六	2016年浙江省列入"隐形冠军"培育企业名单
1	宁波盛技机械有限公司
2	慈溪市天行电器有限公司
3	宁波创新阀门有限公司
4	宁波市凯博数控机械有限公司
5	宁波均胜普瑞工业自动化及机器人有限公司
6	宁波圣龙浦洛西凸轮轴有限公司

（2）人才。在市"3315计划""千人计划""领军和拔尖人才培养工程""海外工程师"等人才引进政策引领下，通过组织人才科技周、高洽会等专项活动，依托宁波工业研究院、宁波市智能制造产业院等载体平台，全市高端装备领域在高端团队和高层人才引进方面取得显著成效。2016年，引进新能源汽车动力管理系统项目等"3315计划"高端创业团队8个和ADAS（高级驾驶辅助系统）技术开发与应用项目等"3315计划"海外高层次人才4名。

（3）园区平台。国家级、省级、市级企业技术中心、省级高新技术企业研究开发中心、省级、市级企业研究院等科研平台申报工作取得显著成效。2016年，高端装备领域新增1家国家认定企业技术中心（浙江大丰实业股份有限公司）；臻至精密铝压铸模具省级高新技术企业研究开发中心等15家省级高新技术企业研发中心；宁波金丰冲压装备研究院等10家市级企业研究院（见表3-4）。

表3-4　2015年宁波高端装备新增企业技术中心/企业研究院名录

序　号		平台类型
一		国家级企业技术中心
	1	宁波天安（集团）股份有限公司技术中心
二		省级高新技术企业研发中心
	1	臻至精密铝压铸模具省级高新技术企业研究开发中心
	2	万丰精密机床主轴轴承省级高新技术企业研发中心
	3	精诚模具省级高新技术企业研究开发中心
	4	百琪达稀土加工设备省级高新技术企业研究开发中心
	5	向隆等速驱动轴省级高新技术企业研究开发中心
	6	瑞源体外诊断系统省级高新技术企业研究开发中心
	7	日安暖通阀省级高新技术企业研究开发中心
	8	第一注塑模具省级高新技术企业研究开发中心
	9	锦泰科学分析仪器部件省级高新技术企业研究开发中心
	10	日星铸业大型风电关键零部件铸造省级高新技术企业研究开发中心
	11	宁波乐惠啤酒饮料工程装备省级高新技术企业研究开发中心
	12	英科特机电设备表面处理省级高新技术企业研究开发中心
	13	思明科技内高压成型省级高级技术企业研究开发中心
	14	宁波雪利曼CAN总线运维平台省级高新技术企业研究开发中心
	15	合力机泵省级高新技术企业研究开发中心
三		市级重点企业研究院
	1	宁波君禾家用泵研究院
	2	宁波金丰冲压装备研究院
	3	宁波旭升汽车轻量化零部件研究院
	4	宁波弘讯塑机自动化控制研究院
	5	宁波安信伺服节能控制系统研究院
	6	宁波巨神智能潜水电泵研究院
	7	宁波华平无铅黄铜阀门研究院
	8	宁波申菱智能电梯部件研究院
	9	宁波乐惠饮料工程装备研究院
	10	宁波合力铸造模具设计研究院

(4) 面临的问题。受金融危机出口冲击和发达国家纷纷推出举措制造业振兴计划影响，高端装备出口市场复苏不明显。高端装备产业部分细分领域产业链配套不齐全，产业链的协同效应并不明显。要素成本仍然提高，民营企业融资成本高，企业实际税收负担重。

（三）新一代信息技术产业

2016年，宁波市新一代信息技术产业全行业积极对接服务"中国制造2025""互联网＋"等国家战略，深入贯彻落实《"中国制造2025"宁波行动纲要》《宁波市人民政府关于宁波市推进"中国制造2025"试点示范城市建设的若干意见》等决策部署，大力推进集成电路、光学电子、汽车电子、电子信息材料、手机模组、通讯终端产品及软件和信息服务等行业发展，不断提高宁波市新一代信息技术产业核心竞争力，促进电子信息制造业转型升级。

2016年，宁波市新一代信息技术产业发展势头良好，产值增速不断加快，全年工业总产值达到534.78亿元，占全市战略性新兴产业工业总产值比重为22.22%，产值累计增速同比达到25.20%，超过全市战略性新兴产业工业总产值平均增速19.40个百分点。产业体量比重不断加大，全年产业增加值达138.36亿元，占全市战略性新兴产业增加值比重为28.56%，产业增加值累计增速同比达到30.60%，超过全市战略性新兴产业增加值平均增速20.20个百分点。新一代信息技术产业已成为宁波市战略性新兴产业中发展最快的产业，工业总产值、增加值增速均排名全市首位。

存在问题：部分细分领域发展受挫，2016年以来宁波市液晶面板产业持续下滑，对全市新一代信息技术产业整体影响明显；半导体发光二极管（LED照明）一定程度上供过于求，价格回落，产销出口量出现下滑；新一代信息技术产业对人才的依赖程度大，人才短缺问题依旧严峻，已不同程度地影响企业的发展，特别是在设计、系统集成、软件方面的人才紧缺现象尤其突出。产业结构亟待调整升级，产业规模仍然不大，具备区域影响性的产业龙头和领军企业数量还较少，龙头骨干企业的规模偏小，与产业链上下游企业协作较少，技术创新引领和支撑作用不够突出，品牌效应不明显，对产业链集聚带动作用相对较弱。

（四）汽车制造产业

2016年宁波市汽车制造业呈现出良好的发展态势，首次跃升为宁波第一大行业。全市汽车制造业规模以上企业537家（比2015年增加54家）累计完成工业总产值（当年价）1924.80亿元，产值规模占全市比重的13.40%，占全省汽车制造业比重的42.00%，产值同比增长29.8%。其中，汽车整车制造企业产值658.70亿元，约占全市汽车制造业产值份额的1/3，产值同比增长16.10%；汽车零部件制造企业产值1266.10亿元，约占全市汽车制造业产值份额的2/3，产值同比增长38.30%。

宁波市共11家汽车生产制造企业，其中，乘用车产品以上海大众宁波分公司和浙江吉利汽车有限公司的轿车为主，占全市整车产销量、产值的99.00%；商用车产品以浙江南车电车有限公司、宁波凯福莱特种汽车有限公司、浙江宝成机械科技有限公司等企业的客车、特种车、改装车为主。全年，汽车企业生产销售64.25万辆，实现利润95.79亿元，同比增长29.10%和40.20%（见表3-5）。

表3-5　2016年宁波市主要汽车生产企业主要经济指标　　　单位：辆，万元

企业名称＼指标	产量	工业总产值	工业销售产值	利税总额	利润总额
上海大众宁波分公司	287422	3849022	3849022	891561	569080
浙江吉利汽车有限公司	354312	2671822	2621461	421884	389411
浙江南车电车有限公司	208	48880	33351	670	604
宁波凯福莱特种汽车有限公司	295	11748	11682	407	161
浙江宝成机械科技有限公司	215	4592	4592	533	65
合计（万辆、亿元）	64.25	658.61	652.01	131.51	95.79
增幅（%）	29.10	16.09	15.16	43.60	40.18

2016年全市新能源汽车产量呈爆发式增长，主要以浙江吉利汽车有限公司、浙江南车电车有限公司和浙江宝成机械科技有限公司等为主，产品车型包括新能源乘用车、客车、微型车和专用车，全年生产新能源汽车17328辆，产值37.45亿元；2015年全市新能源汽车整车产量仅为227辆。

全年汽车制造业从业人员年均人数为135720人，2015年同期增长7.21%；

实现主营业务收入1867.67亿元,同比增长31.00%,占全市规模以上工业企业主营收入的14.14%;其中汽车零部件制造业为1206.15亿元,同比增长46.02%(见表3-6)。

表3-6　　　　宁波市汽车零部件(规上)行业主要经济指标　　　　单位:亿元

指标 年份	规上企业数量	工业总产值	汽车工业产品产值	工业销售产值	出口交货值	资产总计	利税总额	利润总额
2016年	532.00	1266.10	1206.15	1253.12	121.27	1272.90	152.89	105.36
增幅(%)	11.30	38.26	46.02	31.34	6.63	14.49	53.79	56.23
2015年	478.00	886.31	826.03	845.27	113.73	1106.90	99.41	67.44
增幅(%)	10.10	31.70	34.80	30.6	0.03	14.70	22.20	21.30

全市汽车制造业规模以上企业出口交货值129.08亿元,同比增长6.55%,占全市规模以上工业企业出口交货值的4.58%;其中汽车零部件制造业出口交货值为121.27亿元,同比增长6.63%。

规模以上企业累计实现利税288.90亿元,同比增长50.24%,占全市规模以上工业企业利税总额的16.54%;其中汽车零部件制造业利税总额为152.89亿元,同比增长53.79%。

面临的问题:一是整零对接困难重重,亟待建立内循环机制。全市虽然零部件企业数量众多,产品种类齐全,但关键零部件和核心技术掌握不足,基本上还是集中在中低端产品,与外资、合资整车企业配套仍有较大差距。同时,又缺少专业服务平台缺少内循环机制等原因,特别在汽车零部件企业中大部分都是二级、三级供应商,这种状况严重影响着汽车制造业转型升级和发展壮大。二是企业经营分化现象依然存在。从单个企业发展情况看,之前战略定位好、研发投入大、研发能力强,在产品升级换代、梯度升级上做得好的企业强者恒强;也有一些企业缺乏人才、新技术、新产品储备以及创新能力,维持常规产品生产,经营举步维艰。未来企业间的联合、整合可能会逐步显现。三是行业产品出口比重有所下降。

(五)绿色石化产业

全市石油和化学工业规模以上企业298家,至2016年年底拥有资产

2206.10亿元,与上年同比增长7.54%,从业人员52987人,同比减少1087人。全年实现工业总产值2862.40亿元,同比下降2.18%,占全市规模以上工业产值的19.8%,比上年减少1.50个百分点;完成主营业务收入2492.80亿元,同比增长1.33%;完成新产品产值527.30亿元,同比增长18.13%;完成出口交货值79.20亿元,同比下降17.30%;实现利税513亿元,同比增长16.81%,占全市工业利税的29.37%;其中实现利润总额236.90亿元,同比增长69.41%,高于全市工业利润增速38.90个百分点(见表3-7)。

表3-7　　　　2016年宁波市石化产业主要经济指标完成情况　　　单位:亿元,%

	2016年	2015年	同比	占全市工业比重	
				2016年	2015年
资产总额	2206.10	2051.40	7.54	16.39	16.41
工业总产值	2862.40	2925.80	-2.18	19.82	20.74
新产品产值	527.30	446.40	18.13	11.43	11.06
主营业务收入	2492.80	2460.10	1.33	18.88	19.63
利税总额	513.00	439.20	16.81	29.37	29.66

2016年,全市石化行业保持平稳运行,主营业务收入同比增长1.33%。新产品产值、利税总额和利润总额与上年同比大幅上升,其中利润总额同比增长69.41%,与全市工业企业利润总额增长30.52%相比,高出38.90个百分点,大大高于全国石化行业利润总额同比增长8.50%,表现非常突出。但全球石化市场贸易依旧不旺,全市石化行业出口交货值同比下降17.30%,化学原料及制品、化工装备制造业出口交货值分别下降18.60%、15.60%。

从产业布局看,宁波石化经济开发区、宁波经济技术开发区和大榭开发区分别完成工业总产值1555.60亿元、570.40亿元、458.30亿元,占全市石化产业的90.28%。三大石化园区之外的化工企业持续推进关停、搬迁、转型,比重逐年减小。

在石油加工业、化学原料及制品业、橡胶制品业和石化专用设备设计制造业四大行业中,石油加工业完成主营业务收入1022.80亿元,同比下降1.33%;化学原料及制品业完成主营业务收入1389.40亿元,同比增长6.01%;化学原料及制品业主营业务收入超过石油加工业366.6亿元,石油加工业比重继续下降。橡胶制品业完成主营业务收入37.70亿元,同比增长11.24%;因为大型石化项目开工减少，石化装备设计制造业出现严重下滑，石化专用设备设计制造业完成主营业务收入 42.90 亿元，同比下降 45.79%（见表 3-8）。

表 3-8　2016 年宁波市石化产业营业收入、利税总额分行业情况　　单位：亿元,%

	营业收入	同比	利税总额	同比
石化合计	2492.8	1.33	513.0	16.81
石油加工	1022.8	-1.33	405.6	7.75
化学品业	1389.4	6.01	97.6	105.8
橡胶制品	37.7	11.24	5.8	39.55
石化设备	42.9	-45.79	4.0	-64.38

（六）时尚纺织服装产业

纺织服装产业是宁波市重点优势产业，也是制造业领域的 7 大千亿级产业之一，从原料到成品形成了比较完整的产业链。宁波有四张名片，宁波帮、宁波装、宁波港和宁波景。宁波装指的就是宁波纺织服装产业。目前宁波市是国内最大的色纺纱生产基地、提花织造基地、涤纶短纤维、针织品和服装生产基地。拥有我国最大的西服和衬衫品牌企业（雅戈尔）和针织企业（申洲），象山县拥有"中国针织名城"称号，"全国针织 50 强"一直雄踞 10 席以上。

2016 年，全市纺织服装产业继续保持平稳运行态势，生产、销售、效益均比上年小幅增长，但处于全市规上工业平均线以下，产业运行压力较大。（1）生产方面。全年 906 家规模以上纺织服装企业完成工业产值 1206.80 亿元，占全市规模以上工业比重 8.40%，比上年增长 1.00%，低于全市 3.40 个百分点。主要行业中，纺织业完成产值 387.40 亿元，增长 6.50%；服装服饰业完成产值 676.10 亿元，增长 0.80%；化纤业完成产值 143.30 亿元，下降 10.40%。（2）销售方面。完成销售收入 1168.40 亿元，比上年增长 0.90%，低于全市规模以上工业 3.20 个百分点。实现主营业务收入 11732.30 亿元，比上年增长 2.00%（全国为 73302.30 亿元，增长 4.10%）。完成出口 413.40 亿元，占全市规模以上工业比重 14.70%，比上年下降 2.30%，低于全市规模以上工业 0.80 个百分点；其中，服装服饰业出口 325.60 亿元，增长 1.30%；纺织业和化纤业分别完成出口 77.60 亿元和 102.50 亿元，下降 1.30% 和 31.20%。（3）效益方面。实现利税

101.50亿元,比上年增长1.20%,低于全市16.80个百分点。实现利润65.70亿元,占全市规模以上工业比重8.60%,增长4.40%,低于全市规模以上工业31.10个百分点。其中,纺织业实现利润27.60亿元,增长18.80%;服装服饰业实现利润37.60亿元,下降2.00%;化纤业利润0.50亿元,下降63.30%。全行业亏损面为22.20%,高于全市规模以上工业6.80个百分点。纺织服装产业主营业务利润率为5.62%,略高于全国水平(5.50%),但低于全市规模以上工业(7.16%)。

品牌影响力明显。纺织服装业的注册商标总数已达3000余件,占全市商标总数的9.60%。拥有10个行政认定的中国驰名商标,6个品牌是商务部列为重点出口的品牌,9家企业被列为重点跟踪培育服装、家纺自主品牌企业(全省26件),在计划单列市列第一。

新型商业模式不断推进。雅戈尔集团、申洲集团等打造全产业链,从棉花种植、纺纱织造、印染加工、成衣制造、销售、品牌运营的所有环节。销售从以经销、自营门店等线下模式向线上线下多业态并存的格局转变。罗蒙、博洋、太平鸟、GXG、维科等龙头企业电商业务继续领跑国内同行。众多企业越来越重视设计和销售两端,并强化供应链,加工制造环节以委托或全部委托为主。宁波市还支持建立运营了宁波纺织服装云平台,建设行业云计算和大数据中心。

平台资源较多。从1997年开始,宁波服装服饰博览会已成功举办了20届,为服装产业的发展提供"市场拓展、创意设计、制造转型、原料供应、新品发布、品牌塑造"全产业链服务,已成为全国行业重要标志性节会。宁波服装产业集群被浙江省认定为现代产业集群的示范区,已建成象山针织服装国家级出口产品质量安全示范区和鄞州服装省级示范区,宁波市纤维检验所是国家纺织服装产品质量监督检验中心,浙江纺织服装职业技术学院是省内唯一一所纺织领域的高职院校。

存在问题。宁波市纺织服装产业也面临着产业发展后劲不足。新项目好项目少,产业转移或转型发展。用工管理和成本限制。纺织服装是典型的劳动密集型产业,劳动力成本占比管理难度大。产业结构不够优化。以传统消费领域为市场,而高技术纤维和产业用纺织品发展相对滞后。

(七) 家电产业发展

宁波家电产业兴起于20世纪80年代初,凭借完善的产业配套、民营企业灵活的机制和企业家务实创新的精神，宁波家电从无到有，行业规模不断扩大，在电暖器、电熨斗、烤面包机、饮水机、吸尘器等10多个细分行业的产量保持全国第一，奠定了"中国四大家电产业集群之一"的行业地位。其中，慈溪、余姚是宁波最大的家电产业集群带，集中了全市九成以上家电及相关企业，形成了从零部件生产到整机生产的完整产业链。

受益于国家改革开放大政策的典型产业，宁波家电产业不断创新产品技术，不断创新发展模式，并最终成为推动区域经济欣欣向荣的重要力量，成为"中国家电制造业第三极"，年社会总产值逾1200亿元，约占全市工业社会总产值的1/10。2016年，宁波市537家规模以上家电整机生产企业完成工业总产值795.90亿元，比上年增长4.30%；完成销售产值770.30亿元，比上年增长3.80%，产销率达到97.70%；实现新产品产值333.00亿元，比上年增长9.90%；实现出口交货值369.70亿元，比上年增长0.30%；实现利税总额54.90亿元，比上年增长11.50%，其中利润总额32.60亿元，增长15.10%。

家电行业内共有16家企业入围宁波市制造业百强，数量为各行业之首，其中奥克斯集团位列百强阵营中的首位；有9家品牌家电企业入围宁波品牌百强榜，其中以厨电为主导产业的方太集团位居榜首。同时，宁波市家电行业形成了国家级、省级、市级多层次的品牌体系，拥有中国驰名商标14个、中国名牌产品14个、国家出口重点培育名牌17个、浙江省名牌49个、浙江省著名商标45个，其中既有奥克斯这一具备核心技术和品牌优势的龙头企业，也有像方太、帅康、吉德、欧琳、沁园、公牛等在高端市场占有较大份额的知名品牌企业，还拥有贝仕迪、卓力、西摩、浪木、金帅、圣莱达、奇迪等一大批出口名牌企业。

宁波家电行业经过多年发展，生产经营紧密结合市场需要，形成了较完备的产品种类，拥有空调、冰箱、洗衣机、吸油烟机、吸尘器等20多个细分行业、数千个品种，涵盖制冷电器、清洁电器、厨房电器、美容保健电器、通风电器、取暖电器、净水电器、电力器具专用配件等10多个领域，其中厨房系列和制冷取暖系列产品规模优势、品牌优势、及市场竞争优势明显，饮水机、电熨斗、欧式插座、贯流风叶、扫地机、电热慢炖锅等10多个细分行业产量长期居全国首位，更有一大批技术过硬、产品质量稳定的小家电出口企业成为国际著名家电品牌的"名配角"。

宁波市拥有4000多家整机制造企业，1.5万多家零部件配套企业，数十万产业大军，在慈溪、余姚、鄞州涌现了20多个家电产业名镇、名园（家电产业园），形成了明显的块状经济，产业集聚优势明显。

（八）清洁能源产业

为推动能源生产和消费方式变革，近年来宁波市大力发展清洁能源，光伏、水电、风能等实现快速增长，煤炭、原油等传统化石能源的清洁化应用得到进一步发展。积极发展清洁能源产业，实现能源的清洁利用，有效破解环境压力，对构筑安全、清洁、高效、可持续的现代能源体系，促进宁波市节能减排工作，具有十分重要的意义。目前宁波市清洁能源主要有风能、太阳能和生物质能，煤炭及原油、天然气的清洁化转化应用，还有具有宁波特色的汽车新能源产业。

1. 发展现状

2016年宁波市包括风电、水电（不含抽水蓄能）、光伏发电、垃圾发电在内的可再生能源发电装机总容量为91.63万千瓦，同比增长22.37%；全年可再生能源发电量22.34亿千瓦时，同比增长24.06%，占全社会用电量的3.46%；累计上网电量19.79亿千瓦时，同比增长23.40%。

原油加工转换及生产：原油加工已形成了以中石化镇海炼化、中海油大榭石化为主的原油加工产业，其中镇海炼化是全国最大的炼油厂。"十二五"以来原油一次加工能力保持在3100万吨/年，其中中石化镇海炼化2300万吨/年、中海油大榭石化800万吨/年。宁波原油加工量约占全省原油加工量的90%以上。2015年原油加工量为2650万吨左右，2016年原油加工量基本与2015年持平。

原煤加工转换及电力生产：原煤消费在"控制煤炭消费规模"总的能源调整战略下，以控制分散小型用煤设施用煤为主，重点保证大型电力和热电联产设施的用煤。全市在2011年原煤消费出现5000多万吨高点后，逐年下降，2014年降到4000万吨以下，2015年原煤消费将比2014年下降8.00%以上。2016年北仑电厂、国华宁海电厂、大唐乌沙山电厂和镇海电厂四大煤电厂全年耗原煤2416万吨，相比上年增长0.05%。

天然气的加工转换："十二五"以来，宁波天然气（包括管道天然气和液化天然气）消费总体上呈现快速增长态势。天然气消费在一次能源中占比由2010年的1.75%，上升到2014年的3.86%，提高了2.11个百分点。2015年又进一步提高到3.90%以上。

清洁能源装备制造。2016年宁波全市清洁能源装备产业规模以上企业共计166家，总产值2246.90亿元，相比上年下降了7.10%，其中清洁能源加工转换企业共计60家，总产值1932.30亿元，相比上年下降9.40%；清洁能源装备和服务企业共计企业106家，总产值314.60亿元，相比上年增加了10.50%。

清洁能源服务业。宁波市清洁能源装备和服务业总体规模不大，且主要以装备及装备相关的基础材料配件制造为主。

2. 存在问题

一是技术"瓶颈"。宁波市清洁能源产业科技研发投入规模保持稳步增长，但科技研发投入占主营业务收入的比例较低，与大规模的工业应用还有一定差距，相关的技术"瓶颈"仍难突破。二是运营成本。风能、太阳能等清洁能源的开发利用仍处于初级阶段，前期投入大、风险高。三是出口限制。宁波市地处东部沿海地区，拥有较好的港口条件和完善外贸出口体系，清洁能源产业曾长期呈现外向型特点。受欧美国家金融债务危机导致外需萎缩和部分产品出口定额的限制，产业出口比重持续下降。

（九）新兴产业

1. 发展现状

2016年，宁波市认真贯彻国家创新驱动发展战略，围绕国家战略布局开展示范创建，聚焦新材料、高端装备、新一代信息技术、新能源、节能环保、生命健康、海洋高技术及创意设计等八大细分领域，战略性新兴产业发展顺利实现了开门红。

（1）新材料产业。2016年宁波新材料产业总体运行平稳，总体规模稳居首位，增加值增速居于前列。全市新材料规模以上企业实现工业产值788.55亿元，同比增长2.80%，增速较上年同期提高4.70个百分点；实现增加值为107.06亿元，同比增长7.50%，增速较2015年同期下降1.60个百分点。

（2）高端装备产业。2016年，宁波高端装备产业继续震荡积蓄力量，第四季度虽有一定复苏，但反弹力度不足。宁波高端装备产业（含新能源汽车产业）纳入统计规上企业223家，实现工业总产值325.70亿元，同比下降1.90%；实现工业增加值77.20亿元，同比增长1.60%，产业增加值率23.70%，高于全市战略性新兴产业平均水平（20.10%）3.60个百分点。

(3) 新一代信息技术产业。2016 年，新一代信息技术产业实现工业总产值 534.78 亿元，同比增长 25.2%，超过全市战略性新兴产业平均增速 19.4 个百分点；实现工业增加值达 138.36 亿元，同比增长 30.6%，超过全行业平均增速 20.2 个百分点。新一代信息技术产业已成为引领宁波市战略性新兴产业发展的支柱产业。

(4) 新能源产业。2016 年宁波市新能源产业规模以上工业总产值达到 204.38 亿元。同比增长 6.20%，高于全市战略性新兴产业增速 0.40 个百分点；新能源产业增加值达到 41.41 亿元，同比增长 6.20%。

(5) 节能环保产业。受宏观经济不景气、产业基数大、涉及面广等因素影响，2016 年，宁波市节能环保产业继续盘整，全市规模以上节能环保产业实现工业总产值 366.71 亿元，同比下降 1.10%；实现工业增加值 77.20 亿，同比增长 1.60%。

(6) 生命健康产业。2016 年，宁波市生命健康产业运行稳定，并继续保持良好发展态势。全市生命健康产业规模以上企业实现工业总产值 135.40 亿元，同比增长 4.40%，较 2015 年同期下降 4 个百分点；实现工业增加值 33.70 亿元，同比增长 7.90%，增速均位全市八大战略性新兴产业第三位，较 2015 年同期增长 0.50 个百分点。

(7) 海洋新兴产业。2016 年，全市海洋新兴产业规模以上企业实现工业总产值 51.50 亿元，同比下降 6.30%，增速比 2015 年同期下降 18.70 个百分点；实现工业增加值 9.80 亿元，同比下降 3.30%，增速比 2015 年同期下降 16.60 个百分点；各项指标均低于战略性新兴产业平均水平。

(8) 创意设计产业。2016 年，全市工业设计产业总产值较上一年增长了约 8.40%，达到了 99.30 亿元。截至 2016 年年底，全市已拥有 1 家国家级工业设计中心、50 家省（市）级工业设计中心，20 家年设计成果转化超亿元的企业，2 家全国十佳工业设计公司，3 家省级十佳工业设计公司。

2. 未来发展

围绕建设"一圈三中心"，宁波市战略性新兴产业聚焦三大千亿级产业和若干细分产业，着力打造产业创新生态系统，使战略性新兴产业成为推动宁波市产业中高端发展的引领力量和全市经济社会发展的新动能，支撑宁波建设具有国际影响力的制造业创新中心、跻身"全国大城市第一方队"。

(1) 完善战新产业政策体系，加强顶层设计。陆续发布实施各类试点示范的实施方案、综合性政策和细化的行动计划，同时发布《加快推进战略性新兴产业倍增发展的实施意见》及配套实施细则。

（2）推动重点产业突破发展，做大产业规模。结合国家科技重大专项、国家重点研发计划项目、"中国制造2025"等重大创新布局，以及宁波市产业发展现状，在原八大战略性新兴产业基础上，进一步聚焦支持新材料、高端装备、新一代信息技术等千亿级产业，重点主攻稀土磁性材料、高端金属合金材料、石墨烯、专用装备、关键基础件、光学电子、基础电路、工业互联网等八大细分产业。

（3）谋划建设重大创新平台，支撑创新发展。探索企业主导、政府支持、科研机构参与的新型建设模式，启动及筹建宁波市新材料设计制造创新中心、宁波市智能制造开放性创新中心、宁波市石墨烯制造创新中心、宁波市磁性材料及应用创新中心等一批制造业创新中心建设。

（4）发挥企业创新主体作用，夯实产业基础。切实抓好企业创新主体建设，让企业发挥关键作用，解决创新驱动转型升级的内生动力问题。

（5）集聚各类创新要素资源，完善产业生态。切实抓好创新生态优化，不断激发"大众创业、万众创新"活力，服务创新发展，不断优化战略性新兴产业发展环境。

（6）落实创新驱动发展战略，推动改革攻坚。按照党中央、国务院关于深化体制机制加快创新驱动发展的工作部署和2017年宁波市全面深化改革工作要点，落实创新驱动发展战略的重大改革举措。

（十）工业设计产业

工业设计产业是生产性服务业的主要组成部分，在制造业创新和供给侧结构性改革中发挥了重要的引领助推作用。

2016年，全市工业设计产业总产值较上年增长了约8.40%，达到了99.30亿元。通过对全市重点工业设计机构统计数据监测分析，工业设计机构主营业务收入水平总体稳步增长。在提供数据的50家工业设计机构中，主营业务同比上年增收的设计企业有44家，占调研样本的88%。有20家企业收入增幅在20%左右，占比40%；14家企业收入增幅在20%~40%之间，占比28%；也有6家机构出现亏损，但亏损幅度在20%以内。

目前，全市已拥有1家国家级工业设计中心、50家省（市）级工业设计中心，1家省级重点设计院，20家年设计成果转化超亿元的企业，2家全国十佳工业设计公司，3家省级十佳工业设计公司。宁波市共有27家企业75个产品参加2016国家优秀工业设计奖大赛，其中39件产品入围复评，宁波明锐工业产品设计有限公司设计的非开挖导向仪、中电科（宁波）海洋电子研究院有限公司设计的综合船桥系统等2件产品入围全国终评TOP40，成绩在同类城市处于领先。通过对2016"和丰奖"工业设计大赛评奖情况分析，从面向宁波市企业的"最佳设计对接奖""最佳设计产品奖"的参赛产品数量质量以及创新度都较往年有了较大提高。

宁波市已形成了以和丰创意广场为核心，以海曙新芝8号、镇海创e慧谷、鄞州创新128、江北134创意谷等为重点的"一核多点"产业发展格局。2016年，各工业设计园区、小镇发展势头良好。和丰创意广场的示范引领作用进一步强化，被工信部授予全国首批小微企业创业创新示范基地，连续第五年在全省特色工业设计示范基地考核中排名第一。现已集聚知名工业设计及配套企业120余家，设计服务涵盖汽车、船舶、五金、家电、模具、医疗器械等行业。镇海宁波大学科技园依托高校和科研院所集聚优势，打造慧谷设计小镇，已集聚设计类企业290家。猪八戒浙东总部园区、杭州湾e设计街区等一批特色工业设计园区启动建设。

存在问题：宁波市工业设计企业规模总体偏小，最大的纯工业设计企业年营业收入不到2000万元，不具备规模效应。大部分设计公司还是停留在传统的设计服务层面，较少从根本上帮助企业解决产品研发的核心问题。

工业设计人才流失严重。目前，宁波市设计公司工业设计师多数处于10~20人阶段，硕士及以上学历的仅占设计师总量的3%左右，高级工业设计师、中级工业设计师与杭州相比仍有不足。受企业规模限制，整个区域设计氛围营造不够，设计人才发展空间较窄，导致培养了几年的设计师因为没有上升空间，往往向杭州、上海等城市转移，造成了"招不到，养不起，留不住"的设计师人才困局。

第四章
宁波智能制造产业发展实践

一、智能制造业国内外发展动态

"智能制造"最早出现在 1988 年美国 P. K. Wright 和 D. A. Bournede 的 *Manufacturing Intelligence* 一书中,指出智能制造是利用集成知识工程、制造软件系统及机器人视觉等技术,在没有人工干预条件下智能机器人独自完成小批量生产的过程。然而在实践活动中,智能制造产业涵盖面宽,既有以高端装备业、工业机器人、3D 打印等为代表的智能制造装备工业,也有以智能家居、智能汽车、智能穿戴设备为代表的智能制造消费品工业,还包括无人机、人工智能、无人驾驶、虚拟现实等前沿发展工业,以及与之配套相关的个性化定制服务、全产品生命周期管理、网络精准营销及在线支持服务等生产性服务业一起构成了智能制造产业。

制造业是国民经济的支柱产业,是工业化和现代化的主导力量,是衡量一个国家或地区综合经济实力和国际竞争力的重要标志,也是国家安全的保障;当前,新一轮科技革命与产业变革风起云涌,以信息技术与制造业加速融合为主要特征的智能制造成为全球制造业发展的主要趋势。智能制造是业界关注的热点,也是创新发展的代名词,代表了先进制造业的发展水平,成为世界各国都在努力的方向。各个国家在这场全球重振制造业的热潮中不甘落后,纷纷推出针对制造业发展的战略举措,并结合各国国情提出优先发展的智能制造技术范围。

(一) 国外智能制造的发展

1. 德国工业 4.0 时代

工业 4.0 代表的是德国制造业的总和。德国机械工程学会 VDMA 有 3000 多家企业,电气电子协会 ZVEI 有 1600 多家,再加上德国信息产业、电信和新媒体协会(BITKOM),覆盖了 5000 多家企业。智能工厂或者"工业 4.0",是从嵌入式系统向信息物理融合系统(CPS)发展的技术进化。作为未来第四次工业革命的代表,工业 4.0 不断向实现物体、数据以及服务等无缝连接的互联网(物联网、数据网和服务互联网)的方向发展。工业 4.0 体现了生产模式从"集中型"到"分散型"的范式转变,正是因为有了让传统生产过程理论发生颠覆的技术进步,这一切才成为可能。同时,分散型智能利用代表了生产制造过程的虚拟世界与现实世界之间的交互关系,在构建智能物体网络中发挥重要作用。未来,工业生产机械不再只是"加工"产品,取而代之的是,产品通过通信向机械传达如何采取正确操作的信息与指令。工业 4.0 进化过程阶段及其特征如表 4-1 所示。

表 4-1　　　　　　　工业 4.0 进化过程阶段及其特征

阶段	时间段	特征
工业革命 1.0	18 世纪末期始于英国的第一次工业革命,19 世纪中叶结束	机械生产代替了手工劳动,经济社会从以农业、手工业为基础转型到了以工业以及机械制造带动经济发展的模式
工业革命 2.0	19 世纪中叶至 20 世纪中叶	进入了生产线生产的阶段,通过零部件生产与产品装配的成功分离,开创了产品批量生产的新模式。20 世纪 70 年代以后,电子工程和信息技术的加入实现了生产的最优化和自动化
工业革命 3.0	20 世纪末至 21 世纪初段	生产过程高度自动化,机械能够逐步替代人类作业
工业革命 4.0	未来 10 年	步入"分散化"生产的新时代,通过决定生产制造过程等的网络技术,实现实时管理

德国工业 4.0 专家组已经给出了一件初始的骨架,它被称工业 4.0 参考架构 RAMI 4.0(Reference Architeture Model for Industry 4.0)。工业 4.0 可以概括为一个核心、两个重点、三大集成、四个特征和六项措施。

从研究可以得到,工业 4.0 突出了三大主题:一是"智能工厂",研究智能化生产系统、过程及网络化分布式生产设施的实现;二是"智能生产",涉及整个企业生产物流管理、人机互动及 3D 技术在工业生产过程中的应用等;三是"智能物流",通过互联网、物联网、物流网整合物流资源,充分发挥现有物流资源供应方的效率,而需求方则能够快速获得服务匹配。

2015年4月德国工业4.0平台发布了RAMI 4.0模型[①],可以看出RAMI 4.0充分体现智能制造决定要素的耦合,具有的特征如表4-2所示。

表4-2　　　　　　　　　　RAMI 4.0模型特征

特　点	详　情
集成化	企业内网络化制造体系纵向集成、企业间横向集成、全生命周期端到端工程数字化集成
三个维度	层次结构、生命周期和价值链、类别
智能电网	基于CEN和CENELEC制定的智能电网架构模型(SGAM)

基于高性能软件的嵌入式系统与融合在数字网络中的专业用户接口之间发生的相互作用,将诞生全新的系统功能性世界。举一个简单的例子,智能手机囊括许多应用和服务,已经远远超出设备本身通话功能。由于全新的划时代应用和服务的提供商将不断涌现,渐渐形成新的价值链,因此,CPS(Cyber - Physica Systems,CPS)也将对现有业务与市场模式带来范式转变。汽车工业、能源经济,还有包括诸如工业4.0的生产技术的各个工业部门,将同步因这些新价值链而发生巨变。

CPS连接了虚拟空间与物理现实世界,使智能物体通信以及相互作用,创造一个真正的网络世界,它体现了当前嵌入式系统的进一步进化。与互联网或者网上可搜集的数据、服务一起,嵌入式系统也是构成CPS的要素之一。CPS对涵盖自动化、生产技术、汽车、机械工程、能源、运输以及远程医疗等众多工业部门、应用领域,具有非常重要的意义。因CPS而实现的许多应用,将产生新附加价值链和业务模式。CPS不仅可以降低实际成本,提高能源、时间等的效率,还能降低CO_2排放水平,在保护环境上发挥了重大作用。

因为CPS的存在,智能工厂的生产系统、产品、资源及处理过程都将具有非常高水平的实时性,同时在资源、成本节约中更具优势。智能工厂将按照重视可持续性的中心原则来设计,因此,服从性、灵活性、自适应性、学习能力、容错能力甚至风险管理都是其中不可或缺的要素。智能工厂设备的高级自动化主要是由基于自动观察生产过程中CPS生产系统的灵活网络来实现的。通过可

---

① RAMI 4.0参考架构模型,参见:https://www.sohu.com/a/113596332_403191。

实时应对的灵活的生产系统，能够实现生产工程的彻底优化。同时，生产优势不仅仅是在特定生产条件下的一次性体现，还可以实现多家工厂、多个生产单元所形成的世界级网络的最优化。

2. 美国先进制造

1952年商用电子计算机发明的第二年，美国就有一家公司设计了一套数控装置，开发了第一台三坐标数控铣床。尽管这个铣床体积很大，造价也很高，但是这开辟了一个数字控制的新时代。到了1958年，美国研究出第一台加工中心。这意味着，计算机改变制造业的时代，已经正式拉开帷幕。

早在20世纪70年代，就可以看到数字化对传统工业的改造，特别是在1974年，第五代使用微处理芯片和半导体存储器的计算机数控装置研制成功以后，从装备的角度来看这个发展非常快，拿数控机床来讲，从一轴到三轴到五轴到七轴。这对工业化产生了革命性的影响。还有计算机辅助系统，从辅助制图CAD到计算机辅助工程仿真CAE、再到计算机辅助制造CAM等，都对制造业产生了深远的影响。

后来随着计算机技术的发展，出现了全三维数字化和数字仿真，这是工业数字化向高端方向开始发展。从开始接订单，一直到最后产品交付这个全流程上，全部是靠计算机软件控制和支撑。20世纪90年代初互联网开始在全球普及，企业的网络化随之也快速发展。在互联网没有普及应用之前，基本上所有的企业都是采用客户服务器（C/S）的架构，但客户服务器只能解决本地域的联网问题。互联网兴起之后，异地可以联网，企业也很快开始走向网络化。除了应用互联网之外，企业的网络化有两个主要的方向：一是内部网，将企业内部各个部门和下属单位所有的信息系统全部连在一个网上，不管这些部门是在北京，还是在印度或墨西哥，都极大地提高了企业内部业务的运行效率和有效性。当然，这只是实现了信息和数据的交换，还没有做到智能化。二是外部网。企业的外部联系，全部通过互联网进行。也就是说，把企业内部网的一部分向外部合作单位开放，求得横向打通。例如，生产汽车的会把生产计划向上游的座椅工厂开放，后者可以进入企业内部网络，了解相关部门的生产进度，以便准确、及时地供货。企业与银行连通之后，只要座椅被汽车制造厂验收，银行就会自动打款给上游供应商。这样，就做到了外部信息系统的一体化。互联网带来的制造和生产的网络化，正是基于内部网和外部网实现的。这个可以看作是早期的"互联网+制造"的核心内涵，可以说"互联网+制造"实际上始于20

世纪 90 年代。

美国数字制造与设计创新院对这三个阶段的认识是：数字化属于过渡阶段，网络化属于转型阶段，而智能化则属于崛起阶段。尽管在三个阶段中，智能化的事情，基本是留在 2020 年以后了。但从发展趋势来看，它与中国智能制造当前主流语境中所划分的三个阶段：数字化、网络化和智能化，基本吻合。

制造业的智能化实际上与数字化基本上是同步的，不过在早期，只是单机、单个装备而已。像 CAE 这种非常复杂的软件，需要把计算、工程知识和人类的经验都融合在里面。因此，工业软件并不简单是软件，而是一门非常精深的工业学科和行业学问，智能化实际上是依托于计算科学。美国国家总统信息技术委员会在 2005 年专门就"计算科学的意义"给时任总统小布什写过一个报告，其中讲到，计算科学是由三个不同的元素组成的：计算机与信息科学、建模与模拟软件和计算机基础设施，这三点缺一不可。现在的智能化，实际上是包含四个基本的要素：模型、算法、软件和数据。发展真正的智能化系统，一定要包含这四个要素。

自 2009 年起，美国政府出台《重振美国制造业框架》，并先后启动"先进制造伙伴计划"和"先进制造业国家战略计划"，发布《国家制造业创新网络初步设计》，集中力量推动先进制造业发展，力图打造一批具有先进制造能力的创新集群。

2014 年，美国 PCAST 总统科技顾问委员会发布了一份报告，确定三个优先考虑的变革制造技术。2016 年 2 月，美国国家标准与技术研究院 NIST 工程实验室系统集成部门发表了一篇名为《智能制造系统现行标准体系》的报告。这份报告总结了未来美国智能制造系统将依赖的标准体系。这些集成的标准横跨产品、生产系统和商业（业务）这三项主要制造生命周期维度。美国数字制造与设计创新院（DMDII）给出了"数字设计与制造"的进化时间，认为技术进化有三个阶段：自动化和数字化、网络化和集成、智能系统。而在这三个阶段之前，是一个标准化和电气化的传统阶段，应用领域主要在商业、制造、管理、设计、工程。NIST 智能制造生态系统参考模型特征如表 4 - 3 所示。

表 4 - 3　　　　　　　　　　　　NIST 模型特征

序号	特征	详　情
1	三个维度	产品、商业、制造系统三个维度有独立的生命周期
2	制造"金字塔"	其智能制造的核心是制造"金字塔"

工业互联网联盟（IIC）由 GE 联合 AT&T、思科、IBM 和英特尔于 2014 年 3 月发起，由对象管理组织（OMG）管理，目前有来自 24 个国家的 167 家成员。

工业互联网参考架构模型的范围要比工业 4.0 安全，工业互联网 IIRA 覆盖领域更广，不只是制造领域。其模型着重于设备管理与维护，更关注大数据和云计算等信息技术，侧重于从软件出发打通硬件，更强调掌控跨领域资源与数据。严格来说，工业互联网 IIRA 并不是针对智能制造参考模型。

总的来说，美国的先进制造主要是向高端制造设备发展，以抢占新一轮科技发展的制高点。美国通过整合政府、企业和学术界的资源，构建全国先进制造业创新网络。美国通过公开竞标的方式成立创新研究所，设立制造业创新研究所有助于高校、企业和地方政府通力合作，加快技术及产品的创新，降低技术商业化的成本和风险。创新研究所主要在能产生高价值、提供高薪资、环保可持续短期内不会被其他国家超越的制造业进行研发，主要是为了提高本土的高技术就业率。

3. 日本人工智能

20 世纪 80 年代，随着当时的人工智能热，智能制造也热了起来，日本出台了国家项目"智能制造系统"（IMS），邀请众多国家参加，并且十分重视知识产权。

日本的 IMS 后来没有很成功。从今天来看，其中最重要的是信息环境，包括人工智能的技术和产业化，都属于初级阶段，不足以支持制造的需要。

其突破口是人工智能，通过对人工智能产业的探索解决劳动力断层的问题。首先应用的领域是工业化生产线，如本田公司通过对机器人等先进技术和产品的采用及改良，大幅缩短生产线，建成了世界上最短的高端车型生产线。同时，日本政府还加大了对 3D 打印机等尖端技术的财政投入，计划实施"以 3D 造型技术为核心的产品制造革命"的大规模研究开发项目，开发世界最高水平的金属粉末造型用 3D 打印机。

随着 2016 年 12 月 8 日，日本工业价值链参考框架 IVRA（Industrial Value Chain Reference Architecture）的正式发布，标志着日本智能制造策略，正式完成里程碑的落地。IVRA 是日本智能制造独有的顶层框架，相当于美国工业互联网联盟的参考框架 IIRA 和德国工业 4.0 参考框架 RAMI 4.0，这是日本制造优势的智能工厂得以互联互通的基本模式。

为了应对以德国工业 4.0 为代表的全球制造业升级战略，日本采取了三个系列的实施行动，来推进制造业的升级。一是推动工业价值链 IVI 的发展，建立日本制造的联合体王国；二是通过机器人革命计划协议会，以工业机械、中小企业为突破口，探索领域协调及企业合作的方式；三是利用 IoT 推进实验室，加大与其他领域合作的新型业务的创出。

而工业价值链计划 IVI，赫然成为"通过民间引领制造业"的重要抓手。事实上，IVI 正在成为日本智能制造的核心布局。

而在国际上，工业价值链计划 IVI 正在被日本工业界称为日本对世界智能制造的贡献。2016 年汉诺威展会上，日本 IVI 理事长，也是法政大学教授的西冈靖之先生，代表日本正式提出这一点，意图与工业 4.0、美国工业互联网直接对标。

随着日本智能制造框架 IVRA 的刚刚落地，日本的数字顶层框架下一步可以正式开启对标旅程。三个制造强国，在智能制造和工业互联网领域，终于形成数字握手机制。

遗憾的是，中国智能制造在这方面并没有一个可分解的数字框架——尽管 2015 年 12 月曾经推出一个看上去是三维的参考框架，但缺乏数字模型的支撑。"中国制造 2025"的顶层设计，与国际的主流框架依然不能接轨。

德国工业 4.0 在 2015 年 4 月、美国工业互联网联盟 IIC 在随后的 6 月，都先后公布了参考架构（reference architecture）。一年半后，日本也拿出了日本智能制造的数字骨骼：工业价值链参考架构（IVRA）。其基本模型是一个通过智能制造单元 SMU，作为描述微观活动的基本组件；然后通过一个类似数字解读单元，实现 SMU 之间的连接，最后形成一个通用功能模块，这就可以基本完成企业所需要的实际功能。

日本工业价值链计划 IVI 的三大关键理念：互联制造、松耦合和人员至上。工业价值链计划 IVI 通过物理生产系统，致力于创造每一企业的价值。因此，企业必须互联制造；然而考虑到实际接口的复杂性，IVI 非常现实地采用了"松耦合性定义标准"，也就是标准化的过程要采用宽松的兼容接口，以便解决敏捷与弹性开发的问题，应对不可预测的未来需求；通过建立企业易于合作的"宽接口"，保持每一企业竞争优势不受影响；在合作中培育连接性；至于人，仍然占据核心位置。换言之，物理世界和虚拟世界并不是 1:1 的关系，必须考虑人的因素。人，在未来生产中，仍然是关键因素。在日本 IVRA 框架中，所强调的 SMU 智能制造单元，与《软件视野中的未来工业》提到的智能系统的最小单元的思路非常相似。

日德区别之处起因于应用新的技术实现什么？德国通过 IT 的应用实现制造业的尖端化，与 18 世纪的机械化齐名的"第 4"次革命为"工业 4.0"。而日本则选择了不同的视角，着眼于社会构成。它是将"狩猎社会"视为起点，进化过程中有"农耕社会""工业社会""信息社会"。

而"社会 5.0"面向实现舒适的生活，定位于社会发展阶段。狩猎社会、农耕社会、工业社会、信息社会之后，则是"第 5"的超智慧社会，所以称其为"5.0"。

另外，与专注工业的"中国制造 2025"和德国"工业 4.0"不同，日本重新构想了工业与整个社会的关系，因此，从更高一个层面构建了全新的远景图：那就是一个面向富裕、有活力的社会。社会 5.0 将物联网 IoT、机器人、人工智能 AI、大数据等技术来解决，少子高龄、资源匮乏导致的脆弱的能源基础设施、极端集中等这些发达国家特有的课题。超智慧社会，简单说就是精准服务，它通过整个各个社会子系统，对人类/地理/交通等大数据进行横向应用，从而实现一个充满活力与舒适度日的社会，每个人都接受高质量的服务。

4. 国外智能制造企业例举

西门子安贝格电子工厂实现了多品种工控机的混线生产；FANUC 公司实现了机器人和伺服电机生产过程的高度自动化和智能化，并利用自动化立体仓库在车间内的各个智能制造单元之间传递物料，实现了最高 720 小时无人值守；美国哈雷戴维森公司广泛利用以加工中心和机器人构成的智能制造单元，实现智能物流大批量定制；全球重卡巨头 MAN 公司搭建了完备的厂内物流体系，利用 AGV 装载进行装配的部件和整车，便于灵活调整装配线，并建立了物料超市，取得明显成效。

德国工业 4.0 是在工业自动化和信息化之间融合，想要实现融合首先在上位实现采集和处理大量信息，再通过云计算和大数据的整合，达到智能管理的目的。

德国以强大的工业制造能力和全自动的生产线闻名世界，如以卓越的 PLC 系统闻名业界的惠朋（VIPA），惠朋于 1985 年成立，经过 30 多年不断的研发创新，惠朋成为世界上最快的硬件 PLC 工业控制及通讯芯片的专业供应商，主要客户是西门子，其一直为西门子的硬件供应商。

惠朋不断更新芯片，使其能够实现高速高效与技术融合，并于 2014 年推出

CPU VIPA 315SN/PN，这款 CPU 是目前市场上唯一的、真正做到了工业现场总线的实时通讯与工厂信息化管理通讯隔离的一体化 CPU，这为用户先上生产设备，再进行信息化管理提供了极大的便利，既不需要增加硬件也不需要重新编程，就可以轻松地通过以太网 PG/OP 接口读取相应数据，满足管理部门的信息需求。2015 年，VIPA 又推出了同时集成 Profibus DP 和 Ether CAT 的双主站 CPU，实现了工业总线的跨界融合，为用户提供了更多的选择。

惠朋（VIPA）中国区销售总监郑京生表示，2017 年惠朋（VIPA）将面向中国市场推出微型 PLC。其主要是面对点数要求不高，但控制方式以小型集中控制或分散型智能化控制为特点的生产设备。此外，微型 PLC 还具备很强的扩展功能，不仅满足小型设备的需求，还可以满足中型系统的需求。

（二）"中国制造 2025"

早期中国制造业发展进程缓慢，改革开放以后，大量新技术新思潮涌入中国，中国制造业开始加速发展，中国对"智能制造"的研究问题于 1988 年首次在国家自然科学基金委（NSFC）提出，并于 1993 年设立重大项目"智能制造系统关键技术"。2015 年 5 月，中国政府发布了"中国制造 2025"计划，为中国制造业的未来发展指明了方向。重要的是，"中国制造 2025"提出了中国实现制造强国的总体战略目标，并针对目前中国制造业的整体水平，在总体战略目标的框架下，详细制定了我国实施制造强国战略第一个十年的行动纲领，同时给出了为实现"2025 年迈入制造强国行列"这一目标的两阶段战略，以加快制造业的转型升级，全面提升制造业的发展速度和核心竞争力。2016 年年底，中国《智能制造发展规划（2016～2020 年）》出台。我国对智能制造的规划站在政策引导的高度，给出了具体的时间表。在该发展规划中，与"中国制造 2025"相呼应，明确到 2025 年之前推进智能制造发展将实施两步走，如表 4-4 所示。

据"中国制造 2025"，创新能力有两个定量指标。

（1）到 2025 年规模以上制造业研发经费支出占主营业务收入比重要从 0.95% 提升到 1.68%；

（2）每亿元主营业务收入对应有效发明专利数要从 0.36 件增长到 1.10 件。

为此要实行以下九大措施：提高国家制造业创新能力；推进信息化与工业化深度融合；强化工业基础能力；加强质量品牌建设；全面推行绿色制造；大力

表 4-4　　　　　　　　　中国智能制造发展步骤总体设计

"中国制造2025"		《中国智能制造发展规划（2016~2020年）》	
第一步	第二步	第一步	第二步
到 2020 年，基本实现工业化，制造业大国地位进一步巩固，制造业信息化水平大幅提升。掌握一批重点领域关键核心技术，优势领域竞争力进一步增强，产品质量有较大提高。制造业数字化、网络化、智能化取得明显进展。	到 2025 年，制造业整体素质大幅提升，创新能力显著增强，全员劳动生产率明显提高，两化（工业化和信息化）融合迈上新台阶。形成一批具有较强国际竞争力的跨国公司和产业集群，在全球产业分工和价值链中的地位明显提升。	到 2020 年，智能制造发展基础和支撑能力明显增强，传统制造业重点领域基本实现数字化制造，有条件、有基础的重点产业智能转型取得明显进展。	到 2025 年，智能制造支撑体系基本建立，重点产业初步实现智能转型。根据中国制造业目前的发展状况，要实现智能制造，对于制造企业来说，需要根据自身的基础和发展现状，循序渐进，逐步通过 IT 整合升级，增效提速，实现数字化转型就绪；通过协作平台化，加速制造业向服务型转型；将人工智能和物联网转化为中国智能制造的核心竞争要素，带动产业升级
结论：我们可以这么来理解，"中国制造2025"就像是设计图纸，可以为中国制造业的发展提供一个远景规划，而智能制造则是具体的方法论，如何利用先进的技术，并结合行业需求，打造出符合中国特色的智能制造样板			

推动重点领域突破发展；深入推进制造业结构调整；积极发展服务型制造和生产性服务业；提高制造业国际化发展水平。同时"中国制造2025"指出，要通过"三步走"实现制造强国的战略目标。

经过4年的试点和探索，我国智能制造行业发展取得了显著成就。据《全球智能制造发展指数报告（2017）》数据显示，中国名列智能制造发展"先进型"国家行列，综合排名全球第6位。我国智能制造行业保持着较为快速的增长速度，智能制造产值规模从2010年的3400亿元增大到2017年的15000亿元，年均增长率达到22%以上，预计未来几年我国智能制造行业将保持11%左右的年均复合增速，到2023年行业市场规模将达到2.81万亿元，行业增长空间巨大。

当前，中国智能制造正处在重要的发展时期，建设制造强国将上升成为国家发展战略。绿色、环保、高效、安全是汽车工业发展趋势，为实现制造业转型升级发展、提升制造业整体发展水平，我国大力提倡绿色制造、和谐发展，紧紧围绕国家产业发展战略、转型升级、政策研究、技术创新、标准法规、整零合作、共性平台建设、产业国际化、产业集群发展和行业务实服务等。

二、国内智能制造发展现状

2018年9月赛迪顾问总结了我国智能制造区域分布特点,认为我国智能制造发展呈现"四大区域"集聚发展格局,同时呈现"东强西弱"发展态势。从国家工业和信息化部公示的2017年中国智能制造试点示范项目来看,在入选企业数量分布上,前三位以东部地区居多,中西部地区则分布较少,以入选企业5家以下的省份居多,而贵州、西藏、宁夏、内蒙古等4省区工业实力相对较弱,并没有企业入选智能制造试点示范项目。从区域分布来看,我国智能制造示范企业主要集中在以北京、山东等为核心的环渤海地区,以上海、江苏、浙江等为核心的长三角地区,以广东为核心的珠三角地区,以四川、河南、安徽为核心的中西部地区,初步形成了"四大区域"集聚发展的良好格局。

以山东、江苏、浙江、广东等为代表的东部地区经济实力雄厚、科技资源充裕,智能制造发展速度相对较快,大型制造企业已基本实现从机械化向自动化转型,在推动企业从数字化向软件化、网络化、智能化升级方面处于国内领先水平。而以四川、陕西、甘肃等为代表的中西部地区工业化水平相对较低,制造企业普遍处于从机械化向自动化升级阶段,智能制造发展及普及水平低于东部地区。

成都作为中国西南地区的科技、商贸、金融中心和交通枢纽,国家重要的高新技术产业基地、商贸物流中心和综合交通枢纽、西部地区重要的中心城市,在"中国制造2025"的大背景下,成都高新区与西门子公司签约,建立西门子工业软件全球研发(成都)中心和西门子智能制造(成都)创新中心,重点研发西门子全球领先的面向未来的工业云Mind Sphere及其相关应用,并逐步拓展到智能制造全价值链解决方案,加速推动成都向工业云、工业物联网、工业大数据等智能制造领域迈进,其覆盖了电子信息行业、航空装备行业、生物医药行业、汽车及零部件行业等6个重点行业。2017年8月联手西门子等企业推出智能制造公共服务平台,可为中小企业和自由创业者量身开发智能制造应用软件,这样可以为广大中小企业提供软件支持,降低中小企业转型的风险和成本,有利于发展当地的工业制造水平。

在电器生产行业中,中国家电领先品牌海尔集团于2015年5月,以智能工厂为依托进行"互联网+制造业"转型。青岛海尔集团成立于1984年,自成立以来以创造用户需求为目标，目前已成为全球白色家电第一品牌。本章选取 2014~2016 三年的数据，从生产经营能力、资产盈利能力、资本盈利能力三个方面来看青岛海尔集团是否获利。

目前，我国智能测控装置和部件在仪器仪表、包装和食品机械、工程机械、环保机械、重机、印机等智能制造装备产业重点领域取得了突破性进展，核心智能测控装置与部件均进入产业化阶段。在工业机器人领域，我国工业机器人产业因缺少核心技术，发展尚处于起步阶段，仍处于单件小批量的生产状态，产品性价比较低。但我国在石油石化、机械加工、食品制造等领域的重大智能制造成套设备取得了标志性成果。在石油化工领域，我国成功研发出全自动油田固井车、年产量达 1 万吨的烷基化废酸再生装置，自主研发"千万吨级炼油加氢装置循环氢压缩机高压干气密封及其控制系统"和"大型煤化工煤制丙烯装置丙烯制冷压缩机大轴径干气密封"两项科技成果。在食品加工业领域，乳品无菌化数字示范车间年产无菌包装乳品 9000 万瓶，减少乳品加工环节的原料及成品损耗约 15%，节省加工过程中的能源消耗约 20%，降低消毒液用量约 70%。无菌化饮料吹灌旋数字化车间可为客户产品质量提升约 10%，生产效率提高约 15%，降低能源消耗约 20%，降低人工约 20%，降低设备成本、占地成本约 20%。在纺织成套装备领域，我国开发出现场"无人化"操作的染色工艺、智能染色系统、筒子纱微波烘干机、元明粉自动称量系统、装卸纱机器人、自动物流系统、中央控制软件系统等，研制出新产品三类 18 种 84 台/套。

我国在电工电器、液压气动密封件、工程机械和重机等重点领域已建立六个公共服务平台，在江苏、上海、广东等省市相继成立工业机器人产业技术创新联盟。在研发上，核心企业的研发经费逐年提升，研发经费占销售收入的比重已超过 5%。湖北力帝机床、中国重型机械研究院、深圳精密达、上海派芬自动控制技术和深圳正弦电气的研发经费占销售收入比重均达 8% 以上。北人集团、上海电气、辽宁大族冠华、杭州科雷机电、湖北力帝机床、西安西电电力等企业新产品产值率达 80% 以上。

目前，我国智能制造设备产业还未形成明显的产业集群，但已有趋势。在长江三角洲、环渤海地区和珠江三角洲的智能制造装备产业集群化布局已初步显现。长三角地区主要以江苏、上海和浙江为核心区域；环渤海地区的智能制造装备产业主要以辽东半岛和山东半岛为核心区域；珠江三角洲的智能制造装备产业已在人力资源、科技、资本等生产要素市场、产业配套能力和政策支撑等方面具备较为雄厚的发展基础，初步显现智能制造装备产业集聚发展特征。

三、宁波智能制造业发展现状

（一）宁波智能制造基本情况

宁波是我国沿海首批对外开放城市、计划单列市，是全国工业大市和先进制造业基地。自改革开放以来，宁波凭港口之便，成为长三角南翼经济中心和国家先进制造业基地。宁波始终将制造业作为城市发展的支柱，已经形成门类齐全的制造业体系，形成了以石油化工、汽车及零部件、电工电器、纺织服装等为支柱的产业集群。但随着资源、环境、劳动力成本等因素不断凸显，不少制造业企业遇上了发展"瓶颈"。以工业4.0为代表的新一轮工业革命，将是宁波制造业转型升级的重要契机。2016年10月，宁波启动智能工厂整体设计方案，数控机床、工业机器人及智能化、高端化设备大幅应用。未来几年，宁波将加快发展以新材料、高端装备和新一代信息技术为代表的三大战略产业，做强做优以汽车制造、绿色石化、时尚纺织服装、家用电器、清洁能源为代表的五大优势产业；培育以生物医药、海洋高技术、节能环保为代表的一批新兴产业和以工业创新技术、科技服务、检验检测为代表的生产性服务业，以形成"3511"新型产业体系。

近年来，宁波智能制造工程加快推进，产业规模不断扩大，2017年宁波市智能制造装备产业规上工业企业543家，实现工业总产值684.7亿元，出口交货值175.7亿元，相继涌现出慈星股份、海天塑机、三星智能电气、均胜普瑞、弘讯科技、亚德客、柯力传感、申菱电梯和凹凸重工等一批行业龙头企业和隐形冠军企业。截至2018年年底，宁波全市累计有9个绿色工厂、22种绿色设计产品、2个绿色供应链、一个绿色产业园成功入选国家绿色示范名单，4个项目成功申报国家绿色制造系统集成项目，入围数量位居全国城市前列。

至2018年年底，宁波市智能制造领域引进创业创新团队14支，"国千"人才11名，"省千"人才16名，"3315计划"创业创新团队和个人36个，已创办企业32家，获批专利160项，其中发明专利30项，累计开发市级以上新产品98项。市级以上智能制造领域企业工程（技术）中心172家，其中国家认定企业技术中心4家（海天集团、奥克斯、圣龙汽车、大丰实业），伟立机器人研究院等省级重点企业研究院5家，浙江三星智能计量研究院等省级企业研究院9家，宁波弘讯塑机自动化控制等市级企业研究院21家。截至2018年年底，宁波市共有宁波智能成型技术创新中心、宁波磁性材料应用技术创新中心和宁波石墨烯创新中心等3家省级制造业创新中心。

（二）夯实智能制造产业体系基础

1. 石化产业

宁波是全国最大的成品油加工基地和国内重要的化工新材料生产基地；在汽车制造业方面，宁波拥有上海大众和吉利汽车两大整车制造龙头企业，也是全国综合竞争力较强的先进汽车零部件产业基地。在电工电器产业方面，全国1/3的小家电由宁波制造，有10多个细分行业小家电产量长期保持全国第一，是全国四大家电生产区。同时，宁波注塑机、文具、模具等产业领域在全国具有较强的竞争优势。

在产能上，宁波拥有3000万吨炼油、100万吨乙烯、600万吨炼钢、110万辆整车、1900万千瓦装机容量的电力和300万吨造船生产能力。在产值上，2015年形成了8个超千亿元的优势产业集群，石化产值超3000亿元、装备制造（不含汽车）产值4334亿元、新材料产值1000亿元、家电产值1200亿元、纺织服装产值1180亿元、电子信息制造产值1616亿元、汽车制造产值1453亿元、文具模具产值1000亿元。

2. 专用装备

2017年，全市专用装备产业规模以上工业总产值816.9亿元，比上年同期增长16.63%。超额完成《三年攻坚行动计划》确定的2017年690亿元目标；规模以上工业增加值增速13.8%，高于同期全部规模以上工业增加值增速4.20个百分点；实现利润总额65.50亿元，利税总额92.10亿元，分别同比增长6.42%、8.42%。2017年，全市专用装备产业科技活动经费支出24.30亿元，同比增长21.85%。

截至2018年年底列入宁波市专用装备三年攻坚行动计划的67个重大项目，共有29个项目竣工，累计完成投资1947亿元；全市专用装备制造业领域产5亿元以上龙头企业累计达到20家；共有74家高端装备产业领域的企业，列入

2017年全市工业行业骨干企业和高成长企业培育名单13家企业被认定为智能装备重点优势企业，有24家专用装备企业及其产品列入宁波市制造业单项冠军培育企业第一批名单。

3. 石墨烯

2017年宁波市石墨烯产业高速增长。全年石墨烯原材料销售853万元石墨烯及下游相关产业规模超19.50亿元，超年度发展目标18.50%。2017年12月8日，落户于镇海新材科初创产业园的浙江省石墨烯制造业创新中心正式揭牌启动，成功举办石墨烯产业发展论坛，宁波市石墨烯产业影响力进一步增强。墨西科技以第一名的总成绩中标工信部工业强基工程"石墨烯微片"项目，启动千吨级石墨烯粉体和万吨级石墨烯复合导电浆料生产线建设项目。宁波柔碳电子科技有限公司完成全球领先的年产百万平方米石烯薄膜生产线建设。宁波中车新能源科技有限公司通过与中科院宁波材料所合作研发的石墨烯改性高能量密度锂离子超级电容器达到国际领先水平。石墨烯重防腐涂料在沿海装备、电力设施、石化、航天等领域开始规模化示范应用。

4. 高端金属合金

2017年宁波市高端金属合金材料产业呈现高质量发展态势。全年实现工业总产值381亿元，比2016年增长28%，占全市冶金工业总产值的32%。高端比重增加了5.37个百分点。2017年累计完成固定资产投资10.3亿元，年产15万吨低氧高韧铜线等4个重大项目顺利竣工；宁波钢铁研发高附加值新产品牌号17个，多项产品荣获2017年度"浙江省优秀工业产品"称号，兴业盛泰4个产品通过宁波市级新产品鉴定；博威集团、长振铜业制定的3项国家标准、1项行业标准颁布实施；江丰电子在创业板成功上市，超高纯铝产业化获得突破博威集团成为2017年度浙江省民营企业跨国经营30强；金田铜业、博威合金、兴业盛泰、宁钢等行业骨干企业两化融合、智能制造取得明显进展，循环发展、绿色发展成效显著。

5. 稀土磁性材料

2017年宁波市稀土磁性材料产业稳步发展。全年工业总产值97.83亿元，比2016年增长9.68%。出口交货值26.52亿元，同比增长3.51%。国内市场出货量增加12.17%。产值超亿元企业20家，增速超20%企业29家。行业骨干企业宁波的升磁体元件技术有限公司连续两年产值超过10亿元。产业年度重大项目投资总额达8.69亿元，新增钕铁硼磁体产能5000吨项目已经竣工，新建

5000 吨钕铁硼磁体产能等 20 余个项目正在稳步推进。产业技术水平不断提升，开发出具有国内领先水平的超高性能钕铁硼磁体、耐高温钐钴磁体、高丰度磁体制造技术，新增授权专利 38 项。创新能力进一步加强，磁性材料创新中心正在积极谋划，新建院士工作站、浙江省博士后工作站各 1 个。新材料保险补贴政策助力产业发展，已有韵升、复能、招宝等企业投保。

6. 关键基础件

2017 年全市核心基础零部件（元器件）和关键基础材料产业共有规模以上工业企业 1674 家，实现工业总产值 3995.40 亿元，占全部规模以上工业总产值的 25.20%，同比增长 18.40%。其中 2017 年全市关键基础件产业工业总产值达到 1035.80 亿元，同比增长 12.50%；实现利润总额 96.80 亿元、利税总额 137.80 亿元，分别同比增长 14.30%、11.30%。

2017 年，全市共实施了 221 个强基技改项目，其中 42 个项目列入市财政资金扶持的专项计划，计划固定资产总投资 21.2 亿元，6 个工业强基技改项目符合国家编制的"四基"目录计划固定资产投资 5.1 亿元，预拨项目财政补助资金 3400 多万元。全市已累计有 9 个项目列入国家工业强基专项，获得国家专项资金 2.36 亿元。

7. 光学电子

2017 年，全市光学电子产业保持高速增长，实现工业总产值 306.4 亿元，同比增长 26.10%。成为全市八大主攻细分领域增速最快的产业之一，基本形成以光学成像为核心主导，以光学薄膜为特色优势，以光学传感、显示为新兴亮点的四大支柱领域。

舜宇集团 2017 年实现产值约 258.99 亿元，同比增长 37.25%。舜宇光电信息（手机摄像模组）、激智科技（液晶显示模组）入围国家第二批单项冠军示范企业，永新光学（光学显微镜）入围单项冠军培育企业。

舜宇光电小镇加快推进，"年产 5000 万颗车载高级辅助驾驶（ADAS）影像模块生产项目""年产 6.5 亿颗智能光电模块生产项目"已投产项目一期，累计投资 11 亿元，二期 2018 年开始建设。5 亿元规模光学电子产业基金发挥积极作用。

江北膜幻动力小镇是全省第一批省级特色小镇，2017 年 8 月入选第二批国家级特色小镇、总规划面积约 3 平方公里，旨在打造中国最大的光学膜生产基地。

8. 集成电路

2017年，全市集成电路及相关产业完成工业总产值184.50亿元，同比增长13.9%。制定了《宁波市集成电路产业三年攻坚行动计划（2017~2019年）》明确提出建设集成电路孵化园和材料基地、制造与封测基地、设计基地的"一园三基地"产业发展格局。出台《关于加快推进集成电路产业发展的实施意见》，并明确并细化集成电路产业享受"中国制造2025"试点示范城市最高产业政策扶持标准。

2017年，全市芯片制造基地和集成电路材料基地于北仑区启动建设，全市集成电路产业孵化园和设计基地于鄞州区开园；引进安集微电子、恒硕科技、南大光电，中科院微电子所宁波微电子应用研究院等9个项目落户北仑芯港小镇，在谈项目14个，投资总额超200亿元。

9. 工业物联网

2017年，全市工业物联网制造业企业产业规模达到221亿元，同比增长17.28%。组织实施工业物联网应用试点，下达46项工业物联网试点项目名单。

（1）传感器行业方面。柯力传感的称重传感器国内市场占有率第一，中车时代制定铁道行业传感器标准。水表股份、三星电气、浙江蓝宝石等企业分别在水表、电表、燃气表等仪表生产行业居全国领先水平。

（2）控制装置及设备行业方面。均胜电子汽车控制系统、舜宇智能的智能工厂解决方案等达到行业先进技术水平。

（3）工业物联网技术应用方面。中银（宁波）电池有限公司研发制造了基于物联网的碱性电池无人化车间，行业处于领先水平；宁波慈星股份的个性化定制云平台被工信部列为智能制造试点示范项目。

宁波智能制造以"智能工厂"建设为载体，通过构建智能化生产系统、网络化分布生产设施，实现生产智能化。智能工厂将先在一些电器以及汽车零部件行业试运行。

例如，宁波欣睿激光设备有限公司主要是研发、生产激光工业设备，工业产品主要包括激光焊接机、光纤激光焊接机、光纤连续激光焊接机、机器人激光焊接配套设备、视觉自动激光焊接机、模具激光焊接机、自动激光焊接机、激光打标机、光纤激光打标机、紫外激光打标机、CO_2激光打标机、MOPA激光打标机、银浆激光蚀刻机、激光切割机、飞行激光标刻系统、皮秒加工系统几十余种工业激光设备，并为客户提供各种规格的飞行激光应用的整套设备。宁波欣睿激光设备有限公司凭借着雄厚的技术实力及完善的服务网络在工业和医疗领域为世界各地的客户提供"一站式"的激光设备、服务和客户化的解决方案。

宁波佰得机械科技有限公司致力于国际高端智能数控机床,佰得科技秉承多年对先进数控机床的销售经验及技术积累,在宁波江北设有机床大修工厂及常用机床配件仓库,逐渐将事业涵盖于数控机床大修改造、机床自动化生产线、工装家具设计制造等配套服务。

宁波帮手机器人有限公司一直致力于桁架式机器人系统、机床上下料机器人系统及工厂自动化设备的研发、生产和销售。公司产品主要应用于机械加工自动化生产线,在数控机床自动上下料领域拥有丰富经验与实施案例。

宁波宫铁智能科技有限公司是一家专注于高精密数控机床、整机自动化、车削加工智能制造的研发和生产。公司总部位于宁波市,欧洲研发中心位于意大利雷焦艾米利亚。为更好地服务中高端客户,宫铁智能充分利用意大利、德国等欧洲专家的先进理念和技术,结合国内生产实际,多年来致力于车削加工智能制造的创新、研发和生产,形成了高性价比的 Q 系列和 S 系列精密车床,高性能的 QC、SC 系列和 M 系列高精密车床系列,以及高稳定性的 J/H/T/G 多品种整机自动化系列。其中,拥有多项自主发明专利的同步电主轴车型(意大利技术)和整机自动化系列,在车削加工的智能制造领域始终处于领先地位,并通过多年来丰富的实际应用经验,带给越来越多的企业最佳的个性化应用方案和"交钥匙"工程。

(三) 宁波智能制造面临的问题

2018 年 7 月 13 日,工业和信息化部副部长、国家制造强国建设领导小组办公室主任辛国斌在指出,中国制造业创新能力还不强,关键基础材料、核心基础零部件、元器件、先进基础工艺等工业基础能力依然薄弱,关键核心技术短缺局面尚未根本改变。眼下最为具体的难题表现在以下几个方面。

1. 核心技术的创新动能不足

中美贸易战、中兴事件为中国的制造业敲响了警钟,"核心技术受制于人是我们最大的隐患",掌握核心技术只能依靠自主创新。一直以来,我国制造业核心技术的对外依存度较高,产业发展需要的高端设备、关键零部件和元器件、关键材料等大多依赖进口。工信部对30多家大型企业130多种关键基础材料调研结果显示，32%的关键材料在我国仍为空白，52%依赖进口，绝大多数计算机和服务器通用处理器95%的高端专用芯片，70%以上智能终端处理器以及绝大多数存储芯片依赖进口，2013年高端芯片进口甚至超过石油进口额。在装备制造领域，高档数控机床、高档装备仪器等，运载火箭、大飞机、航空发动机、汽车等关键件精加工生产线95%以上的制造及检测设备都依赖进口，关键零部件如自动变速器、发动机控制系统等都由外资企业所掌握，我们与发达国家有几十年的差距。智能制造领域技术门槛较高，仅仅依靠单个企业探索全新领域显然很困难。

麦肯锡的数据显示，我国制造业生产力水平只有西方发达国家的1/5，过去的制造业更多地依赖于劳动密集型产业，我国制造业自主创新能力相对薄弱，研发设计水平较低，关键技术缺失。工业级产品对数字技术、智能技术、网络技术和新材料技术等方面要求很高，整体研发耗时较长。我国现有智能制造技术大多掌握在部分科研机构手中，而多数研究机构过于独立封闭，技术研发分散，未能形成合力。智能制造的生态链整合，也是迫在眉睫。中国制造业体量世界第一，占世界制造业的份额为20%，但是，中国的工业软件现在90%以上依靠进口，稍微复杂一点的，都不是国产的。而且，中国工业软件的市场份额，仅占世界工业软件市场份额的1.70%。一个20%的制造业大国只占1.70%的份额，足以说明中国工业的"体质"太弱。

根据IFR（International Federation of Robotics）的统计，2017年新安装工业机器人为34.6万个，相比2016年增长了18%，并预计未来将保持每年15%的速度持续增长。预计到2020年将有300万工业机器人处于工作一线。

2. 企业转型升级的核心是智能化和网络化

在"中国制造2025"规划中提到高档数控机床和机器人的研发和使用，关于机器人的说明中提到"围绕汽车、器械、电子、危险品制造、国防军工、化工、轻工业等工业机器人"需要大量的资金投入和资金支持。

企业在维持生产经营活动时需要投入大量资金开发技术、购入设备和核心技术以达到扩大生产的目的。部分智能化企业在投入时束手束脚，正是因为资金短缺。

3. 校企合作效果较差，缺乏专业技术人才

目前，行业指导和企业参与职业教育普遍缺乏积极性，考虑更多方面的因素，众多企业对接受职业院校学生实习积极性不高。校企合作结果不尽如人意，合作内容和形式较为单一。

4. 发展战略未明确，缺少配套政策支持

宁波对智能制造总体发展的整体战略和顶层设计还需要进一步完善，技术路线图尚不清晰，政府政策配套并未完善以企业为主体的制造业创新体系不完善；产业结构不合理，高端制造业和生产性服务业发展滞后；信息与工业融合程度不深；产业国际化程度不高。

四、宁波智能制造业发展策略

（一）企业方面

（1）投入充足有效的资金。筹集充足资金，以自身优势吸引外资流入，或与政府项目进行合作，提升企业竞争力。此外，应从自身实力出发，结合自身发展情况，合理投入资金以实现智能化生产。

（2）实行开放式创新。树立创新理念，从要素驱动转变为创新驱动，将传统生产模式转变为成本更低廉、产能更迅速、质量更稳定的智能化生产，实现技术创新，以技术优势带动品牌优势，提高企业核心竞争力。同时，要采取创新优化的管理方式（将层级式组织结构转换成扁平式组织结构等），减少因管理流程中复杂手续造成的损失。实行开放式创新，整合全球技术资源，提高核心竞争能力。

（3）引入高端制造装备、掌握核心技术。通过自行开发或从国外引入设备实现智能化发展，自行研发的企业应配备专业研发团队以掌握核心技术，这有利于宁波企业早日实现智能化发展。

（4）加强高素质人才培养和引进。技术研发要靠人才，因此加强高素质人才的培养和引进势在必行。可以通过与周边高校合作，建立人才合作培养机制，同时加大内部员工培养力度、招聘优秀人才，完善多层次人才体系。

（5）进行对外交流。生产技术是发展的一大推动力，目前我国技术仍须向其他国家学习，因此企业有必要加强对外交流，通过借鉴国外先进技术来提升我国技术水平。

(6) 实施"走出去"战略。企业在不断壮大自身的同时,应把握时机,看准市场需求,积极实施"走出去"战略,将世界先进商业文化和中国智慧实现全面对接。并且企业也要走可持续发展之路,给自己带来价值的同时也为别人创造价值。

(二) 政府方面

(1) 加强政策支持,鼓励科技创新。出台相关政策鼓励企业智能化发展,以互联网产业创新为引领,工业物联网为支撑,激发传统企业互联网转型内生动力为着力点,鼓励企业发展基于互联网的个性化定制,鼓励 IT 企业研发支撑工业转型的工控无线宽带、工业云、工业大数据、工业 APP 等新的解决方案和应用体系。

(2) 不断加大财政资源投入。企业要加大人力、物力以及财力等方面的投入,从而鼓励企业智能化的发展,帮助其早日实现智能化。

(3) 促进技术研发和推广。提升财政资金使用效率,利用工业转型升级专项、智能制造专项等现有资金渠道,促进工业机器人、数控机床、工控系统等领域核心技术研发及推广。另外,可以给予在国外技术和设备的基础上研发出有效的、创新技术的企业相应补贴,从而实现资金支持和技术鼓励。

(4) 创新市场运营机制。发挥财政专项杠杆作用,吸收社会资金,探索投资基金市场化运行机制,创新并统一市场运行管理机制,重点关注支撑工业体系智能制造的软硬件一体化系统解决方案。

(5) 制订智能工厂发展战略及规划。借鉴国外智能工厂实施的优秀经验,结合企业具体建设情况,合理制订智能工厂发展战略和规划,统一行动指南和方针。

(三) 战略联盟

(1) 由行业主管部门牵头,以相关行业联盟为主要载体,成立国家层面的智能工厂创新服务体系工作组,定期沟通解决实际问题,推进体系建设工作。

(2) 开展针对智能工厂建设与创新需求的全面服务。围绕智能工厂建设模式在重点行业的推广应用,指导地方、行业、中介创新组织方式,建立和完善网络化、专业化、社会化的智能工厂创新服务体系，探索以企业为主体的市场化运作模式。

（3）建立智能工厂创新服务体系发展基金。采取政府引导、市场运作的模式，借鉴国内外成功的产业发展基金管理运作经验，着力于智能工厂创新服务体系各项功能。由此依托行业技术联盟，逐步完善创新服务体系。

（四）宁波智能制造规划

宁波市坚持"制造立市"，工业总量在浙江居首，有雅戈尔、方太、奥克斯等知名本土品牌。在石油化工、汽车及零部件、电工电器、纺织服装4大领域的产业集群极具竞争力，还将探索4种产业培育模式："产城融合＋要素聚集""需求牵引＋定制推广""民营经济＋开放协同""基础技术＋平台服务"。民营经济发达，初步形成"铺天盖地中小微企业"和"顶天立地龙头企业"协同发展的良好格局。全市民营企业数占全市各类市场主体的99%，民营经济贡献了近80%的GDP、75%以上税收、55%左右出口。中小企业起到活跃经济、稳定社会、创业创新、吸纳就业的重要作用。聚焦比较优势，明确将新材料、高端装备和新一代信息技术作为三大战略引导产业，围绕"中国制造2025"完成八大工程。

1. 工业强基工程

以强化工业基础能力为核心，重点发展宁波具有比较优势的核心基础零部件（元器件）和关键基础材料，加快提升先进基础工艺和产业技术基础（以下简称"四基"），完善产业基础技术服务体系，夯实制造业发展基础。

（1）推进重点环节突破发展。至2019年，重点突破50种核心基础零部件（元器件）、30种关键基础材料、突破和提升20项先进基础工艺。

（2）开展重点产品应用示范。至2019年，开展基础产品工艺应用示范项目达10项。

（3）构建产业基础技术服务体系。至2019年，建成5个左右产业技术基础公共服务平台。

2. 制造业创新能力工程

加强科技创新对制造业发展的引领作用，聚焦国家重大前沿产业布局和全市产业链攀升需求，构建特色明显、专业性强、覆盖面广的开放协同创新体系，全面提升制造业创新能力。

（1）建设新型创新研发机构。至2019年，争创国家级制造业行业创新中心1~2家、市级5家左右；建成18家国家级、100家市级企业技术中心；建成20家省级重点企业研究院，建成50个新型产业技术研究院；新建2家产业技术创新联盟。

（2）打造高端开放创新平台。至2019年，各类创新平台实现创新资源的有效集聚，新材料科技城初步奠定新材料领域国际创新中心地位，国际海洋生态科技城建设取得阶段性成效。

（3）促进技术突破与设计创新。至2019年，突破500项重点领域关键核心技术，累计开发市级新产品5000个以上。

（4）加快推进科技成果转化。至2019年，推动转化100项以上重点行业重大科技成果。

3. "制造业+互联网"工程

紧抓"互联网+"战略机遇，推动制造业企业利用互联网技术和平台加快转型升级，积极打造制造云平台，加快推动制造服务化转型，推进建设一批"制造业+互联网"发展新载体。

（1）加快制造云平台建设。至2019年，建成10个面向制造业专业行业提供服务的云平台。

（2）推动制造业与服务业融合。至2019年，推进20个具有行业影响力的"制造业+互联网"研发和产业化项目。

（3）加强"制造业+互联网"载体建设。至2019年，建成5个智能经济特色园区。

4. 制造业单项冠军培育工程

进一步发挥企业在产业发展中的主体作用，积极营造有利于企业做大、做优、做强、做精的良好氛围，打造培育一批规模大、实力强的跨国企业集团、龙头骨干企业、单项冠军企业和各类示范企业。

（1）深化制造业企业梯队建设。至2019年，培育形成年收入100亿元以上企业20家，浙江省"三名"培育试点企业15家、高成长企业100家。

（2）开展单项冠军培育行动。至2019年，提升发展100家市级制造业单项冠军重点培育企业，争取20家以上企业列入国家制造业单项冠军培育企业；培育40家市级制造业单项冠军示范企业，争取10家以上企业列入国家制造业单项冠军示范企业。

(3) 培育一批创新型示范企业。至 2019 年，培育形成累计年产值超 50 亿元的创新型领军企业超过 20 家、国家级技术创新示范企业 10 家、市级技术创新示范企业 50 家、智能制造等各类示范企业 50 家以上。

5. 质量品牌标准工程

深入推进"质优宁波"战略，围绕质量水平提升、品牌创建、标准创新，打造质量品牌服务生态链、促进"宁波制造业"向"宁波质造"转变，促进宁波产品向宁波品牌转变，打造品牌质量强市。

(1) 提升制造业质量水平。至 2019 年，争创至少 1 家省以上政府质量奖，150 家以上企业导入卓越绩效模式，制造业质量竞争力指数达 91.50 以上。

(2) 加强制造业品牌建设。至 2019 年，创建"浙江制造精品"100 项以上，"浙江制造"品牌 20 个以上，全国知名品牌创建示范区 2 个。

(3) 强化标准化建设。至 2019 年，主持或参与制修订国际、国家标准 50 项以上，主持制订"浙江制造"标准 60 项以上，争创省级以上技术标准研究创新基地或省级智能制造标准化试点、国家高端装备制造业标准化试点 2 个以上。

(4) 打造质量品牌服务生态链。至 2019 年，建成国家级检验检测中心 2 个，省级检验检测中心 2 个。

6. 智能制造工程

以促进制造业与新一代信息技术、智能技术深度融合为主线，加快研发制造智能装备及产品，积极开展传统生产线智能化改造，推广实施智能制造模式，完善智能应用服务体系，全面提升宁波市制造业研发设计、制造管理和销售服务等智能化水平。

(1) 突破发展智能装备。至 2019 年，形成年产 7 万台成套装备、机器人整机的产能规模。

(2) 加大智能技术研发应用。至 2019 年，掌握具有自主知识产权的关键零部件制造技术、关键智能技术、成套系统集成技术 25 项。

(3) 推进智能制造模式培育。至 2019 年，关键工序生产、装备数控化率达到 69% 以上，两化融合发展水平指数达到 89 以上，建设 10 家以上智能工厂和 100 家以上数字化车间。

(4) 强化智能制造基础支撑。至 2019 年，基本形成支撑智能制造发展的信息基础设施，培育一批有条件的企业开展工业互联网信息安全审查、检查和信息共享机制的试点示范。

（5）加快应用服务体系构建。至2019年，培育3家智能制造产业服务平台式机构。

7. 绿色制造工程

充分发挥企业主体作用，以提升制造业资源能源利用效率和清洁生产水平为目标，以传统制造业绿色改造升级为重点，加快构建绿色制造体系，壮大绿色产业，实现制造业高效清洁低碳循环和可持续发展。

（1）推动生产过程清洁化。至2019年，完成3个以上重点工业园区（行业）、300家以上重点企业实施清洁生产审核，单位工业增加值污染物排放量比2015年下降15%。

（2）推动能源结构低碳化。至2019年，全市基本淘汰高污染燃料锅炉、全市光伏发电系统装机容量达到500MW以上。

（3）推动能源利用高效化。至2019年，全市石化、造纸、钢铁等重点行业单位产品综合能耗达到或接近国内领先水平，单位工业增加值能耗比2015年下降15%以上，累计淘汰改造低效电机1万台以上、新建项目应用高效变压器容量占比70%以上。

（4）推动制造体系绿色化。至2019年，单位工业增加值用水量下降18%以上、工业固体废物综合利用率98%以上，培育绿色工业园区6家以上、绿色示范工厂40家以上。

8. 制造业人才提升工程

以建成影响力大、集聚力强、辐射力广的国际化制造创新人才高地为目标，以满足制造业创新发展人才需求为导向，加快搭建人才引进培养平台，加速培养产业发展所需的各类人才。

（1）引进培养制造业人才。至2019年，在制造业领域累计支持领军创业创新人才450名以上，引进领军人才团队80个以上、"智造创客"人才1万名，培养制造业高技能人才2万名以上，培育产生200名"港城工匠"，全市经营管理人才队伍总量达40万人以上。

（2）搭建技能人才发展平台。至2019年，形成2个以上有影响力的重点制造行业紧缺指数发布平台，完善建成10家高技能人才公共实训基地、5所现代学徒制试点学校、10所创新创业特色学院。

（3）创新人才引进方式。大力支持平台招才、以才引才等方式，依托新材料科技城、国际海洋生态科技城、"千人计划"产业园等高端平台,引进和集聚批制造业领域创业领军人才带技术、带项目、带资金来宁波创业发展。

目前,宁波智能制造创建工作已经展开。试点示范城市评审工作将继续开展,并鼓励不同城市开展多角度探索和实践,形成可复制、可推广的经验,助力制造强国建设[1]。

---

[1] 中国新闻网:"中国制造2025"试点城市为何首选宁波?

第五章

宁波工业物联网产业发展实践

一、工业物联网产业国内外发展动态

(一) 工业物联网的内涵

1. 物联网的概念及构成

施乐公司首席科学家 Mark Weiser 最先引入有关物联网的相关想法,使得物联网概念开始萌芽。他认为物联网可使最具深奥含义的技术逐渐消失,并在不知不觉中融合到人们的生活中,直到无法分辨为止。他认为计算机在未来的应用可以达到完美阶段,人们无须为使用计算机而去学习软件。

1999 年,美国麻省理工学院的 ASTON 教授对物联网概念进行了初步界定,认为在未来每一个产品上都应该植入具有标识性的并且拥有唯一性的电子代码,此代码是射频识别技术与无线网络结合的产物,通过此代码就可实现自动识别物体信息,而不用借助任何接触手段,无线网将电子代码识别出来的信息在全世界进行交换,以此达到监控与管理的目的。

2005 年,国际电信联盟 (ITU) 在 "The Internet of Things" 年度报告中,针对物联网的相关概念进行了重新补充与说明,提出了通过将短距离的移动收发器内嵌到日常用品中,从而实现任何时间、任何地点、任何物体之间互联,形成无处不在的网络和无处不在的计算的良好愿望。至此,物联网概念被正式提出。

2008 年,国际电信联盟标准化组织在《泛在传感器网络》报告中提及,随着当今计算技术的迅猛发展、互联网技术的不断成熟、接入网络方式的不断创新,传感器网络已逐渐走向泛在传感器网络发展轨道中,将实现无论在任何地点、任何时间和任何人甚至任何物体的连接,实现由智能传感节点组成的网络。ITU-T对泛在传感器网络的定义已基本等同于物联网。

2009年,欧盟第七框架下RFID和物联网研究项目组(Cluster of European Research Project on The Internet Of Things:CERP-IOT)公布了《物联网战略研究路线图》相关报告,认为物联网是在一定标准下并且可以互相操作的通信协议,具备一定的自我配置能力,是全球网络的基础架构。物联网中的每个产品都拥有唯一的标识,并通过射频识别技术实现产品与外界的交流与沟通。

全球物联网方兴未艾,中国置身在此浪潮中,也积极进行物联网部署。中国物联网研究发展中心认为物联网是一个巨大的网络,主要通过信息技术将物体与互联网连接,从而获取目标物体所需的有效信息,实现物体与物体之间、人与人之间实时地相互地信息传递与互换,达到对物品智能识别、定位跟踪、监管协调的目的。物联网具体概念的演进过程如图5-1所示。

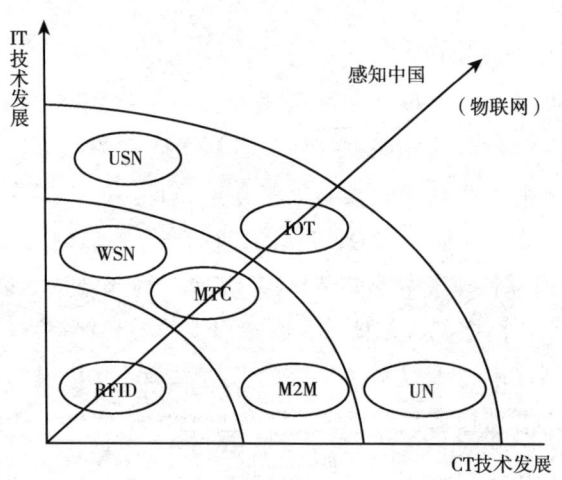

图5-1 物联网具体概念的演进过程

资料来源:中国物联网研究发展中心。

由图5-1可知,物联网具体概念的发展主要以通信技术与信息技术两方面的发展为导向。RFID(射频识别)是物联网的核心,也是其概念的启蒙,随后经历WSN(无线传感器网络)、MTC(3GPP中的M2M)以及M2M(机器对机器)阶段,最后逐渐形成USN(泛在传感网)、UN(泛在网),物联网概念初步形成。在物联网概念的演化过程中，M2M、UN 主要提供通信技术支撑，WSN、USN 主要提供信息技术支撑。物联网概念逐步完善，并引入中国，中国将其称为"感知中国"。

物联网的体系架构分为三层：下游为感知层，主要涉及物联网信息采集设备；中游为网络层，主要涉及物联网技术所需要的网络环境；上游为应用层，主要涉及物联网技术的综合运用。

感知层为物联网产业提供设备支撑，是物联网的皮肤和五官。通过传感网及感知设备，运用数据采集技术、射频识别技术等先进手段完成对物体的识别，从而采集所需的有效信息，为物联网后续的信息处理奠定基础。

网络层为物联网产业提供网络支撑，是物联网的大脑和神经中枢。通过智能路由器等设备将感知层收集到的信息传输到应用层，是感知层与应用层之间的桥梁。目前网络层技术虽然能满足日常的物联网数据传输需求，但技术优化仍将是发展的重点。

应用层为物联网产业提供综合处理平台，对网络层传输的信息进行统一处理与应用，是物联网的四肢。应用层将物联网技术与传统行业进行融合，广泛应用于生活实践。应用层主要由应用支撑子层和物联网应用子层组成。其中，应用子层是物联网的行业应用，行业应用是物联网的目标，也是物联网存在的极大价值所在，主要涉及政府、企业以及个人家庭等多个主体，以及物流、工业、交通、医疗等多个领域。例如，以个人家庭为主体的智能家居、以企业为主体的智能物流、智能工业，以及以政府为主体的智能交通等。

物联网架构的三大层级并非相互独立、单向传递，而是相互影响、相互作用。感知层统一对信息进行采集并通过网络层将有效信息传递给应用层，应用层将信息汇总并综合运用。感知层及网络层是基础，应用层是物联网的最终体现。具体三大层次体系构架如图 5 - 2 所示。

2. 工业物联网的概念

在提到"工业物联网"的概念时不得不交代物联网这一基础概念。物联网，即 Internet of things（IoT），由美国麻省理工学院（MIT）的 Kevin Ash - ton 教授于 1999 年首次提出。其言简意赅地表达为"物与物相连的互联网"，可从两个维度来理解其含义：其一，连接的节点终端是有形的物体，这有别于互联网的连接终端。之所以能基于有形的物体形成网络，关键不在于有形终端的物理存在，而在于其"全息存在"，即在有形的物体上附着有"全息元"，其通过现代

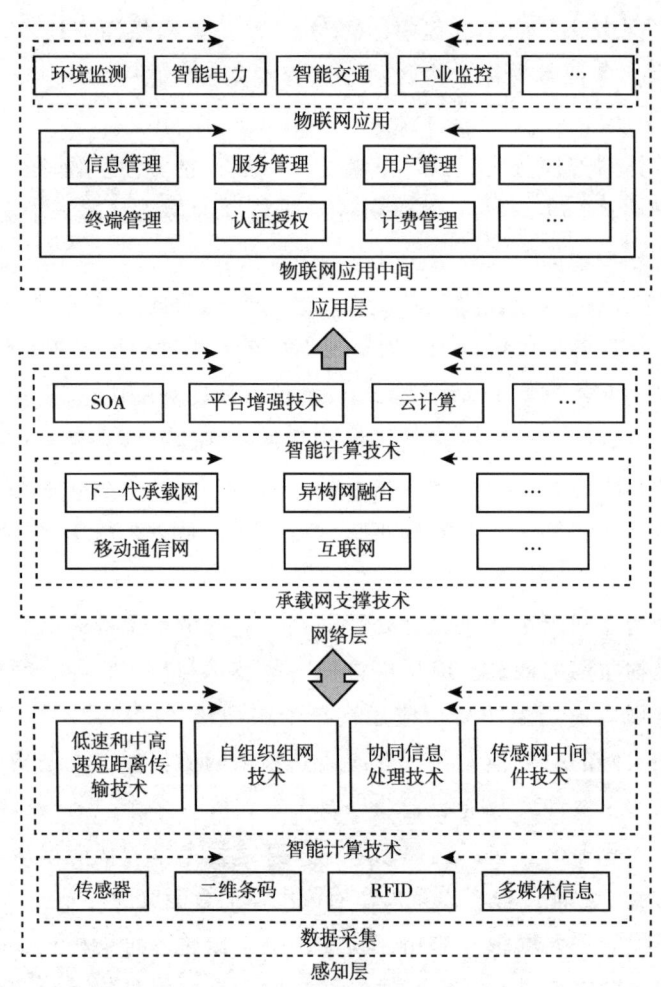

图 5-2 物联网体系架构

资料来源：工业与信息化部。

信息技术捕捉、识别、读取物体的标识信息，并可发送、传输和接收信息，这是处于物联网环境下的物体终端的本质特征。其二，其网络介质仍然是互联网，即通过互联网将物与物连接起来，实现信息的传输与交换，因此互联网是物联网赖以生存的载体，脱离了互联网就没有物联网的存在。既然应用的互联网、物联网的运营必须符合互联网的架构、算法、逻辑和传输机制。由前分析不难可见，物联网将互联网扩展和延伸到了实体世界和有形物体，是新一代信息技术的重要组成部分，将"信息化"推进到了新的发展阶段，也因此物联网被称为继计算机、互联网之后世界信息产业发展的第三次浪潮。

不同的机构曾对物联网下个定义，如物联网理论的奠基人 Kevin Ash‑ton 就认为物联网是通过射频识别（RFID）、红外感应器、GPRS 系统、激光扫描器等信息传感设备，按约定的协议，把任何物品与互联网连接起来，进行信息交换和通讯，以实现智能化识别、定位、跟踪、监控和管理的一种网络；Kevin Ash‑ton 的这一定义被很多学者和机构所引用，如国际电信联盟（ITU）就曾引用了 Kevin Ash‑ton 教授的这一定义发布在其 ITU 互联网报告中；中国物联网校企联盟将物联网的定义为当下几乎所有技术与计算机、互联网技术的结合，从而实现物体与物体之间的环境以及状态信息实时共享以及智能化的收集、传递、处理、执行。很多学者讨论物联网时经常会引用"M2M"，所谓 M2M 即指人到人（Man to Man）、人到机器（Man to Machine）、机器到机器（Machine to Machine）。可以说，M2M 是物联网的简要表达。

而工业物联网则是物联网在工业领域的应用。借助以上基础概念剖析认为：工业物联网是指为提高工业生产效率而在工业生产各环节应用具有感知、监控和传输功能的各类设备或介质以及泛在信息技术使得各有形物体间、人与物体间、人与人之间基于互联网架构与协议形成的泛在网络。对该定义解读如下：

（1）工业物联网的本质目的是提升生产效率。这一本质目的在规划和构建工业物联网的实践中尤其值得提醒。当下，在一些地方或企业中不同程度地存在着追求时髦或是形而上的创新炒作工业物联网概念，结果对生产力没有明显提升反而还制造了不少麻烦，耽搁了生产，浪费了成本。因此，包括物联网在内的任何生产工具、生产技术的革新其本质目的都是提升生产效率。如果忽略了这一本质追求，任何形式创新注定没有生命力。

（2）工业物联网的物质载体是工作生产各环节的人、机、材等有形实体。这一特征表明，应用物联网要基于原有工业生产环境中的物质存在和生产组织形式。当然在应用了物联网后，客观上也将创造和革新生产环境，但这并不影响工业物联网的这一物质依附。

（3）工业物联网的技术核心是具有感知、监控、和传输功能的设备和信息技术。说到底，工业物网是技术的革新，包括传感器技术、GPRS 定位技术、设备兼容技术、网络技术、RFID 标签技术、信息处理技术、嵌入式系统技术、二维码识读技术、红外感应技术、激光扫描技术、数据挖掘技术、安全技术等。可以说，没有这些技术的革新就没有物联网。

(4) 工业物联网连接的终端包括物体与人。这与该理论诞生之处提及的意涵有所差别。在现代工业生产中，不管是否有人直接参与了生产，都脱离不了人的因素，客观上，人也是工业物联网环境中一个"全息元"，即其也是携带了信息的，如此才能形成人与物（泛指设备、材料、元器件、技术等）之间的信息交互，进而在工业生产中结成物与物、物与人以及人与人之间的关系。

(5) 工业物联网本质上是基于 M2M 的互联网络，这是物联网的关键所在。如果仅仅只是携带信息的全息元独立存在，那其提升生产率的功效就无法达成。因此，结成网络后形成联动效应，才能压缩生产时间和节约生产成本。需要指出的是，工业物联网结成的网络是建构在互联网的框架结构与协议之上，需要符合互联网信息连接的逻辑与机制。

3. 工业物联网系统结构

在工业环境的应用中，工业物联网面临着与传统的物联网系统架构两个主要的不同点：(1) 在感知层中，大多数工业控制指令的下发以及传感器数据的上传需要有实时性的要求。在传统的物联网架构中，数据需要经由网络层传送至应用层，由应用层经过处理后再进行决策，对于下发的控制指令，需要再次经过网络层传送至感知层进行指令执行过程。由于网络层通常采用的是以太网或者电信网，这些网络缺乏实时传输保障，在高速率数据采集或者进行实时控制的工业应用场合下，传统的物联网架构并不适用。(2) 在现有的工业系统中，不同的企业有属于自己的一套 SCADA（Supervisory Control and Data Acquisition）系统，在工厂范围内实施数据的采集与监视控制。SCADA 系统在某些功能上会与物联网的应用层产生重叠，如何把现有的 SCADA 系统与物联网技术进行融合，例如，哪些数据需要通过网络层传送至应用层进行数据分析；哪些数据需要保存在 SCADA 的本地数据库中；哪些数据不应该送达应用层，它们往往会涉及部分传感器的关键数据或者系统的关键信息，只由工厂内部进行处理。

工业物联网的典型系统架构如图 5-3 所示，与传统的物联网架构相比，该架构中增加了现场管理层。现场管理层的作用类似于一个应用子层，可以在较低层次进行数据的预处理，是实现工业应用中的实时控制、实时报警以及数据的实时记录等功能所不可或缺的层次。

(1) 感知层：感知层由现场设备和控制设备组成，主要进行工业机器信息的感知以及控制指令的下发。现场设备主要包括温度传感器、湿度传感器、压力传感器、RFID、电动阀门、变送器等，这些设备直接与工业机器相连，担当

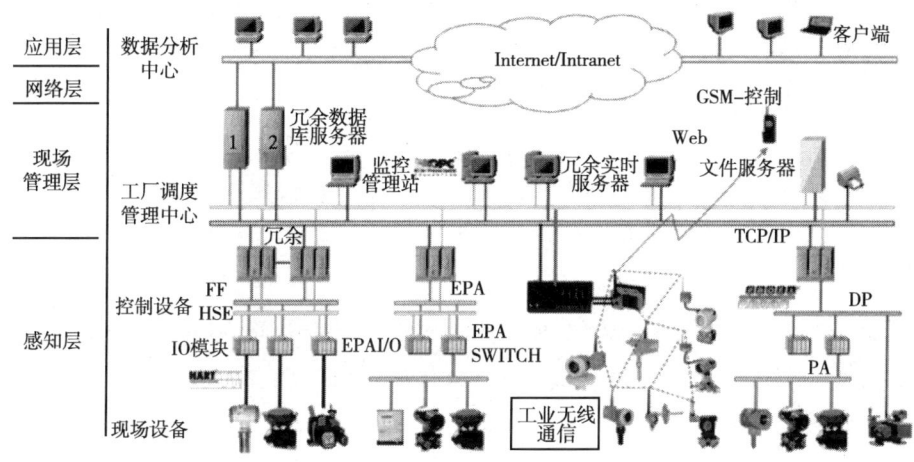

图 5-3　工业物联网系统结构

资料来源：李士宁，罗国佳. 工业物联网技术及应用概述 [J]. 电信网技术，2014, 3 (3)：26-31.

着感知控制过程的末梢机构。控制设备主要指 PLC 等控制器，在工业系统中，PLC 等控制器用于实现较底层的高速实时的控制功能，对于工业控制尤为重要。控制设备与现场设备组成了现场总线控制网络，如常用的 CAN 总线网络、Profibus 总线网络等。工业无线传感器网络 WISN 作为物联网技术的重要组成部分，通过网关可与现有的现场总线网络并存。WISN 以其高可靠、低成本、易扩展等优势被广泛应用于感知层的实现中，在环境数据感知、工业过程控制等领域发挥着巨大作用。

（2）现场管理层：现场管理层主要指工厂的本地调度管理中心，即如前所述的 SCADA 系统。调度管理中心充当着工业系统的本地管理者以及工业数据对外接口提供者的角色，一般包括工业数据库服务器、监控服务器、文件服务器以及 Web 网络服务器等设备。现场管理层作为区别于传统物联网系统架构的一个层次，在工业物联网系统中起着重要作用。现场管理层融合了现有的工业监控系统，它的存在使得来自感知层的部分关键工业数据能得到及时的记录与处理，对于一些对实时性有要求的较底层的过程控制指令，它能快速响应，及时做出控制决策。另外，现场管理层起到了对外提供数据接口的作用，通过数据库服务器以及 Web 网络服务器，调度管理中心可以把来自工厂内部的数据通过网络层发布到应用层，应用层可以透明访问到不同工业机器上的感知信息，对进一步的数据分析工作起到了重要作用。

(3) 网络层：网络层利用电信网或者以太网，为工厂的本地数据以及在远端的数据分析中心搭建起传输通道，使得数据可以随时随地进行传送。

(4) 应用层：应用层是工业物联网的最终价值体现者。应用层针对工业应用的需求，与行业专业技术深度融合，利用大数据处理技术对来自感知层的数据进行分析，主要包括对生产流程的监视，对工业机器运行状况的跟踪、记录等，最终产生对企业、行业发展有指导意义的结果，如优化生产流程、指导生产管理、提高经营效率、预测行业发展等，实现广泛的智能化。不同的企业之间更能互相共享大数据的分析处理结果，对于促进企业间协同生产、优化社会产业结构、提高社会整体生产力有着巨大作用。在各个层次之间，数据信息可以双向交互传递。

（二）国内外发展动态

1. 国外发展动态

在物联网探索的初期，也就是20世纪末，其主要依托于射频识别（RFID）技术构建物联网络。彼时，物联网只是一个概念，潜伏于理论界，尚未对生产产生显性的影响；作为早期物联网的核心技术之一——传感技术于2003年被美国《技术评论》杂志提出，当时该杂志称"传感网络技术将是未来改变人们生活的十大技术之首"，此后的几年间传感技术广泛应用于通讯，这一概念逐渐走入街头巷尾；2004年日本总务省（MIC）提出u-Japan计划，该计划旨在随时随地构建一个任何物体、任何人之间均可连接的泛在网络社会，因此也被视为第一个物联网国家计划；在Kevin Ash-ton教授提出"物联网"概念后的第6年国际电信联盟（ITU）发布《ITU互联网报告2005：物联网》，首次有国际性机构明确提出"物联网"概念；此后，美国、德国、韩国等国家陆续提出物联网的国家计划，物联网由此被推向研发和应用的高潮，尤其在2008年的全球金融危机后，各国将下一代的技术和战略规范上把目光聚焦到了物联网上，例如，欧盟于2009年发表了"欧洲物联网行动计划"，提出欧盟政府要加强对物联网的管理，促进物联网的发展；美国于2009年将物联网列为振兴经济的两大重点之一（另一重点为新能源）；韩国早于欧美在2006年就针对物联网确立了"u-Korea计划"，意在让民众可以随时随地可以享受基于物联网的"科技智慧服务"。

美国、日本、韩国、欧盟等国已经把物联网产业列为国家战略，并且在具体的产业发展方面已经与核心技术与设备制造商建立了合作关系。思科公司对物联网与建筑业融合发展的解决方案较早就进行了相关研究，"智能互联建筑"在全球具有一定的知名度。而美国 IBM 公司则将重点放在"智能电网"的突破中，IBM 积极加强同全球顶尖科研团队的交流与合作，并且联合知名电力企业合力开发"智能电网"解决方案，将物联网技术运用于国家基础建设中。欧盟也极为重视物联网的发展，成立了欧盟物联网研究小组，该小组不断加强国际交流与合作，努力促成多国在物联网研究及应用方面的合作。目前在研究小组的号召下，欧盟在电力、交通、物流等领域已经展开了相应的国际合作，产业也具备一定的规模。这些成果的取得都离不开欧盟在 RFID 领域的长期规划与部署。欧盟委员会宣布发展物联网行动计划（2009），要求利用物联网技术优势，加大信息交流的高效性与便捷性，将物联网嵌入传统行业，加快传统行业升级换代，改变传统行业制造模式，促进产业结构升级，拉动经济发展。

首先，物联网发展会经历 RFID 技术被广泛应用阶段；其次，在 RFID 技术的支撑下，物体与物体之间实现相连；最后，由于技术的不断完善与改进发展，物体进入半智能化时代，最终迎来物体的全智能化时代，物联网至此形成规模应用。美国权威咨询机构 Forrester（2010）则在现有数据的基础上，对未来物联网市场规模进行了切合实际的预测。该咨询机构预测到 2020 年，物联网将在全世界范围内得到普及，将深刻地影响普通民众的生活。物体与物体之间的相互联系将会逐渐取代人与人之间的互相联系的主导地位，2020 年物联网业务规模将会激增，大约是现有"人人互联"业务规模的 30 倍。同时，市场对物联网配套装置如传感器、电子标签等的需求量会逐渐增加，物联网产业规模将会达到万亿级，物联网将经历空前繁荣阶段。

2. 国内发展动态

在 2009 年以前，我国对物联网处于观察、研发、试水阶段。自 2009 年后一步一步提到较高的定位和水平，并在世界物联网的发展中铭刻上了"中国印"。

2009 年 8 月，温家宝在无锡视察时要求迅速建立中国的传感信息中心或'感知中国'中心。由此，"感知中国"的概念在神州大地不胫而走，由此也把中国的物联网建设推向了高潮。此后，无锡市迅速行动，建立了首个"感知中国"示范区（中心），这成为中国物联网建设的一个丰碑；2012 年 2 月 14 日，中国的第一个物联网专项五年规划——《物联网"十二五"发展规划》（以下简称《规划》）颁布，标志着物联网建设上升到了国家规划层面。《规划》提出，到2015年初步完成物联网产业体系构建，形成较为完善的物联网产业链，培育和发展10个产业聚集区、100家以上骨干企业和一批"专、精、特、新"的中小企业，建设一批覆盖面广、支撑力强的公共服务平台，同时还规划实施五大重点工程：关键技术创新工程、标准化推进工程、"十区百企"产业发展工程、重点领域应用示范工程以及公共服务平台建设工程。其中，工业物联网就被明确为重点建设领域。自此以后中国的物联网建设迈上"快车道"；在该《规划》公布不久，工信部就批复广东顺德创建"装备工业两化深度融合暨智能制造试点"，由此工业领域的无人化引领中国物联网高速发展；2014年2月18日，全国物联网工作电视电话会议在京召开，马凯出席会议并讲话，他的讲话明确了中国物联网建设的战略定位、发展思路和具体要求，为我国物联网发展提供了指导和遵循。近几年，从智能安防到智能电网，从遍布大街小巷的二维码到"智慧城市"渐成燎原之势，物联网正四处开花，悄然走进并改变了人们的生产和生活。

据不完全统计，在2012年，中国物联网产业的市场规模就达到了3000多亿元，环比增长率近40%。在2015年前后，中国物联网整体市场规模达到了7500亿元，年复合增长率超过30%。根据美国研究机构Forrester的预测，物联网所带来的产值将比互联网大30倍，物联网将成为下一个万亿级的信息产业。据思科最新报告称，未来10年，物联网将带来一个价值14.40万亿美元的巨大市场，而中国将占据约10%的市场份额。

二、宁波工业物联网产业现状

（一）工业物联网产业初具规模

工业物联网产业主要包括传感器及仪器仪表、自动控制装置及设备制造、软件及系统集成服务等三大行业。目前，宁波市工业物联网产业已有一定的基础，拥有企业数130余家，2016年产值约为170亿元。在传感器领域，集聚了以柯力传感、南车时代、嘉莱光子、锦澄电子、诺驰光电等一大批行业优势企业；在 RFID（射频识别，又称电子标签）领域，汇集了博一格、钧普科技、恒诺科技等优势企业；在传输设备制造领域，拥有泰立电子、视竣信息、西信信息为代表的优势企业，掌握了无线传感器网络传输技术、微波射频技术，在应用解决方案、系统集成等领域，集聚了振东光电、诺可电子、理工监测、博一格数码等企业，产品覆盖环境监测、定位导航、智能楼宇、数字医疗、智慧医疗、智慧交通等领域。

1. 部分传感器和仪表企业居国内领先地位

传感器及仪器仪表是工业物联网产业链的前端，是工业物联网产业发展和技术应用的基础。宁波市已有各类传感器及仪器仪表企业 30 多家，涉及压力、电流、光电、速度、位移、温度等领域。其中宁波柯力传感，专业研制生产称重传感器、称重仪表、压力传感器等产品，连续 6 年赢得中国轻工业产品衡器行业排名第二和称重传感器国内市场占有率第一，2016 年实现销售收入 5.45 亿元；中车时代是传感器铁道行业标准的制定者，传感器产品在国内轨道交通装备领域市场约占 30% 份额；宁波水表股份、宁波三星电气、浙江蓝宝石等企业分别在水表、电表、燃气表等仪表生产行业居全国领先水平。

2. 控制装置及设备制造快速发展

智能装置及设备制造是工业物联网产业的核心，也是推进"中国制造 2025"试点示范城市建设的重点。宁波市鼓励汽车零部件、纺织服装、注塑机等传统行业优势企业，大力发展发展智能化控制装置和设备制造，取得了良好成效。例如，宁波均胜电子研发并制造汽车安全控制系统、智能驾驶控制系统、新能源汽车动力控制系统等，成为宝马、奔驰、奥迪、大众等著名汽车制造商的 A 级供应商；宁波江宸智能专门从事工业机器人及智能装备的研发、制造，其"圆锥滚子装配检测线"被列入国家"火炬"计划项目，2015 年公司实现了股份制改造在新三板挂牌；宁波舜宇智能研发了以数据驱动为核心的智能工厂整体解决方案，近两年主营业务收入增长率超 100%；宁波麦博韦尔、宁波微能物联等企业积极研发各类新型智能终端产品、通信装置，不断拓展新业务领域，已形成一定规模。

3. 工业软件及信息服务能力不断增强

在建设"中国制造 2025"试点示范城市工作过程中，宁波市围绕生产过程及产品智能化，大力发展行业应用软件和嵌入式软件等工业软件产品和服务，一批软件及信息服务企业技术水平和企业规模稳步提升，全市从事工业物联网系统集成在内的系统集成企业达到 102 家,其中三级资质 26 家,二级资质 4 家。例如,宁波弘讯科技开发了面向塑料机械的 iNet 塑机网络管理软件系统,已经在海尔集团的工厂、上海通用和一汽大众的主要供应商中得到应用,具有广阔的市场前景;浙江中之杰专注中小微企业信息化,建设了中小企业云制造平台——云通,目前平台已经服务于 1000 多家中小微制造企业;浙江文谷软件搭建了工业大数据平台,自 2011 年成立以来,市场销售规模年均保持 30% 以上的增长,2016 年订单额达到 5000 多万元。

(二) 工业物联网技术应用水平不断提高

宁波市在推进工业物联网企业发展的同时,引导企业积极应用工业物联网相关技术,加快企业技术创新、管理创新和商业模式创新,促进企业转型升级。

1. 生产过程和产品智能化大幅提升

宁波市企业通过物联网等相关技术的研发和应用,提升了企业生产过程智能化和产品智能化水平,提高了生产效率和产品附加值。例如,中银(宁波)电池有限公司应用物联网技术,自主研发制造了基于物联网的碱性电池无人化车间,是目前世界上性价比及运行率都具有领先水平的生产线。宁波欧琳厨房电器有限公司应用物联网技术,研发了研发智能吸油烟机和燃气灶等系列产品,实现烟灶联动、APP 远程操控、大数据分析功能等,提升了产品智能化水平和附加值。

2. 个性化定制服务深入发展

物联网相关技术的创新发展,为用户介入生产过程、创新企业生产经营模式、发展大规模个性化定制创造了条件。宁波市一部分企业在应用物联网技术、发展个性化定制方面已经取得了显著的成绩。例如,宁波慈星股份是全球最大的智能针织装备解决方案的供应商,其个性化定制云平台被工信部列为智能制造试点示范项目,2016 年收入同比增长 52.70%。贝发集团是典型的按单制造企业,其建立了以 ERP 系统为核心,以 PLM 系统和 SCM 系统为拓展,打造了贝发大规模定制业务信息化支持平台,被评为省级个性化定制试点示范企业。

3. 加快向服务型制造转型

工业物联网技术的应用,推动了企业以传统卖产品为主向以提供服务为主转型,带来了企业商业模式、盈利模式的创新。部分企业已搭建云服务平台,实现对生产设备的远程状态监测、故障报警、维修指导等服务,其服务性收入呈快速增长态势。例如,宁波理工环科提供环境监测设备、技术服务人员,为客户提供数据和信息服务,并依据提供数据和信息服务的数量和质量收入相应的费用,正由设备生产企业转变为信息服务企业;宁波新胜中压积极利用互联网技术,搭建专注于社区个人和商户充电实施建设、运维和分享的"互联网+"服务平台"桩博士",实现了业务模式创新;海天集团搭建的海天注塑云平台已在浙江范围内全面推广,已经有来自宁波、杭州、温州、台州、绍兴等地的数十家企业几百台注塑机接入海天注塑云平台,预计海天注塑云平台客户今后将高速增长。

三、宁波物联网产业发展面临问题

(一)宁波物联网产业发展面临的主要问题

宁波市工业物联网目前尚处于向规模化探索的初期,企业数量较少且主要集中在价值链的低端,规模总量偏小,产业集群尚未真正形成,产业链亟须进一步延伸。

1. 核心技术研发薄弱,关键部件依赖进口

在核心技术研发方面,宁波市仅有少数几家机构,如博一格数码科技有限公司、宁波国研软件技术有限公司等具备一定的技术研发能力。在产业链上,能从事传感研制、生产和应用,提供从终端到数据管理再到平台管理和应用服务的综合性企业则更少。在产学研合作方面,高校、科研机构与企业的联系不够紧密,虽然宁波市物联网产业联盟起到了一定作用,但是由于缺乏行业龙头企业的引领,整合产业链资源、共享技术与标准、推动产学研合作等方面仍较弱。物联网数据采集环节的高精度传感器、高可靠电子标签、卫星通信、纳米级高智能嵌入设备等重要部件在专利上受制于人,导致应用成本较高,技术产业化发展比较缓慢,从而拖累整个物联网产业的高端化发展。宁波当前很多物联网企业涉及的是物联网的从属和配套行业以及解决方案,看似产值很大,其实并非产业核心。

2. 统筹规划和管理缺位，产业发展无序低效

当前物联网已提升为国家产业发展战略。无锡、北京、上海、广州、成都、杭州、嘉兴等城市的政府已经把物联网作为区域经济发展新的增长点和转型升级的助推器，纷纷"抢滩"物联网产业，制订发展规划或行动方案，出台相关的配套扶持政策，积极开展推动物联网相关产业发展工作。宁波虽然制定了全市《新一代信息技术产业"十一五"发展规划》，其中提出加快物联网产业发展、加快培育和建设物联网公共服务平台、推动物联网技术在智慧城市建设中的示范应用等内容，然而至今尚未进行专项发展规划的编制或制订专项扶持政策，规划意识与协调机制较为薄弱，产业统计体系不完善，产业布局零乱，缺乏龙头企业带动，显现出难以形成产业规划、资源利用率过低、低端投资扎堆现象严重的态势。

3. 规模化应用不足，成熟商业模式缺乏

由于缺乏规划引导、产业基础薄弱、体制阻碍等问题，物联网在城市建设、社会管理、民生服务等领域的应用规模比较有限，应用规模不足制约物联网产业链形成，核心技术和标准化的重大"瓶颈"难以突破。"以物为互联"和"企业尝试"的低层次应用需求难以激发产业链各环节的参与和投资，产业生态系统形成困难，商业模式创新动力不足，企业的盲目投资与应用市场发展滞缓形成了鲜明对比。

（二）宁波重点区域物联网产业发展分析

随着窄带物联网标准 NB-IoT 的落地，2017 年被业内称为窄带物联网商用元年，物联网产业大规模发展的条件正在快速形成，物联网时代已经到来。2017 年 5 月 17 日，宁波工业物联网产业园区正式落户江北区，作为宁波市首个工业物联网产业园，该园区将充分发挥工业物联网产业发展前沿阵地作用，推动宁波市市传统制造向智能制造、服务型制造转型。5 月 18 日，"中国制造 2025"江北行暨全市工业物联网现场会在江北区召开。会上，落户江北的"宁波市工业物联网特色产业园"举行了授牌仪式。这是江北区立足自身产业状况，大力推进物联网产业发展的具体举措之一。

根据产业特色，江北将发展方向精准定位在工业物联网上。江北区工业物联网产业未来的发展目标是，以创新驱动转型升级，以智能引领跨越发展，打造集技术创新、产业规模和市场应用于一体的工业物联网产业体系，打造全国领先的工业物联网技术创新引领区、产业发展引导区和应用示范先行区。

1. 发展工业物联网产业优势较大

江北区作为宁波市重要的制造业基地，工业企业众多，拥有良好的产业基础。近几年，随着物联网概念的普及和应用拓展，区域内传统工业开始向智能制造、服务型制造业转型。据统计，江北区现有工业物联网企业近30家，其中规模以上工业企业18家，2017年第一季度实现产值9.40亿元，同比增长18.80%。目前已经形成以高性能传感器件、新一代物联网系统、智慧水务、智能电表、智能安防装备等为主导的产业结构。

江北区在传感器制造方面，有全球最大的力学传感器制造企业宁波柯力传感科技股份有限公司和国内轨道交通装备领域的首选供应商中车时代。同时，还拥有一批物联网技术应用企业，如智慧水务方面，有目前全球单体规模最大、全国规模最大的水表生产基地宁波水表集团、精诚科技等。智能电网应用方面，有三星智能电气、新胜中压等。因此将物联网产业定位在发展与工业物联网产业相关联的云计算、大数据、移动物联网及先进传感设备、核心元器件制造等工业物联网基础性支撑产业，比较符合江北区的产业特色。

2. 工业物流网龙头企业转型需求较强

根据产业优势，江北区对发展工业物联网产业集聚区进行了布局，要形成"一园两核多点"的格局："一园"指宁波市工业物联网特色产业园；"两核"指江北工业区和甬江片区两大发展核心；"多点"指各个以龙头企业为主导的主题式产业生态圈。"其中，以创新驱动为核心竞争力，搭建公共服务平台，将是以后宁波工业物联网产业聚集区的核心竞争力所在。"按照目前的构想，江北区一方面将整合市、区、企业现有的各方公共服务资源，如辖区内的宁波大学、宁波工程学院等高校，中车、柯力、赛特威尔等龙头企业的研发团队和实验室面向宁波市工业物联网产业园区服务；另一方面，将积极引进国际型或国家级的工业物联网行业重要科研院所，力争在物联网传感器集成、创新技术示范工程上取得全国性突破。

布局中一个很重要的目标是培育出多个工业物联网相关产业龙头企业，通过龙头企业的集聚辐射效应，形成产业良性发展的生态圈。在政府引导和市场需求的双重作用下，江北区一些传统的制造业龙头企业转型升级的愿望强烈。

如柯力，在2010年前它是国内最大的称重元件制造商。从2010年开始，柯力开始向国际一流的物联网企业转型，转型是因为有强烈的内因驱动。从2014年起，柯力每年在工业物联网研发、智造和检测方面投入上亿元，以市场需求为导向，研制物联网系统集成产品。柯力研发的物联网系统产品在2016年全面推向市场，目前在市场上已安装了7000多套，产生4000多万元的销售收入，虽然绝对数不大，但从市场的接受度来看，物联网系统产品的销售每月在快速增长中，预计年销售的增幅是70%~80%，"前景十分可观。"

目前柯力已成为全球首家称重物联网系统集成产品供应商，实现了从卖产品到提供系统服务的转变，系统服务费将成为柯力持续的后续业务来源。柯力的转型轨迹只是江北区众多制造企业转型升级的一个缩影，在龙头企业的示范效应下，借助物联网发展的东风，向智能制造、服务业制造发展已成为江北区多数企业的共识。

3. 创新服务推动工业物联网快速发展

一方面是传统制造企业自主谋求转型升级；另一方面江北区也推出了一系列的政策和措施，为企业创新智能制造、培育产业"生态圈"和转变经济增长方式，提供良好的外部环境和助力。

江北区每年都举行工业30强评选活动，对龙头企业的培育抓得比较牢。例如这次柯力打造工业物联网园区，江北区就专门出台了对柯力物联网产业园的扶持政策，组建由工业区管委会、招商局、经信局、科技局、人才办等部门共同参与的工业物联网招商小分队，与柯力协同招引工业物联网行业高科技项目和人才入驻。在日常服务中，江北区还经常组织企业到外地考察、学习、培训，由政府出资，让企业家到合作办学的大学进修提升。

围绕产业转型升级，江北区将加大政策扶持力度，在现有政策框架基础上有所突破和创新，出台工业物联网专项政策，进一步落实财政、土地、税收、政府采购等方面的优惠政策和扶持措施，对工业物联网重大项目建设、示范应用推广、关键技术研发产业化、标准制定及人才培养和引进给予重点支持。在招引工业物联网高层次人才方面，江北区打算建设工业物联网人才库，网罗全球精英，着力招引领军人才入驻；同时储备一批人才安居用房，对招引的人才在安排子女入学上给予政策倾斜。在招引人才的同时，江北区也非常重视工业物联网企业的经营管理人员和专业技术人员的培训以及物联网人才储备，采用"2+2"订单培养模式积蓄发展生力军。

此外，江北区将加强产业资金配套力度，由政府带动社会资本共同出资，设立工业物联网产业基金，支持工业物联网关键技术与核心部件研发、公共平台建设、示范基地建设、重大项目建设、骨干企业培育和人才培养引进等，力争催生一批行业龙头企业。

四、宁波市工业物联网产业发展策略

（一）制定工业物联网扶持政策

按照"中国制造2025"试点示范城市创建工作部署，宁波市制定了《宁波市工业物联网三年攻坚行动计划（2017～2019年）》，确定了未来三年工业物联网发展的总体目标、重点任务和保障措施等。

目前市政府应积极制订并实施"工业物联网专项人才政策"，对相关企业引进和培养工业物联网人才给予政策倾斜，加快工业物联网人才的聚集。制订工业物联网投资目录，确保工业物联网投资项目能享受《关于宁波市推进"中国制造2025"试点示范城市建设的若干意见》中重大投资政策和其他扶持政策。

为加大产业扶持，应设立产业发展专项资金。研究制订财税、金融、投资等扶持政策，发挥现有市级财政专项资金作用，引导各县（市）区软件产业专项资金、两化融合专项资金和各类社会资金投向物联网产业，用于物联网产业重大技术研发和产业化、技术创新、技术改造、市场培育、平台建设、人才引进与培养等。落实宁波市政府《关于推进工业经济稳增长调结构促转型的若干意见》要求，发挥政府采购的导向作用，会同市财政局、监察局、审计局等有关单位，制订《政府采购支持企业发展实施办法》，支持物联网企业承接项目，开拓市场。在政府部门年度采购预算中预留一定的比例给工业物联网企业，对全市工业物联网企业参与政府采购评审、参与国有投资招标和政府采购招投标给予价格扣除优惠，鼓励国有大中型企业和金融机构为企业提供投标担保、履约担保和其他融资担保。制订和实行企业定向采购、首购或订购制度。

（二）推进工业物联网产业基地建设

根据《宁波市建设"中国制造 2025"试点示范城市实施方案》，指导江北区积极谋划工业物联网特色产业园建设，江北区已制定《关于推进工业物联网产业发展实施方案》，大力推动江北区市级工业物联网特色产业园建设，配合做好园区规划、网络基础设施建设、招商引资、宣传推广等工作，力争在 2~3 年内把江北区建设成为全市工业物联网发展的示范区，将其建成具有江北特色的工业物联网产业体系、全国领先的工业物联网产业基地。

同时，完善工业物联网基地网络基础设施，推进中国电信和中国联通 NBIOT 网络试点应用，在宁波自来水厂召开了应用试点协调会，初步选定在江北某成熟小区进行智能水表应用 NBIOT 试点。其他区县（市）产业主管部门也要结合本地情况，借鉴江北区推进物联网产业基地建设做法，规划和建设本地工业物联网基地和出台扶持政策。

（三）加强工业物联网优势企业培育

开展工业物联网龙头骨干企业培育，印发《关于组织开展宁波市工业行业龙头骨干企业培育申报工作的通知》，共有 9 家企业申报了工业物联网龙头骨干企业，对申报资料进行审核后选择部分企业纳入全市工业行业龙头骨干企业培育名单；推进工业物联网技术应用，撰写、印发《关于组织开展 2017 年宁波市工业物联网应用试点项目申报工作的通知》，收集工业物联网应用示范项目，内容包括工业物联网在智能制造中的应用、智能终端产品通过物联网技术产生新有服务模式等方面，目前已收集近 100 个项目，待评审办法出台后对项目进行评审。

在产业发展和技术应用方面，一是产业发展后劲不足，如传感器和仪表行业，宁波市部分企业市场占有率已处于国内前列，沿袭以往的发展模式继续扩大规模难度较大，同时高端智能化传感器和仪器仪表占比不大，产品增加值率不高；二是目前宁波市物联网产业集群尚未形成，企业地理位置分散、专业化产业链脱节现象严重，能够整合、带领相关企业，提供物联网技术应用整套解决方案的企业比较缺乏；三是宁波市工业物联网产用结合不够紧密，宁波市一些企业已有一定的产品和技术研发积累，但在本市还没有突出的典型应用，正急切推进物联网技术在社会、经济、生活中的大量应用。重点支持传感器企业、工控装置生产企业或软件企业，依托自身的优势，加强企业之间的产品和技术合作，培育直接面向物联网最终应用客户的整体解决方案提供商；对入选行业骨干企业培育、工业物联网应用试点的企业和项目，加大政策和资金扶持力度，同时强化企业发展和项目建设的考核，引入优胜劣汰机制。

（四）开展工业物联网相关业务知识培训

充分发挥本土领军人才作用，实施引进创新和科研团队计划、留学人员来甬创业计划、战略性新兴产业人才集聚计划，引进和培养一批学科带头人、科技领军人才和高级管理人才。鼓励科技人才自主创业，支持智力成果参与分配。鼓励高校开设物联网相关专业，倡导高校与工业物联网企业、研究机构进行合作办学，形成多层次的人才培养体系。建立工业物联网企业与相关科研机构人才双向流动机制，鼓励高校、科研院所人才到企业研究院、企业技术中心、工程研究中心挂职。破除创新型人才在产、学、研、中介之间流动时无法自由转换身份的体制因素。积极引进优秀人才，加强企业工程技术人员的再培训，加快人才引进和培养平台建设。鼓励社会科学研究人员开展与工业物联网产业发展相关的软科学学术研讨，为产业发展提供多多角度、多层次的智力支持。通过专题培训会、论坛、研讨会等多种形式，加强对县市区主管部门有关领导、科室负责人的业务培训，提高业务水平和工作的积极性、主动性；组织面向企业的政策巡讲活动，印制政策手册，一个县市区每年至少组织一次政策宣讲活动，使宁波市相关企业都能够及时了解、熟悉优惠政策，充分发挥政策的作用。

（五）加强体制机制创新

紧紧围绕政府治理能力现代化建设，加快政府职能转变，加快推进行政审批制度改革，减少行政审批事项和检查评比，清理并废止不合理收费性文件，降低行政性收费标准。强化政府对市场的服务意识，探索形成产业发展服务的

"负面清单"，对列入规划的工业物联网产业重点企业、重点项目提供"一站式"服务，提高服务效率。完善政府采购促进物联网产业发展的法规政策体系，加快培育大量细分的产业技术和关键部件提供者，形成多样化的工业物联网产业门类。鼓励和支持民营孵化器、民营化行业协会、非营利性服务组织以及中介类企业提供增值服务、探索新业态和实施商业模式创新，为企业间、产学研间协同提供关键支撑平台，促进创新资源的最优化利用。充分发挥舆论导向作用，努力营造全社会崇尚发明创造、锐意创新创业、共同推进工业物联网产业发展的良好氛围。

第六章

宁波市工业创新设计产业发展实践

一、背景浅析

制造业由"大"到"强",由"制造"到"创造",破题之处在哪里?国务院印发的《中国制造 2025》给出了四个字:"创新驱动",到 2025 年我国创新能力要显著增强,在全球产业分工和价值链中的地位要明显提升。同时提出,要提高创新设计能力,培育一批专业化、开放型的工业设计企业,设立国家工业设计奖,激发全社会创新设计的积极性和主动性。在全国首个"中国制造 2025"试点示范城市宁波,"创新驱动"的示范效应正在显现,其中,创新设计成为制造业转型的重要抓手。

先看这样三个数字:1%、3.60%和80%。(1)1%是目前中国制造企业在工业设计方面的平均投入比,而在欧美发达国家,工业设计上的资金投入一般可占到总产值的 5%~15%,高的甚至可占到 30%;(2)3.60%是我国组装一部苹果手机获取的价值,根据 2010 年亚洲开发银行调查,生产一部苹果手机所需的 178.96 美元成本中,超过 60 美元流向日本,30 美元流向德国,23 美元流向韩国,中国所得仅 6.5 美元;(3)80%则是我国一些高端元器件进口的比重,统计显示,目前我国所需的高端芯片、高铁装备所需的核心零部件和元器件、机器人、高端数控机床,依赖进口的程度达 80%以上。这三个看似不相关的数字,却都反映出一个事实:中国制造业还大而不强、在设计投入上存在短板,但是世界制造业的发展表明工业创新设计在未来产业转型和升级中发挥作用会不断增加。

首先,工业设计是稳增长的重要举措。2015 年以来,在全球经济复苏乏力、不确定因素增加的背景下，中国经济总体经济运行平稳，预计实现7%左右的增长，完成经济社会发展主要目标和任务。工业是宁波市经济稳定发展的重要目标，迫切需要加强发展，工业设计是支持增长的重要内容之一，既是在供给侧引领产业协同创新，也是在需求侧满足消费者多方需求的有效手段，大力发展工业设计产业，促进经济产业保持稳步增长。

其次，工业设计是推动经济发展的加速器。工业设计的核心是创新，大力发展工业设计，就是要通过鼓励原始创新，协同创新，引进消化吸收再创新，使各种要素更加有序、便捷地集聚，使"大众创业、万众创新"源源不断地迸发出新的活力。

最后，工业设计是产业升级的动力。结合实施"互联网＋"行动计划和《中国制造2025》和《宁波制造2025》，以绿色智能协同为特征，积极开展设计示范，有效提高创新设计能力，不仅能加快传统制造业的转型升级，而且助推了战略新兴产业发展。

"十三五"时期是宁波市全面建成小康社会决胜阶段，调结构、转方式、促创新是落实经济和社会发展的重要手段，工业创新设计是加快建设制造强市，推动产业迈向中高端水平，促进新产业新业态不断成长的重要动力。通过工业创新设计推动宁波制造技术创新、制造业结构调整、发展方式转型，迎接新产业革命挑战和机遇，实现从"制造大市"向"制造强市"转变，是"宁波创造"跨越发展的关键与基础，工业创新设计将极大地提升宁波制造在中国和全球产业链中的地位、竞争力和附加值。

二、工业设计定义及发展演变

（一）工业设计定义及发展演变

工业设计是一门古老而又年轻的学科。一方面，它有着悠久的历史设计渊源；另一方面，在其发展进程中，许多优秀的设计师或者富有想法的创新者不断为其注入新鲜的血液。它经历了长期的酝酿阶段，在工业设计发展的过程中，继承和发展是其一直延续的主题。"工业设计"（industrial design）的概念由美国艺术家约瑟夫·西奈尔（Joseph Sinell）于1919年首次提出来，迄今已有将近

100年的历史。但真正的工业设计理念始于德国的包豪斯运动，引入我国仅30余年的历史。工业设计是以大批量和机械化为条件，为满足大多数人的需要为目的，将科技成果转化为商品的过程，是科学、技术、文化与艺术的综合，从学科来讲，是自然科学与人文科学相交叉的新兴学科，其主要对象是产品设计。由于是新兴学科，关于工业设计定义及发展趋势等方面的研究一直是学术探讨的热点。

1. 工业设计的定义

国际工业设计协会联合会（International Council of Societies of Industrial Design，ICSID）曾4次公布或修订工业设计的定义，分别为1959年、1967年、1969年和2002年。1959年公布的工业设计定义主要界定了工业设计师的职责和任务，即工业设计师凭借训练、技术知识、经验及视觉敏感性对批量生产的工业产品进行材料、结构、形态、色彩、表面处理等方面的设计，同时也可关注产品的包装、广告、展示及市场营销等；1967年的定义支持者较少，1969年的定义由马尔多纳提出，即工业设计是一种旨在确定工业产品形式属性的创造活动，从生产者和用户双方的角度解决产品的外部特征（外观）与结构、功能之间的关系；关于2002年的定义，国际工业设计协会联合会官网中表述的实际上是"设计"的定义，主要从设计的目的和宏观任务（评价标准）两个方面强调了设计的范畴，责任伦理、道德规范、社会意义及人文价值，提出了产品生命周期系统、创新技术人性化、可持续发展、文化多样性等概念。定义的变化反映出社会生产和生活中的突出矛盾和深刻困境。2002年定义虽然对学科发展起到一定的指导作用，但是由于目标宏伟，范畴过大，没有明确定义出工业设计的具体工作或研究范围，专业性与体系性不够强，因此不能界定为工业设计的最新定义。

总而言之，工业设计属于"设计"的范畴。在设计学领域诸多学科中，工业设计有相对具体的研究对象、范畴及方法。作为制造业体系中的一个环节，工业设计主要以产品设计为核心，解决企业及用户需求等实际问题。

2. 工业设计概念的演变

（1）图像到产品设计的转变。约瑟夫·西奈尔用"工业设计"称呼广告上的工业产品图像。不过，工业设计概念能够得到广泛传播，应该首先归功于美国早期著名的工业设计师贝尔·盖茨（Norman Bel Geddes）。自1927年起，贝尔·盖茨频繁使用这个概念，并赋予它新的含义。1925年巴黎举办了国际装饰艺术和艺术工业展览会，展览会展示了第一次世界大战后欧洲功能主义美学发展的首批成果。展品中包括轿车设计、柯布西埃的功能主义家具、格罗皮乌斯及其学生们的作品。美国没有展品参展，但是派出了自己的观察员贝尔·盖茨，他参观了展览会，了解到产品陈列的新方法，看到了功能主义美学在设计和工业产品中的应用，这一切给他留下了深刻的印象。

1927 年盖茨在纽约注册了工业设计事务所，1932 年在波士顿出版了《地平线》一书，副标题是"工业设计地平线"，该书汇集了他的工业设计作品，阐述了他的工业设计观点，被工业设计史家们视为经典之作。盖茨认为，工业设计师在选择设计对象时，没有人为的界限。工业设计师即使缺乏技术知识，在新型的汽车、飞机和海轮的设计中，起主要作用的仍然是他们，而不是工程师，因为设计师能够预见到这些高速交通工具的新形象。

未来工业产品产生于想象中，产生于自由自在的画稿和由木材、金属、塑料制成的模型中，然后才获得必要的科学技术加工。盖茨设计了汽车、高速列车和海轮，他在 20 世纪 20 年代还和德国著名航空设计师奥托·科勒尔一起，设计了有 400 多个座位的巨型客机。贝尔·盖茨为 1939 年纽约世博会通用汽车公司展厅设计的"未来城市"引起极大轰动，成为这届世博会上最为璀璨夺目的亮点。通用汽车公司的展厅是一面围墙、一座工厂和缩微的未来城市。未来城市极有吸引力，参观者排队等候参观。未来城市的图景为：在相当大的广场上耸立着 5~6 岁小孩高的玩具式摩天大楼，高速公路纵横交错，树木葱茏，5 万多辆小的汽车模型川流不息地行驶。"漂亮的桥梁跨过了宽阔的河流。未来的世界就是由多车道、宽阔的驾驶空间、道路的平面与立体交叉枢纽以及附近成群的农舍所组成。"通用汽车公司为此资助了数百万美元，盖茨建议这种未来城市在 1960 年付诸实施。展览实际上向人们推销更新更好的道路，在这种道路的分隔系统下驾车会更加安全，当然，通用汽车公司也将售出更多的汽车。通过盖茨等人的使用，"工业设计"的含义从广告中产品图像的设计变成产品设计，这是工业设计含义的第一次转变。

（2）外部特征到形式属性的转变。美国工业设计的起步比欧洲晚，然而正是在美国，工业设计得到了广泛传播，深深地根植于经济，并涉及社会关系的其他领域。美国工业生产和科学技术的强大实力，成为工业设计发展的重要基础。美国从欧洲引进工业设计的确切日期是 1925 年。工业设计从欧洲移植到美国后，没有使美国工业设计欧洲化，而是本身被美国化了。美国是生产力高度发达的国家，很多工业产品在国内市场上已经趋于饱和。商家为了促使消费者在旧产品还没有被淘汰时又去购买新产品，就不断加速产品的更新换代。与旧产品相比，新产品的功能有所改变，但改变得更多的是产品的外形和款式。在这种思想指导下，工业设计师所遵循的不是形式和功能相统一、形式为功能服务的功能主义原则，而是使形式大于功能，在游离于功能之外追求形式的新颖。于是，工业设计成为产品外部特征的设计。

1957年，世界设计组织（World Design Organization，WDO）原名国际工业设计学会联合会（The International Council of Societies of Industrial Design，ICSID）成立。1964年，受联合国教科文组织的委托，ICSID在比利时临近北海的港口城市布吕赫（Brugge）召开的国际工业设计会议讨论了工业设计师的培养方法，会议首先讨论了工业设计的定义。英国工业设计师布莱克（M. Blake）提出，工业设计是工业生产的一个方面，它涉及产品和消费者的相互联系。工业设计把产品形式看作为决定产品制作的生产方式和材料的功能性的表现。马尔多纳多（Tomas Maldonado）反对这种观点，认为工业设计不是"工业生产的一个方面"，而是独立的活动。

马尔多纳多当时是德国乌尔姆高等造型学校的校长，他出生于阿根廷讲西班牙语的拉美裔和讲英语的苏格兰裔家庭，1967年加入意大利国籍，1967~1969年任WDO主席。他提出的定义为会议所采纳，这个被广为援引的著名定义也见之于马尔多纳多在1965年发表的《工业设计教育》一文中："工业设计是一种创造性的活动，旨在确定工业产品的形式属性。虽然形式属性也包括产品的外部特征，但更主要的却是结构和功能的相互联系，它们将产品变成从生产者和消费者双方的观点来看的统一的整体。"在这里，马尔多纳多区分了产品的"外部特征"和"形式属性"两个概念。外部特征指赋予产品更加吸引人的外观，这样做有时为了掩盖结构上的缺陷。形式属性是决定产品性质的各种内部因素协调和整合的结果，它们也这样或那样地体现在外貌成型过程中。马尔多纳多在说到形式属性时，很少指产品的外部形式，而是指结构联系和功能联系。确定这些属性和它们的协调，是工业设计师的基本任务。而这些形式属性显然由生产的技术复杂性和产品的技术复杂性所决定。

这则定义与乌尔姆学校的办学理念密切相关。乌尔姆学校为工业设计广泛介入工业生产开辟了道路。乌尔姆学校短暂的历史对于巩固和推广它的教育观点和职业观点是不够的，然而，它奠定了工业设计的新概念、新方法的基础，向未来的后技术社会工业设计教育迈出了一步,而后技术社会的前景在当时还只是刚刚显露出来。从产品外部特征的设计到产品形式属性的设计,是工业设计含义的第二次转变,在这种转变中,马尔多纳多起到了重要的作用。

(3)产品形式属性到产业链的转变。工业设计含义的第三次转变正在发生。1980年,WDO在巴黎举办的会议上,把马尔多纳多提出的定义修订为:"就批量生产的工业产品而言,凭借训练、经验及视觉感受而赋予材料、结构、形态、色彩、表面加工以及装饰以新的品质和资格,称为工业设计。根据当时的具体情况,工业设计师应在上述工业产品全部侧面或其中几个侧面进行工作,而且,当需要工业设计师对包装、宣传、展示、市场开发等问题付出自己的技术知识和经验以及视觉评价能力时,这也属于工业设计的范畴。"这则定义值得仔细揣摩。它可以分成两段,前一段讲的还是产品形式属性的设计,既包括产品的形态,又包括产品的结构。后一段则超出了产品本身的设计问题,把市场开发的设计("付出自己的技术知识和经验以及视觉评价能力")也纳入工业设计的范畴。这则定义的创新意义在于,它第一次使工业设计的含义超越了产品设计的范围,从而透露出工业设计含义变动的耐人寻味的信息。

2006年,WDO对工业设计含义的这种转变作出更明确的说明:设计是一种创造性的活动,其目的是为物品、过程、服务以及它们在整个生命周期中构成的系统建立起多方面的品质。这里不仅提到物品和服务,而且提到"它们在整个生命周期中构成的系统"。这种系统是什么呢?它就是产业链。

这种理解在西方国家工业设计的实践中得到证实。美国工程院院士、斯坦福大学设计学院院长、机械工程教授科勒(David Kelley)1978年在美国硅谷创办的工业设计公司IDEO现在是国际最著名的工业设计公司之一。该公司为世界上著名的跨国集团进行设计,它在自我介绍中列举了所从事的业务:营销策划、品牌设计和产品设计。排在第一位的是营销策划,第二位的是品牌设计,而工业设计的传统主业却排在最后一位。这种变化发人深省,从产品形式属性的设计到产业链的设计,是工业设计含义的第三次转变。产业链又可以称作为价值链。现在企业竞争,不仅是产品的竞争,而且主要是价值链的竞争。美国迈克尔·波特教授从价值链构成的角度分析了企业竞争优势的来源。他认为,每一个企业都是用来进行设计、生产、营销、交货以及对产品起辅助作用的各种活动的集合,所有这些活动既有各项投入又同时显示出价值的增加,将这一系列增值活动和环节链接在一起就形成价值链。价值链又由三个主要环节构成:其一是技术环节;其二是生产环节;其三是营销环节。根据产品实体在价值链的各环节的流转程序,就增值能力而言,以上三个环节呈现出由高向低再转向高的"U"形,也称价值链微笑曲线。

工业设计的含义的第三次转变,即由产品形式属性的设计转变为产业链的设计,这对我国的经济转型具有特别重要的现实意义。我国的经济转型主要做两件事:发展先进制造业和现代服务业。正如吴敬琏所指出的:"现在我们最重要的是做两件事,一是发展先进制造业,二是发展现代服务业。现在各级政府工作报告其实都有这两件事,就是加工组装制造;翘起的两端,一端是研发、设计和原材料采购,另一端是品牌营销、销售渠道管理和售后服务。先进制造业就是包含价值链微笑曲线两端很多业务的制造业。这些是知识和技术密集型、低消耗、低投入、高产业关联度和高附加值的行业。我国的经济转型就是要从微笑曲线最低的部分向翘起的两端转变。"吴敬琏所说的品牌营销,基本上相当于美国工业设计公司 IDEO 所从事的营销策划和品牌设计。显然,以产业链设计为目标的工业设计,对我国"2025 先进制造计划"的发展会产生深远的影响。

(二) 国际工业创新设计产业发展趋势

从 20 世纪 80 年代至今,世界制造业发生了深刻变化。发达国家普遍发展服务业,制造业占 GDP 的比重持续降低,制造业向新兴工业化国家转移。但是随着信息化和人工智能的快速发展,机器人和智能工厂导致工业生产成本急剧下降,导致 2008 年金融危机后,欧美发达国家开始重振实体经济,通过"再工业化"重塑竞争优势,推出了大力发展新兴产业、鼓励科技创新、支持中小企业发展的政策和措施,并聚焦于以高新技术为依托引领制造业变革。

工业创新设计成为欧美重塑竞争力的有力利器,现在有很多的证据显示设计的价值。英国设计理事会做的一项研究显示,如果在设计方面投入 1 英镑,那么产出是 4.12 英镑的净收入,净周转是 20 英镑,因此发达国家将工业设计列入重要发展战略。英国是工业设计的发源地,非常重视工业设计的作用,成立了国家设计委员会,全面推动英国工业设计的发展。德国在工业革命后一直注重现代工业设计的发展,拥有 13000 多家设计机构。柏林的国际设计中心提供专项资金,通过与大专院校合作培养大量人才,展示了优秀的工业设计成果,设立了德意志设计奖。美国是世界先进制造业大国,将工业设计提到国家战略层面，形成了完整的产学研体系，拥有完善的专利保护制度。日本提出"科技立国、设计开路"的国策，第二次世界大战后开始投入大量资金发展工业设计，制定了选拔优秀设计产品的 G 标志制度，设立最佳界面奖、最佳景观奖等奖项，日本在第二次世界大战后经济得以复苏和腾飞。韩国政府 2000 年提出"设计韩国"的战略口号，并连续提出三个促进设计产业发展的五年计划，培养的设计人员数量居世界第二位，培养了现代、大宇、三星等著名企业。

欧盟明确推行工业数字化设计战略，以巩固高端制造业优势，欧盟希望通过创新设计重新对欧盟在全球化视野下进行深度定位，将创新设计融入欧洲合作开放的创新体系，以真实造福社会、企业和公共部门，同时会提供足够的公共资金来提高和深化欧洲公民设计素养，全面建立欧洲设计竞争力和知识体系。2014 年 2 月，在伊利诺伊州芝加哥建立数字制造和设计创新研究所（The Digital Manufacturing and Design Innovation Institute，DMDII），旨在进行数字化设计、工程和制造等过程的技术和流程研发与应用。DMDII 由美国国防部长办公室（Office of the Secretary of Defense，OSD）监管，国防部现场活动机构（DoD Field Activities）协助管理。商务部等将提供 7000 万美元基金，该研究所将通过融资等方式获得 2.5 亿美元，使整个研究所资金规模达到 3.2 亿美元。参与单位包括 70 多家全美顶尖制造商和软件设计商、23 家大学或社区学院及 9 个非营利组织。作为全美制造业创新网络的重要组成部分，该项目将大大提振美国企业和国防的全球竞争力。

美国国家科学技术委员会于 2012 年 2 月发布了《先进制造业国家战略计划》，德国政府在 2013 年 4 月推出了《德国工业 4.0 战略》，英国政府科技办公室也在 2013 年 10 月推出了《英国工业 2050 战略》，其在工业化进程都强调结合现代技术手段的工业创新设计，通过创新设计体现技术优势和市场优势。现代工业创新设计充分利用机器人、3D 打印为代表的数字化制造技术，结合页岩油气革命带来的能源成本下降，欧美等发达国家的制造业开始回流，2017 年以来已拉动经济呈现快速增长的趋势。

国际市场日益激烈的竞争对产品设计创新提出了更高要求，工业创新设计也日益得以重视。德国政府在 2011 年 11 月发布的《高技术战略 2020》中强调，设计创新是工业 4.0 战略中重要环节，是智能生产体系的必要组成。机器人及智能制造技术正在推动新一轮工业革命，而基于互联网信息技术的智能设计正在催生"人机一体""人工智能""智慧制造"为核心的新一代生产模式。美国白宫科技政策办公厅 2013 年 8 月发布的政府报告《用工业设计支撑美国制造》（*Supporting American Manufacturing with Industrial Design*）特别强调工业设计对工业制造技术和生产流程整合创新的重要性。2014 年 4 月，为打破技术壁垒，促进工业制造和数字世界的融合，美国五家行业龙头企业联手组建了"工业互联网联盟"（Industrial Internet Consortium，IIC），推动以大数据整合工业与互联网融合创新。在美国的工商管理教育体系中，"设计思维"作为一门重要的商业模式创新课程，过去十年来已在哈佛大学商学院、MIT 商学院、宾夕法尼亚大学沃顿商学院、加州伯克利商学院等主流院校开设，呈现出创新设计引导商业模式变革的趋势。

2015 年 10 月，WDO 在韩国召开了第 29 届年度代表大会，会上发布了工业设计的最新定义：工业设计旨在引导创新、促进商业成功及提供更好质量的生活，是一种将策略性解决问题的过程应用于产品、系统、服务及体验的设计活动。与 1980 年、2005 年该机构所做的前两次定义相比，新的定义强化了系统、服务、体验，顺应了设计活动向全产业链覆盖与延伸的发展趋势，说明今天的创新设计更强调跨学科的交叉，集成知识、整合创新，跨界探索新的技术、形态和服务并为人所用。

同时结合目前发达国家再工业化的情况，新一轮的工业革命带动的工业创新设计呈现出以下趋势：

（1）设计先行：结合用户大数据分析，用创新设计思维来整合产品生产流程，从材料的订购、商品生产、销售、使用及售后服务在设计中都有体现，以商品生命周期为导向的系统思维模式来进行产品和服务模式的开发，将设计作为核心竞争力，注重设计知识产权和品牌的保护。

（2）注重体验：现代制造业不断向服务业化发展，结合硬件的先进功能，将服务概念和产品附加值体现出来，通过工业创新设计充分地把商品内容表达出来，形成完美的客户体验。

（3）融合技术：工业创新设计充分融合了数字化、3D 打印技术，应用智能化、精密制造、虚拟交互、新能源新材料技术，设计产品功能更加完善。

（4）强调需求：在设计工作启动前，经过专业的用户需求研究和分析，通过大数据分析挖掘用户需求的痛点，为创新设计找到方向与发力点。

（三）中国工业创新设计产业发展趋势

我国工业设计从改革开放起步以来，伴随着中国 40 年工业化的发展，取得了不少成绩。首先是各级工业设计行业协会相继成立。1987年中国工业设计协会成立，国家层面的设计行业协会成立，大大加快了发展步伐。随后广东、浙江等沿海省份陆续建立，2011年江苏省工业设计协会成立，2012年南通市级工业设计协会成立。各层级协会的成立，有效地引导和促进了各地工业设计产业的发展。其次从国家到地方不断认识到工业设计对经济发展的重要性，出台相应政策措施。2007年2月，温家宝曾做出指示要高度重视工业设计，国家出台了关于促进工业设计发展的政策意见，明确提出工业设计要向高端设计服务转变，不断延伸工业设计服务领域。

近年来，国家高度重视工业设计。为加速推进新型工业化进程，推动生产性服务业与现代制造业融合，促进我国工业设计发展，2010年工信部等11部委联合下发了《关于促进工业设计发展的若干指导意见》（工信部联产业〔2010〕390号）并积极开展国家级工业设计中心认定工作，鼓励企业工业设计中心和工业设计企业建设。越来越多的城市和地区也将工业设计视为长远发展战略，纷纷出台强有力举措，加快抢占工业设计发展先机。

我国工业设计产业规模不断扩大，发展势态不断提高。据统计，2013年浙江省12个省级特色工业设计基地实现工业设计服务收入12.30亿元，江苏省实现工业设计增加值419亿元，深圳市工业设计产值达42亿元。宁波市周边的杭州、南京、无锡等城市都提出了工业设计产业发展目标。杭州市提出了"设计天堂"的品牌概念，并按阶段实施建设全国工业设计名城计划；江苏省以南京、无锡为龙头，创建"江苏工业设计中心"及示范园区认定工作。其中，无锡还率先建立了以工业设计为主题的国家级高新技术专业化园区。

广东省以深圳、佛山顺德为中心的工业设计产业立足珠三角，辐射力对国内其他区域都形成了较大影响。尤其是享有联合国教科文组织授予"设计之都"称号的深圳，在企业工业设计中心建设、工业设计领军企业培育、工业设计创新攻关成果转化和工业设计重大活动组织等方面都投入较大。这些城市和地区的计划和措施使设计产业规模迅速扩大，设计服务水平明显提高，工业设计人才争夺更加激烈，对宁波市工业设计产业也提出更大挑战。

从目前"中国制造2025"启动情况来看，新一轮的工业结构性变革带动中国工业创新设计呈现出以下趋势：

（1）协同化：通过并行和协同设计理念，将产品的功能与技术原理开发与造型、材料、人机界面等方面的设计逐步集成在统一平台，设计师与工程师进行协同工作，做到设计在先、工业在后。

（2）综合化：充分考虑用户需求的多样化，通过大规模设计定制服务，跨自然科学和人文科学等多学科交叉的系统设计成为未来中国工业设计发展的方向，中国现在的工业创新设计正在朝着多元化、更优化、一体化的方向发展。

（3）生态化：随着中国对于环境意识的不断提高，人们对社会、生态问题的日益关注，生态设计或绿色设计是中国工业创新设计发展的必然选择，绿色设计成为中国工业创新设计的必由之路，通过面向再生的设计、面向装配的设计、面向生命周期的评估设计及基于低技术的可持续设计等，工业和环境能够良性互动，和谐共生。

（4）智能化：更智能的CAID技术、先进的CAD/CAE/CAM技术、人机交互及耦合技术、神经网络技术、虚拟仿真技术、感性意向设计技术的应用成为中国工业创新设计的主流支撑技术，利用这些先进技术，企业工业创新设计的研究层次和效率得到极大提高。

（5）人文化：更多的企业开始将中国传统的文化特色、理念结合国际潮流纳入设计理念中，给予客户更多的人文关怀，提供更好的社会服务系统，使企业价值和社会价值得以有效融合、相互促进。

三、宁波市工业创新设计产业发展现状

宁波市传统企业长期以来走要素驱动、投资驱动的发展道路，即依靠劳动力和资本的投入实现企业发展，技术上以跟踪模仿为主，自主创新很少，整体发展呈现"三高一低"（高投入、高消耗、高污染、低效率）的特征。相对于传统的要素驱动、投资驱动的企业而言，创新驱动在竞争中主要依靠持续创新能力以及依靠创新获利的能力取得竞争优势，是现代新型企业运行和发展模式。真正的核心技术是市场换不来、花钱买不到的，企业只有依靠自主创新，才能摆脱技术的低端锁定，获得高利润回报，实现自身的可持续发展。因此，吉利、中控、聚光科技等创新型企业为宁波市广大中小企业树立了明确的标杆，促进企业向高新化推进、产品向高附加值延伸，争创拥有自主知识产权、自主品牌和持续创新能力的创新型企业，实现发展模式从"要素驱动"向"创新驱动"转型。建设创新型企业将成为未来宁波市企业发展的一个基本趋势。

工业创新设计是实现宁波市经济发展战略转换，调整产业与产品结构的有

效手段,是科学技术转化为现实生产力的"桥梁",具有创造价值财富的功能。工业经济的发展壮大离不开核心竞争力,而核心竞争力取决于创新的能力。宁波市以创新型企业建设为重点,全面开展试点工作,取得了显著成效。如何用创新设计推进创新型企业建设,将一大批中小企业培育成行业内的佼佼者,是宁波市经济转型升级面临的一个难题。工业创新设计必将成为提升产品竞争力、提高产品附加值、塑造知名品牌的重要手段,是促进产业结构调整升级、发展方式转型的利器,是可持续发展的重要支撑。

近年来,宁波市各级各部门高度重视工业设计的发展,坚定不移地把工业设计产业作为实现产业结构升级的重要举措。在政府引导下,设计产业规模不断增长,政策体系初步建立,集聚平台正在形成,设计创意氛围日益浓厚,对经济社会发展的促进作用显著增强。其主要体现在以下几个方面。

(一)明确重点,制定规划引导政策

近年来,在国家、省(市)相关政策的推动下,宁波市积极鼓励企业创建工业设计中心,政府制定出台了《关于加快工业设计产业发展的若干意见》《宁波市工业设计产业发展专项资金使用管理办法(暂行)》《宁波市工业设计与创意产业"十二五"发展规划》《宁波市创意设计产业三年行动计划(2013~2015年)》等政策文件,设立了工业设计产业发展专项资金,对工业设计企业在税收、投融资、入驻广场、创业发展、产业对接、"和丰奖"等方面给予优惠和扶持。经过发展,宁波市在工业设计发展上已经有了一定程度的积累,提出依托产业集聚区,提升"设计产业化、产业设计化"两种能力,抓好主体发展、产业对接、人才培养等关键环节。

2016年,通过加强规划引导、加大政策扶持、创新工作举措等方式,全市工业设计产业总产值较上一年增长了约8.40%,达到了99.30亿元。截至2017年,全市已拥有国家级工业设计中心2家,省级工业设计中心19家,市级工业设计中心31家,全国十佳工业设计公司2家,省级十佳工业设计公司3家。培育了科创、卓一、创佳、德腾等一批本土工业设计公司,吸引了大业、浪尖、洛可可、INDES等国内外工业设计行业龙头企业入驻宁波。初步形成了以工业企业内部设计机构、独立设计公司为主体,高校、工业设计工作室、自由设计师为补充的多层次发展格局。

（二）优化布局，形成"一核多点"集聚平台

经过近年来的发展，宁波市已建设设计创意园区近 20 个，总建筑面积约 100 万平方米。通过规划和政策引导，宁波市工业设计产业集聚效应加速显现，基本形成了以和丰创意广场为核心园区，宁大科技园、数字科技园、创新 128、宁波慧谷、宁波研发园、创意 1956、新芝路 8 号、134 创意谷等特色园区为重点的"一核多点"工业设计产业布局，并积极建设和完善其他产业园区。

2016 年，各工业设计园区、小镇发展势头良好，宁波和丰创意广场、宁波经济技术开发区数字科技园、宁波市大学科技园等被认定为宁波市级工业设计广场。镇海宁波大学科技园依托高校和科研院所集聚优势，打造慧谷设计小镇，已集聚设计类企业 290 家。猪八戒浙东总部园区、杭州湾 e 设计街区等一批特色工业设计园区启动建设。和丰创意广场被工信部授予全国首批小微企业创业创新示范基地，示范引领作用进一步强化，连续第五年在全省特色工业设计示范基地考核中排名第一。和丰创意广场作为全国 4 家"国家级工业设计产业园"之一，截至目前，现已集聚知名工业设计及配套企业 120 余家，其中 30 家为工业设计公司，8 家位列宁波工业设计公司排名前 10 位，2015 年营业收入共计 5 亿多元，连续三年获得浙江省基地考核排名第一，设计服务涵盖汽车、船舶、五金、家电、模具、医疗器械等行业。

依托广场，采用多种模式，积极引进对宁波市产业有明显带动作用的意大利、荷兰、美国、英国、韩国等国家以及香港、台湾、广东、北京等地的国内外创意设计机构入驻。经过近 5 年的发展，和丰创意广场已建设成为宁波市吸引工业设计与创意产业集聚的核心地块。

（三）多产业覆盖，产业规模呈增长趋势

宁波市现有工业设计与创意企业约 2500 家，已经初步形成了行业门类比较齐全的创意设计产业体系，涵盖了工业产品设计、广告平面设计、动漫设计、室内外环境艺术设计等各个行业领域，包括专业设计与创意企业、设计主导型制造企业、制造企业内设计部门、高校科研院所、公共服务平台等不同的组织形式。整个产业从业人员约 3 万人，其中设计师约 1 万人，2013 年宁波工业设

计与创意产业总营业收入约为110亿元,2015年宁波工业设计与创意产业总营业收入约为180亿元,同比增长近20%。

(四)多途径展开,创意氛围日益浓厚

宁波市相继成立了宁波市工业设计联合会、宁波市创意产业协会、宁波市工业设计学会等专业性服务机构,为工业设计与创意企业和人士提供交流、培训、合作等服务。2010年始每年都举办"和丰奖"工业设计大赛,评出最佳产品奖、最佳创意作品奖、最佳对接示范项目奖和标志设计奖四个类别的奖项,极大地提升了各主体的工业设计创意热情,为宁波市制造业企业提供政府购买设计服务,累计资助企业购买设计补助金额接近1亿元人民币,吸引了国内外大批工业设计与创意企业和人士来宁波考察、洽谈。此外,宁波市还积极开展"工业设计产业基地""工业设计重点企业""工业设计营业额前十位企业(机构)"等荣誉的认定和奖励。同时,宁波市通过多种途径鼓励工业创新设计。

一是举办"和丰奖"工业设计大赛,征集制造企业设计需求,以设计产品的产业化生产为最终目标,按照"创造设计成果—与制造业对接—成果产业化"三个阶段,对应设置了"最佳设计概念奖""最佳设计对接奖""最佳设计产品奖"三个奖项。2010~2015年成功举办了六届"和丰奖"工业设计大赛,参赛作品21628件,共有1112个产品和项目获奖,211个项目达成制造企业与设计企业、高校院所开展产品设计、年度外包、战略合作等多种形式的对接,且对接率稳步上升。

二是推进宁波工业设计网上市场建设,以"制造与设计对接"为中心,开展工业设计企业备案、需求发布、设计对接、交易合同备案等网上服务,消除制造业企业和设计机构之间的"信息不对称",缓解"交易不信任",提高对接效率、扩大交易规模。目前网站已注册设计机构103家,制造企业1213家,截至2015年,累计发布2432项设计需求,已促成对接的设计需求675项,合同金额5552万元。

三是运用财政资金,实施"政府助设计"。2012~2015年,共补助政府助设计项目1544个,企业498家次,合同金额7562.8万元,补助金额2148.9万元,预计产业化后企业可新增年销售收入100亿元。

四是开展"工业设计乡镇行"等活动,组织设计企业进入乡镇、街道,促

进制造与设计的深度对接。

（五）多渠道培养，人才体系初步建立

宁波市共有宁波大学、宁波工程学院、浙江大学宁波理工学院等9所高校开设了工业设计专业，每年为工业设计行业培养输送毕业生近600名。其中，宁波大学于2015年成立潘天寿艺术设计学院，拟构建以家电设计、家居设计、家纺设计、家园设计和书画创作与教育（简称"四家一书画"）为核心的专业架构体系，积极打造具有鲜明地方特色和创新引领能力的一流现代艺术设计学院，将为宁波文化强市、设计强市战略提供强力的人才储备和智力支持。截至2015年，宁波市共有11名设计师被评为浙江省高级工业设计师，1名设计师荣获"光华龙腾奖——中国设计业十大杰出青年"称号，2名设计师荣获"中国工业设计十佳杰出人物设计师"称号。

四、宁波市工业创新设计产业面临问题

宁波市工业创新设计产业虽取得一定的发展，但与上海、杭州、深圳等工业创新设计强市相比，差距较大。存在的问题与不足主要表现如下。

（一）政策制定与产业发展脱轨

当今社会处于快速发展中，技术在不断迭代、观念在快速变化、社会生活也在不断发展变化中。快速原型、3D打印、光雕刻，知识网络、互联网、物联网，网购达人、快递一族等都是新的环境因素，并且还在不断快速变化。"十二五"期间，宁波市出台了一系列政策措施，促进了工业创新设计产业的发展，但以往以税收、资金扶持和办公空间等方面优惠为主政策已经很难适应当前的发展要求；并且由于政府专项扶持资金规模较小且对社会资金引导作用不明显，工业设计机构通过兼并重组等方式实现规模化扩张与发展受到明显制约。此外，现有政策在鼓励以工业设计产品为核心的创业项目、支持设计引领品牌发展等方面也显得较为欠缺，缺乏服务于工业设计机构的融资渠道疏通和金融担保机制。

（二）集聚平台的形成与设计产业转型的矛盾

宁波市工业产业集群规模还不足以形成规模市场需求支撑专业设计公司，而上海深圳这些一线城市，设计公司可以拓展全国乃至全球市场，宁波市本土企业需求不足以支撑顶尖专业设计公司的市场规模，宁波市城市的吸引力也很难吸引顶尖设计人才。

宁波市外贸企业经历了2008年金融危机，普遍设立自主品牌，开始注重工业创新设计，通过电子商务平台（如淘宝、京东和一号店等）内销产品。宁波市本土的设计企业通过多年的建设积累，已经形成了一定的平台效应，但是人才缺乏导致核心技术相对缺乏，大部分都还是停留在传统的产品造型与结构设计层面，较少从功能性等根本问题上帮助企业解决产品研发的核心问题，从而导致产品设计附加值低，竞争多存在于价格战、成本战的低层次，设计产业整体面临转型升级的困惑。

（三）企业发展规模不同导致设计水平两极分化

从表6-1可以看出，慈溪的知名企业都设立了专业的工业设计中心，例如，公牛集团的设计中心近两年投入达到了将近8000万元，人数达到了37人，服务外包也是达到了800多万元，成果转化率达到了13亿元，成果显著。

表6-1　　　　　　　　　　公牛集团设计中心

	工业设计中心名称	公牛集团有限公司产品策划设计中心		
基本情况	资产总额	400	两年净增	50
	职工人数	37	两年净增	1
	场所面积	200	两年净增	50
	中心性质	独立核算□	非独立核算■	
专业人员	工业设计从业人数		37	
	其中，本科及以上学历人员数（含工业设计师及以上职业资格人员、中高级专业技术职务的人员）和占比		35/95	

续表

	主要指标	2015 年	2016 年	两年总额
投入情况	投入总额	3652.84	4117.79	7770.63
	占企业 R&D 支出比重	37	38	37.5
	其中，设计人员经费支出	1756.42	1994.18	3750.60
运行情况	中心运营经费支出	2885.75	3335.41	6221.16
	其中，培训费用	268.37	340.21	608.58
	工业设计服务外包额	571.55	266.47	838.02
	承担工业设计项目数	44	40	84
	其中，完成项目数	40	37	77
	产业化项目数	40	37	77
	拥有自主知识产权成果数	29	45	74
	其中，产业化成果数	28	45	73
	工业设计成果转化值	61180	71505	132685
	专利授权数	29	45	74
	其中，发明专利数	—	1	1
	版权授权数	—	—	—

但是从表 6-2 可以看出，宁波制造企业发展水平参差不齐，但大多仍以代工（OEM）为主，以设计和品牌为主导的企业相对较少。中大型企业一般设有产品研发部门，工业设计和产品研发功能重叠，很少有独立的设计部门，而知名的大企业和自主品牌企业一般较为重视工业设计，设有专门的设计部门，但一般也是与产品研发中心合并办公，而中小企业一般是代为客户加工，对工业设计的认识和运用仍停留在较为初级阶段，设计能力和水平相对较低。

表 6-2　　　　　　　　　　　　慈溪省级设计中心

工业设计中心名称	所属行业	资产总额（万元）	资产两年净增	设计中心场所面积（平方米）	设计中心运营经费支出（万元）	设计中心成果转化额（万元）	工业设计从业人数（人）	设计中心两年投入总额（万元）	占企业R&D比例
公牛电器	电工电器	400	50%	200	6221.16	132685	37	7770.63	37.5%
韩电电器	家用电器制造	125	22%	1250	418.04	60355.53	28	1265.70	24%

续表

工业设计中心名称	所属行业	资产总额（万元）	资产两年净增	设计中心场所面积（平方米）	设计中心运营经费支出（万元）	设计中心成果转化额（万元）	工业设计从业人数（人）	设计中心两年投入总额（万元）	占企业R&D比例
先锋电器	制造业	650	13%	1200	311.48	20552.80	32	2050.44	36%
月立电器	消费品	120	20%	550	107.40	37771.39	30	2148.05	31%
三A电器	小家电	17206.96	22%	1473.37	217.51	29739.73	30	1502.48	72%

（四）工业创新设计产业规模偏小

截至2015年，宁波市工业设计相关企业共有138家，从业人员为2569人，平均每家设计机构不到20人。宁波市最大的纯工业设计企业年营业收入不到2000万元，而深圳市浪尖工业产品造型设计有限公司年营业收到收入超过1亿元（包括模具制作）。多数设计公司靠大量设计费较低的项目来支撑（每年100个以上项目）。除了船舶和汽车设计两个领域外，通过表6-3可以发现，宁波圣龙汽车动力系统股份有限公司在工业设计销售收入超过亿元，但是在国际和国内设计奖项上也没有突破，其他工业设计机构都很难做到千万级的规模，缺乏在全国有较大影响力的本土设计企业。

表6-3　宁波圣龙汽车动力系统股份有限公司

序号	项目名称		2016年度（10月底止）实绩	2015年同期
1	运营模式		□独立核算■非独立核算	
2	企业资产总额（万元）		60017	59651
3	企业营业收入（万元）		46355	42034
		其中，工业设计销售收入	46355	42034
4	企业利润总额（万元）		4806	4654
5	企业纳税总额（万元）		855	830
6	工业设计投入总额（万元）		1408	1003
	占企业R&D支出比重（%）		66	59

续表

序号	项目名称	2016 年度（10 月底止）实绩	2015 年同期
7	中心运营经费支出（万元）	2134	1710
	其中，设计人员经费支出	726	707
	委托外单位工业设计服务费（万元）	0	0
8	从业人员数（个）	565	530
	其中，专职从事工业设计人员数	36	30
	其中，本科及以上学历人数	36	30
	其中，具有工业设计师以上职业资格及中高级专业技术职务的人数	19	11
	其中，外籍和留学人员数	3	2
9	工业设计项目完成数（个）	31	31
	其中，委托外单位工业设计项目完成数	0	0
	其中，产业化项目数	15	13
10	专利授权数（个）	84	87
	其中，发明专利	20	12
	其中，实用新型专利	57	68
	其中，外观专利	7	7
11	获奖情况（个）	0	0
	其中，国际奖项（红点、iF、IDEA、G-Mark 等）	0	0
	其中，国内奖项（获省级及以上工业设计大赛奖项）	0	0
12	拥有自主知识产权成果数（个）	89	92
	其中，产业化成果数	70	72

注：①非独立核算的设计中心序号为"2、3、4、5"的指标填报整个工业企业情况，其中"3"中"工业设计销售收入"是指工业企业主营业务收入中由工业设计的产品销售而产生的收入。②独立核算的设计中心所有指标填报本中心情况，其中，"工业设计销售收入"填报本中心工业设计服务收入。

表 6-4 数据表明，截至 2016 年 12 月，宁波市最大的设计创意中心——和丰创意广场通过工业设计机构的招商、产业对接、入驻机构扶持以及大型设计活动，吸引工业设计机构 84 家，2015 年同期 80 家，专职从事工业设计 3083 人。设计机构 2016 年 12 月共获得专利授权数 35 个，获得省级及以上设计奖项

3 个。现有 4 家省级工业设计中心和 4 家宁波市市级工业设计中心，截至 2016 年 12 月，基地设计机构服务制造业企业 4012 家；其中服务省内企业 3316 家，设计成果转化值 996.80 亿元，工业设计服务收入 6.18 亿元，获得省级专项资金拨入数 300 万元，实际支出 300 万元，宁波市地方专项资金 1200 万元，实际支出 1200 万元。和丰创意广场工业设计机构普遍产值较小，年营业额上千万元的只有 1 家，不具备规模效应。相比周边的杭州、上海等地的工业设计机构，广场缺少具有强大影响力的标杆设计机构，因此也造成宁波本地的品牌制造企业设计研发业务的外流，致使广场创意企业产出效益不大。集聚平台企业设计师数量一般在 10 人左右，高级人才更是稀少，大多是刚从学校毕业的本、专科学历的设计师，硕士及以上学历的仅占设计师总量的 3% 左右。另外，受企业规模限制，对资深设计师的招聘难度较大，"招不到也养不起"成为各工业设计与创意企业发展面临的主要问题。广场 2015 年租金收入 1.11 亿元，年税金 2815.57 万元，年折旧 188.80 万元，年利息 9995.42 万元，资产盈利能力差，盈利能力尚需进一步完善。

表 6-4　　　　　　和丰创意广场 2015~2016 年经济指标

	近两年主要指标	2015 年	2016 年
经济指标	集聚工业设计机构数	80	84
	其中，工业设计企业	48	50
	企业工业设计中心	32	34
	专职从事工业设计人员	2932	3083
	其中，本科及以上学历人员数（含工业设计师及以上职业资格人员、中高级专业技术职务的人员）	42	47
	服务企业总数	3879	4012
	其中，本地企业数	2458	2612
	省内企业数	3254	3316
	国内企业数	599	665
	国外企业数	26	31
	基地营业总收入	166689	183816
	其中，工业设计服务收入	59784	61774
	纳税总额	约 2295	约 2430
	工业设计成果转化值	9847321	9968417

续表

近两年主要指标		2015 年	2016 年
经济指标	专利授权数	25	35
	其中，实用新型	6	8
	外观设计	16	22
	发明专利	3	5
	版权授权数	4	6

（五）工业创新设计教育无法满足市场需求

目前宁波开办工业设计专业的高等院校有 9 所，其中本科层次办学单位 4 所。由于历史原因，工业设计教育与市场需求存在普遍的脱节现象，且人才培养层次偏低，宁波高校中还没有一所具备招收和培养工业设计专业研究生的资质。培养高层次人才的限制直接导致了宁波地区设计从业人员基本处于本科及以下的偏低教育水平，虽有常规设计业务执行能力，但创新视野不开阔，尤其在研究能力、创新能力上严重不足。

五、宁波市工业创新设计产业发展策略

宁波市工业创新设计产业发展必须紧紧围绕"产业提升"这一核心任务，贯彻落实《"中国制造 2025"宁波行动纲要》和《宁波市建设"中国制造 2025"试点示范城市实施方案》，结合宁波市先进制造业创新中心及智能经济建设，通过引进龙头项目、培育优秀设计团队、孵化创新设计成果、搭建产业服务平台等一系列措施，做强优势、补齐短板、做实特色、协调发展，确保宁波市工业设计持续走在全国工业设计的"第一方队"。

贯彻"降本增效、创新发展"的要求。围绕核心工业创新设计产业，加强营运管理，提升营运管理效益。推进"互联网＋服务"建设，完善服务产业链；推动"互联网＋设计"全产业链的建设，打造创新设计产业生态系统枢纽；推进创新设计大数据平台建设，探索设计与制造业、设计与金融、设计与商业融合发展新模式；运用互联网思维，推动以实体为依托，以网络为纽带的创新设计生态系统发展。

（一）强化设计服务产业链，厚植设计创业创新土壤

1. 建立和健全各项公共服务平台，完善服务功能

进一步完善从办公场地出租、融投资引进、市场对接、知识产权保护、设计交易等为创新设计产业发展的配套服务体系；加强设计市场建设，优化专业性行业化的常设性对接交流机制，促进设计企业与制造企业间的协同创新；加强设计展示与交易体系建设，完善常设性展览展示空间，探索临展设置、商业产业和活动与设计市场交易融合方式，全方位推广创意设计成果；进一步加强政策引导，特别是针对重点培育对象的各项优惠政策和实施细则，建立政策落实和保障体系。

2. 推进服务信息大数据平台建设，打造云服务体系

积极推进互联网思维管理与服务，努力打造贯通创意产业、配套商业、物业管理的"互联网+服务"的云服务体系。整合设计企业、部门和园区营运管理、商业配套服务、办公管理等服务体系，建设互联互通高效"智慧设计OA系统"。整合围绕核心创意产业的展示交易、技术服务、国际交流、培训教育、创业孵化、融资担保等各项专业服务，推进"潘云鹤院士工作站""设计人才对接与服务中心""设计成果转化与对接中心""创新设计实验室""3D打印—快速成型中心""设计艺术中心""知识产权服务中心""国家级创新设计众创空间"等公共服务平台，建立互通共享的云服务信息大数据库模块；整合商业配套机构间的微商微信等APP平台，建立统一协调的云服务设计服务整合营销管理体系。

（二）完善创新设计产业链，定位全市创新驱动策源地

1. 推进设计全产业链建设，促进设计企业协同创新

面向宁波市"3511"产业体系重点行业领域，推动建设贯穿产业链的研发设计服务体系，不断深化创新设计在企业转型、产品合规、品牌策划、绿色发展等方面的作用。

根据创新设计最新发展趋势，提倡工业设计、智能科技、网络信息、文化创意、商业模式等融合发展；拓展引进有助于提升创新设计产业的基础研究、

品牌传播、市场推广等相关产业。引导设计机构探索发展众包设计、用户参与设计、协同设计等新的模式,增强自主创新设计能力。推动创新设计对电子信息、装备制造等行业的服务支撑。

2. 推进"创新设计+大数据"建设,促进工业设计企业资源共享设计共创

搭建设计互联网平台,努力提升设计企业的"互联网+设计"能力。例如,推进潘云鹤院士工作站"大数据"创新平台建设,探索整合宁波市家用电器、机电装备、汽车及零部件、纺织服装、文具等重点行业领域与园区设计企业及高校相关资源,建立行业内的"设计资源共享平台",建设专业化、细分化的设计基础数据和资料库、建立设计技术和设备的共享平台,抱团形成更具影响力的产业集群。

推进设计易平台等的建设,延伸创新企业的设计服务链,拓展创意设计产业价值链,打造提供包括设计、制造、金融、跨境电商等为一体的综合性线上设计平台,为设计机构提供全方位的在线数据共享,发挥设计共创优势。

3. 建设创新设计公共服务平台,支持设计领域共性关键技术研发

全面推广应用先进设计方法,逐步搭建、完善动态感知、人机工程、系统仿真、增材制造等技术开发能力。以和丰—诺丁汉创新设计实验室启动为契机,鼓励设计机构运用具有自主知识产权的设计工具和软件,提高人机工程虚拟仿真应用水平。用好孵化器、众创空间的平台作用,推动共性关键技术研发的体系化。健全市场调研、技术研发、标准制定、实验验证、批量生产、知识产权保护等服务功能,逐步建成开放共享、专业高效的服务平台。强化与中科院材料所、宁波智能制造产业研究院等创新机构的合作交流,创新设计应向新材料、智能装备、智能终端产品、智能系统应用、智能服务等领域延伸,推动创新设计与移动互联、云计算、大数据、物联网等信息新技术在研发、设计、制造、管理、服务等全流程和全产业链的集成应用,提高创新设计的含金量。

(三)加快设计机构转型升级,激发设计产业转型发展

随着社会的转型发展,传统的工业设计服务形式已经不能满足地方经济发展的需要;传统的工业设计企业自身也遇到了发展的"瓶颈";宁波市先进制造业发展也必然要求入驻企业转型升级、协调发展,强化创新设计在产业结构优化升级中的主导作用。

1. 促进设计机构转型，形成特色鲜明、专业性强、综合多样的产业布局

支持设计机构打破传统的设计服务外包、设计能力较弱、设计产值较小的运营模式，鼓励设计机构由注重外观设计转向设计、研发并重，引导设计企业根据自身情况及发展需要转型升级，探索自主专利产品创新研发为核心、外包生产、销售等新运营模式。创新设计服务传统优势产业时要确保服务供给的质量，从以下三方面着手：一是注重产品设计的柔性化、人性化、个性化，满足不同层次人群的需求，鼓励设计机构和制造企业合作开展定制化服务，强化用户体验，提升产品价值；二是注重终端产品的智能化，推动人工智能技术渗透融入到家电、家具、通信设备等产业，让传统产业永葆青春；三是注重引导设计机构向电子信息、装备制造、航空航天等行业的服务支撑，面向高端制造业开展服务。

2. 探索设计、制造、金融、商业模式融合发展路径，创新产业发展模式

现阶段宁波市的大多数设计产业还处于发展成长期，一般设计企业规模偏小的主要原因在于传统的设计模式只提供价值相对较低的设计服务，而自主创新研发、商业模式融合的发展路径成本高、资金投入大。探索以广场投入、外来资本引入等方式，引导设计机构从单一的提供设计服务转向以产品为核心的设计控股公司，鼓励有条件的设计公司进行股权激励，成熟的设计公司在确保主业的前提下，争取登陆新三板、创业板，采取股权抵押、定向增发股票等低成本的融资方式，吸引投资者。鼓励设计企业积极对接引导基金、产业基金、股权投资、天使投资、VC、PE等机构，对接巨量的金融资本转化为设计资本、产业资本、实业资本。

3. 推动产业多样化国际化布局，打造高端设计创新机构错位发展

加大产业多样化国际化覆盖。围绕宁波市现有创新创业产业链和工业设计发展趋势，明确招商对象，制订招商目录，加强对创新设计机构，智能制造、"互联网+"等与设计相关领域一线企业的引入工作，各级部门主动对接，加大力度引进一批"领头雁"项目，侧重向医疗器械、农用机械、海洋装备、文创产品等新型产业的开发设计延伸，进一步完善产业布局。借用现有的国外设计资源，加大力度引进国际知名设计机构、设计师来宁波市创业就业。

培育高端设计创意机构错位发展。加强对创新设计机构，智能制造、"互联网+"等与设计相关领域一线企业的引入，加强与国内知名设计机构、宁波本土设计机构融合，形成高端创意机构的差异化良性协调发展态势。

（四）强化设计创新引领作用，打造开放共享创业生态圈

随着"互联网＋"、智能制造、众筹众创、风险投资等的涌现，创新设计产业的发展日新月异，"大众创业、万众创新"恰逢其时。宁波市工业创新设计产业的发展也需要持续不断地涌现出新产品、新企业和新模式。通过创新创业孵化，借势"大众创业、万众创新"，发挥宁波市已有的资源沉淀，通过内外循环、优胜劣汰，发现并培植一批新产品新企业新模式，促进创新设计产业在宁波市的可持续发展。

促进项目协同联动，增强广场创业、投融资、产品孵化等各平台的互联互通，加快引入一批互联网龙头项目，与现有的创新设计众创空间形成创新合力；深化创新人才创业机构的孵化模式革新，做实做优创新设计众创空间，加强与科研机构、高等院校、制造企业的合作，推进教育与创业、培训与创业、指导与创业的对接。

1. 适当扩大产业培育范围

紧跟"中国制造2025"试点示范城市建设步伐，通过供给侧结构性改革，推动创新设计与相关产业融合发展，推进工业化与信息化深度融合。紧盯"智能经济""制造业创新中心"发展热点，抓牢工业设计主业不放松的前提下，强化工业创新设计引领作用，适当扩大产业培育范围，允许智能科技、网络信息、文化创意等业务与主业兼容并蓄，形成"高端资源汇集高端产业、高端产业吸引高端人才、高端人才再造高端资源"的良性发展。

2. 发展小微型智能科技企业

智能科技将对传统产品的升级改造具有突破性意义，也是众多制造型企业转型升级的关键所在，但是智能产品的研发周期相对漫长、投入产出风险较大。宁波市很多小型制造企业不能突破"瓶颈"，就因为困守于传统产业又不敢冒风险进行产品的科技改造。宁波市应发挥其聚集效应，通过政策指导凝聚一批"小轻新"的科技型创业公司，打造一批智能科技产品，为入驻企业、为宁波制造企业提供持续发展动力。

3. 孵化设计师原创品牌企业

设计师原创品牌最初主要是基于生活需要的文化创意产品为主，具有投入少、成长快、便于转型的特点，对宁波市工业设计环境营造、人气集聚具有积

极作用。设计师品牌企业前店后研发的经营模式很适合设计产业与商业业态相结合的模式,通过孵化一批设计师原创品牌企业,延长了核心产业链,具有融合设计活动和商业活动纽带作用,有利于打造创意街区型商业业态。

(五)加强设计人才引进培养,保障设计企业智力需求

1. 支持培养与引进高端设计人才及团队

结合宁波市"3315""泛3315""领军拔尖人才培养工程""港城工匠"等宁波市人才发展计划,鼓励设计机构积极引进国内外优秀的设计师,重点引进、培育一批设计能力强、创新意识好、专业资源广的设计研发领军人才和高层次创新人才、高素质技能人才;适时筹建"诺丁汉—和丰设计学院"等专业设计研究院,借鉴韩国三星集团设计学院培养人才的模式,发挥众创空间的培训孵化功能,促进设计专业培训与设计创业有机融合,提倡"干中学",开设面向设计类专业学生、设计师的创业创新公共及专业课程。

2. 着力培养实用型设计技能人才

完善创新设计产学研合作机制,加强与相关行业、企业、高校的合作,开展讲座、演讲、工作坊等多种活动,注重外部人力资源的引入,提升设计技能人才能力;设立"综合实训基地",以各类知名设计品牌公司为依托,与高校合作,发挥院校专家教授与企业优秀设计师的专长,为企业培养更多的实用型设计技能人才。依托中国工程院知识服务服务中心"双创"平台,共同开发设计师专家库,链接全球设计师资源和制造企业设计需求的"大数据",通过有效的组织和管理,实现设计需求和设计师的双向对接。

(六)提升运营管理服务水准,促进宁波设计品牌建设

1. 探索云服务运营管理机制,提升运营管理效益

探索数字化整合设计企业营运管理、商业配套服务、办公管理等各项功能,打造智慧管理和办公平台,提升设计专业园区运营管理效益与专业服务水准;探索数字化环境下的服务管理体系与创意设计体系的信息数据共享机制;探索线上线下的协调联动,为核心创意设计产业提供在线发布、在线预约、在线组织、在线评估,线下执行的及时、快速的全方位综合服务,提高服务效率,提

升服务质量，促进核心产业的发展。

2. 完善产业对接机制，做大设计服务市场

巧借行业协会等平台，加强与制造业专业协会之间的合作。以行业协会带动工业设计企业和产业企业的对接，探索并优化对接模式。抓住供给侧结构性改革对设计产业发展的重要机遇，把智能制造等地方产业转型升级作为培育设计市场的重点领域；借力政府、行业协会，通过政策引导和机制创新，引导企业确立购买设计服务就是有效购买技术红利、升级要素、高技术服务和信息经济成果的理念；支持制造企业购买设计服务，带动设计产业的发展，做大设计市场。

推动设计成果的转化，完善创新成果的转移和产业化服务体系，探索多种形式的科技金融和投资基金，建立设计与市场、设计与资本对接的常态机制，打通设计成果转化的"最后一公里"。支持制造企业来设立研究院或工程技术中心，让更多的企业成为工业创新设计的受益者。

3. 促进政产学研的联动，建立产业协作机制

宁波市设计产业的发展离不开政府的政策引导、高校研究机构的支持、企业的需求、产业自身的努力，应发挥集聚地的作用，联结政产学研，建立协作工作组，探索相互之间良好的互动协作机制，保障政策的顺利实施和产业的协调发展。

4. 着力培育"名师、名品、名企"，提升设计创意品牌知名度

整合利用宁波市地处长三角的地理优势、丰富的历史沉淀、聚合产业效应和良好的投资环境等各项优势，通过相关措施以及营销策划，为宁波市设计产业的入驻企业培育"名师、名品、名企"，广泛参与各种国内外相关活动，大力宣传，使国内外相关产业熟知、认同、接受宁波市设计产业的投资价值，扩大宁波市设计产业品牌辐射范围。

5. 多途径开展活动，营造创新产业氛围

借力借势，继续办好每年若干场大型设计类活动，即围绕设计行业及制造企业的"和丰杯"工业设计大赛和以联结政产学研为主体的"工业设计周""创新设计高峰论坛"等，办好潘云鹤院士工作站专题活动、中国好设计、城市创新设计竞争力发布等一批在全国、在业界有影响力的大活动，结合浙江省设计智造大奖、优秀工业设计师评选等省、常态化的设计类专业活动，加强与全国其他工业设计广场的交流与合作。以达到推动宁波市设计产业品牌建设、活跃设计创新创意氛围、建设优秀的设计创意文化的目的，积极推进创意产业与商业业态融合建设，促使设计创意产业通过商业环境接地气，旺人气，有利于宣传宁波市设计创意产业、促进工业设计品牌建设。

（七）探索楼宇经济管理模式，提升设计产业整体盈利能力

1. 做强做大核心创意产业规模

通过扶持、优化、扩充，完善从基础性的设计办公到专业性的设计配套服务，加强"互联网+"配套服务体系、大数据创新平台等先进设计服务及新技术机构的引进建设。

围绕从传统的工业设计到设计研发到新型设计商业模式等专业性、发展性、综合性设计机构的发展，加强核心创意机构的引进力度，促进设计机构自主发展，做强做大核心创意产业规模。

2. 优化完善商业配套服务

（1）优化商业业态结构。进一步梳理并优化餐饮、休闲、精品零售、教育培训等主推商业业态，为设计创意园区提供良好的配套服务。其包括丰富目的型、创意跨界体验型等精品商家形态；完善办公服务业态，留住办公消费人流；丰富休闲目的业态，提升假日及夜市人流；推进教育培训业态，提升广场商业形象。

（2）合理布局商业业态形式。提升商业业态丰富度，控制业态档次，提升人流量、人流聚集度和逗留时间。其包括业态分区域合理布局，打造主题特色街区；调整商家经营现状，提升商业业态丰富度；补足现有空铺招商，提升商业整体经营形象。

（3）创新商业运营模式。在把握住整体业态方向和丰富度下，通过进一步管理优化"活动板块""租户管理""运营体验"等三大运营板块，激活静态的商业业态，以形成园区、广场、商家、客群的大联动，从而营造活动的创意广场和园区氛围，推动设计产业园区整体氛围建设并提升商业效益。

3. 加大写字楼招租入驻力度

写字楼租赁市场是一个基于经济发展和商业机会的理性市场，具有相对稳定发展的特点，因此也是设计专业化园区稳定可持续发展的重要基础之一。进一步拓展招商渠道，转向招大商、向大客户招商、发展总部招商，提升招商效

益。同时基于大客户、机构总部的良好形象,也有利于专业设计园区的商业形象提升。

加强证券投资、银行等类金融机构,国际货运、国际贸易等大商业机构,地产、人才、商务代理等中介机构等重点招商机构的引进发展,以大机构的相对稳定性稳中有序地促进设计园区招租管理营运的持续发展。

4. 推进设计园区自主招商管理

适度调整工业设计园区招商战略发展方向,及时掌握市场行情及广场内租户变动情况,根据招商形势变化和竞争需要及时提出合理化建议、提交应对方案;根据园区现有商业现状并结合专业公司提出的商业招商规划建议,专攻商业、总部招商、业态重组,加速商业潜在客户的对接与洽谈。

(1)加强招商管理核心团队建设,具体操作人员采取外包、劳务输入等模式,逐步过渡到全面掌控招商核心的市场研究,定位与规划、宣传推广、进场管理等业务,最终实现自主招商管理。

(2)进一步制订出台相关招商奖励办法,明确奖励的机制、标准。激发全员招商、核心团队招大商态势,对招商人员的绩效考核,重视个人意识、谈判能力和团队协作等,通过薪酬、奖金包、单项奖励等不同方式的招商激励措施,从对招商进度及过程质量的进度把握到招商完成后的结果质量把控,逐步实现自主招商管理目标。

(3)加强与相关中介机构的对接,进一步完善对于国内外知名设计公司的代理招商实施办法,整合更多招商代理资源,提高招商入驻比例。

(4)加强与政府、街道的联系,借力吸引优质、成长性良好的企业。充分发挥其信息平台及庞大的客户资源优势,狠抓总部类招商,重视专业设计园区的经济效益。

第七章

宁波市战略性新兴产业发展实践

一、背景浅析

在进入"十三五"以来,面对严峻复杂的外部环境和困难挑战,宁波市深入实施"六个加快"战略和"双驱动四治理"决策部署,扎实推进经济社会转型发展三年行动计划,全力以赴稳增长促改革调结构惠民生,加快推进现代产业体系建设,经济发展稳中有进,转型升级取得进展,产业结构逐步优化,创新动力不断增强,但也面临自身转型发展速度偏慢、增长质量欠佳的"内忧",以及长三角区域城市竞争加剧和部分战略性新兴产业已在全国其他地区布局的"外患"。如何转变发展方式选择未来的转型之路,如何培育新的竞争优势增强创新驱动力,如何解决好创新增量与传统存量的关系全面打造宁波产业"升级版",成为关系宁波长远发展前景和区域地位的重要问题。

而高技术产业作为宁波市产业升级的重要导向,战略性新兴产业作为抢抓未来产业制高点的重要抓手,为宁波市经济发展提供了新的动能和途径。以"对标世界一流产业、争当全国示范先锋"为总目标,以"四基"+"智能制造"为主攻方向,加速推进宁波工业质量变革、效率变革、动力变革,提高全要素生产率,推动宁波建设成为全国制造业发展先进标杆城市。到2020年,规模以上工业主营业务收入利润率等反映效益类指标居全国先进水平。战略性新兴产业占比达到30%,高新技术产业增加值、装备制造业增加值占比均达到50%。规模以上工业增加值年均增速力争达到10%以上、新增总量超过1000亿元。工业投资年均增长10%,高新技术产业投资、高新技术企业数量等在2017年基础上实现倍增。培育形成50个国家制造业单项冠军、100家"专精特新"小巨人中小企业，创建"浙江制造精品"100 项以上。打造形成 1 个世界级先进产业集群。

二、战略性新兴产业概念界定

关于高技术产业和战略性新兴产业这两个概念，在实际工作中，存在混淆，本章在研究此课题中，首先对这两者概念进行系统梳理，同时提出两者的异同点。

（一）高技术产业

高技术产业这一概念最早是由美国提出的，之后各个国家的学者、政府和国际组织都对这一产业进行了研究。美国学者 R. 纳尔逊在《Hi-tech 政策的五国比较》一书中指出：所谓高技术产业，是指那些大量投入研究与开发资金，以迅速的技术进步作为标志的产业。美国麻省理工学院的厄特巴克也认为，高技术产业是指花了很大资金，对很复杂的事物进行研究的那些产业。美国 D. 戴曼斯叔在 Hi-Tech 杂志上指出，对高技术企业的定义，主要依据两大特点：一是专业技术人员比例高，二是销售收入中用于研究与开发的投资比例高。美国学者丹宁和波斯用三分法对产业进行分类，即研究开发密度超过 2.80% 的称为高技术产业，1.10%~2.80% 的为中技术产业，低于 1.10% 的为低技术产业。德国学者巴塞尔特根据就业结构（科技人员）指标和研究与开发经费密度或专业科技人员密度综合指标分别高于制造业的平均值来划分美国和加拿大的高技术产业部类。美国科学基金会（1991）用指标定义高技术产业，是指每 1000 名职工中有 25% 的科学家工程师，并把销售额 3.5% 以上用于研究实验工作的公司所生产的任何产品的产业；美国劳动统计局用研究开发经费密度和专业科技人员密度指标两倍于全国制造业的平均值的方法，从 977 个产业部门中划分出 36 个产业部门。此外，把研究与开发经费密度和专业科技人员密度高于全国制造业平均值的其他 56 个部门称为"高技术密集型"产业，以区别于高技术产业。1990 年，美国、加拿大、墨西哥开始建立新北美产业分类体系，并用新北美产业分类标准（North American Industry Classification System，NAICS）代替原来的产业分类标准（Standard Industry Classification，SIC）。1997 年，美国政府开始采用 NAICS。2002 年，美国又对 NAICS 代码进行了修改，加进了信息部门，现在新的北美高技术产业分类体系已经形成（见表 7-1）。日本长期信用银行将"能节约资源和能源，技术密集程度高，技术长信速度快，且由于增长能力强能在将来拥有一定市场规模和能对相关产业产生较大波及效果的产业"定义为高技术产业。

表 7-1　　　　　　　　　　北美高技术产业分类体系

大　类	小　类
制造业	计算机与外围设备、通信设备、消费电子、电子邮件、半导体、防务设备、测控仪器、电子医疗设备、光学设备
通讯服务业	包括通讯服务
软件与技术服务	软件出版、计算机体系设计与相关服务、因特网服务、工程服务、研发与测试实验室、计算机培训

目前国际上认可度比较高的 OECD 对高技术产业的界定。OECD 将 R&D 经费支出占工业增加值的比重作为界定高技术产业的标准，认为高技术产业极大地依赖于能够产生新产品和服务的科技创新，并将具有较高 R&D 比重的产业确定为高技术产业，只有研究开发投入大，R&D 雇员比例至少达到所有产业平均 R&D 雇员的比例，R&D 所占比重至少要达到2%的产业才可能成为高技术产业。高技术产业具有五个特征：①强化研究与实验发展（R&D）工作；②对政府具有重要战略意义；③产品与工艺老化快；④资本投入风险大、数额高；⑤研究与实验发展成果的生产及其国际贸易具有高度的国际合作与竞争性。

按照此标准，2001 年经济合作与发展组织将制造业中的航空航天制造业，医药制造业，计算机及办公设备制造业，无线电、电视及通信设备制造业，医疗、精密和光学科学仪器制造业等 5 类产业确定为高技术产业。

我国对于高技术产业的认识，与国外相比存在两大不同：一是我国高技术产业概念有所拓宽；二是我国目前仍没有严格的、通行的高技术产业的量化评定标准，其具体范围主要由国家和省级政府的文件以列举法确定。

具体来看，我国高技术产业的初始概念可溯源到"863"计划，其中所提及的高技术产业是当时我国在 8 个高技术领域通过强有力政策措施创造条件建立的产业。这 8 个领域包括：信息技术、生物技术、新材料技术、能源技术、农业高技术、先进制造技术与自动化技术、海洋技术和民用高技术。1988 年 7 月开始实施的"火炬"计划将"高技术产业"发展为"高技术、新技术产业"。狭义的一般高技术产业演变包括一切新技术领域的高新技术产业概念。火炬计划确定的高新技术产业包括9个领域：电子信息产业、新材料产业、生物技术产业、新能源产业、航空航天产业、先进制造技术产业、核应用技术产业、海洋技术产业和环保技术产业。现在我国科技部发布的关于科技型产业的统计数据都用高科技产业这一名称。2002年国家统计局印发了《高技术产业统计分类目录》，对我国高技术产业的界定参考了OECD的定义，并根据OECD进行了相应的调整，将核燃料加工、信息化学品制造、医药制造业、航空航天器制造业、电子及通信设备制造业、电子计算机及办公设备制造业、医疗设备及仪器仪表制造业和公共软件服务8大产业确定为我国高技术产业的统计范围（见表7-2）。但是受统计资料来源的限制，国家统计局《中国高技术产业统计年鉴》中只包括医药制造业、航空航天器制造业、电子及通信设备制造业、电子计算机及办公设备制造业和医疗设备及仪器仪表制造业5类行业。

表7-2　　　　　　　　　高技术产业统计分类

行业	细分行业
核燃料加工	—
信息化学品制造	—
医药制造业	—
航空航天器制造	飞机制造及修理、航天器制造、其他飞行器制造
电子及通信设备制造业	通信设备制造、雷达及配套设备制造、广播电视设备制造、电子器件制造、电子元件制造、家用视听设备制造、其他电子设备制造
电子计算机及办公设备制造业	电子计算机整机制造、计算机网络设备制造、电子计算机外部设备制造、办公设备制造
医疗设备及仪器仪表制造业	医疗设备及器械制造、仪器仪表制造
公共软件服务	—

（二）战略性新兴产业

1. 概念界定

战略性新兴产业这一概念是由温家宝于2009年9月21日至22日召开的新兴战略性产业发展座谈会上提出的，是具有中国特色的概念，国外和国际上并没有与这一概念相同的表述。战略性新兴产业自提出以来,成为学术界研究的热点和重点之一。目前学术界对于战略性新兴产业概念的界定并不统一。战略性新兴产业的定义和内涵如表7-3所示。

表7-3 战略性新兴产业的定义和内涵

研究学者	战略性新兴产业定义和内涵
姜江(2010)	战略性新兴产业是指伴随新技术发明、应用及新需求的产生而出现的,对一国竞争力或国家安全具有重大影响的新部门和新行业
宋河发等(2010)	战略性新兴产业是指基于新兴技术,科技含量高,出现时间短且发展速度快,具有良好市场前景,具有较大溢出作用,能带动一批产业兴起,对国民经济和社会发展具有战略支撑作用,最终会成为主导产业和支柱产业的业态形式
李兴华(2010)	战略性新兴产业是新兴科技和新兴产业的深度融合,既代表科技创新的方向,也代表着产业发展的方向,是抢占经济科技制高点,推动新一轮产业革命的重要力量
朱瑞博(2010)	战略性新兴产业是一个国家或地区实现未来经济持续增长的先导产业,对国民经济发展和产业结构转换起着决定性的促进、导向作用,具有广阔的发展空间、市场前景、扩散效应以及科技进步的能力,关系到国家的经济命脉和产业安全
姜大鹏和顾欣(2010)	战略性新兴产业是指那些代表着当今世界科学技术发展的前前沿和方向,具有广大的市场前景、经济技术效益和产业带动效用,并且关系到经济社会发展全局和国家安全的新兴产业
周菲和王宁(2010)	战略性新兴产业是对一个国家经济的长期战略发展具有支柱性和带动性的产业,是能够聚集世界先进技术、占据国内外市场制高点的产业
陈柳钦(2011)	战略性新兴产业是指在经济发展的特定阶段,以科技重大突破为前提,以新兴技术和新兴产业深度融合为基础,能够引致社会新需求、带动产业结构调整和经济发展方式转变,并能在一段时期内成长为国家综合实力和社会进步具有重大影响力的主导产业、先导产业或支柱产业的行业和部门
来亚红(2011)	战略性新兴产业是指那些着眼发展全局并充分体现世界未来的产业发展趋势,对一个国家或地区经济的长期发展具有导向性和支柱性,能够聚集和应用最新的科研成果和科技发明,并将其与产业的发展深度融合,同时能够迅速占据国内外市场制高点的产业
涂文明(2011)	战略性新兴产业是新战略、新产业和新科技三个层面谋定的产业,即满足宏观战略层、中观新兴产业层、微观关键核心技术创新层的要求而谋求发展的产业。从宏观层面看,战略性新兴产业的培育和发展不单纯是产业的问题,更重要的是通过这些产业的发展,执行国家的战略意图,服务于国家的战略目标;从中观层看,战略性新兴产业是解决重大需求的产业和提升区域和国家竞争力的产业;从微观层看,战略性新兴产业所需要的关键技术和核心技术的创新不仅是新兴产业发展的要求,而且是国家创新能力的集中彰显

虽然各学者对战略性新兴产业的具体定义不同，但通过综合分析，可以看出，战略性新兴产业内涵主要体现在如下几个方面。

（1）战略性新兴产业是以重大创新为基础的产业，即它具有创新性。一是引致战略性新兴产业的创新，不仅包括科技创新，也包括需求领域的巨大变革、制度领域的重大创新等各种创新；它既可以是上述某一种创新所引致的，也可能是多种创新共同作用的机构。二是以重大创新为基础的产业，不仅包括随着科技创新、制度创新、需求创新而出现的全新的产业、行业和部门，也包括传统产业与新技术、新需求、新制度的融合而出现的"新"产业。前者如新能源、节能环保等全新的产业，后者如将新兴生物科技运用于传统农业而产生的生物育种产业等。与此同时，由于技术与产业的复杂性，这两种产业之间往往相互交叉，很难完全区分。但无论是全新的战略性新兴产业，还是由传统产业演变而来的战略性新兴产业，创新都发挥着关键作用。

（2）战略性新兴产业是具有巨大成长潜力和广阔市场前景的产业，即它具有成长性。战略性新兴产业一般处于产业生命周期的萌芽期和成长期，就现状而言，其生产规模、市场容量等可能较小；但是，从发展的角度看，战略性新兴产业具有显著的增长潜力，其生产规模将不断扩大，市场容量将不断增大，对整体经济的贡献将不断增强，而且这种潜力将在相当长时间内持续存在。一般而言，经过一段时间的发展以后，战略性新兴产业将成为所在国家（或地区）的主导产业或支柱产业。

（3）战略性新兴产业是对一个国家（或地区）经济的全局和长远发展具有重大引领带动作用的产业，即它具有全局性。这是战略性新兴产业区别于一般新兴产业的重要特征。战略性新兴产业对整体经济的重要作用，不仅在于其自身对经济的直接贡献，更在于它对其他产业的辐射带动作用和导向作用；它不仅从量上带动所在国家（或地区）整体经济的增长，更将引领所在国家（或地区）生产模式、消费模式的转变，促进所在国家（或地区）产业结构乃至整体经济结构的转型与升级，带动经济社会的整体进步和综合竞争力的不断提升。

（4）战略性新兴产业是针对一定历史时期而言的，具有阶段性。在不同的历史时期，将产生不同的战略性新兴产业。任何一种战略性新兴产业，都是一定历史阶段的产物，都依赖于当时的经济、社会、科技、人口、资源、环境等各种条件。随着时代的变迁和内外环境的变化，原因的战略性新兴产业都将逐步退出历史舞台，新的战略性新兴产业将不断产生。

(5) 战略性新兴产业是针对某一特定国家（或地区）而言的，即战略性新兴产业具有地域性。战略性新兴产业的产生和发展，依赖于一定的条件，包括要素条件、需求条件、创新条件、制度条件等。一个国家（或地区）如果想发展某项战略性新兴产业，必须在上述各领域，至少是部分领域具有独特优势，否则就无法发展相关产业。此外，战略性新兴产业的地域性，不仅指国家，也指不同地区，即在同一个国家内部，不同地区之间由于各方面条件不同，其相应的战略性新兴产业也有所不同。

2. 产业分类

战略性新兴产业具有阶段性和地域性，从战略性新兴产业这一概念来说，国家包括各级地方政府对这一概念的界定基本相同，都认为"战略性新兴产业是以重大技术突破和重大发展需求为基础，对经济社会全局和长远发展具有重大引领带动作用，知识技术密集、物质资源消耗少、成长潜力大、综合效益好的产业"①。但是在战略性新兴产业具体分类上，各地在国家战略性新兴产业确定的范围内，结合自身实际，突出自身特色，差异较大。

从国家层面来看，2012年7月9日，我国出台了详细的战略性新兴产业发展规划，即《国务院关于印发"十二五"国家战略性新兴产业发展规划的通知》（国发〔2012〕28号）。在该规划中，确定了7大产业23个细类的战略性新兴产业。2013年2月，国家发改委组织编制了《战略性新兴产业重点产品和服务指导目录》，依据确定的7个产业、24个重点发展方向，进一步细化到近3100项细分的产品和服务，如表7-4所示。

表7-4　　　　　　　　国家和各市战略性新兴产业分类

政府	产业
国家 （七大类）	节能环保产业、新一代信息技术产业、生物产业、高端装备制造产业、新能源产业、新材料产业、新能源汽车产业
大连市 （十大类）	新能源、先进装备制造、海洋工程与高技术船舶、新能源汽车、软件与信息技术服务、半导体与集成电路、信息通信产品、新材料、生物医药、节能环保与资源再生
青岛市 （七大类）	新一代信息技术、高端装备制造业、节能环保产业、生物产业、新材料产业、新能源产业、新能源汽车产业

---

① 国务院出台《关于加快培育和发展战略性新兴产业的决定》（国发〔2010〕32号）。

续表

政府	产业
厦门市（六大类）	新一代信息技术、生物与新医药、新材料、节能环保、海洋高新产业、文化创意产业
广州市（六大类）	新一代信息技术、生物与健康、新材料与高端制造、时尚创意、新能源与节能环保、新能源汽车
深圳市（六大类）	生物、互联网、新能源、新材料、新一代信息技术、文化创意
南京市（六大类）	新一代信息技术产业、生物产业、节能环保产业、高端装备制造产业、新能源产业、新能源汽车产业
杭州市（七大类）	新一代信息技术、高端装备制造产业、生物产业、新能源产业、节能环保产业、新材料产业、新能源汽车产业
宁波市（八大类）	新一代信息技术、新材料、节能环保、生命健康、新装备产业、新能源产业、海洋高技术产业、工业设计与创意产业

（三）两者的异同点分析

通过对高技术产业和战略性新兴产业概念、内涵和分类的分析，发现两者既存在共性，也存在不同点，两者的共性主要体现在以下几个方面。

（1）属于高端业态，建立在技术创新的基础上。

科学技术是第一生产力，是先进生产力的集中体现和主要标志。高技术产业与战略性新兴产业均属于知识密集度高、技术创新起重要支撑作用的产业。高技术产业就是用当代尖端技术如信息技术、生物工程和新材料等生产高技术产品的产业群，其知识和技术密集，科技人员的比重大，正是体现了技术创新的重要性。战略性新兴产业在国民经济具有战略地位，并对经济社会发展和国家安全具有重大和长远影响，而且着眼未来必须具有成为一个国家未来经济发展支柱产业可能性。因此，新兴战略产业必须代表科技社会发展的方向，必须提高科技创新能力，并实现各领域关键技术的突破。

（2）属于新兴产业，代表产业的发展方向。

新兴产业是指随着新的科研成果、新兴技术的发明、应用或新的市场开拓而出现的新的部门和行业。现在通常讲的新兴产业，主要是指依靠电子、信息、生物、新材料、新能源、海洋、空间等新技术的发展而产生和发展起来的一系列新兴产业部门。高技术是建立在现代自然科学理论和最新的工艺技术基础上，处于当代科学技术前沿，能够为当代社会带来巨大经济、社会和环境效益的知识密集、技术密集技术。因此，高技术是新兴的技术，即近几十年来才兴起并得到实际应用的技术。

战略性新兴产业是一个国家或地区实现未来经济持续增长，促进国民经济社会发展和产业结构优化升级的先导产业，对国民经济发展和产业结构转换具有决定性的促进、导向作用，具有广阔的市场前景和引导科技进步的能力，关系到国家的经济命脉和产业安全的新兴产业。其中，"战略性"是必不可少的，"新兴"则是指市场尚未形成规模。因此，高技术产业和战略性新兴产业均属于新兴产业，只不过两者发展的侧重点不同。

两者的不同点体现在以下几个方面。

（1）概念内涵不同。

高技术产业重在强调其产业的知识、技术密集度高、研发投资大和工业增长率高等特征，而战略性新兴产业也属于新兴产业，不过其重在强调产业的战略性、全局性和对国民经济影响的长远性，因此高技术产业与战略性新兴产业的产业所属范围有较大差异。

（2）发展的侧重点不同。

高技术产业重在打造产业链，形成产业聚集效应，促进区域经济发展。高技术产业具有高速度与高竞争、高投入高风险与高效益、以中小企业为主，分散经营与地域集中性等特点，而产业（企业）集群所拥有的使群内企业的生产效率提高、推动创新、降低成本、容易吸引顾客和投资的优势，从而使集群化有利于高技术产业降低风险、加快创新、获取投资，而这一切特点使集群化成为高技术产业发展的内在要求。

战略性新兴产业在于形成新的增长点、提升国家竞争力，促进经济发展方式转变，抢占新一轮国际竞争的制高点，提升国家未来竞争力。

（3）产业的选择依据不同。

高技术产业强调在产业中研发费用高和研发人员比重高，其范畴主要包括应用当代尖端技术生产高技术产品的产业群，是研究开发投入高，研究开发人员比重大的产业。

就涵盖范围上而言，高技术主要包括三个方面：一是现代尖端技术和前沿技术；二是发展中的新兴高技术；三是已经成熟并进入产业化阶段的高技术。与战略性新兴产业相比，高技术更强调高智力性、高效益性、高竞争性、高渗透性和高扩散性等特征，属于知识和智力密集型技术，产业发展快，产品周期短，技术扩散性强；其多由交叉学科综合而成，学科带动性较强，具有先进的技术带动性和产业渗透力。

战略性新兴产业的选择和发展依据则是基于国家长期发展的战略性和全局性，既要对国家当前经济社会发展起到重要的支撑作用，更要引领国家未来经济社会可持续发展的战略方向。战略性新兴产业的选择必须具有战略性和全局性，战略性新兴产业不仅自身具有很强的发展优势，对经济发展具有重大贡献，而且直接关系经济社会发展全局和国家安全，对带动经济社会进步、提升综合国力具有重要促进作用。

鉴于在实际工作中，战略性新兴产业包括高新技术产业，在本章的研究中，以战略性新兴产业（含高新技术产业）为主要研究对象。

三、战略性新兴产业国内外发展动态

（一）发达国家率先提出先进制造业发展规划

发达国家应对新兴国家挑战提出先进制造业发展规划。自20世纪80年代初起，世界发达国家开始了一股学界称为"再工业化"的浪潮。美国在2009～2012年的3年间，先后推出了《重振美国制造业框架》（2009年12月）、《先进制造业伙伴计划》（2011年6月）与《先进制造业国家战略计划》（2012年2月），旨在借助这些规划的实施，巩固美国制造业在全球的领先地位，优化制造业结构，增强制造业在全球的竞争力。日本政府也高度重视高端制造业的发展，进行制造技术战略图的大规模编制。2014年，日本着手研制以3D造型技术为核心的制造技术项目研发，开发了代表世界顶尖水平的金属粉末造型用3D打印机；使用"小生产线"模式，建成了世界最短的高端车型生产流水线；通过小型设备、机器人和无人搬运机引入、无人工厂设计、细胞生产方式等革新，降低制造业生产成本，大幅提高制造产业竞争力。德国也在行动，自2006年以来，德国政府一直努力建立一种部门间的高技术战略协调机制，推动德国的技术革命、研究与创新,目的就是要通过不断的技术创新,确保德国产业的传统优势和强有力的竞争地位。2010 年 7 月,德国政府发布《高技术战略 2020》(High – Tech Strategy 2020 Action Plan),确定了未来德国的十大发展项目,其中一项就是要支持工业领域中制造技术的革命性研发和创新,这便是后来风行全球的"工业 4.0"。

(二) 创新全球化为战略性新兴产业发展提供了条件

创新全球化愈演愈烈,创新要素的全球流动为创新资源洼地发展战略性新兴产业提供高端链接条件。世界已迈入以知识、技术、信息、高端人才、科技资本等创新要素为主体、以创新为动力的创新全球化阶段。全球链接成为创新全球化阶段的新模式,区域通过与全球创新尖峰区域建立人才、技术、资本、产业链的高端链接,从全球范围内寻找、吸引、整合和利用各类资源要素。新时期战略性新兴产业的发展,要把握创新全球化趋势,积极承接全球创新尖峰的高端辐射,深入推进开放合作,充分链接国际技术、资本和产业资源。

(三) 抓新兴战略产业是实现爆发式增长的重要手段

新经济时代,新产业、新业态、新技术、新模式层出不穷,抓新兴战略产业是实现爆发式增长的重要手段。抓新兴增长点成为区域竞争的焦点。新产业、新业态、新技术、新模式以创新为动力,在产业环节具有较大利润空间,增长率远高于传统产业和传统组织模式,呈现出非线性增长态势。新时期战略性新兴产业的发展,要准确把握新一轮科技和产业革命趋势,抓住新产业、新业态、新技术、新模式蓬勃发展的机遇,推动区域经济实现爆发式增长。

(四) 发展战略性新兴产业是我国加快转变经济发展方式的主要力量

我国经济发展进入新常态,发展战略性新兴产业是加快转变经济发展方式的主要力量。在新常态下,经济增长方式由"资源投入型"向"创新驱动型"转变。发展高技术、高附加值的战略性新兴产业是转变经济发展方式的重要手段,国家连续出台了一系列规划和措施,政策环境不断完善。互联网与经济社会各领域深度融合，能够有效推动技术进步、效率提升和组织变革，提升实体经济创新力和生产力，对稳增长、促改革、调结构具有重要作用。新时期战略性新兴产业的发展，要围绕"互联网+"，促进新一代信息技术与现代制造业、服务业深度融合，推动本地优势产业跨越发展。

（五）大众创业、万众创新为战略性新兴产业发展带来源头和动力

"创业—高成长企业—集群"是战略性新兴产业的成长路径，创业孵化是新兴产业、新业态发展的核心动力。"大众创业、万众创新"是打造中国经济新引擎的重要力量。国家出台《关于深化体制机制改革加快实施创新驱动发展战略的若干意见》《关于大力推进大众创业万众创新若干政策措施的意见》等一系列扶持政策。新时期战略性新兴产业的发展，要深入实施创新驱动发展战略，支持大众创业，营造良好的创业创新生态环境，为新产业、新业态发展注入强劲动力。

战略性新兴产业发展还面临着一些挑战：世界经济仍处于金融危机深层次影响下的缓慢增长过程中，世界各国关于创新要素和市场的博弈日趋激烈；随着我国改革深入推进，城市间围绕政策、创新要素、新兴产业等高端资源的争夺更加激烈；新兴产业发展规律对政府管理方式的要求将不断提高。

四、宁波市战略性新兴产业发展现状

进入"十三五"以来，宁波市委、市政府高度重视培育发展战略性新兴产业，把战略性新兴产业作为提升高技术产业整体发展水平的重要着力点和突破口，提出"重点发展新材料、新一代信息技术、新能源、新装备等四大战略性产业，积极培育海洋高端技术、节能环保、生命健康、创意设计等四大新兴产业"。经过几年的努力，战略性新兴产业逐步成为新的经济增长点和产业转型升级的主要引领力量，对全市加快转变经济发展方式、抢占未来发展制高点日益发挥出重要的战略意义。

（一）体系环境不断优化

1. 体系框架不断健全

从 2010 年到现在，宁波市始终将产业升级工作聚焦于培育发展战略性新兴

产业，逐步建立和形成相关工作体系，为战略性新兴产业的发展奠定了良好的组织保障。

一是市级加强统筹领导，专门成立了宁波市促进战略性新兴产业发展工作领导小组，领导小组下设办公室，办公室设在市发改委。二是县（市、区）发挥了主战场作用，通过健全相关组织领导，推进战略性新兴产业发展平台建设，落实相关配套扶持资金等工作措施，使战略性新兴产业发展工作落到实处、取得实效。三是组建了战略性新兴产业各产业的责任单位、工作团队、技术支撑单位等保障力量。通过以上三个层次的努力，形成了立体化、全方位的战略性新兴产业工作推进机制。

2. 体系目标不断完善

根据落实《国务院关于加快培育和发展战略性新兴产业》的总体部署，主动加强与发改委、工业和信息化部等国家部委对接，结合全市"十三五"规划的编制，会同市有关部门共同编制了关于加快培育和发展战略性新兴产业的总体实施意见、八大产业的发展规划、发展目录和"三年行动计划"等一系列规划和文件。通过规划体系的不断完善，明确了每个产业的工作目标、发展思路、重点任务及其保障措施，为下一步深入实施"十三五"时期具体目标打下了良好基础。

（1）产业规模。战略性新兴产业规模以上工业增加值达到900亿元，产值达到4000亿元以上，新材料、高端装备、新一代信息技术成为千亿级产业。

（2）企业培育。累计培育战略性新兴产业规模以上工业企业2000家以上，创新型初创企业12000家，年产值超50亿元的创新型领军企业超过20家，集聚一批行业龙头企业、细分领域"隐形冠军"企业和拥有较强创新能力的科技型上市企业，带动服务、研发、设计等新兴企业数量实现快速增长。

（3）创新能力。全社会R&D经费支出占地区生产总值比重达到3%，规模以上企业建立研发机构的比例达到50%，搭建一批高水平技术创新平台和公共服务平台，研发和转化一批具有自主知识产权的重大新技术、新装备、新工艺、新产品。

（4）优化布局。宁波国家高新区（新材料科技城）、宁波国际海洋生态科技城、宁波杭州湾新区建设成效显著，培育5个以上重点功能区块，新增20家特色突出、定位明确的战略性新兴产业专业园，形成一批产城融合的战略性新兴产业特色小镇。

3. 体系实施不断强化

（1）完善政策体系。根据国家、省、市对战略性新兴产业发展在要求，市政府及发改委、经信委等部门制订实施了认定办法细则和考核办法，出台了战略性新兴产业发展专项、高成长企业培育、市级战略性新兴产业专业园（基地）认定、"810 实力工程"企业认定等管理办法，引导人才、技术、资金、税收等资源要素向战略性新兴产业集聚。

（2）推进重大项目。按照"市场主导、创新驱动、重点突破、引领发展"原则，落实财政专项工作经费，整合扩大产业专项发展资金，以高技术和高成长为导向，突破关键核心技术，积极组织和实施一大批重大产业项目。

（3）积极建立多元投融资体制，鼓励企业上市融资，进一步扩大创业投资引导基金规模。制订自主创新产品采购政策，加大政府产品采购力度。

（4）建立战略性新兴产业新的统计体系。在浙江省统计目录的基础上，根据宁波市的产业特点，2013 年会同市统计局制定了《宁波市战略性新兴产业统计分类目录（试行）》，明确了宁波市战略性新兴产业的统计范围，并对战略性新兴产业产值、增加值、投资、效益等指标进行统计。

（二）产业发展总体向好

从 2017 年宁波市规模以上工业统计数据看，产业发展呈现高新质量特征：

（1）新产业增长良好。2017 年，从发展态势来看，除了时尚产业，其他七大产业增加值增速均高于规模以上工业；与全省对比看，除了高新技术产业、信息经济核心产业和健康制造业，其他五大产业增速均高于全省；从年度目标完成情况来看，高端装备制造业、节能环保制造业、信息经济核心产业制造业和时尚制造业四大产业增加值增速均高于年度目标。见表 7–5。

表 7–5　2017 年宁波市规模以上工业新产业增加值增长情况

行业名称	宁波市		浙江省
	同比增长（%）	目标（%）	同比增长（%）
战略性新兴产业	15.70	—	12.20
高新技术产业	10.40	—	11.20
装备制造业	14.10	—	12.80
高端装备制造业	11.90	8	8.10

续表

行业名称	宁波市		浙江省
	同比增长（%）	目标（%）	同比增长（%）
节能环保制造业	17.20	10	11.40
信息经济核心产业制造业	13.00	12	14.10
时尚制造业	8.30	8	2.40
健康制造业	9.80	—	13.30

（2）新产品增长较快。2017 年，列入新产品监测的 20 种新产品中宁波市生产的有 11 种。城市轨道车辆、智能手机、碳纤维增强复合材料、工业机器人、太阳能电池、高性能化学纤维等 6 种新产品增长较快，同比分别增长 171.40%、68.10%、42.40%、18.40%、10.90%、7.60%（见表 7-6）。

表 7-6　　　　　　2017 年宁波市新产品产量监测情况表

序号	产品名称	产量	同比增长（%）
1	工业机器人	3599010 套	18.40
2	城市轨道车辆	3720010 套	171.40
3	动车组	3711030 台	—
4	新能源汽车	3610400 万辆	-16.70
5	光纤	3832010 千米	-44.30
6	光缆	3832020 万芯千米	-1.00
7	太阳能电池（光伏电池）	3849100 万千瓦	10.90
8	服务器	3911090 台	—
9	3D 打印设备	3913080 台	—
10	智能手机	3922050 万台	68.10
11	智能电视	3951060 台	—
12	碳纤维增强复合材料	2659010 吨	42.40
13	稀土磁性材料	2659020 吨	-0.20
14	石墨烯	2659060 吨	—
15	高性能化学纤维	2828000 吨	7.60
16	碳纤维	2828010 吨	—
17	生物基化学纤维	2829000 吨	—
18	民用无人机	3749010 架	—
19	服务机器人	3599050 套	—
20	乙二醇	2653030 吨	-8.20

（3）工业经营新模式进程加快。2017年，全市规上工业电子商务销售金额364.40亿元，同比增长39.80%，增速比主营业务收入高20.40个百分点。电子商务销售金额占主营业务收入比重2.40%，比去年同期提高0.30个百分点。工业企业新经营模式发展进程有所加快。

（4）产能利用率进一步提高。工业企业生产经营及景气状况调查结果显示，四季度，全市规模以上工业企业平均产能利用率为85.20%，比一季度的83.50%、二季度的83.70%、三季度的84.70%分别提高1.70、1.50和0.50个百分点，高出全省平均2.60个百分点，为近年来的较高水平。分行业看，在调查的31个制造业大类行业中，有28个行业四季度产能利用率在80%以上。其中，10个行业产能利用率在80%~85%之间，14个行业产能利用率在85%~90%之间，4个行业产能利用率在90%以上。

（5）"三去一降一补"富有成效。一是去落后产能有进展。2017年，钢材、人造板等产品产量同比分别下降1.60%、87.30%。二是去库存有序推进。规模以上工业企业产成品存货周转天数21.40天，同比减少0.70天；12月末，产成品库存同比增长15.80%，增速低于主营业务收入3.60个百分点。三是去杠杆效果明显。规模以上工业企业资产负债率为55.40%，比去年同期下降1.2个百分点；应收账款增长13.20%，增速低于主营业务收入6.20个百分点。四是降成本落到实处。规模以上工业每百元主营业务收入中的成本为81.70元，分别比上半年、前三季度减少0.90和0.50个百分点；税金增长11.60%，增速低于主营业务收入7.80个百分点。五是补短板力度加大。规模以上工业企业科技活动经费支出同比增长21.70%，比去年同期高9.60个百分点。

（6）增长方式有所转变。一是创新驱动有所加强。2017年，全市规模以上工业企业科技活动经费支出总额为248.10亿元，同比增长21.70%，增速比主营业务收入高2.30个百分点。新产品产值率为32%，比去年同期高0.70个百分点。二是机器换人成效显著。2017年，全市规上工业从业人员平均人数为144.30万人，同比增长1.70%，远低于其他各项指标增速。2017年，劳动生产率为22.60万元每人，增长7.80%。

总体而言，2017年，宁波市规模以上工业增加值同比增长9.6%。其中，战略性新兴产业（15.70%）、高新技术产业（10.40%）、装备制造业（14.10%）、高端装备制造业（11.90%）、节能环保制造业（17.20%）、信息经济核心产业制造业（130%）、健康制造业（9.80%）七大产业增加值增速均超过规上工业平均水平。

与去年相比,这七大产业增加值增速均有所提升,新旧动能转换进程加快。节能环保制造业在上海大众的带领下,增加值增速较去年加快了12.90个百分点;信息经济核心产业制造业在群志光电和东方日升的影响下,增速加快了8.40个百分点;战略性新兴产业比去年加快了5.30个百分点;健康制造业比去年加快了3.40个百分点;装备制造业加快了3个百分点;高端装备制造业加快1.70个百分点;高新技术产业加快了1.30个百分点。

(三) 总体发展趋势

1. 战略性新兴产业整体规模持续平稳增长,新材料、新装备等产业形成一定发展优势

全市战略性新兴产业产值由2010年的1818.80亿元增长到2015年的3557.00亿元,年均增长14.40%;2015年完成战略性新兴产业增加值583.30亿元,同比增长2.20%,分别占全市规模以上工业增加值和地区生产总值的22.70%、7.30%;宁波被列入国家新材料高技术产业化基地、国家智慧城市试点名单、全国首批新能源汽车推广应用城市等。截至2015年,新材料、新一代信息技术、新能源、新装备、海洋高技术、节能环保、生命健康、创意设计等八大战略性新兴产业平稳发展。新材料产业优势突出,2015年实现规模以上工业总产值924.80亿元,钕铁硼稀土永磁材料、高性能有色金属材料、先进高分子及合成材料等细分领域在全国具有明显优势;新装备产业依托原有的产业基础,不断做精做专,2015年实现规模以上工业总产值445.00亿元,注塑机领域近年产量占据国内2/3市场、全球1/3市场;新能源产业发展逐步回暖,2015年累计太阳能光伏总装机容量达到10.50万千瓦,全市已推广新能源汽车5000多辆。

2. 产业技术创新能力不断提升,涌现出一批创新成果

全市不断加大共建科研院所和企业研发创新的支持力度,新材料、新装备、新一代信息技术、生命健康等战略性新兴产业新技术取得重大突破,产业竞争力明显提升。在新材料领域,涌现出了石墨烯微片制备技术、溅射靶材技术、稀土闪烁陶瓷产业化关键技术、光学薄膜和特种薄膜技术等一批前沿新技术。在新装备领域,制备±160kV交联聚乙烯挤包绝缘直流海缆技术、驱动与电机一体化和直接驱动技术等方面不断取得突破。在新一代信息技术领域,突破了光学增益膜技术、IGBT 芯片技术、芯片晶圆级先进封装技术、重掺磷直拉硅单晶制备技术等。生命健康领域，突破了新一代癌症血液检测系统及芯片、制备人类精子 DNA 碎片检测试盒、精液优选试剂盒等新技术。

3. 通过重点项目引进与内生培育相结合，集聚了一批战略性新兴产业发展主体

全市通过大力实施补链式招商、战略性新兴产业专项招商等方式，加强项目审批、落地、建设过程中相关问题的协调推进，引进了一大批优质战略性新兴企业到宁波落地投产。深入实施了创新型初创企业引导工程、高成长企业培育计划、"810 实力工程"、科技领航计划等，累计培育创新型初创企业 5134 家、高成长企业 285 家、"810 实力工程"企业 135 家、高新技术企业 1519 家，"810 实力工程"企业工业产值、主营业务收入均高于全市战略性新兴产业平均水平。形成了以企业为主体的创新体系，共有市级以上企业工程（技术）中心 1082 家，其中国家级企业技术中心 12 家、省级企业技术中心（含高新技术企业研究开发中心）313 家；企业研究院 78 家，其中省级重点企业研究院 34 家。

4. 建成一批战略性新兴产业创新平台，产业集聚效应初显

全市设立了共建研究院所专项经费和战略性新兴产业"一事一议"专项政策，启动建设宁波国家高新区（新材料科技城）和宁波国际海洋生态科技城两大高端创新创业平台，引进和建设了一批科研院所、创新中心、孵化器等公共创新和服务平台。中国科学院宁波材料技术与工程研究所、中国兵器科学研究院宁波分院等院所已建成，中科院上海药物所宁波生物产业创新中心、中科院慈溪应用技术研究与产业化中心正加快建设，宁波国际材料基因工程研究院等一批新型研究机构正在积极建设。成立了新材料、装备制造等 14 家产业技术创新战略联盟。围绕细分产业发展，截至 2015 年建成 11 个战略性新兴产业专业园和 7 个宁波国家高新区"一区多园"分园，产业集聚能力不断提高。

5. 创新要素不断丰富，战略性新兴产业发展环境日益完善

依托创新平台建设，高端技术、人才、资本等创新资源加速集聚。截至 2015 年，全市累计引进国家"千人计划"人才 73 名、省"千人计划"人才 198 名、海外高层次人才 5000 余名；设立总规模为 10 亿元的宁波市创投引导基金和市本级规模为 2 亿元的宁波市天使投资引导基金，初步构建了集天使投资、创业投资、股权投资、科技信贷等服务于一体的科技金融服务体系。战略性新兴产业发展促进机制不断完善，形成了战略性新兴产业工作领导小组办公室牵头，各部门、各县（市）区和产业工作团队协调配合推进的战略性新兴产业培育工作体系。出台了《关于加快培育和发展战略性新兴产业的若干意见》，设立了宁波市战略性新兴产业发展专项资金，以及工业与信息化、海洋、电子商务等产业基金，制订新材料、新能源等产业专项政策和人才、金融、企业培育等系列扶持政策。

全市战略性新兴产业经过多年创新发展取得了一定成就，但是与国内外先进地区相比，还存在一些需要在发展过程中解决的问题：一是战略性新兴产业总体规模不够大，对全市经济发展的带动作用不强；二是具有前瞻性技术远见、带动能力强的龙头骨干企业较少；三是创新能力有待进一步提高，战略性新兴产业高层次产业创新平台数量相对较少，且协同创新水平较低，平台服务能力不强。

五、宁波市战略性新兴产业发展存在问题

（一）规模较小

2017年，宁波市战略性新兴产业占规模以上工业增加值比重达到三成。新一代信息技术、新能源汽车和高端装备制造业"三驾马车"发展强劲，规模以上工业增加值同比分别增长21.90%、19.80%和17.60%，带动战略性新兴产业整体快速发展。但是与2015年战略性新兴产业产值达到6000亿元左右的目标相比，存在较大差距，规模实力明显不足。从各产业规模目标看，目前仅节能环保产业产值规模超千亿元，其他如新能源、生命健康、海洋高技术等产业的产值都仅为100亿~200亿元，产业规模偏小，规模以上企业数量较少，占地区生产总值比重也较低，落后于其他同类城市，离深圳、苏州等城市差距更远。宁波的区域大企业如宁波港股份有限公司、雅戈尔集团股份有限公司等大多处于传统产业领域，缺乏具有区域影响力的战略新兴产业龙头企业，在大企业大机构引进及骨干企业上市等方面也不足，在区域竞争中处于不利地位。

（二）层次较低

宁波依靠传统制造业的迅猛发展，逐步奠定了长三角南翼中心城市的地位，

但产业发展水平和层次存在一定不足。从要素集聚集约利用看,在传统制造业发展的过程中,高端人才、科技资源以及土地等产业要素相对不足,而且具有显著的县域经济特征,各地产业发展平台的资源要素集聚水平和高效利用能力相对有限。从产业升级路径看,宁波传统的制造业在产业发展过程中过度依赖加工贸易,多数企业都是在低附加价值的环节进行国际代加工,技术标准、销售主动权等都掌握在外商手中。产业发展过程中形成的路径依赖性,不利于宁波产业加快升级和战略新兴产业的培育发展,与深圳、武汉、无锡等城市差距明显。

(三) 布局较散

宁波新材料、新一代信息技术、新能源等八大战略新兴产业分散布局在宁波市各个县市区。其中新材料产业分散布局在江东、鄞州、慈溪、镇海、余姚等区域,新一代信息技术分散在江东、鄞州、北仑、余姚、慈溪、象山等地,新能源产业分散布局在宁波市区、慈溪、象山、宁海、余姚、鄞州等区域,未能形成集聚化、集约化发展的优势产业集群。另外,宁波战略新兴产业中的宁波菲仕电机、先锋新材等为数不多的几个高成长企业分散在各个领域,不利于发挥企业聚集效应(见表7-7)。

表7-7　　宁波市八大战略新兴产业在各个县区分布情况

产业领域	分布地区
新材料	鄞州、慈溪、宁波市区、镇海、余姚
新一代信息技术	宁波市区、鄞州、北仑、余姚、慈溪、象山
新能源	宁波市区、慈溪、象山、宁海、余姚、鄞州
新装备	宁波市区、镇海、鄞州、余姚、北仑、慈溪、象山、奉化
海洋高技术	慈溪、象山、宁海、北仑、镇海
节能环保	余姚、慈溪
生命健康	宁波市区、宁海、象山、鄞州、余姚、慈溪、镇海
工业设计与创意	宁波市区、鄞州、镇海、慈溪

（四）创新较弱

战略性新兴产业发展可依靠本地区具有技术溢出效益的院校资源较少，仅有宁波大学、宁波工程学院、诺丁汉大学等 7 所本科院校。除诺丁汉大学外，宁波在全国范围内没有相对知名的高等教育院校。战略性新兴产业领域高端人才相对不足，根据宁波市统计公报显示，2017 年，新引进海外人才 1796 人，总量达 1.1 万人，新增博士、博士后 612 人，总量达 5952 人，高级人才占比相对较小。另外，宁波全社会研发投入少，R&D 经费支出占 GDP 的比例多年来低于全国及浙江省平均水平。多数民营企业家创新意识不强，对高新技术创业活动关注较少，缺乏投入投资周期长、风险高的战略性新兴产业的商业意识，相关支持环境也有待改善。

六、宁波战略性新兴产业发展策略

（一）积极构建产业新体系

把握产业融合发展和新兴业态不断涌现规律，跳出国家战略性新兴产业统计范围，推动主导产业进一步聚焦。优化调整"4+4"战略性新兴产业体系，立足本地发展基础和优势，加快构建"311"产业新体系，即大力发展新材料、高端装备、新一代信息技术三大战略引领产业，培育发展一批新兴产业，加快发展一批新型生产性服务业。

1. 发展战略性新兴引领产业

宁波市通过发挥本地产业优势，积极对接制造强国战略，强化发展新材料、高端装备和新一代信息技术三大战略引领产业，打造以龙头企业为引领、大中小企业协作发展的千亿级产业集群，抢占发展制高点，进一步增强宁波市战略性产业竞争新优势。

（1）新材料。

①发展思路与目标：瞄准智能制造、海洋工程、能源环保等行业重大需求，以市场应用为牵引，积极对接国家重大工程，重点突破发展先进碳材料、高性

能磁性材料、高端金属材料、先进高分子材料、电子信息材料、纳米材料等六大领域,打造世界一流的新材料创新基地。到2020年,新材料产业实现产值1000亿元。

②发展路径:发挥中国科学院宁波材料技术与工程研究所、中国兵器科学研究院宁波分院等创新资源优势,吸引国内外知名新材料研究机构,加强原始技术创新和科技成果产业化;积极对接国家重大工程/专项,加快新材料关键技术的突破和应用,积极部署一批基础前沿技术研究,突破纳米材料、石墨烯材料、钕铁硼材料低重稀土化等一批关键核心技术;实施"新材料新应用"下游市场拉动战略,加强重点产业和重大工程支撑,通过产业化应用示范工程,面向装备等优势产业领域及3D打印等新兴领域,做大做强"市场—产品"逆向产业链;加快宁波国家高新区(新材料科技城)等平台建设,推动一区多园发展,激活宁波新材料产学研技术创新联盟等中介组织作用,加快建立新材料产业生态。

③重点突破发展6个细分领域:其一,先进碳材料。重点发展石墨烯、高纯石墨、金刚石复合材料、碳纳米管改性材料等,开发石墨烯粉体/薄膜规模化制备技术,重点发展面向海洋防腐、锂电池、光/电领域的石墨烯基材料。其二,高性能磁性材料。重点发展低重稀土永磁材料、耐腐蚀永磁材料、混合稀土与多相稀土永磁材料等,加快实现高性能烧结/粘结钕铁硼材料产业化,完成高丰度稀土永磁材料研发并实现应用。其三,高端金属材料。重点发展钛合金紧固件材料、锡磷青铜替代材料、钛合金粉末、铁基合金粉末、高温合金粉末等3D打印用材料、双相不锈钢、高强耐磨铜合金、汽车轮毂用镁合金新材料,积极发展面向航空航天装备、海洋装备、医疗器械、汽车领域的高品质特效钢、铜合金、镁合金、钛合金等材料。其四,先进高分子材料。重点发展特种纤维、特种合成橡胶、高端与特种工程塑料、特种功能材料等,重点突破开发高强玻璃纤维、高强碳纤维材料、超高分子聚乙烯材料,以及海洋防腐、防污等材料。其五,电子信息材料。大力开发TFT-LCD液晶显示用光学高性能增亮膜、蓝宝石及碳化硅衬底、超高纯系列溅射靶材、高质量TCO溅射靶材、高效白光LED用氮化物基荧光粉材料,积极培育AMOLED用蓝色电致发光材料、白光OLED发光材料等。其六,纳米材料。大力开发纳米颗粒型材料、纳米膜材料、纳米磁性液体材料等;重点开发纳米氧化锌、纳米氧化硅、纳米陶瓷、低功耗纳米显示材料、纳米生物材料、纳米智能修复材料、纳米仿生材料、纳米涂层等。

专栏 7-1		新材料产业重点企业、创新平台、产业集聚区块和重点项目
重点企业	先进碳材料	墨西科技、宁波晶钻、科尔玛、强利达
	高性能磁性材料	韵升、包钢展昊、科宁达、科田、中杭、永久、金鸡、招宝、科星、松科磁材、兴德磁业
	高端金属材料	金田铜业、博威合金、兴业盛泰、博威麦特莱、远大成立、东睦新材料、浙江中平、凯特粉末冶金、宁江、创润、宁波宝新、腾龙精线、奇亿、兴达、富邦精业、宁波华扬铝业
	先进高分子材料	万华、乐金甬兴、先锋新材料、宁波大东南万象、台化塑胶、台塑、登天氟材、宁波巨化、今山电子、能之光、大安化学、阿克苏、诺贝尔粉末涂料、华缘新材料、天塔氟材、信高塑化
	电子信息材料	江丰电子、激智科技、惠之星、长阳科技、东旭成、金瑞泓、台晶（宁波）、康强电子、华龙电子
	纳米材料	宁波广博、朗盛、新福钛白粉、洁达
重点创新平台	国家级科研机构	中国科学院宁波材料技术与工程研究所 中国兵器科学研究院宁波分院
	实验室	碳纤维制备技术国家工程实验室 稀土永磁材料与应用技术国家地方联合工程实验室 新型功能材料及其制备科学重点实验室（省部共建国家重点实验室培育基地） 宁波市先进材料制造与应用重点实验室（省部共建国家重点实验室培育基地） 浙江省磁性材料及应用技术重点实验室 浙江省海洋材料与防护技术重点实验室 宁波市无机微纳功能材料及应用重点实验室 宁波市特种高分子材料制备与应用技术重点实验室 宁波市金属材料精密塑性成型重点实验室 宁波市高分子材料重点实验室 宁波市固体化学材料重点实验室 宁波市纳米材料重点实验室 宁波市海洋防护材料与工程技术重点实验室 宁波市光电子功能材料重点实验室 宁波市硅基有机薄膜光电技术重点实验室

续表

重点创新平台	国家地方联合工程研究中心	汽车轻量化材料国家地方联合工程研究中心
		新型有色合金材料国家地方联合工程研究中心
	国家级企业技术中心	博威集团国家级企业技术中心
		金田铜业国家级企业技术中心
		东睦新材料国家级企业技术中心
	国家级检验检测中心	国家磁性材料产业计量测试中心（在建）
	产业联盟	宁波新材料产学研技术创新联盟
		超高分子量聚乙烯纤维产业技术创新战略联盟
		宁波市石墨烯产业产学研技术创新联盟
		中国新材料产业技术创新战略联盟
产业集聚区块		宁波国家高新区（新材料科技城）
		杭州湾新区高性能金属材料专业园
		万华工业园合成材料专业园
		慈溪滨海经济开发区碳材料专业园
		宁波（江北）高新技术产业园膜材料专业园
重点项目		韵升高性能磁性材料研发及产业化项目
		松科磁材年产5000吨高效电动机用高性能烧结钕铁硼项目
		招宝磁业高频稀土软磁材料和器件研发及其中试（创新）项目
		铄腾新材料年产5000吨稀土铈永磁材料产业化项目
		鑫霖磁业年加工2000吨高性能钕铁硼项目
		金田年产15万吨低氧高韧铜线项目
		江丰电子超高纯金属材料项目
		兴业盛泰高精度铜合金板带项目
		复能新材料年产16800吨合金生产项目
		展慈年产15万吨高精度铜合金材生产线项目
		俊屹年产15000吨模具钢生产线项目
		乌中远景航空装备级钛合金制造产业化项目
		墨西科技石墨烯粉体及石墨烯复合材料扩能项目
		艾能锂电石墨烯复合正极材料产业化项目
		日和年产500T磷酸铁锂石墨烯复合正极材料生产线项目
		石墨烯基改性材料研发及产业化项目
		宁波勤邦新材料项目
		年产25万吨BOPET光学薄膜及太阳能背材基膜生产线建设项目

（2）高端装备。

①发展思路与目标：顺应装备制造业绿色、智能、网络化发展趋势，紧抓"中国制造2025"战略机遇，结合区域块状经济发展特点，重点发展高档数控机床与工业机器人、高端专用装备、轨道交通及新能源汽车、通用航空装备等四大领域，打造国内重要的高端装备产业基地。到2020年，高端装备产业实现产值1000亿元。

②发展路径：重点聚焦高端装备关键领域，推动宁波中车、海天驱动、菲仕电机等骨干企业做大做强，大力培育一批科技领军企业和科技型中小企业，形成装备制造企业梯队；组织智能制造、工业强基、先进机器人、增材制造等领域开展重大产业技术专项攻关，强化新产品新技术的推广应用，实施重大智能成套装备、关键智能部件、自动化生产线、数字化车间的研发及示范应用项目；促进信息技术在制造业全产业链的深度应用和集成运用，推进智能制造等"互联网+"制造新模式，通过物联网、云计算和自动控制等技术对机器设备和生产流程等进行自动化、网络化和智能化改造；推进协同制造模式，推动企业由单打独斗向具有工程设计、装备制造、运行调试、维修检测、配件专供的产业链一体化协同制造模式转变；立足装备制造产业基础和比较优势，积极培育工业机器人与智能制造装备、航空设备等新的装备产业高新区，打造一批产业发展新平台。

③重点突破发展4个细分领域：其一，高档数控机床与工业机器人。开发智能型数控系统、开放型数控系统、高性能主轴、滚珠丝杠和导轨等核心部件，重点发展智能化、个性化高档数控机床，培育开发智能化生产线和数字化车间（工厂）；突破高精密减速机、高性能交流伺服电机、高速度高性能控制器等核心零部件，发展高端工业机器人。其二，轨道交通及新能源汽车。重点发展城市轨道交通和高速铁路配套用关键零部件，动力、通讯控制装置及关键零部件；加快研发动力电池、电机电控等核心零部件，实现高性能的新能源汽车整车控制系统产品突破；突破纯电动乘用车、商用车电驱动系统、车身和底盘、整车匹配与集成等关键技术，开发自主品牌纯电动轿车和储能式电车，实现规模化生产。其三，高端专用装备。重点突破系统集成、智能控制、远程监控和精密技术，大力发展高性能智能化塑料成型装备、专用切割焊接装备、专用冲压成形装备、纺织服装装备、现代物流装备和智能施工机械；培育发展光伏及新能源装备、高效节能环保装备及汽车零部件、轴承、磁性材料、电子元器件等专

用自动化（智能化）成套装备。其四，通用航空装备。重点发展公务机及小型支线飞机、直升机、水路两栖飞机等通用整机制造项目，突出发展飞机起飞着陆系统、机轮刹车系统关键部件与系统集成；积极提升机身部件、机载设备、机场装备、内饰配套及其他零部件和材料的制造水平。

专栏7-2	高端装备产业重点企业、创新平台、产业集聚区块和重点项目	
重点企业	高档数控机床与工业机器人	海天精工、耀发、精达、澳玛特、金丰、杰和、金凯机床、伟立机器人、海天驱动、伊泽机器人、大正、华狮、均胜普瑞、江宸、GQY视讯、智畅机器人等
	高端专用装备	海天塑机、海达、海雄、海太、双马、海星、宁波通用、创基、震雄、德马格、金凤、慈星、思进机械、长飞亚、圣瑞思、宁波如意、鲍斯、世控自动化、百琪达、宁波弘讯科技等
	轨道交通装备及新能源汽车	中车、吉利、拓普、敏实、中宇锂电能源、世捷新能源、立通新能源、锦艺汽车零部件、均胜电子、维科电池等
	通用航空装备	中国航天科工集团、永灵航空配件、宁波星箭航天机械等
重点创新平台	企业技术中心	宁波海天塑机集团有限公司技术中心（国家级）
	检验检测中心	国家塑料机械产品质量监督检验中心 AOMATE实验室 液压马达检测科研基地 中国汽车技术研究中心华东中心 宁波汽车零部件检测中心 国家智能制造装备产品质量监督检验中心（在建）
	产业联盟	宁波市装备制造业产学研技术创新联盟 宁波市工业智能化产学研战略联盟
	产业集聚区块	高端装备专业园（杭州湾新区高端装备制造产业园） 杭州湾新区通用航空产业园 余姚"千人计划"产业园机器人小镇 新装备专业园（小港装备产业基地）

续表

产业集聚区块	新装备专业园（江北投资创业中心）
	奉化智能制造园
	象山临港装备工业园
	宁波航天智慧科技城
	宁波南部滨海新区通用航空风情小镇
重点项目	海天智能注塑机及中大型二板注塑机项目
	海天数控机床项目
	精雕数控项目
	澳玛特高精冲床项目
	伟立机器人项目
	智畅机器人项目
	新松机器人引进项目
	均胜普瑞工业自动化及机器人项目
	荣业纺织机械设备项目
	鲍斯螺杆压缩机项目
	斯曼尔年产600台套全电动注塑机生产线项目
	慈兴年产2000万套机器人专用轴承生产线项目
	韵升磁性伺服电机项目、机器人减速器、控制器、伺服电机、传感器等系列项目
	德国普瑞智能装备项目
	高档数控机床及其核心部件智能制造新模式应用项目
	微通道热交换器成形装备项目
	大型精密冲压装备改扩建项目
	智能终端投递箱、配件机架生产项目
	光热利用专用设备制造项目
	3D智能感知与自动焊接成型系统项目
	宁波中车新能源超级电容生产线建设和电车公司储能式无轨电车生产线建设项目
	杉杉新能源汽车关键技术研发及产业化项目
	吉利知豆城市微行纯电动车项目
	新能源专用运输车项目
	南车电车超级电容器产业化项目

（3）新一代信息技术。

①发展思路与目标：把握"互联网+"发展趋势，以新一代信息技术应用为导向，加快发展集成电路，新型元器件，嵌入式软件，物联网、云计算与大数据等四大领域，使新一代信息技术产业成为全市经济发展的支柱产业，打造具有全国影响力的信息经济发展试验区。到2020年，新一代信息技术产业实现产值1000亿元。

②发展路径：以创建国家信息消费试点城市和两化融合示范区为契机，围绕传统产品智能化和新的智能产品形态两大主线，开发智能网络化新产品，推进制造企业物联网，深化新一代信息技术在工业、消费、军工等制造业领域和服务业广泛渗透与应用；实施物联网应用、两化深度融合示范等重点应用示范工程，在制造企业物联网、环境治理（治水、治霾等）物联网、交通物联网等实施应用示范工程；大力发展"互联网+"新业态，重点突破集成电路、基础软件、下一代互联网等关键领域技术，形成核心知识产权，实现关键技术自主可控；面向电子商务、智慧物流、智慧健康、特色智慧旅游、智慧教育等领域，积极探索体验经济、共享经济等新商业模式，推动跨界融合。

③重点突破发展4个细分领域：其一，集成电路。重点发展基于SOI晶圆的射频开关、调制器芯片、高频滤波器通用芯片、高端电源管理芯片以及化合物半导体电源开关和放大器通用芯片，推动特种工艺芯片在汽车电子、工业控制、交通运输、航天航空和国防军工系统领域的应用。其二，新型元器件。积极开发物联网、新能源、高端装备等所需的高性能高可靠传感器、电力电子功率元件、超薄锂离子电池、专用真空电子器件等产品；突破光学电子、汽车电子等关键领域技术；发展新型显示器。其三，嵌入式软件。重点开发面向智能家电、智能制造、汽车电子等领域的嵌入式操作系统技术，研发高性能嵌入式软件。其四，物联网、云技术与大数据。加快物联网信息采集、传输、处理等技术研发，大力发展RFID、高性能传感器、智慧仪器、NFC设备等物联网核心感应器件制造，实现传感设计、制造、封装与集成一体化发展，大力推动智慧城市建设，培育壮大物联网等产业；重点开发云存储技术、云环境自适应管理技术等云计算与大数据关键技术，开展面向健康、节能、交通等领域的云服务重大行业应用示范。

| 专栏 7-3 | 新一代信息技术产业重点企业、创新平台、产业集聚区块和重点项目 |

重点企业	集成电路	甬晶微电子、宁波中科、比亚迪半导体、芯科电力、达新半导体、时代全芯、芯健等
	新型元器件	希磁科技、迦美信芯、北斗电子、群创光电、菱茂光电、璨宇光电、大亿科技、群志光电、双林、均胜电子、宁波高发、君屹电子、柯力传感、瑞纳森电子、舜宇、微科光电、科联电子等
	嵌入式软件	百世信息、东蓝数码、弘泰水利信息科技、宁波金唐、宁波海视、平易信息、宁波理工监测、恒力达、芯路通讯等
	物联网、云技术与大数据	钧普科技、视竣信息、振东光电、诺可电子、采视物联科技、慧豪信息、奥林科技、中之杰、云朵网络、芝立等
重点创新平台	实验室	浙江省移动网应用技术联合重点实验室 宁波市多媒体通信工程研究中心
	研究院	中科院计算技术研究所宁波分所 西安电子科技大学宁波信息技术研究院 宁波中科大数据智慧应用研究院 宁波中国科学院信息技术应用研究院
	产业联盟	宁波市智能家电及物联网产业创新中心
	检测平台	中国电子产品可靠性与环境试验研究所中国赛宝实验室
产业集聚区块		宁波市新一代信息技术液晶光电专业园 宁波市新一代信息技术光电信息专业园 宁波西电产业园 宁波软件园
重点项目	产业类	中芯国际 8 英寸专用集成电路项目 宁波市时代全芯科技有限公司 PCM 芯片建设项目（年产 10 万片相变存储器） 均胜汽车电子项目 拓普汽车电子项目 均胜爱可森汽车电子项目

		续表
重点项目	产业类	中茵年产 1 亿片高端 PCB 板项目 金瑞泓集成电路项目 希磁磁传感芯片和模块项目 柯力高精度传感器项目 南车时代轨道交通传感器项目 鼎庆基于电力云平台的节能管理的物联网设备及管理系统项目 杜亚通用智能电器物联网平台关键技术研究与产业化项目 舜宇年产 5000 万颗车载高级辅助驾驶（ADAS）影像模块、手机摄像模组、光学模组等系列项目 利明年产 280 万片显微镜片/10000 台连续变倍体视显微镜项目 东顺电子年产 9000 万片电器电子元件生产线项目 中之杰中小企业信息化云服务平台（一云通）项目 宁波航运交易所海上丝路航运大数据中心（一期）项目 宁波云医院基于智慧健康大数据和协同医疗服务体系平台项目 宁波联通与东蓝关于"智慧宁波"建设和运营战略合作项目 宁波斐讯浙江省大数据云计算数据中心项目 中国移动杭州湾云计算中心项目
	产业平台类	中国移动宁波信息通信产业园项目 鄞州新兴智慧产业园项目 浙东信息产业园

2. 培育发展一批新兴产业

围绕新能源、节能环保、生命健康、海洋高技术、创意设计等战略性新兴产业，聚焦一批本地具备一定产业发展基础的新兴细分领域，重点培育发展一批新兴产业和新业态。

（1）新能源。①智能电网。围绕国家建设坚强智能电网的要求，面向绿色能源、智能网络、节能环保等应用，重点推动发电、输电、变电、配电、用电、调度等各个环节关键技术与装备的智能化，做强输变电、配电等领域竞争优势；加快推进分布式电源与可再生能源技术创新，积极拓展储能应用市场；积极推动智能电网、互联网、物联网等相互融合，建设公共服务平台，延伸发展智能调度与智能用电服务，打造完善的智能电网产业链。②光伏太阳能。紧抓全球光伏产业复苏机遇，加大对已有生产线的技术改造投入，通过技术升级提升产品性能，推进 PERC、IBC、MWT 等高效电池组件的规模化生产能力；发挥中国科学院宁波工业技术研究院新能源技术研究所等优势，鼓励优势企业提升自主研发能力，推动光伏并网、储能设备生产及系统集成等关键技术突破，支持上下游企业做强做精，完善和升级太阳能发电产业链；结合"一带一路"，支持企业采用 PPP 等方式，以"工程承包+融资""工程承包+运营"等合作模式，通过集中式光伏电站和分布式光伏发电系统建设，大力支持太阳能全产业链"走出去"；进一步完善光伏扶持政策，支持企业探索移动平台光伏发电系统等新型商业利用模式。

专栏 7-4	新能源产业重点企业、创新平台、产业集聚区块和重点项目		
重点企业	智能电网	天安、日升、东泓科技、伟吉电力、东启电力等	
	光伏太阳能	东方日升、人和光伏、启鑫新能源、尤里卡太阳能、日地太阳能、锦浪新能源等	
重点创新平台	科研院所	中国科学院宁波工业技术研究院新能源技术研究所	
	企业技术中心	宁波天安（集团）股份有限公司技术中心（国家级）	
	产学研联合创新平台	高效晶硅太阳能电池工程技术研究中心	
		新能源独立式供能技术联合实验室	
		国际应用能源创新研究院	
	产业集聚区块	新能源专业园（象山经济开发区滨海工业园）	
		新能源专业园（望春工业园）	
重点项目	产业类	年产 2.6 亿只电源连接器生产线项目	
		年产 6 亿套装饰开关生产基地项目	
		200MW 渔光互补光伏电站建设项目	
		太阳能制冷技术的开发及应用项目项目	
		屋顶分布式光伏发电项目	
		20 兆瓦"农光互补"光伏发电项目	
		智能环保配电设备扩能及智能化升级项目	
		年产 200MW 太阳能黑硅电池生产线技改项目	
		智能环保型光电复合海底电缆制造及海缆敷设工程技改项目	
	产业平台类	东泓科技智能电网产业园	

(2) 节能环保。①节能环保装备。重点发展以高效照明为代表的节能产品，突破芯片级光源技术、多功能系统集成封装技术、LED 封装模组技术；积极发展家电智能控制节能产品、高效压缩机及驱动控制器、高效换热及相变储能装置，提升余热余能利用、电机系统等节能技术与装备核心元器件生产水平；加快发展高效节能永磁电机、高性能永磁伺服电机及驱动控制系统。②节能服务。面向全市石化、冶金、大型装备制造等行业节能需求，大力发展节能整体方案设计、节能技术改造、节能监测等服务；加快发展以节能炉窑、余热回收利用、污水综合治理、工业废气处理、危险废弃物处理与资源化利用等为重点的环保工程承包服务业。

专栏 7-5	节能环保产业重点企业、创新平台、产业集聚区块和重点项目	
重点企业	节能环保装备	盛迈电气、赛尔富电子、升谱光电半导体、福泰电器、燎原灯具、凯耀数字照明、亚茂照明电器、德贝里克电器、方太厨具、欧琳厨具、奥克斯空调、沃弗圣龙等
	节能服务	泰来环保、亿拓节能、垠桥能源科技、三利科技、科新节能技术、和谐环保节能科技、元凯环保节能、嘉晨等
重点创新平台	产业联盟	宁波半导体照明产学研技术创新战略联盟
	产业集聚区块	节能环保产业园（中意（宁波）生态园） 节能环保及新型建材专业园（宁海湾循环经济开发区）
重点项目	产业类	环保热电设备改造升级设备改造项目 年产 30 万台节能智能风机生产线技改项目 年产 200 万台高档能节能多士炉生产线项目 年产 700 万套高效节能气动元器件及集成设备建成项目 富德能源节能技术改造项目 能源回收利用改造工程 能源管理中心项目 日处理垃圾 600 吨发电项目 密闭容器和专用垃圾处理设备项目

（3）生命健康。①高端医疗器械。研发分子诊断、单分子检测、生物芯片与体外检测技术，开发微流控、单分子检测等微纳米及光电检测技术；重点发展生物芯片、现场快速检测仪器（POCT）、高通量基因测序系统等体外诊断新产品；加快发展医学影像设备、高性能治疗及康复设备、医疗机器人、医用电子专用监护仪器设备、口腔医疗器械、智能化可穿戴式医疗设备，突破微创介入器械等重点领域的核心关键技术。②生物医药。重点开发生物技术药物、创新药物、新型疫苗等，依托宁波"千人计划"产业园生命健康（宁海）园区等，继续鼓励国外跨国公司来甬设立总部、研发中心、建设生产基地或引进生产新的产品，聚焦支持一批初具规模的骨干企业，支持生产基地的扩建、新产品产业化；吸引和大力培育各种生物医药研发和服务机构，积极探索抗体药物合同生产的先试先行政策，生物医药服务外包；建设生物医药"云计算"等公共服务平台和创新平台，推动生物医药产业空间集聚，打造具有宁波特色的生物医药产业链。

专栏7-6	生命健康产业重点企业、创新平台、产业集聚区块和重点项目	
重点企业	高端医疗器械	鑫高益、美康、蓝野、正力、超影、瑞美、微影、江丰生物、禾采、广慈、天益医疗、菲特医疗、健信等
	生物医药	卫信生物、天衡药业、绿之健、王龙科技、美康生物、立华、康达洲际、紫园生物、双成药业、美诺华、人健制药等
重点创新平台	科研院所	中国科学院宁波工业技术研究院慈溪生物医学工程研究所
	产业联盟	宁波市体外诊断技术产学研联盟 宁波市中药与天然药物产学研创新联盟
产业集聚区块		宁海生物医药产业园 宁波杭州湾新区生物医药产业园 梅山生命健康产业园
重点项目	产业类	龙泰高端医疗器械总装基地项目 新型体外诊断试剂产业化基地建设项目 全自动医学检验分析仪开发和产业化项目 便携式12导联智能心电监护仪项目

续表

重点项目	产业类	细胞级肿瘤早期诊断4D乳腺阻超CT项目 年产5000万只细菌过滤器技改项目 血液净化医用耗材和三原子氧水的研发生产基地建设项目 全自动数字切片扫描系统项目 宁海中药提取产业化项目 双成药业抗肿瘤药物和口服固定制剂产品的研发和生产项目 美康新型体外诊断试剂产业化基地建设项目
	产业平台类	康达医疗器械产业园 康龙化成"生命科技产业园"项目

（4）海洋高技术。①海工装备及高技术船舶。重点发展海洋工程平台升降系统、定位系统、海底观测设备等关键系统研发生产技术，开展远洋渔业船舶、大型LNG燃料动力船、大型豪华游船等关键技术研究，形成高技术船舶自主设计与研发能力；开发船用大型低速发动机、大型曲轴、发电机、压舱水处理等核心零部件。②海洋药物及生物制品。围绕海洋药物、海洋生物制品、低值海产品的高值化利用三大重点细分领域，重点开发药用海洋活性物质提取与利用，积极开发海洋生物保健品和功能性食品，支持开发海洋生物基因资源，推动宁波国际海洋生态科技城建设，力争使海洋高技术产业成为引领海洋经济发展的新增长极。

| 专栏7-7 | 海洋高技术产业重点企业、创新平台、产业集聚区块和重点项目 |

重点企业	海工装备及高技术船舶	中油重工、中石化宁波工程、东力传动、上海振华、韦尔德斯凯勒、东方电缆、沁园、东红、大江、捷胜、新乐、东方、明江、金海湾、中策动力、洋普重机、天翼石化、日月重工等
	海洋药物及生物制品	宁波超星、宁波医杰、宁波餐之皇、宁波天邦、宁波飞日、宁波今日等

重点创新平台	科研院所	宁波海洋与渔业研究院 宁波海洋开发研究院 宁波市海洋与渔业信息监测中心 宁波海洋研究院
	实验室	海洋生物技术与工程国家地方联合工程实验室 宁波市应用海洋生物技术教育部重点实验室 水产种质资源高效利用技术研究重点实验室
	产业联盟	浙江省船用动力产业技术创新战略联盟
产业集聚区块		象山临港装备工业园 海洋智能装备产业园
重点项目	产业类	中策大功率船用柴油机研发及制造项目 船用配套设备生产线二期项目 日星大型海装铸件生产项目（日星三期） 东方电缆东方海洋系列电缆项目
	产业平台类	东方海洋系列电缆综合产业基地项目 中船（宁波）装备产业园项目

（5）创意设计。重点为工业设计，即面向服装纺织、家电、汽车及零部件等行业，重点发展汽车设计、模具设计、消费电子产品设计以及装备、软件、在线服务为一体的集成设计等，培育远程设计、协同设计等新模式、新业态；鼓励发展高等级研发实验室、专业化工业设计公司和以院所为依托的工业设计室，搭建实用、高效的工业设计公共信息服务平台，建立工业设计基础数据库和专业信息资源库，促进工业设计产业化发展；引进国内外知名设计机构，支持具有品牌优势的制造型龙头企业对外发展产业链前端的工业设计；探索研发众多新业态发展，鼓励创客平台的建设发展及模式创新；加快推进国家级、省级工业设计特色园区基地的工业设计中心建设，加快建设宁波国家级文化和科技融合示范基地，打造国内有影响力的"宁波设计"品牌。

专栏7-8	创意设计产业重点企业、创新平台、产业集聚区块和重点项目	
重点企业	工业设计	贝发、洛可可设计、大业设计、科创制造、茵德斯设计、东方船舶设计、马斯特船舶设计、阿尔特汽车设计、德腾设计、浪尖设计、德莱特设计等
重点创新平台	工业设计中心	贝发集团股份有限公司中国文具创意设计中心（国家级）
产业集聚区块		宁波市创意设计专业园（和丰创意广场）
重点项目		中国（杭州湾）e设计街区项目 吉利-沃尔沃中国设计及实验中心项目 镇海区中官路创业创新大街项目

（6）培育一批以"互联网+"为核心的若干新业态。

抓住新技术、新产品、新模式、新业态蓬勃发展机遇，遵循"创业—孵化—集群"新兴产业成长规律，抢抓智能经济发展先机，积极实施"互联网+"战略，推动互联网与众多领域跨界融合。发展以智能汽车、智能家电家居产业为代表的"互联网+"制造业；发展以推广众包、用户参与设计、云设计等为代表"互联网+"创业创新；重点培育发展增材制造、车联网、智能可穿戴设备、云制造、数字医疗、众包、云设计等新业态，成为全市战略性新兴产业发展的新增长点；大力发展智能无人系统、人工智能、智能无人机等智能经济。

（二）加快发展一批新型生产性服务业

以满足战略性新兴产业科技创新需求和提升产业创新能力为导向，重点发展研究开发、检验检测、技术转移、科技咨询等科技服务业，培育发展金融服务、信息服务、电子商务等服务于战略性新兴产业的生产性服务业。

1. 研究开发

推动高校院所、企业建设一批国家级重点实验室、企业工程（技术）中心；引进一批第三方研发机构，积极培育市场化新型研发组织、研发中介等；支持产业技术创新联盟开展协同创新，开展共性技术和关键技术研发；支持高校、科研院所整合科研资源，建立科技资源共享机制，面向市场提供专业化的研发服务。

2. 检验检测

加快发展第三方检验检测认证服务，推进检验检测机构市场化运营；强化行业特色公共检验检测平台建设；加强计量、检测技术、检测装备研发等基础能力建设；发展面向设计开发、生产制造、售后服务全过程的分析、测试、检验、标准、认证等服务。

3. 技术转移

培育第三方技术转移服务机构，发展专业化、市场化的科技成果转移服务；创新技术转移机构服务，为企业提供跨领域、跨区域、全过程的技术转移集成服务；推动高校、科研院所、企业工程中心等面向市场开展中试和技术熟化等集成服务。

4. 科技咨询

积极发展科技战略咨询、科技评估、科技招投标等政府公共科技咨询服务业；全面推进企业管理和战略咨询服务，推动本土管理咨询企业的品牌化、国际化发展；加强科技信息资源市场化开发利用，支持发展竞争情报分析、科技查新和文献检索等科技信息服务。

5. 金融服务

大力发展股权投资产业，重点引进培育天使投资、风险投资、战略投资、私募基金等专业机构；推动创业投资机构、银行和保险机构加快金融产品及模式创新，建立融资风险与收益相匹配的激励机制，开展科技金融、产业金融等金融服务。

6. 信息服务

重点围绕软件开发与设计、信息系统集成服务、信息技术咨询服务三个领域，聚焦行业应用软件开发与设计，推动基于战略性新兴产业需求方业务的信息系统设计、集成实施、运行维护等信息集成服务，强化面向企业提供信息化规划、信息技术管理咨询、信息系统工程监理、测试评估、技术培训等信息技术咨询服务。

7. 电子商务

大力发展国内和跨境电子商务，加快并规范集交易、电子认证、在线支付、物流、信用评估等服务于一体的第三方电子商务综合服务平台发展。

(三) 打造产业发展新空间

按照适应产业生态发展的新空间要求，优化完善"一核、两翼、40 专业园（基地）"的总体布局，更加突出重大平台的引领辐射作用，重点打造宁波国家高新区（新材料科技城）、国际海洋生态科技城和宁波杭州湾新区"两城一区"新高地，更加突出战略性新兴产业的集聚集约发展特性，建设若干重点功能区域和一批战略性新兴产业专业园。

1. 建设 3 大新高地

高标准建设宁波国家高新区（新材料科技城）、国际海洋生态科技城和宁波杭州湾新区，加强发挥市级统筹作用，集聚一批国家级科研创新平台，落户一批具有关键性作用的项目，吸引一批人才、技术、资金等高端创新资源，打造成为战略性新兴产业创新发展高地，引领辐射全市战略性新兴产业发展。

（1）全面推进宁波国家高新区（新材料科技城）建设。①发展思路及产业发展重点。以全面争创国家自主创新示范区为核心抓手，按照"全球一流、国内领先的新材料创新中心"的发展目标，大力发展先进碳材料、纳米材料、先进高分子材料、高端金属材料、高性能磁性材料、电子信息材料、海洋新材料、高性能纤维复合材料、新能源材料、生物医用材料十大产业链，巩固发展研发设计、科技型总部、软件、新能源、半导体与光电等领域，构建以新材料产业为基础，上下游适度延伸，左右横向配套的产业体系。②重点建设任务。大力实施高端研发机构集聚计划，积极引入一批行业内有影响力的科研机构、大型企业研究中心。加快推进宁波诺丁汉大学宁波新材料研究院、宁波国际材料基因工程研究院等高端研究院所建设。加快优化提升创业创新生态，重点推动新材料国际创新中心、新材料创新创业综合体、新材料产业加速器、新材料众创空间等一批重大创新平台建设。③"十三五"发展目标。到 2020 年，初步奠定新材料领域国际创新中心地位，核心区集聚国家级科研平台和创新服务机构数量超过 50 家，核心功能区主要基础设施全部建成，区域重大创新平台基本建成，海内外高端人才加速汇聚，科技创新能力和产业竞争力大幅度提升。

| 专栏 7-9 | 宁波国家高新区（新材料科技城）"十三五"发展重点

名称	内容
重点产业	先进高分子材料、高端金属材料、高性能磁性材料、电子信息材料、海洋新材料、高性能纤维复合材料、新能源材料、生物医用材料、先进碳材料、纳米材料
创新创业平台	初创园 研发园 新材料国际创新中心 新材料创新创业综合体 新材料众创空间 新材料产业加速器 诺丁汉大学宁波新材料研究院 宁波新材料联合研究院 宁波国际材料基因工程研究院
重点项目	清华大学膜法水处理技术产业化项目 高性能新材料关键制备技术研发项目 新材料产业基地（贵驷）项目 新材料中试工场项目 国际技术转移转化中心项目 智造社区项目 菁华创梦空间二期项目 战略新兴产业基地项目 国际创新园项目 科技金融广场项目

（2）打造国际海洋生态科技城。①发展思路及产业发展重点。以积极融入和服务国家"一带一路"倡议和长江经济带战略，打造国际知名的海洋科技创新示范区、浙江海洋经济发展先行区、宁波港口经济圈核心承载区为发展导向，重点建设海洋新兴产业区，大力发展海洋智能装备、海洋生命健康等战略性新兴产业。②重点建设任务。大力集聚海洋科技创新资源，与国内外高校、科研

院所建立涉海研发机构和创新载体，吸引跨国公司、央企、大型民企建立涉海研发中心（机构）和重点实验室，加快康达医疗产业园等产业平台建设，启动宁波海洋研究院建设，谋划建设留学创业园、涉海高技能人才培训基地等。搭建技术研发、成果转化、科技信息等海洋公共服务创新平台，扶持海域评估、技术转让、信息咨询等中介服务机构。③"十三五"发展目标。到2020年，宁波国际海洋生态科技城建设成效明显，重大基础设施建设成效明显，重点功能区的开发初具规模，集聚一批海洋科教、研发创新机构。

| 专栏7-10 | 国际海洋生态科技城"十三五"发展重点

名称	内容
重点产业	海洋智能装备、海洋生命健康
重点企业	毅美嘉乐、威乐电子、强劲数控
产业平台	康达医疗产业园 海洋智能装备园
创新创业平台	玻璃钢船舶设计研究院 河海大学梅山研究生院
重点项目	康达医疗产业园项目 直升机综合体项目 宁波大学海洋科教园项目 国际互联网广场（即中聘人才基地）项目

（3）加快建设宁波杭州湾新区。①发展思路及产业发展重点。按照"一心、两轴、四区"总体空间布局，以高端化、新兴化、集群化为方向，重点发展高性能新材料、智能装备、生物医药、通用航空等战略性新兴产业，加快打造战略性新兴产业集聚区、科技创新试验区。②重点建设任务。优化空间布局，加快高性能金属材料专业园、高端装备专业园、生物医药产业园、通用航空产业园等园区建设，搭建产业发展平台；依托省级高性能新材料高新技术产业园区，强化与中国科学院宁波材料技术与工程研究所、中国兵器科学研究院宁波分院、浙江大学、复旦大学宁波研究院等科研机构开展深度产学研合作，全力建设科技创新创业、战略性新兴产业、海外高层次人才集聚和现代服务外包四大特色基地。③"十三五"发展目标。到2020年，宁波杭州湾新区开发建设取得决定

性进展，制造业和服务业双轮驱动的中高端产业体系初步建成，初步成为长三角地区重要的高科技创新基地、战略性新兴产业化基地和高端人才集聚地。

| 专栏 7-11 | 宁波杭州湾新区"十三五"发展重点 |

名称	内容
重点产业	高性能新材料、智能装备、生物医药、通用航空
重点企业	兴业盛泰、复能新材料、恒天纤维、宁波科鑫、大成新材料、日本岛津、菲仕、沁园、金凤焊割、东力传动、慈星股份、宁波麟沣生物、康龙化成、宁波圣宇瑞、正力安拓、宁波双成
产业平台	高性能金属材料专业园 高端装备专业园 生物医药产业园 通用航空产业园
创新创业平台	科创中心（留学人员创业园） 众创园 同济科技产业园 复旦大学宁波研究院 西安交大快速制造宁波分中心
重点项目	亚洲通航展项目 捷德直升机项目 霍尼韦尔 AC 系列直升机项目 俄罗斯图波列夫公司轻型飞机项目 康泰博杭州湾生命科技园项目 上汽集团 55 兆瓦分布式光伏一期 20 兆瓦发电项目 中国（杭州湾）e 设计街区项目 50 亿元的方太产业集群项目

2. 培育 5 个以上重点功能区块

深化全市各类园区分类指导，整合提升一批市级重点产业集聚平台，更加突出各级高新区发展战略性新兴产业的主要职责，支持余姚经济开发区、慈溪滨海经济开发区、鄞州经济开发区、宁波（江北）高新技术产业园、宁波南部滨海新区等重点区块建设,通过编制产业链招商图谱、提高产业准入标准、创新招商模式、创新管理体制等,进一步提高战略性新兴产业发展比重,打造5个以上全市战略性新兴产业重点功能区。

(1)余姚经济开发区。鼓励江丰电子、创润、舜宇电子等企业做大做强;重点推进中国(宁波)中意宁波生态园和浙江"千人计划"余姚产业园;优化孵化基地、中试基地和产业化基地;提升宁波市智能制造产业研究院、余姚科创中心等创新平台。"十三五"重点发展智能装备、新材料、新一代信息技术、节能环保等战略性新兴产业,到2020年将余姚经济开发区建成为智能经济示范区和国家级海外高层次人才创业创新基地。

| 专栏7-12 | 余姚经济开发区"十三五"发展重点

名称	内容
重点产业	智能装备、新材料、新一代信息技术、节能环保
重点企业	江丰电子、创润、舜宇电子、鑫高益、健信机械
产业平台	中国(宁波)中意宁波生态园 浙江"千人计划"余姚产业园 节能环保产业园 机器人小镇
创新创业平台	孵化基地、中试基地和产业化基地 宁波市智能制造产业研究院 余姚科创中心
重点项目	意大利工业废弃物综合处理项目 瑞典太阳能光热利用设备项目 智能型高低压电气成套设备项目 太阳能制冷技术开发应用项目 低碳技术产业园项目

(2)慈溪滨海经济开发区。积极鼓励墨西科技、公牛电器等企业做大做强,加速成为具有国际影响力的龙头企业;加快碳材料专业园、智能家用设备产业

园等园区建设;积极建设科技创业园、留创园、上市孵化园等创新创业平台;提升建设中东欧(宁波)工业园,加快推进中捷(宁波)国际产业合作园等国际合作平台。"十三五"重点发展新材料、高端装备、生命健康等战略性新兴产业,到2020年将慈溪滨海经济开发区建设成为千亿级海陆联动战略平台、省内一流的战略性新兴产业示范区。

| 专栏7-13 | 慈溪滨海经济开发区"十三五"发展重点 |

名称	内容
重点产业	石墨烯、金属新材料等新材料 智能设备、智能家居等高端装备 医疗器械、生物医药等生命健康
重点企业	墨西科技、信远新材料、展慈金属、海尔、公牛电器、海仕凯
产业平台	碳材料专业园 智能家用设备产业园 中东欧(宁波)工业园 中捷(宁波)国际产业合作园
创新创业平台	科技创业园 留创园 上市孵化园
重点项目	慈东滨海区海尔虚实网服务园项目 年产10万吨钢结构生产基地项目 公牛年产6亿套装饰开关生产基地项目 中东欧(捷克)宁波产业基地项目

(3)鄞州经济开发区。重点支持博威合金、三邦超细纤维、新伟隆机械等企业做优做强;加快推进临港高端装备产业园、节能环保新材料产业园建设;加快实施中集宁波(鄞州)冷箱装备等重大项目。"十三五"重点发展临港高端装备、节能环保新材料等战略性新兴产业,到2020年将鄞州经济开发区建设成为"高端、高质、高新"的战略性新兴产业引领区。

| 专栏 7-14 | 鄞州经济开发区"十三五"发展重点 |

名称	内容
重点产业	临港高端装备、节能环保新材料
重点企业	博威合金、三邦超细纤维、新伟隆机械
产业平台	临港高端装备产业园 节能环保新材料产业园
重点项目	中集宁波（鄞州）冷箱装备项目 博威合金年产 1 万吨高性能热侵合金板带项目 登丰新材料项目 盛光新材料项目 德国工业园二期项目

（4）宁波（江北）高新技术产业园。支持长阳科技、激智科技、惠之星、金田、三星电气、瑞源生物等行业骨干企业发展成为国际龙头企业；提升发展宁波三星高新技术产业园，积极建设膜材料专业园、中船（宁波）装备产业园等产业平台；推动中船海洋装备动力研究院，高性能功能膜加工与应用技术研发中心等创新平台建设；加快实施激智科技光学薄膜、惠之星光学硬化膜、赛特威尔高端智能安防等重大项目。"十三五"重点发展膜材料、高端装备、生命医药等三大战略性新兴产业，到 2020 年将宁波（江北）高新技术产业园建设成为长三角地区战略性新兴产业重要集聚区。

| 专栏 7-15 | 宁波（江北）高新技术产业园"十三五"发展重点 |

名称	内容
重点产业	膜材料、高端装备、生物医药
重点企业	长阳科技、激智科技、惠之星、三星电气、韵升、瑞源生物
产业平台	膜材料专业园 中船（宁波）装备产业园

名称	内容
创新创业平台	中船海洋装备动力研究院 高性能功能膜加工与应用技术研发中心
重点项目	宁波长阳科技年产 25 万吨 BOPET 光学薄膜及太阳能背材基膜生产线建设项目 宁波三星高新技术产业园（二期、三期）项目 年产 100 万台涡轮增压器项目 惠之星光学硬化膜项目 瑞源生物科技研发生产基地扩建项目 激智科技光学薄膜项目 赛特威尔高端智能安防项目 年产 45000 吨涡卷弹簧及汽车活塞环材料项目 联东 U 谷·宁波国际企业港（一期）

（5）宁波南部滨海新区。重点鼓励双林、吉利知豆等行业优势企业充分发挥龙头骨干效应；重点发展生物医药产业园、智能汽车小镇、通用航空风情小镇等产业平台；强化金港创业基地，推动科技研发园等创新创业平台建设；加快实施吉利知豆城市微行纯电动车、双林 DSI 自动变速器、制药与精细化工的酶催化材料之制备、超高速病毒检测系统等重大项目。"十三五"重点发展生物医药、新能源汽车及零部件、通用航空服务等三大战略性新兴产业，到 2020 年将宁波南部滨海新区打造成为长三角地区战略性新兴产业的重要增长极。

| 专栏 7-16 | 宁波南部滨海新区"十三五"发展重点

名称	内容
重点产业	生物医药、新能源汽车及零部件、通用航空服务
重点企业	宁海知豆电动汽车、双林、聚瑞精密仪器、宁融生物医药、宁波沪信、瑞晟医药、捷仪生物、英科速

名称	内容
产业平台	生物医药产业园 智能汽车小镇 通用航空风情小镇
创新创业平台	金港创业基地 科技研发园 中科院上海药物所宁波生物产业创新中心
重点项目	吉利知豆城市微行纯电动车项目 双林 DSI 自动变速器项目 制药与精细化工的酶催化材料之制备项目 超高速病毒检测系统项目 细胞级肿瘤早期诊断 4D 乳腺阻超 CT 项目 纳米脂质注射剂的研发及可控化制备技术平台的建立项目 抗抑郁一类新药中试项目 II 型糖尿病治疗药物葡萄糖酶激活剂项目 鉴定病原体及药物敏感性的便携式快速诊断系统项目 工业生化分析检测用酶的产业链创新平台构建项目

3. 建设 40 个专业园

围绕优势产业及重点细分产业，以市场化为导向，继续推动在省级及省级以上开发区（园区）、各县（市）区特色优势产业基地、卫星城市新兴产业基地和特色城镇工业功能区块等重点区块，建设 40 个战略性新兴产业专业园。

（1）提升现有 20 个战略性新兴产业专业园。实施差异性扶持手段，支持宁波市创意设计专业园（江东区和丰创意广场）、宁波市新装备专业园（江北区江北投资创业中心）等现有专业园，进一步明确发展特色，做大做强主导战略性新兴产业。重点支持专业园提升专业化服务能力，建设产业链孵化中心、协同创新中心、检验检测中心等公共创新服务平台；加强专业园与"两城"以及高新区的联系，完善"一区多园"等机制，探索合作共建、整合托管等模式，推动以产业链分工协作为核心的协同发展。

（2）谋划布局一批新专业园。围绕高端装备、新材料、新一代信息技术等优势产业，支持各县（市）区特色产业基地、卫星城市新兴产业基地和特色城镇工业功能区块等重点区块，规划建设战略性新兴产业专业园，支持龙头企业主导建设基于产业链的专业园。重点推进宁波航天智慧科技城、宁波电子商务城海曙园区等园区建设，到2020年新建成20个战略性新兴产业专业园。

（3）推动专业园向特色小镇发展。重点围绕高端装备、新材料、新一代信息技术等优势战略性新兴产业专业园，通过挖掘培育特色亮点，着力创新财政金融等扶持政策和建设管理体制机制，支持专业化企业运营模式，支持引进专业园区运营商、风险投资、私募股权等以PPP等模式，建设一批产业特色鲜明、体制机制灵活、人文气息浓厚、生态环境优美的战略性新兴产业特色小镇。

4. 实施四大重点任务

围绕打造"311"产业新体系和"3540"产业新空间，通过提升创新能力、大力培育创业源头、集聚战略性新兴企业、优化产业生态等，形成战略性新兴产业发展的创新驱动力、产业原动力、主体带动力、环境吸引力。

（1）提升创新能力，强化创新驱动力。加快布局实施一批重大科技专项，突破一批行业关键技术，启动建设一批重大创新平台，制造业创新中心、新型产业技术研究院等平台，强化链接国内外创新资源，全面提升战略性新兴产业集群创新能力。

①加强行业关键技术突破。

第一，实施一批重大科技专项。积极服务国家战略，紧紧围绕国家重大前沿产业布局和全市产业链攀升需求，选取战略必争领域，全面组织动员企业、科研院所、高校等，集中资源开展一批重大技术攻关，实施前沿新材料、重大装备制造、新能源汽车、医疗健康、集成电路等重大专项。第二，推进重大科技基础设施建设。积极对接国家重大科技基础设施建设、中国科学院"创新2020"工程，集聚整合全市科技资源，启动材料基因组工程、中国科学院宁波材料技术与工程研究所综合极端条件材料研究平台等科技基础设施项目建设。

| 专栏7-17 | 实施十大重大研发专项 |

创新科技项目组织实施模式，组织实施高端模具与精密轴承、新型磁性材料与器件、碳材料、高端金属材料、先进高分子材料、高档数控机床、工业机器人、数字诊疗、集成电路设计与制造、新能源汽车等十大重大研发专项。

②强化企业创新主体地位。

提升企业技术创新平台层级。围绕新材料、智能制造装备、海工装备等新兴产业领域，支持企业建设一批省级、国家级企业研究院、企业工程（技术）中心、院士工作站、博士后工作站。大力支持企业与科研机构联合在宁波承担国家工程实验室、国家重点实验室建设任务。鼓励建设新型产学研协同创新组织。推动企业、高校院所等各创新主体打破壁垒开展深度合作，形成优势企业主导、产学研协同的利益共同体，通过委托研发、合作研发、联合搭建创新平台等方式开展创新活动。

③加快公共技术创新平台建设。

引进共建重大创新平台。强化与国内外知名科研院所的产学研合作，积极探索以企业为建设主体的新模式，加快引进共建一批重大创新平台。重点推进宁波诺丁汉国际海洋经济技术研究院、中国科学院宁波工业技术研究院慈溪生物医学工程研究所、上海交大宁波材料研究院、宁波国际材料基因工程研究院等平台建设。重点支持中国科学院宁波材料技术与工程研究所、中国兵器科学研究院宁波分院向高水平现代科研院所发展，紧跟世界前沿，围绕国家重大专项，加快提升自主创新能力。支持宁波大学、宁波诺丁汉大学建设高水平区域特色研究型大学，推动协同创新模式等机制创新，强化与新材料、智能装备等企业的产学研合作。

启动建设制造业创新中心。紧密围绕新材料、高端装备、新一代信息技术等重点领域创新发展和化工等优势行业转型升级的重大共性需求，重点推进建设一批制造业创新中心。探索企业主导、政府支持建设模式，政府主导、科研机构牵头组建等新机制模式，率先启动石墨烯创新中心、磁性材料及应用创新中心、智能制造创新中心的建设，积极申报省级和国家级创新中心。到 2020 年，建成国家级制造业创新中心 1 家。

| 专栏 7-18 | 建设 11 个产业技术创新中心

以开放、共享为理念，以产业集群发展的重大服务平台为导向，创新建设体制机制，重点建设新材料设计制造创新中心、化工新材料创新中心、智能制造开放创新中心、未来能源和绿能交通创新中心、精密驱动与控制技术

> 创新中心、宁波模具制造创新中心、宁波高压节能液压元件创新中心、宁波国际密封技术研究中心、产业大数据中心、生物制造创新中心、TMR 磁传感产业创新中心等 11 个产业技术创新中心。

建设新型产业技术研究院。重点围绕新材料、高端装备、海洋高技术、节能环保等新兴产业领域，按照"科研+产业+资本"的院所建设模式，支持宁波大学、宁波诺丁汉大学、中国科学院宁波材料技术与工程研究所、中国兵器科学研究院宁波分院、浙江大学宁波理工学院等牵头，与具备实力的企业，联合国内外知名科研机构、大型企业研究中心建设一批新型产业技术研究院，开展关键产业技术创新、标准制定等工作。

加强产业公共技术服务平台建设。加快建设和完善宁波科技大市场、科技资源开放共享平台等综合性服务平台，重点加强技术供需信息库与科技信息网络等基础设施建设，构建线上线下相结合的服务体系。发挥中国科学院宁波材料技术与工程研究所、中国兵器科学研究院宁波分院等科研院所和龙头企业作用，积极鼓励科研院所、企业、科技中介机构等参与建设一批专业技术服务平台。重点推进国家磁性材料产业计量测试中心、智能硬件共性技术研发平台、3D 打印公共技术服务平台、宁波芯空间集成电路产业孵化器、宁波赛宝汽车技术研究院等一批检验检测、产品认证、知识产权服务等公共技术服务平台建设。

④强化链接国内外创新资源。积极开展区域创新合作。主动接轨北京、上海、深圳等国内创新高地，以宁波国家高新区（新材料科技城）、宁波国际海洋生态科技城等重大创新平台为载体，推动与中关村、上海张江等建立长期联动合作机制。支持本地企业与市内外军工单位开展科技合作，建设军民融合技术转移基地，促进军民两用技术双向转化，推动新材料、航空航天、高技术船舶等产业集聚和规模化发展。

强化国际创新资源引入。绘制全球新兴产业创新资源链接地图，着力链接美国、欧盟、以色列等区域的一流研发资源、海外资本、国际化产业组织等高端资源，吸引跨国公司、国际知名研究机构等在宁波设立研发中心和分支机构。支持宁波诺丁汉中英科技创新园、宁海中瑞科技园、鄞州中德工业园等境内合作园建设，启动建设宁波新材料国际创新中心等，搭建一批国际化创新平台。

| 专栏 7-19 | 搭建高水平、国际化创新平台工程

　　加快建设宁波新材料国际创新中心。发挥中国科学院宁波材料技术与工程研究所、中国兵器科学研究院宁波分院、新材料国际创新中心的作用,联合国内外知名高校和业内知名企业,构建"关键/共性技术攻关+成果转化"模式的产学研一体化平台。链接全球新材料领域的人才、技术、资金、信息等高端创新资源,提升新材料企业创新能力,打造具有国际影响力的新材料产业创新中心。

　　谋划建设宁波国际技术转移中心。以浙大科技园"海星计划"模式为基础,联合各高校技术转移中心、院士工作站等机构,筹建宁波国际技术转移中心,以线上线下相结合的方式,打造一站式、全流程、专业化的科技成果转移转化服务平台。发挥海外校友会、各高校国际合作平台等资源作用,围绕新材料、新装备等重点产业,引入国外创新高地先进技术与项目。面向本地技术需求方和海外技术供给方,组织高层次的线上、线下技术转移系列活动,提供高效率的技术转移渠道、高质量的技术转移配套服务。

(2) 培育创业源头,增强产业原动力。

　　加快引进高层次创新创业人才,积极培育创业主体,完善创业孵化链条,着力推进科技成果产业化,加大新产品新技术应用示范,培育一批新战略性新兴企业。

　　①加强创业源头引进和培育。第一,加快引进高层次创新创业人才。充分发挥市场机制基础作用,强化企业引才主体地位,鼓励行业协会、社会中介机构等社会力量参与,加大引进海内外高层次人才。落实人才发展新政策,依托国家"千人计划"、浙江省"千人计划"、市"3315计划""泛3551计划",以及各县(市)区相关人才计划等,加快吸引全球产业领军人才。建设"千人计划"产业园等高层次创业平台,鼓励和支持著名国际猎头公司在甬设立合资或分支机构,深入开展"宁波周""宁波行"系列活动,引进海外高层次创业人才。第二,大力培育创客、民营企业家等创业主体。重点培育创客极客、科技人员(团队)、青年(大学生)、跨区域创业者、系列创业者、职业经理人、产业组织者、集团内部人员、企业家、自由个体等10类创业主体。支持举办创客

创业大赛,强化以企业、中介机构等为主体与中关村、深圳等创业活跃区域的交流与合作,吸引全球创客到甬创新创业。激活本地民营企业家连续创业活力,鼓励领军企业转型做平台进行连续创业,鼓励在企业内部搭建员工创业平台,建立激励机制,支持企业员工创业。积极培养"秉承父辈"的良好家风,培养具有拼搏精神的"二次创业"人才,培养"创二代"企业家。

| 专栏 7-20 | 创新创业人才引进和培育计划

高层次创新创业人才引进工程。以市场化为导向,完善支持政策,创新支持方式,强化政府服务人才职能,发挥企业等主导作用,重点实施"3315计划"和"泛3315计划",引进高端创业创新团队和海外高层次人才、各类紧缺人才和团队。力争到2020年,累计200个高端团队和500名海外高层次人才入选"3315计划",自主申报入选国家、省"千人计划"人数分别达到100人、300人,100个高端创业创新团队和150名高层次人才入选"泛3315计划"。

创客等创业人才引进培育工程。谋划建设人才项目海外孵化器、离岸创新创业园等海内外引才平台,大力建设众创空间等创客平台和"企二代"提升平台等,力争至2020年,吸引集聚各类科技创业人才超过10万人。

②完善创业孵化链条。大力建设众创空间。加快建设创业苗圃,借鉴创客空间、创新工厂、概念验证实验室、创业社区、创业街区、创业走廊等新型孵化模式,打造一批低成本、便利化、全要素、开放式的众创空间,支持创业咖啡、私董会、商业模式概念验证实验室等创业苗圃建设。提升创业孵化服务,培育一支以企业家、天使投资人、专业学者等为主体的"创客导师"队伍,探索线上线下相结合模式,为创业者提供创业辅导、投资对接、活动交流、产业链资源整合等服务。建立和完善苗圃、孵化器、加速器对接机制。力争到2020年,建成100家众创空间和创客服务中心。

推进新型孵化加速载体建设。按照"新服务、新生态、新潮流、新概念、新模式、新文化"理念,提升留学生创业园、大学生创业园等全市现有加速器运营服务能力。创新组织模式,组建宁波网络虚拟孵化器,提升整合本地现有孵化器、科研机构、中介机构等资源能力。支持本地高校院所自建或共建,积极引入社会力量参与建设运营新材料、新一代信息技术、高端装备等一批专业孵化器、加速器。

| 专栏 7–21 | 创业载体建设工程

营造良好"双创"环境，重点建设"孵化器＋公寓"创业社区、中科院宁波材料技术与工程研究所初创产业园、清华校友创业创新基地、宁波杭州湾新区众创园等载体。

③着力推进科技成果产业化。加速高校院所技术成果转移。加快高校院所技术转移中心建设，鼓励本地高校院所自建或与国际高校院所联合成立技术转移中心，积极引进浙江大学、清华大学、上海交大等国内一流高校院所来甬建设技术转移分中心。落实《促进科技成果转化法》，探索"就地转移""引进转移""移植转移""辐射转移"等技术转移模式，加快高校科技成果向宁波市转移转化。

建立健全技术市场服务体系。推动宁波科技大市场建设，重点引进和培育具有国际化背景的跨国技术转移服务机构，培育市场化技术转移中介服务。加快建立一批定位明确、设施完备、可供技术人员和创业者拎包入驻、与产业需求相配套的中试放大公共实验工场，重点突破产业创新链的"中试—产业化"环节。

| 专栏 7–22 | 重点建设科技服务平台

名称	定位	牵头部门
国际技术转移转化中心	探索"政府支持，市场化运作"的非营利服务模式，吸引、聚集相关领域的国际资源和渠道，推进国际创新高地先进技术成果及产品、项目在宁波国家高新区（新材料科技城）实现产业化。	高新区
宁波象保合作区航天技术转移中心	对接航天科工集团雄厚的技术储备和研发能力，促进以航天航空技术为主导的新技术与市场对接，向民用转移，为宁波及周边地区产业升级提供技术和人才支持。	宁波象山保税合作区管委会

名称	定位	牵头部门
中科院大连化物所国家技术转移中心宁波中心	积极引导专家团队及科技成果与区域企业技术需求匹配，服务区域创新发展和产业转型升级。	镇海区
宁波生物产业园公共服务平台	打造生物医药科技城，包括建设中科院上海药物所宁波生物产业创新中心、临床前研究中心、生物制药平台、宁波国际医疗装备研究中心等项目。	宁海县

④加大新产品新技术应用示范。重点以政府采购、企业"首购首用"风险补偿等支持方式，加大对新产品新技术的推广应用。试行创新产品与服务远期约定政府购买制度，按合同约定规模和价格实施购买；鼓励应用方企业首购首用高新技术新产品或发明专利产品。有选择性地梳理和遴选一批重大自主创新产品（技术），重点启动实施新能源汽车、高端装备、物联网等自主创新产品（技术）重大应用示范。

| 专栏 7-23 |　　　　　　　　　　应用示范工程

新材料应用示范工程。开展石墨烯、烯土材料、高性能金属材料、高性能膜材料、高性能碳纤维材料等示范应用，积极实施"新材料应用"下游市场拉动战略，加强重点产业和重大工程支撑，通过产业化应用示范工程，面向家电、装备等优势产业领域，及增材制造等新兴领域，做大做强"市场－产品"逆向产业链。

新能源汽车推广应用工程。深入实施全国新能源汽车试点城市建设，结合全市新能源汽车应用推广计划，积极培育发展新能源汽车产业，支持新能源汽车整车及动力电池、驱动电机、电控系统等关键零部件研发；加强对超级电容纯电动公交车、吉利、宁海知豆、宝成物流专用车、环保专用车等新能源汽车的推广应用；采取长期租赁和分时租赁的方式开展新能源汽车推广应用，增配一定规模的新能源充电桩，鼓励私人购买新能源汽车。到 2020

年,累计推广各类新能源汽车2.50万辆,建设各类充电桩2万个。

高端装备示范应用工程。以传统优势产业生产线(生产系统)的智能化改造需求为导向,突破提升高精度符合数控金切机床、大型柔性数控中心、大型数控成型冲压设备等高档数控机床制造水平;充分发挥工业工程公司的系统集成优势,重点发展汽车、机械、家电、电子、纺织服装等领域自动化(智能化)成套装备和工业机器人;加快推进高精密减速器、高档伺服系统、新型传感器、智能仪器仪表关键部件研发制造,提升高端轴承、液压机气动元件、密封元件等机械基础部件制造能力。

物联网示范应用工程。以建设"智慧宁波"为契机,设立物联网产业发展专项资金,围绕智能交通、智能安全监管、智慧政务、智能安防、智能电网、智慧医疗等领域,组织实施一批示范工程,对企业承接省内相关示范工程按项目额度给予一定比例补贴奖励。

节能环保示范应用工程。围绕国家大力推进节能减排和生态环境保护的要求,优先在城市公共照明、工业节能、城市污水及垃圾处理等领域开展一批示范工程,设立节能环保产业高技术产业化专项,主要资助以节能环保关键技术的工程化集成、示范为主要内容,或以规模化应用为目标的节能环保自主创新成果转化项目。

(3)集聚战略性新兴企业,激发主体带动力。加快培育战略性新兴企业龙头企业,支持企业做大做强,推动传统企业以商业模式创新、技术创新等方式向战略性新兴产业转型,提升企业创新平台层级,加快企业创新能力建设,强化战略性新兴企业主体作用。

①加快培育行业龙头企业。

深入推进领军企业创新能力建设。支持龙头企业实施创新管理战略,制订企业技术路线图,绘制行业创新地图,建立企业创新管理制度,向创新型领军企业转变。支持龙头企业向全球布局创新网络,以合作共建、独资设立、参股并购等方式建立高水平研发机构和海外研发中心,引进消化吸收国际先进技术,主动融入全球研发体系。

鼓励龙头企业构建大企业生态圈。围绕新材料、高端装备等重点产业,示范支持有实力的企业以自身业务为核心,通过搭建开放式创新平台,或以股权投资、技术并购、研发众包等方式，打造资源共享、创新众包、创业自由的企业生态圈。

支持有实力企业"走出去"。鼓励有实力企业以跨国并购、股权置换等多种方式"走出去"，支持企业实施海外绿地投资，在境外国家或地区投资创建分公司、子公司和独资企业，培育一批本土跨国企业。支持企业探索"孵化器+基金"模式，在海外共建企业孵化器或产业化基地。

②支持战新企业做大做强。继续实施"科技领航计划"，鼓励智团创业，认定一批创新型初创示范企业。修订完善《宁波市高成长企业培育管理行动办法》，推动中小企业向"专精特新"方向发展，培育和发展一批成长性好的企业，成为战略性新兴产业细分领域的"隐形冠军"。通过贷款贴息、房租补贴、咨询补贴等方式帮助战新企业提升创新能力、拓展发展空间、明晰发展方向，推动企业建立系统化、规范化现代企业制度，提升品牌管理能力和产品创新能力。对优质企业提供上市辅导和支持，推动企业在新三板、股权托管交易中心等新兴金融市场挂牌融资。

③积极推动传统企业转型。

推动传统企业向战略性新兴产业转型。推动石化行业龙头企业强化工艺创新、流程创新，向产业链下游延伸，发展精细化、绿色化的新材料产品。引导传统装备制造龙头企业延伸产业链条、增加服务环节，由生产型向生产服务型转变。支持汽车及零部件等行业龙头企业，积极拓展新能源汽车等新产品。

支持传统企业"互联网+"模式创新。谋划启动传统企业"互联网+"行动专项，支持传统制造企业积极应用研发众包、云设计等新型研发组织模式，推进传统生产线或生产系统的智能化改造。支持软件及开发服务、贸易流通以及生产型企业整合上游原材料以及下游销售企业等，搭建覆盖整个产业链的行业服务平台，培育发展平台型企业。

| 专栏 7-24 |　　　　　　　"互联网+"模式创新

"互联网+"创新设计工程。聚焦家电、服装、文具消费型优势产业，支持有条件龙头企业搭建开放式创新平台，采用众包、用户参与设计、生产

资源众筹、云设计等新型研发组织模式，开展基于个性化产品的服务模式和商业模式创新。

智能制造工程。大力推动制造业龙头企业智能制造升级，将物联网、大数据、云计算等贯穿于设计、生产等各个环节，形成具有实时感知、优化决策、动态执行等功能的新型制造模式，建设重点领域智能工厂和数字化车间。分行业推动建设一批产业云和专业云服务平台。

传统企业"互联网+"平台化发展工程。支持有条件的传统企业，整合线下服务资源，搭建开放性采购平台、供应链管理平台，发展总集成总承包、内容增值服务等新业态，促进企业由产品制造商向服务提供商转型，支持有条件的大型企业电子商务平台向行业平台转化。

（4）优化产业生态，提升环境吸引力。大力发展天使投资和产业基金，积极拓宽企业融资渠道，优化产业投融资环境，强化产业链、科技招商等新型招商方式，营造良好政策与文化氛围，加快提升产业生态环境吸引力。

①优化产业投融资环境。

大力发展天使投资。探索建设天使投资风险补助制度，制定天使投资激励、投资损失冲销、天使投资个人奖励等方案，引导更多宁波籍及本地民营企业家成为"天使"。优化完善天使投资引导基金管理办法，积极探索实行"同股同权"模式，与第三方机构共建动态优质项目库等，加大市创业投资引导基金、天使投资引导基金的引导作用，支持初创企业发展。

发挥产业基金引导作用。以市场化为导向，优化工业与信息化、海洋等市级产业基金管理运行机制，探索实施政策性投资和市场化投资分类操作模式、劣后资金模式、同股同权等，促进与市场化的股权投资基金融合，引导社会资本投向战略性新兴产业领域，加大对战略性新兴企业创新发展的资金支持。

拓展企业融资渠道。积极争取新兴产业创业投资引导基金、重大科技专项等国家各类相关专项资金支持。积极推动科技银行创新发展股权质押、知识产权质押等金融产品，探索开展"股权+银行贷款"和"银行贷款+认证股权"等投贷联动融资服务模式创新。支持符合条件的企业在境内外上市融资、单独或集合发行各类债务融资工具。鼓励企业建立众筹、互联网金融平台等新型融资渠道。

②创新产业招商方式。

强化主导产业链式招商。支持鼓励委托第三方机构对新材料、高端装备等进行产业链预研究，明确产业发展趋势、重点领域、未来发展热点及宁波基础优势领域，编制产业链招商图谱，明确产业链招商方向。编制"宁波市招商引资重点战略性新兴产业指导目录"及"配套产品目录"，排出重点战略性新兴企业需要配套产品及上下游延伸产业的"黄页"，以及主导产业链条中的短缺环节和薄弱环节，推出一批重点战略性新产业招商项目，对外发布。支持民营企业家积极投资战略性新兴产业项目。

积极推行科技招商。探索"孵化招商"模式，推动招商向产业前端移动，探索在硅谷、以色列等海外设立孵化器和创业投资基金，以"基金+孵化器"的模式，支持当地原创性和具有颠覆性创新技术项目，并在甬实施产业化。强化以才引企，充分发挥人脉链接的作用，加强与宁波籍院士、甬商、海外高层次人才等重点人脉日常信息沟通，做好项目信息对接。

③营造良好政策与文化氛围。

创新政策供给。加快市场导向的政策改革，通过规划政策、用地指标、环保指标等要素资源倾斜，积极引导资金、人才、能源、土地等优质资源向战略性新兴产业集中。完善"一事一议"制度，支持重大创新平台和对战略性新兴产业具有关键作用项目，探索"试错"模式，设立股权、应用示范等专项资金，支持已突破核心关键技术将实施规模化生产的企业。以转移支付的方式，支持新增、系数提高或规模扩大的战略性新兴企业。继续支持专业园建设，推进战略性新兴产业集聚错位发展。重点支持产业技术创新联盟、行业公共服务平台等服务于战新产业发展的组织机构，开展共性关键技术攻关、起草制订行业标准等。加强对战略性新兴产业政策实施第三方绩效评价。

弘扬创新创业文化。大力宣扬"鼓励创新、宽容失败"创业文化，举办创业者沙龙、创业训练营、创新创业论坛和创业大赛，以官办民助方式，鼓励协会、产业联盟等社会组织承办"三创大赛"，为创新创业者提供平台。支持各类媒体开设"创业汇""创业梦想秀"等栏目，讲好创业故事，展示创业成果，宣传典型案例，培育创客文化，加大对成功创业者的宣传力度，让创新创业蔚然成风。弘扬"新四千精神"，打造新常态下的甬商创文化。

（四）健全完善体制机制

加强全市战略性新兴产业的统筹协调机制，创新重大平台运营机制，完善重大创新资源引留机制，全面优化战略性新兴产业工业推进体系，以改革深化为战略性新兴产业提供发展新动力。

（1）优化统筹协调机制。

按照全市战略性新兴产业"一盘棋"的思路，统筹发改委、经信、科技等部门以及各县（市）区，加强对战略性新兴产业发展重大事项的协调。强化政策衔接和落实机制，加快宁波市新兴产业发展的财税政策与产业政策、人才政策、科技金融政策的紧密衔接。建立健全全市战略性新兴产业载体平台管理体制，强化市级层面引导调控力度，确立业务指导、监督管理、考核评价、综合协调等方面职能。

（2）创新重大平台运营机制。

突出市场对资源配置的决定作用，加快探索"政府引导＋市场化运作"的重大创新平台建设模式。重点支持重点功能区、专业园等平台市场化运行，鼓励引进专业园区运营商全面承担产业载体平台的开发、建设、经营与管理，支持风险投资、私募股权等以 PPP 等模式介入园区建设与运营，做实做细公司化运营。支持各级政府不增设管理机构，不直接参与具体事务，主要通过加强规划引导、政策创新、协调服务等方式指导区域建设。

（3）完善重大创新资源引留机制。

充分发挥市场对各类创新资源配置的导向作用，重点优化完善对重大创新机构、高水平人才管理体制。推进人才管理体制改革，完善人才评价和激励制度，推动科技成果转化机制改革，引进技术专家、管理专家和拔尖人才等高端人才。鼓励社会化新型研发机构发展，探索非营利性运行模式，支持搭建面向本行业服务的民办非企业单位和企业牵头运营的科技创新平台，引进高水平重大创新平台。

（4）优化工作推进体系。

充分发挥市战略性新兴产业领导小组办公室统筹协调作用，建立联席会议制度，大力推进"互联网＋"、新经济、新型生产性服务业等工作，市科技局承担新材料、市经信委承担高端装备和新一代信息技术产业推进工作，保留产业工作团队，继续做好相应产业跟踪分析、行业研究和政策建议等工作。建立战略性新兴产业重点企业监测平台和景气状况调查，建立和完善运营数据定期采集和指标追踪机制，提高对战略性新兴产业发展趋势的准确评判。完善考核机制，每年对县（市）区政府及重点功能区管委会开展考核评价，考核评价与转移支付金额挂钩。

第八章

"中国制造2025"宁波实践典型案例

本章案例选择来自"宁波市制造2025"中的"3315"体系中的企业，以智能化制造业为重点，选取以新材料等战略产业，汽车制造、家用电器等为代表的优势产业，企业的实际资料来源于宁波市经信委提供的资料和企业实地调研，涉及宁波市的优秀企业，如公牛电子、大丰实业、海天塑机、舜天集团等，这些企业转型升级的经验对于宁波市和全国的企业发展有一定的借鉴意义。

一、案例：浙江大丰实业股份有限公司

（一）公司概述

1. 基本情况

浙江大丰实业有限公司，简称"大丰"，始建于1991年，经过20余年的艰苦创业，现已发展成为拥有资产近7.10亿元、企业注册资本3.50亿元的国家重点高新技术企业，拥有400余项专利，具有舞台机械甲级设计资质、建筑智能化甲级设计资质、装饰装修设计甲级设计资质和机电设备安装一级资质。现在，大丰已发展成为一家全球领先的文体设施系统整体集成商（即"设计、制造、安装、售后服务"为整体，"舞台、灯光、音响、智能、座椅、装饰BT建设"的总集成）。

2. 技术能力

公司技术实力雄厚，目前拥有硕士、博士、高级工程师以上高级各类技术、管理人才达300人。并且与世界著名舞台机械专业制造商——日本三精，德国

BDT、BBH 等公司建立了长期友好伙伴关系，通过引进、吸收其先进的技术、管理经验，进一步提升公司产品的科技含量、品牌价值和竞争能力。

3. 主要产品

公司生产销售广泛应用于影剧院、体育馆、会（礼）堂、电视台、音乐（多功能）厅、学校等文、教、体、娱等场所的五大系列产品：舞台机械类、影视舞台灯光类、公共座椅类、可伸缩活动看台类和声学阻燃装饰类，是从事场馆设备科研开发、设计、生产制作、安装调试和售后服务的专业厂家，产品已遍及全国，以及澳大利亚、新加坡等国家和地区。

近几年来，公司发展十分迅速，2001 年又在杭州成立了浙江大丰（杭州）舞台设计院，专业从事舞台机械工程的科研开发、设计、生产制作、安装调试和售后服务工作，为实施"舞台机械产业化战略"构想迈出了坚实的一步，同时在承接各类舞台机械工程方面又增添了信心、坚定了决心和增强了竞争力。

（二）企业发展的驱动因素

1. 社会环境因素——文化产业推动舞台设备产业的发展

当前，文化产业成为国家支柱产业，给企业提供了广阔的生存环境，创造了良好的发展机遇。为此，公司经营决策层提出了企业发展的中长期战略规划，其中把实施"舞台机械产业化战略"作为今后经营工作的重点，并提出了第二个中期经营 S2 计划，公司的发展方向和核心目标基本确定。但也深知，随着市场经济的日趋成熟和市场运行规则的日臻完善，企业之间的竞争越来越激烈，竞争的同质化也越来越严重。竞争将越来越表现为以科技引领设计创新为核心的多元竞争。

为抓住我国文化产业大发展的时代机遇，依托覆盖文化工程项目建设全过程的集成化服务能力，大丰提出了新的战略定位，即由集成供应商向投资建设与运营商转型。为此，公司将在研发设计、一体化项目管理、团队建设、科学化运营、社会资源整合等方面提升能力，不断推动公司转型升级、跨越发展。其中设计研发将作为最重要的核心要素，引领企业发展。

2. 产业竞争因素——舞台设备竞争推动企业创新设计

20 世纪 90 年代初，中国文化产业蓬勃发展，国内对舞台设备的需求量增大，对设备的技术含量、质量要求也越来越高，但是国内有设计生产能力的厂商屈指可数，日本三菱、韩国JASS、奥地利瓦格那等老牌的国际舞台机械制造商抢占了我国的市场，从而导致舞台机械成本居高不下。数据分析显示，近年来，我国演艺设备行业资产与主营收入规模增长较快，但企业数量和人员数量增长较慢；舞台机械产业集中度较高，专业音响和灯光产业集中度较低；制造企业主要集中在长三角和珠三角，其他类型企业分布较广；系统集成与研发设计企业盈利能力强，低端组装环节盈利能力弱；部分产品接近国际先进水平，但大部分产品仍有相当差距。当前演艺设备行业应以提高创新能力为核心，促进行业科技进步和培育自主品牌，全面提升演出设备企业的技术实力和行业的综合实力。

3. 企业发展需要——突破外企垄断，引进吸收自主设计

大丰从危机中找到商机，积极叩开我国自主舞台装备生产的大门，20年来，不断开展技术创新，提高产品质量，提供优质的服务，同时对各种资源进行整合，与日本机械舞台行业规模最大、技术力量最强、生产历史最悠久日本三精输送机株式会社合作开发舞台机械，与专业从事舞台机械设备、舞台电气控制设计的德国BDT/BBH公司进行舞台机械控制系统的合作研发，与目前全球最大的专业从事剧院会堂、体育场馆等装备设计、生产、安装的跨国公司日本KOTOBUKI株式会社进行合作研发，与全国高校、科研院所的合作广泛开展产学研合作，包括清华大学、北京理工大学、中国传媒大学、浙江大学、中国艺术科技研究所等。

这些举措使大丰突破外企垄断，开辟了中国演艺装备自主研发的新天地。作为目前国内最大的舞台演艺装备研制基地，拥有设计研发、生产制造、安装调试、售后服务为一体的演艺装备全产业链。

传统典型剧院仍是目前主流艺术表演场所，为使既有的舞台设备发挥更大的功能，必须对传统设备进行智能化方面的设计改造，使其每一台单机在系统中都能实现智能化控制，从而极大地提升剧院舞台表演的艺术效果。

| 专栏 8-1 |　　　　　浙江大丰重点开展的设计研究

1. 典型剧院整装设备（包括台上、台下、观众厅机械设备、灯光、音响等）全系统智能化控制研究。研究系统在运行中各种状态检测装置，其中包括速度、载荷、位置、角度、电压、电流以及设备本身的变形量等；通过上

述检测对发生故障的设备及时准确进行诊断并发出报警,便于检修人员能在最短时间内排除故障。

2. 舞台机械单机或多机联合编组多维运行及精确定位控制的研究。研究舞台设备多维运动的动力、传动、操纵装置,力求安全、可靠、灵活、节能;研究多维运动的控制模式,特别是多机编组运行时的精确同步控制和定位控制。

3. 应用现代制造技术、控制技术(包括声、光、电、火焰、喷泉等)研发大型综合演艺设施,最大限度满足艺术家们对各种艺术表现要求,以及满足人们追求更加强烈感官震撼和全新艺术体验的需要。研究大型综合演艺设施,就设计、材料、工艺、制造等环节进行分析试验。研究如何将声、光、电、火焰、喷泉等感官元素应用到演艺装备上,通过现代计算机控制技术使其融入到剧情中,以达到一种前所未有的元素效果。

(三)技术创新机构的建设

1. 机构概况

(1)公司创立。大丰公司于2006年建立了技术科创中心,2016年获国家企业技术中心称号;随着企业的发展,于2010年建立了工业设计中心,2015年获浙江省级工业设计中心称号。逐步形成了设计、技术研发协同创新共同推进产品转型产业发展的双核心机构。

(2)设备投入。工业设计中心建立了专业的设计创新团队,2015年投入总额823万元,2016年投入总额853万元,并且拥有500余平方米的设计创新专用区,购置了美国、德国、日本等世界先进设备设施100余台套,中心目前资产总额2182万元。

(3)人员配备。目前,设计中心共有专职设计、研发人员57人,并呈上升趋势,其中教授级高工2人,中心建立了一支多学科的高素质人才梯队,本科以上人员占工业设计中心人数的94.7%以上,专业涵盖多个领域,已初步建立起一支多学科的高素质人才梯队。目前公司工业设计中心拥有独立的演艺设备设计、工艺设计实验、样品试制、产品中试、培训、展示与客户体验等工业设计创新等职能机构。工业设计中心设施完善,人均实验面积、实验室规格、实验设施等均达到国际同行业先进水平，具备了开展相关研究和试验工作的条件。

（4）产学研协同。公司高度重视与外部智力的合作，长期与日本三精输送机株式会社、德国BDT/BBH剧院和会展设备公司、日本KOTOBUKI株式会社等知名公司，以及清华大学、北京理工大学、中国传媒大学、中国艺术科技研究所、浙江大学、浙江工业大学等知名院校开展合作。近三年，公司与浙江大学、浙江工业大学等签订了产学研合作协议，与浙江工业大学签订了共建智能演艺装备设计研发中心协议，与中国艺术科技研究所签订了技术框架合作协议。

2. 机构营运

（1）完善的运行制度。技术中心自成立以来不断地完善中心的制度体系，相继出台了《研发设计人员绩效考核制度》《技术创新和知识产权保护奖励办法》《知识产权奖惩制度》《研发投入核算体系》《专利管理制度》等多项管理制度，为设计研发中心的工作开展提供了制度保证。到目前为止，设计研发中心主要制定了10项管理制度。

（2）充足的经费保障。大丰坚持把技术创新工作放在企业发展的重要战略位置，历年的技术开发投入费用一直保持着较高的水平。研发经费主要来源于公司的税后利润，每年按不少于销售收入的3.50%提取；另有部分研发经费来源于国家、省、市、区等各级政府部门的科技拨款。每个科研项目从立项后就设立项目专项资金，并做到专款专用，保证研发项目的正常进行，以及各种激励政策的落实，充分调动了公司上下重视技术创新的主动性和积极性。

（3）有效的激励机制。技术中心树立以人为本的思想，针对中心的实际情况不断地推出各式各样的激励机制，以激励中心团队和员工的创造性和主动性，现已形成良好的设计创新、成果总结、交流提高及知识产权保护的良好意识和氛围。技术人员经发明创造所产生突出效益的，公司可作为有突出贡献的专业人员，在评定技术职称和岗位时作为破格晋升的条件。

公司还十分重视知识产权管理工作，强化知识产权保护意识。目前，公司有专职的知识产权管理人员，以加强与政府及专利事务所等知识产权管理和保护部门的工作联系，不定期组织相关部门进行专利法律法规及申报管理等方面的业务知识培训，并积极推进知识产权产业化工作。重点加强科研项目中保密管理和涉密资料失泄的防控，以及商标侵权、知识产权纠纷的相关工作。

（4）重视内外部合作。开展产学研合作是企业生存与发展的重要手段，通过利用国内外重点大学及科研院所的科技实力与企业合作开展科研攻关,可使企业在新产品开发和科研攻关方面不走或少走弯路。

为了保持企业持续的创新研发能力,中心将继续保持与各高等院校、科研院所及上下游相关企业的紧密合作关系,紧紧跟踪行业最先进的前沿技术,以市场为导向,不断研发新技术、新工艺,新产品,积极营造企业经济效益、社会效益、环境效益的和谐统一。

（四）技术创新设计实施措施

1. 组织体系建设

中心实行主任负责制,成立了设计专家委员会作为中心的指导机构。中心自成立以来不断地完善中心的制度体系,相继出台了《研发设计人员绩效考核制度》《技术创新和知识产权保护奖励办法》《知识产权奖惩制度》《研发投入核算体系》《专利管理制度》《保密管理制度》《晋升管理制度》《档案管理制度》《激励管理制度》《实验室操作手册》等多项管理制度,为设计中心的工作开展提供了制度保证。

2. 人才队伍建设

中心积极为企业员工创造以创新为特征的宽松的企业氛围,采用以支持和协调为主的领导方式,给予员工自由发挥的空间,允许员工自主决定完成任务的方式。另外,为其提供其创新活动所需要的资源,包括资金、设备以及对人力资源的调用。

在人才培养方面,以培养和造就高水平创新人才为目标,建立完善的人才培养机制,以国家重要科研项目为依托,加强国内外学术交流,营造良好的学术氛围,促进拔尖创新人才脱颖而出,帮助青年学术骨干快速成长,培养员工的创新精神与实践能力,使技术中心形成若干以学术带头人为核心的充满活力的科技创新团队。

为提升各级管理人员的组织管理协调能力和技术人员的业务能力,中心根据各种培训需求组织各种内外培训。培训方式主要包括邀请专家学者到中心做专题培训、由技术中心或公司主要专业技术人员作为讲师进行技术培训或组织员工参加社会培训机构的专业培训。

中心鼓励员工参加在职培训,利用业余时间参加高等学历深造；鼓励员工研究学习本职岗位技能，参加相应的职称培训，考评相应的专业技术职称资格。对完成在职培训的个人，实施奖励。

3. 创新技术设计项目运行

按照公司"文化工程项目投资建设商"的战略发展定位，对内整合"舞台装备、座椅看台、建筑装饰"等产业资源，对外加强同知名设计院、工程建设单位合作，大力推进工程总承包商业模式，提供整体解决方案和工程总包，提升系统集成和增值服务能力。通过开展EPC方式全面进军文体工程项目建设运行一体化，通过PPP模式开展文体设施的建设运营，实现为客户提供"一揽子解决问题"商务模式，提供"交钥匙工程"，从单纯"卖产品"向"卖服务"转型，从"全球领先的文体设施整体集成商"向"全球领先的文体设施整体方案解决商"转型。

在具体产品设计中，运用先进的设计技术展开项目，充分保证产品技术创新设计的合理合适。

| 专栏 8-2 |　　　　大丰遵循的技术创新设计原则

1. 美学设计。大丰产品充分考虑到视觉美学要求。如座椅从精细的材质、精练的线条、优美的外观、丰富的色彩、和谐的环境等多方面体现出美学设计的有机统一。无论传统的民族特色还是创新的时尚风格，都延伸着文化和艺术的结合，让大丰座椅与环境得以和谐统一。豪华、时尚、舒适、人性化，每一款座椅都贴合您最佳的曲线，带给您完美的享受。

2. 人体工程学设计。大丰产品不论地域和文化如何不同，以人体工程学原理结合用户心理需求为基础，从设计到生产、局部到整体、无不尊重用户实际需要，让每一位用户享受到称心如意、舒适健康和非同寻常的尊崇地位。大丰产品根据用户的使用状况与人体工程学原理，实现最舒适坐感目标。背中采用了有合体衬托感的聚氨酯高压发泡材料，靠垫形状3次S形状的背座和靠垫完全符合人的体形需要、保持人体自由的姿势。

3. 专业化创新设计。充分发挥设计人才的创新能力和设计研发中先进技术的支持，追求创新性和实用性的完美结合。

4. 安全设计。由于大丰产品的特性，特别需要注重安全因素。在成品防

> 燃认定材料的基础上，采用具有不燃性、轻量、高压缩、高回复率等特征的聚氨酯冷发泡海绵阻燃纤维面料，可再加防火层（FBL）［聚氨酯海绵］，在安全性上更是得到了保障。
>
> 5. 环保设计。遵循国家环保法，绿色采购法；设计中充分考虑国际环保"绿色环保"的"5R"原则（Reduce, Reuse, Recycle, Regeneration, Rejection），保证在再生再利用方面对环境负荷的轻减。

（五）创新技术和设计成效

1. 创新技术和设计的社会、经济效益

浙江大丰实业股份有限公司作为国家文化与科技融合发展的典型代表，引领着演艺装备行业不断创新发展。大丰突破外企垄断，开辟了中国演艺装备自主研发的新天地。不断开展设计、技术创新，提高产品质量，提供优质的服务。为了迅速提升公司的技术研发能力，获取国际先进技术和成功经验，公司积极跟国内外先进企业合作，将传统产品注入科技元素，不断提升技术含量，竖起了国内乃至国际行业的标杆。

公司研发的柔性齿条升降装置，开创了舞台升降技术的新纪录，达到了国际先进水平；开发的履带式声反射罩，填补了国内空白；自主开发的舞台机械远程监控系统，改变了舞台机械现场控制的模式，开创了舞台机械异地远程网络控制的新纪元，达到了国际领先水平；独创的虚拟现实舞台控制系统，被列入2011年度国家重点新产品。其他如活动看台中的座椅整排翻放装置，独创的公共座椅"三合一"海绵发泡工艺，以及坐垫缓起立、座椅下送风装置等，均填补了国内空白。

2. 创新技术和设计为企业创造的价值

近两年来申请并授权专利155个；取得设计成果10项，其中激光导航智能万向车台、演出效果呈现总控台获得技术进步奖一等奖；三人椅（YX-8180R）、三人椅（YX-8538）、操作台、舞台将控系统宁波发明创新大赛设计优秀奖；《中国出了个毛泽东》实景演出项目舞台机械、灯光、音响系统获国家优质工程奖；中央音乐学院获国家优质工程奖。

多项技术创新填补国内空白、促进行业结构优化，迅速提升了公司的工业设计、技术研发能力，通过积极与国内外先进企业合作，获取国际先进技术和成功经验，将传统产品注入科技元素，不断提升技术含量，竖起了国内乃至国际行业的标杆。技术进步促进企业节能减排和资源节约每年可节约原材料费用 100 余万元，减少"三废"排放 50 余吨，在行业中起到了良好的示范带头作用。

大丰从一开始的国内后起之秀，跳跃式地成为行业内国内第一、国际一流的企业，打破了国际厂商长期垄断中国市场的局面，并实现了大反转，占据了近 8 年我国舞台机械行业近 62% 的市场份额。

3. 主要业绩贡献

（1）演出效果呈现总控台。演出效果呈现总控台是智能演艺装备的核心控制系统产品，该产品围绕增强舞台演出艺术创作力、感染力、表现力与保障力的具体要求，解决了当前舞台机械、舞台灯光、舞台音响等声光电机各控制系统独立设置与协同困难、舞台演出监督监控系统缺失等制约演出行业发展的关键问题，是我国演艺装备行业的重大创新。

（2）演出智能协同双级升降舞台。双级升降舞台属于机电一体化技术领域，涉及机械、信息电子、自动化以及数字多媒体等技术。随着演出场所的多变性和演出艺术效果的创意性需求提升，往往需要在剧场浅基坑中实现舞台长距离升降、升降台置景载人的安全性保障以及舞台运动与灯光、视频之间的创意互动等功能，而原有国内常规升降舞台无法满足日益增强演出需求。

（3）基于虚拟现实技术的人机协同舞台控制系统。项目采用国际先进的实时渲染和人机协同技术构建了一个二层结构的舞台设备控制系统，实现了虚拟舞台场景与传统舞台设备控制的集成，研发了国内首套三维虚拟舞台设备控制系统。

（4）基于远程监控技术的舞台控制系统。该项目引入了国际上领先的实时计算机 3D 图像渲染技术，开发出国内首套具有极高仿真度的三维虚拟舞台设备控制系统。

（5）电视台多功能机械舞台。该项目于 2005 年立项并研制，产品自开发以来，在中央电视台、北京电视台、四川电视台、吉林电视台、新疆电视台、江苏电视台、黑龙江电视台、合肥广电等全国各大省市电视台演播厅使用，各种技术性能指标均达到了设计要求，产品质量稳定、运行安全可靠、操作使用方便、维修便利简单、功能设施齐全、技术含量高，得到了用户的一致好评。

近两年创新技术和设计成果列表如表 8-1 所示。

表 8-1　　　　　　　近两年创新技术和设计成果列表

获奖作品	获奖名称	获奖时间	授奖部门（或机构）
激光导航智能万向车台	技术进步奖一等奖	2016.09	中国演艺设备技术协会
演出效果呈现总控台	技术进步奖一等奖	2015.08	中国演艺设备技术协会
三人椅（YX-8180R）	宁波发明创新大赛设计优秀奖	2015.12	宁波知识产权局
三人椅（YX-8538）	宁波发明创新大赛设计优秀奖	2015.12	宁波知识产权局
操作台	宁波发明创新大赛设计优秀奖	2016.12	宁波知识产权局
舞台监控系统	宁波发明创新大赛设计优秀奖	2016.12	宁波知识产权局
《中国出了个毛泽东》实景演出项目舞台机械、灯光、音响系统工程	优质工程奖	2016.08	中国演艺设备技术协会
中央音乐学院	国家优质工程奖	2016.12	中国施工企业管理协会
近两年主要设计成果产业化情况			
项目名称	客户企业	完成交付时间	设计成果产业化及效果
升降翻转舞台研发	浙江横店影视城清明上河图景区服务有限公司	2015.09	2015 年实现销售收入 796 万元
双向移动可换位车台	重庆绿岛新区管理委员会	2015.06	2015 年实现销售收入 3334 万元
演播室 HangSys 智能吊挂系统技术	浙江广播电视集团	2015.07	2015 年实现销售收入 791 万元
悬挂式球面反声板	唐山大剧院	2015.09	2015 年实现销售收入 6301 万元
多机运动智能控制双级升降舞台	吉林市政府投资建设项目管理中心	2015.11	2015 年实现销售收入 8068 万元
基于 5G 频段的无线遥控轨道飞行器	濮阳大剧院	2016.11	2016 年实现销售收入 826 万元
舞台多路调光智能控制系统	青海师范大学	2016.10	2016 年实现销售收入 1574 万元
座椅台车的旋转移动技术研发	广西文化艺术中心	2016.12	2016 年实现销售收入 1717 万元

续表

项目名称	客户企业	完成交付时间	设计成果产业化及效果
多功能会堂剧院座椅	江苏大剧院	2016.09	2016年实现销售收入620万元
多维运动LED屏	濮阳大剧院	2016.11	2016年实现销售收入2100万元

近两年代表性专利、版权及其他著作权获得情况					
产品或项目名称	专利名称	专利号	权利人	授权单位	授权时间
多机运动智能控制双级升降舞台	舞台安全防护监控系统	ZL201310143166.4	浙江大丰实业股份有限公司	国家知识产权局	2015.04.08
多机运动智能控制双级升降舞台	舞台防跌落安全监控系统	ZL201310159926.0	浙江大丰实业股份有限公司	国家知识产权局	2015.07.08
多机运动智能控制双级升降舞台	舞台监控系统	ZL201310143098.1	浙江大丰实业股份有限公司	国家知识产权局	2015.07.15
多机运动智能控制双级升降舞台	舞台升降机构安全控制系统	ZL201310155535.1	浙江大丰实业股份有限公司	国家知识产权局	2015.01.21
多机运动智能控制双级升降舞台	舞台升降机构提醒系统	ZL201310153150.1	浙江大丰实业股份有限公司	国家知识产权局	2015.10.21
多机运动智能控制双级升降舞台	演艺场馆用的多级升降机构	ZL201420652130.9	浙江大丰实业股份有限公司	国家知识产权局	2015.02.21
座椅台车的旋转移动技术研发	地形自适应复式万向轮	ZL201520545417.6	浙江大丰实业股份有限公司	国家知识产权局	2016.01.06
应用于活动看台的电动连杆支座翻放技术的开发	安装于基座的扶手及椅背联动折叠椅	ZL201420794355.8	浙江大丰实业股份有限公司	国家知识产权局	2017.02.12
双向移动可换位车台	双向移动可换位车台	ZL201410009520.9	浙江大丰实业股份有限公司	国家知识产权局	2016.01.27
双向移动可换位车台	舞台面板移动锁定装置	ZL201420053412.7	浙江大丰实业股份有限公司	国家知识产权局	2016.02.03
演播室HangSys智能吊挂系统技术的开发	演播厅智能吊挂控制系统1.0	2015SR030792	浙江大丰实业股份有限公司	国家知识产权局	2015.02.12

续表

近两年代表性专利、版权及其他著作权获得情况					
产品或项目名称	专利名称	专利号	权利人	授权单位	授权时间
演播室HangSys智能吊挂系统技术的开发	一种可升降、平移、翻转的铝合金衍架	ZL201420673835.9	浙江大丰实业股份有限公司	国家知识产权局	2015.03.18
演播室HangSys智能吊挂系统技术的开发	一种可升降、平移、翻转的铝合金衍架	ZL201410635074.2	浙江大丰实业股份有限公司	国家知识产权局	2017.02.15
基于5G频段的无线遥控轨道飞行器	基于5G频段的无线遥控轨道飞行器	ZL201510283018.1	浙江大丰实业股份有限公司	国家知识产权局	2017.03.22
舞台多路调光智能控制系统	一种基于云的舞台多路调光系统	ZL201520593432.8	浙江大丰实业股份有限公司	国家知识产权局	2016.03.09
多功能会堂剧院座椅	一种带有送风调节系统的座椅	ZL201520789508.4	浙江大丰实业股份有限公司	国家知识产权局	2016.02.10

（六）典型的示范意义

大丰公司已被认定为宁波技术创新和设计主导型工业示范企业，并作为主要发起人之一筹建成立了余姚市工业设计联合会，为推动宁波工业设计发展，为舞台装备行业大发展做出了积极的贡献。在以创新技术和设计研发推动舞台装备产业发展方面有值得借鉴的经验。

1. 建设较完善的技术创新和设计软硬件条件

建立工业设计中心、技术中心双核心机构，成立了设计专家委员会、技术专家委员会作为中心的指导机构，建立了完善的中心制度体系。中心拥有独立完备的演艺设备设计、工艺设计实验、样品试制、产品中试、培训、展示与客户体验等创新机构。

2. 高度重视与外部设计智力的合作

对各种资源进行整合，与日本机械舞台行业三精输送机株式会社合作开发舞台机械，与专业从事舞台机械设备、舞台电气控制设计的德国BDT/BBH公司进行舞台机械控制系统的合作研发，与目前全球最大的专业从事剧院会堂、体育场馆等装备设计、生产、安装的跨国公司日本 KOTOBUKI 株式会社进行合作研发，与全国高校、科研院所的合作广泛开展产学研合作。通过合作引进吸收国内外先进管理措施、设计方法、先进技术，促进了企业全面的转型发展。

3. 商业发展模式的创新

通过建立了技术中心和设计中心双核心机构，引进吸收消化国内外先进技术，特别在智能控制技术上获得了长足的进展。通过先进技术支撑设计的无限可能性和可行性，满足不同市场特别是高端用户的需求。

通过开展 EPC 方式全面进军文体工程项目建设运行一体化，通过 PPP 模式开展文体设施的建设运营，实现为客户提供"一揽子解决问题"商务模式，提供"交钥匙工程"，从单纯"卖产品"向"卖服务"转型，从"全球领先的文体设施整体集成商"向"全球领先的文体设施整体方案解决商"转型。

二、案例：宁波永发智能安防科技有限公司

（一）公司概述

1. 基本情况

宁波永发集团有限公司创立于 1988 年，总部位于浙江宁波，是目前国内集研发、生产、服务于一体的专业化生产实体安防和金融产品的企业，拥有中国保险箱行业标志性品牌的荣誉。其是目前中国最大的保险箱生产基地和创汇基地之一。倡导并践行"学会做好人，顺便赚点钱"的企业核心价值观，体现了强烈的利他精神与境界，以"为社会创造更大价值"的企业宗旨为己任，彰显强烈的社会责任感与共赢、持续的理念，把"做世界保险箱行业领航者"作为愿景目标，体现了其孜孜不倦的追求和远大理想。

2. 技术能力

永发是国家高新技术企业，拥有省级研发中心，并成立了永发工业设计中心。目前拥有技术专利近 200 项，参与了《防盗保险箱》行业标准修改与制定，多项产品获得了欧洲 CE、SP 等国际上质量权威检测机构认证；通过美国 UL 质量检验检测和 ISO14001 环保体系认证。

永发集团永发自主研发出 C 级保险箱、防盗防火保险柜、国际主流的防磁

保险柜等一系列高端产品填补了国内科研的空白，永发枪柜成为智能网络枪柜标准的订制者与起草者之一，其智能枪械柜还服务于奥运射击场馆和60周年国庆阅兵仪式，成为从"中国制造"走向"中国智造"的优秀代表，在国际舞台上赢得了广泛的知名度和影响力。

永发在宁波、南宁、钦州建有8大生产基地。产品畅销于美国、德国、英国、法国、澳大利亚等110多个国家和地区，先后进入了德意志银行、荷兰ING保险公司、皇冠假日、喜来登国际顶级连锁酒店；国内政府、银行、部队、中石油、中国移动等。

| 专栏 8–3 |　　　　　　主要产品

作为一家专注于安防产品的杰出民营企业，28年来在实践中稳健成长，成为中国改革开放成功推进的标杆性企业。

1. 至今已开发出包括保险柜、智能枪械柜、金库门、防盗门、智能锁具、ATM机等安防、金融产品在内的6大类（附：防火、防盗、防磁、防盗防火、多功能媒体柜）；

2. 9个系列，酒店保（险）管箱、商务保（管）险箱、文件柜、枪柜、车载保险箱、金库门、ATM机、投币柜、智能点钞机系列；

3. 酒店保（险）管箱、商务保（管）险箱、文件柜、枪柜、车载保险箱、金库门、ATM机、投币柜、智能点钞机等300多个品种规格的产品。

公司拥有全球最齐全最专业的产品群，有能力满足社会各阶层的需求。

（二）企业发展的驱动因素

1. 社会环境因素——高科技智能技术的发展推动安防产业发展

安防行业发展规模进入21世纪，中国安防安全技术防范产品行业又有了进一步的发展。智能建筑、智能小区建设异军突起，以及高科技电子产品、全数字网络产品的大量涌现，都极大地促进了技防产品市场蓬勃发展。中国正在发展成为世界上最庞大的安全防范产品市场已是不争的事实，安防产业日渐成为中国经济建设领域里一支十分重要的生力军。中投顾问发布的《2017～2021年中国智能安防行业深度调研及投资前景预测报告》数据显示，2015年我国安防行业总产值达到4860亿元，安防产业在国内生产总值占7‰，行业增速保持在13%，国内安防市场的增速高于全球。增速虽快，但各类安防企业达到23400家，从业人数达到166万人，市场竞争趋于饱和。

2. 产业发展因素——智能家居的发展推动安防产品智能化创新

从目前来看，智能家居市场的发展速度要显著超前于民用安防市场，目前在智能家居领域已经开始形成共通的产品设计理念，事实上的行业标准（如总线标准）也趋于集中化，产品之间的关联也做得很好，整个智能家居系统的概念慢慢清晰。

但这些都是基于企业个体长时间在摸索过程中慢慢总结出来的，整个智能家居领域和民用安防领域还缺乏由上而下的学术性发展研究和引导，很多企业都是想当然地在做，没有行业层面上的规范和标准。

在高端的项目型智能家居市场，智能化应用的理念和产品的概念相对会更多，在整个的家居环境和与安全有关的联动控制里，需要很多的智能化技术去提升家庭安全防护的等级。从现在智能家居系统发展的趋势看，未来更普遍的是多系统的整合和多产品的应用，包括家庭应用的水净化、空气净化等。智能家居的智能化之路正在加速，无论系统还是单品都是如此，在未来预期市场将持续走强。

3. 企业发展需要——市场的激烈竞争，促使企业自主创新设计

随着经济全球化进程的日趋深入，保险箱行业面临着更加激烈的市场竞争。作为行业的标准制定者，行业高速的发展、市场的需求变化带来的不仅仅是冲击和挑战，更多的是展示了这个行业前所未有的机遇。未来保险箱将朝着智能化、简单化、家居化的方向发展，永发将继续坚持高标准、高品质、零缺陷的理念，不断走创新、发展之路，保持在保险箱行业的龙头地位，力争成为"世界保险箱行业领航者"。

（三）创新技术和设计机构的建设

设计机构概况如下。

（1）设备投入：工业技术创新和设计中心建立了专业的设计创新团队，2015年投入总额258.6万元，2016年投入总额223.8万元，并且拥有245余平方米的设计创新专用区，购置了美国、德国、日本等世界先进设备设施，中心目前资产总额 568 万元。

(2) 人员配备。目前,设计中心共有专职设计、研发人员 27 人,并呈上升趋势,其中教授级高工 1 人,高级工程师、工程师 15 名,中心建立了一支多学科的高素质人才梯队,本科以上人员占工业设计中心人数的 70% 以上,专业涉及涵盖多个领域,已初步建立起一支多学科的高素质人才梯队。

永发工业设计中心如表 8-2 所示。

表 8-2 永发工业设计中心 单位:万元,平方米,个,%

	工业设计中心名称	永发工业设计中心		
基本情况	资产总额	568	两年净增	16
	职工人数	27	两年净增	1
	场所面积	245	两年净增	25
	中心性质	独立核算☐		非独立核算■
专业人员	工业设计从业人数	27		
	其中,本科及以上学历人员数(含工业设计师及以上职业资格人员、中高级专业技术职务的人员)和占比	70.4%		
	复核期主要指标	2015 年	2016 年	两年总额
投入情况	投入总额	258.6	223.8	482.4
	占企业 R&D 支出比重	33.6	36.9	35.2
	其中,设计人员经费支出	146.6	135.6	282.2
运行情况	中心运营经费支出	42.6	46.4	89
	其中,培训费用	16.2	12.1	28.3
	工业设计服务外包额	0	0	0
	承担工业设计项目数	2	2	4
	其中,完成项目数	2	2	4
	产业化项目数	2	2	4
	拥有自主知识产权成果数	12	14	26
	其中,产业化成果数	2	2	4
	工业设计成果转化值	11452.9	10577.4	22030.3
	专利授权数	9	11	20
	其中,发明专利数	6	0	6
	版权授权数	0	2	2

(四) 技术和设计创新实施措施

近两年来，公司主要经济指标每年将以 10% 以上的速度增长，在智能保险柜、智能枪柜和"互联网+"等主导产品上取得明显成效，投入研发费近 2000 万元。

通过外引内培，引进高素质工业设计人员 5 名，加快内部研发、技术人员培养，同时进一步完善了设计人员绩效考核机制和新产品奖励政策，激发了设计人员工作积极性，缩短开发周期，提升新产品开发成功率。

充分利用外部大专院校、科研机构及其他机构的研发优势，创建创新联盟，通过入股、参股等方式，融入创新联盟，提升企业研发能力。

把握产业发展方向，并协同营销部门研究细分市场，挖掘客户深层次需求，拓展产品线，根据公司 2016~2020 年永发集团第五个新产品开发五年规划及 2017 年新产品开发规划，加快开发新兴电子商务等新渠道的专供产品。

1. 设计项目运行

承担了"68BL3C 智能化金钢扣防盗保险柜"国家重点新产品项目和"YB1200 型高性能防火枪械柜"等 3 项国家火炬计划项目、"FDG－A1/D－50BL3C 机械电子复合保险柜"产业技术成果转化项目及国家中小企业专项资金项目等。主持《枪支弹药专用保险柜》（GA1051－2013）、《防盗保险箱》（GA166－2006），参与国家标准《防盗保险柜》（GB10409－2017）、行业标准《家用保管箱》（QB/T4719－2014）及团体标准《企业创新评价体系》（T/CGCC6－2017）、浙江制造标准《海钓用旋压式鱼线轮》等修订，引领行业健康发展，每年成果转化值超过 1 亿元，为公司的持续发展作出重要贡献。

2. 设计创新成效

从机械保险到智能保险再到网络智能保险，从商用柜到家用柜再到枪械特用柜等，保险柜通过创新设计一步步从制造走向智造，成长为保险柜行业具有示范性意义的标杆企业。

永发始终走在行业的前列，通过创新设计为企业带来一次次的转型升级发展，一步步打造出坚实的品牌。正因如此，也拥有了以下殊荣：在全行业内，第一个通过了 ISO 9001 国际质量体系认证；第一个成为"国家级高新技术"企业；第一个通过 CE、SP、UL 等国际权威认证；第一个获得"中国名牌"称号；

第一个成功开发智能网络枪械保险柜，进驻过北京奥运场馆，入选60周年国庆大阅兵，并且成为公安部智能网络枪械保险柜行业标准的起草者和制定者之一。

设计创新为企业创造的价值如表8-3所示。

表8-3　　　　　　　　设计创新为企业创造的价值　　　　单位：万元，平方米，个，%

近两年设计成果获奖情况			
奖项名称	获奖作品	获奖时间	授奖部门（或机构）
北仑区科学技术进步奖	QDG/Z-I-YF175-1智能枪支弹药专用保险柜研发及产业化	2015.8	北仑区人民政府
宁波市科学技术奖	QDG_Z-I-YF175-1智能枪支弹药专用保险柜技术及产业化	2016.1	宁波市人民政府
宁波市重点工业新产品	D-80BL3C-3电子式防盗保险柜	2016.2	宁波市经济和信息化委员会
近两年主要设计成果产业化情况			
项目名称	客户企业	完成交付时间	设计成果产业化及效果
BL3C系列保险柜	国内企事业单位	2015年4月	成果转化，实现销售收入3141.7万元
S-7枪柜	美国STACK-ON	2015年4月	成果转化，实现销售收入8311.2万元
B系列保险箱	国内企事业单位	2016年2月	成果转化，实现销售收入2418.6万元
枪柜	欧盟及美国客户	2016年2月	成果转化，实现销售收入8158.8万元
近两年专利、版权及其他著作权获得情况（列出15项）					
产品或项目名称	专利名称	专利号	权利人	授权单位	授权时间
S系列枪柜	一种防夹手的柜门	201210408684.x	宁波永发智能安防科技有限公司	国家知识产权局	2015.3.18
B系列保险箱	保险箱锁具应急开启结构	201010197722.2			2015.4.8
S系列枪柜	保险箱搁物的高度调节改良机构	201010197715.2			2015.5.6
B系列保险箱	四角锁定保险箱	201010197734.5			2015.5.6
B系列保险箱	左右双向开门保险箱	201010192748.8			2015.5.27
B系列保险箱	一种箱门锁定结构	201310084742.2			2015.7.15
	一种智能保险箱	201520699227.x			2016.3.9

续表

产品或项目名称	专利名称	专利号	权利人	授权单位	授权时间
枪柜	枪弹柜用自动弹出抽屉	201620127827.3	宁波永发智能安防科技有限公司	国家知识产权局	2016.10.5
	一种钥匙孔的遮挡结构	201620587583.7			2016.11.2
枪柜	双向可调节的长枪托架及具有该托架的长枪存放结构	201620049869.x			2016.11.30
智能枪柜	一种能远程实时监控状态的保险箱	201620715319.7			2016.11.30
S系列枪柜	一种门禁控制系统	201620744509.1			2016.12.7
	电机离合把手	201620586155.2			2016.12.28
—	方便与机械锁体结合的锁芯控制机构	201620629928.0			2016.12.28
—	锁芯防尘盖	201620704080.3			2016.12.28

（五）典型的示范意义

1. 抢占先机，创建标准

自1998年开始，经过10年的发展，永发枪柜逐渐占领市场局势，因此也使永发成为智能网络枪柜标准的订制者与起草者之一。

1998年5月，当永发北京办事处拿下北京通州公安分局的120台枪柜的订单时，令永发所有人看到了枪柜的潜力，一直主打商用保险箱的永发从这里开始了生产枪柜之路。

1999年，永发集团成为吉林省试制枪柜的起草企业，并随后首次在吉林省枪支管理设备中使用。永发曾给吉林公安厅制造枪柜样品，不论在技术要求还是结构、工艺处理或是包装等的细节处理方面都极尽完美。在其后的几年里，永发先后在长春、昆明、上海等市场渐渐取得了一定的成绩，获得了初步的市场份额，国内枪柜市场开始走上小规模化的道路。

2005年，永发枪柜开始跨越到部队，2006年永发又为某警卫师各连队配发156台枪柜；2008年，永发枪柜还被某市公安局治安总队列为首选品牌，使用到各放射源企业、危险物品、射击场馆；2009年，为北京某护卫中心配发280

余台永发枪柜、弹柜。几年的时间,永发枪柜市场的辉煌已跃然纸上,树立起了自己独有的竞争优势,其强大的客户群见证着永发不断向上的力量。

2. 紧盯市场、紧跟技术,展开差异化创新

2007 年研制开发出智能枪械柜,显示出永发枪柜设计的专业与强势之处,通过及时迅速的产品设计研发,满足了市场需求,吸引了高端客户群体。2007 年,永发智能指纹枪柜发往某警卫部队,其后被成功用于 2009 年国庆阅兵仪仗队,成为中国保险箱行业服务国庆阅兵的代表企业,在枪柜市场上打出了最漂亮的一杆。2008 年,永发又在行业中亮出了最有含金量的招牌,永发智能枪柜被运往北京体育大学,服务于奥运场馆,再次成为保险箱业的骄傲,诠释着一个枪柜"王中王"的角色。

3. 智能制造实现美好设计

永发不管在技术要求还是结构、工艺处理或是包装等的细节处理方面都极尽完美。智能化设备如自动喷涂机械手实现自动化喷塑,使保险箱表面色泽均匀靓丽,同时改善工艺操作环境,显著提高喷涂成形工艺的质量和稳定性。无缝激光切割机使保险箱达到小于 2 毫米的微缝状态,提高产品精度和稳定性。

制造设备通过网络化链接,使整个生产环节实现全程智能化。网路智能化的生产为高技术在设计上的应用提供了可能,使产品具有了更广阔的想象空间,每一件产品都成为设计师在精细深耕后融入的"匠心"之作,更赋予产品以生命的意义,展现其智能化、艺术化、情感化。

三、案例:宁波欧琳厨具有限公司

(一)公司概述

1. 基本情况

欧琳创建于 1995 年,是国内最早进军厨具行业、专业设计力量最强大、厨具产品线最丰富的国际化企业之一。欧琳自创办伊始就具有欧洲品牌风格,首先,全套引进德国、意大利、瑞士、西班牙等国家先进设备,选用优质、高档绿色环保材料,实行科学化管理。OULIN 欧琳将生产的每个环节都纳入 ISO 9001:2000 质量管理体系、ISO 14001:2004 环境管理体系,从工艺、品质上保障细节的精致与完美。同时，通过分批引进欧洲资深设计师、管理专家，对生产流程进行全程监控。其技术创新和设计理念从"为您提供更有品质的家"和"打造家的温馨第一站"，到倡导"一站式厨房"，致力于引领厨房发展新趋势。

2. 技术能力

以资深德籍设计师 KOST 为首的欧琳国际化研发团队，携手德国包豪斯大学、中国科学院、中国流行色协会、中国美院、同济大学等国内外科研机构和院校协同创新。目前，欧琳在国内设有上千完善的营销、服务网点，在全球 60 多个国家和地区，220 个城市，上百万户家庭正在使用欧琳科技、美学厨房。欧琳的产品荣获 B.I.D"国际质量之星奖""欧洲国际质量金星奖""中国创新设计红星奖金奖"，房地产界的奥斯卡奖"金砖奖""中国名牌""中国环境标志"，令人瞩目的殊荣及市场美誉度，使欧琳跨入业界领军行列，成为一个将制造美学和工业设计完美转化为生产力的企业样本。

3. 主要产品

OULIN 主要产品线有家用橱柜、厨电和水槽，根据不同人群的饮食习惯及人体工程学原理，将厨房文化和世界最新设计理念融于一体，为消费者量身定制最适合实际需求的厨房产品。OULIN 智能橱柜、OULIN 一体化嵌入式厨房电器、OULIN 健康环保水槽，以其精湛的设计与制造工艺、先进的技术创新、严谨的生产管理、卓越的操作性能以及前瞻的环保理念，为消费者创造出独特功能和氛围的厨房空间。

（二）企业发展的驱动因素

1. 社会环境因素——新经济时代催生厨具产业创新

我们现在正处在新经济时代，也被称为知识经济时代，是信息革命催生了这个时代，由此可见，"科技创新"是新经济时代的一个重要内容。从总体上来看，经济的增长主要依靠科技创新，由信息技术作为支撑而进行的科技创新速度更快，对于经济增长的贡献也更大了。

新经济时代，人们在选购产品时不再单一地追求物质需要，而是变得异常挑剔，"货比三家"比的也不单单是价格，还要看商品的质量、外观是否美观、样子是否可爱、自己是否喜欢等，有的产品即便价格在同类产品中较贵，可是它有着与众不同的外观，或附加了新的功能等，这种产品在当今众多的产品市场中总是能够脱颖而出。由此可见，设计创新就成为提升产品价值非常重要的元素之一。

新经济时代新材料再也不是遥不可及的事物了，它们得到了广泛运用。这一时期，材料科学向着复合化、智能化发展，各种精细陶瓷、纳米材料和复合材料都活跃在生活的各个角落，我们再也不觉得这些材料陌生了。从历史上来看，材料的发展是其他领域发展的基础，新材料产业化的推广会带动世界范围内的产业革命。在新经济时代的各项科学发展中，材料的进步毫无争议地位居首位。

在厨具设计中常用的材料有不锈钢、玻璃、陶瓷、塑料、铝合金、铸铁等，在很长一段时间里它们一直活跃在厨具设计中。新材料的开发利用将彻底改变这些材料在厨具设计中的地位。

多媒体技术、虚拟现实技术在生活中的很多领域已经十分活跃了，但是，它还从未进入厨具设计中来。厨房作为家居生活中交流情感、休闲娱乐的一个重要场所，被称其为室内的"起居空间"，人们希望在厨房里一边工作，还能一边做着其他事情，看电视、上网、聚会、听音乐等活动。德国倍福公司设计的SieMatic S2厨房就很好地诠释了厨房将成为起居空间的崭新概念。极简现代的风格和超凡的设计以及先进科技的应用，都令这套厨具在众多的传统厨房中脱颖而出。流畅的线条和简洁的空间布局，高品质的选材以及嵌入式多媒体设计，真正将厨房与起居空间融为一体。做饭和吃饭再也不只是简单地满足生理需要了，而是人们放松身心和沟通交流的重要活动。在这里，您可以与家人或朋友聚在一起，尽情地享受美食、聊天、放松身心、享受高品质的音乐，甚至电视等娱乐节目所带来的愉悦。

进入新经济时代，厨具产品除去使用功能外，附加值评价的标准包含两个方面：一方面看厨具产品科技信息含量的多少；另一方面看厨具是否满足人们的心理需求，能够在精神层面上给予多大的关爱。在新经济时代，由于社会因素，消费者需要在精神上释放压力，寻找童年时的生活乐趣，要求所使用的产品应该具有一定的情趣化。受到传统设计方法的限制，厨具情趣化设计虽然有，但是多从形态的卡通、拟人化去设计，很少利用科技手段进行设计。

2. 产业竞争因素——电商时代加剧全球厨具市场竞争

近年来，全球厨具生产能力开始逐步从欧美等发达国家向发展中国家转移，中国、印度等新兴发展中国家经济持续增长，技术水平和制造水平迅速提高，同时拥有劳动力价格优势，目前已发展成为全球厨具行业的重要生产基地。

(1) 国际竞争格局：国际厨具行业的竞争格局主要集中于少数大型厨具生产企业之间。大型厨具企业依靠自身在产品研发、设计、品牌等方面的优势，利润率相对较高，大型厨具企业除了保留小部分产品的生产外，大部分产品通过在其他生产成本较低的国家和地区设立的生产基地提供或由合作厂商提供，自身成为设计者、品牌运营商和进口批发商。中小型厨具企业则基本集中于本地市场或成为大型厨具企业的合作厂商。欧洲和北美地区是厨具生产和销售比较成熟的地区，居民收入水平和消费档次较高，对厨具的需求量和品质相对要求较高。

近年来，全球厨具生产能力开始逐步从欧美等发达国家向发展中国家转移，中国、印度等新兴发展中国家经济持续增长，技术水平和制造水平迅速提高，同时拥有劳动力价格优势，目前已发展成为全球厨具行业的重要生产基地。

(2) 国内竞争格局：我国厨具市场中品牌格局较为明显。目前，在厨具产品中，一线阵营包括方太、欧琳、华帝、万家乐、万和、老板、帅康等品牌，除方太的领先优势略为明显之外，其余品牌相互之间的差距仍不是很大，没有任何一个品牌形成绝对优势，厨具行业没有领军品牌的局面已持续多年。二线阵营包括西门子、海尔、樱花、德意等品牌，其中西门子和海尔通过在白电行业的品牌积累，在切入厨具市场后具有一定的品牌号召力，樱花和德意由于产品线单一，品牌影响力稍弱。

2010~2015 年我国家用厨房电器制造业的市场规模从 815.04 亿元增长至 1140.90 亿元，年复合增长率为 6.96%，其中大型厨房电器产品（烹饪类）市场规模从 536.54 亿元增长至 732.50 亿元，年复合增长率为 6.42%；小型厨房电器产品（烹饪类）市场规模从 161.07 亿元增长至 256.54 亿元，年复合增长率为 9.76%；其他类厨房电器产品的市场规模从 117.43 亿元增长至 151.87 亿元，年复合增长率为 5.28%。从结构上看，大型厨房电器产品（烹饪类）占据了绝大部分市场份额，2015 年我国大型厨房电器产品（烹饪类）市场规模占比为 64.20%，同期小型厨房电器产品（烹饪类）和其他类厨房电器产品的市场规模占比分别为 22.49% 和 13.31%。

3. 企业发展因素——全球化视角下的技术创新

欧琳基于其全球领先战略，推动其全球化产品研发战略运营模式，为欧琳品牌卓越运营模式进行全球领先的研发生产力集成，形成领先于所有竞争对手的快速准确高价值的整体集成家居服务型研发模式，力争未来成为全球领先品牌。

欧琳公司从德国、意大利引进的大型电子开料锯、重型封边机、多功能排钻、组装机、热塑包装机等自动化、数字化的先进设备，能够满足整体橱柜生产的不同需求，拥有当今世界先进的整体橱柜生产线。公司全面运用ERP信息制造系统，推进公司生产的信息化建设，不断提升制造能力。欧琳橱柜组建了以德籍资深设计师卡尔·昆特·考斯特（Karl Günter Kost）为首席设计师的专业化设计团队。在欧琳厨房研究所，有来自德国、意大利等地的国际知名厨房设计专家和工艺管理师在此工作，将国际厨房流行趋势带进中国，致力于实现中国厨房生活的现代化、智能化、环保化和人性化。欧琳已经拥有了180多项中国国家专利。

欧琳与Bauhaus Universität（德国包豪斯大学）、中国科学院、同济大学、中国流行色协会、中国美院进行合作。欧琳品牌经过欧琳人的多年打造，以欧式设计为风格，将欧洲的厨房设计结合中国消费者的偏好，成功地树立高端品牌形象，尤其以欧琳水槽有很高的知名度。与国内优秀的设计院校合作，每年定期合作院校的工业设计系学生来欧琳设计中心学习和实习，培养优秀的储备人才。与湖南大学合作，研究中国饮食文化以及未来3~5年，未来厨房的消费者研究。与国内顶尖的工业设计工作室合作，研发新品，同时也是企业内部设计师与外部设计互相学习和沟通的又一次思想上的碰撞。与国外知名设计公司劳斯莱斯、乔治亚罗合作，共同研发国际化的厨具产品。

2012年公司计划引进中国工程院院士、中国机械工程学会工业设计分会主任委员徐志磊，在公司建立了徐志磊院士工作站，与徐志磊院士团队共同培养科技创新人才，组织设计人员参加各类培训，组织设计人员参观德国科隆展览，去国外优秀的工业设计工作室参观，充分利用徐院士在工业设计等方面的优势资源，贴合公司在工业设计创新发展需求，形成企业与院士专家合作交流的长效机制，推动企业成为全球顶级精品生活方式引领者的步伐，并借助公司作为行业标杆企业的品牌效应，以整合设计模式为设计创新思路的发展理念。

（三）技术创新和工业设计机构的建设

1. 机构概况

欧琳集团集成全球领先的研发生产力，形成领先于所有竞争对手的快速准确高价值的整体集成家居服务型研发模式，立志于推动欧琳成为全球领先厨具品牌。

集团公司的工业创新设计中心是2004年成立的，工业设计人数56人，由创新设计中心、技术中心、战略推进中心（集团创新系统的管理和推进）3个大块组成。其中创新设计中心分别由工业设计室、电器设计部、水槽设计部、厨具设计部、色彩实验室、材料实验室、模型制作中心组成。技术中心包括实验室、结构和工艺研发中心、检测中心、技术资料室。战略推进中心包括战略企划研究中心、专利中心、标准中心、培训中心。

2. 基本情况一览表

宁波欧琳厨具工业创新设计中心如表8－4所示。

表8－4　　　　　宁波欧琳厨具工业创新设计中心　　　单位：万元，平方米，个，%

	工业创新设计中心名称		宁波欧琳厨具工业创新设计中心		
基本情况		资产总额	无	两年净增	0
		职工人数	56	两年净增	25
		场所面积	4500	两年净增	0
		中心性质	独立核算□非独立核算■		
	专业人员	工业设计从业人数	56		
		其中，本科及以上学历人员数（含工业设计师及以上职业资格人员、中高级专业技术职务的人员）和占比	76%		
投入情况		复核期主要指标	2015年	2016年	两年总额
		投入总额	843	1042	1885
		占企业R&D支出比重（%）	28	32	30
		其中，设计人员经费支出	448	504	952
运行情况		中心运营经费支出	395	538	933
		其中，培训费用	84	101	185
		工业设计服务外包额	10	21	31
		承担工业设计项目数	52	75	127
		其中，完成项目数	45	70	115
		产业化项目数	42	63	105
		拥有自主知识产权成果数	30	40	70
		其中，产业化成果数	26	35	61
		工业设计成果转化值	5107	6325	11432
		专利授权数	30	40	70
		其中，发明专利数	0	3	3
		版权授权数	0	0	0

3. 机构营运

欧琳集团创新设计中心通过运营模式创新，以用户生活方式研究与设计创新贯穿整个研发系统，超前及共性技术研发和推进，推进集团创新系统。机构运营的重点是创新建设、有效投入、设计成果等指标完成情况，以及组织体系建设、运营模式创新、人才队伍建设等规划实施情况。设计中心的创新建设关注用户生活方式研究与设计创新，超前及共性技术研发和推进，集团创新系统的管理和推进。

欧琳集团设计中心有着明确的技术路线和管理路线的双跑道发展战略，第一是技术专家—技师—高层技术成员—欧琳院士。第二是职员—小组领导—经理—高层次主管—主任—副总裁。有了两个方向，给了中心人才的一个职业规划，以及自己喜好的偏向，让设计师们更加发奋向前。设计中心与徐志磊院士团队共同培养科技创新人才，组织设计人员参加各类培训，组织设计人员参观德国科隆展览，去国外优秀的工业设计工作室参观、交流心得、互相学习。全方位地规划并执行人才培养、技术应用、设计创新、企划管理等创新发展路径，取得良好的运行效果。

（四）工业技术创新和设计实施措施

1. 组织体系建设

根据欧琳集团的要求，将各个事业部的研究中心联系起来，资源共享，研发成果共享。通过矩阵式组织结构来进行技术研发和设计管理。具体讲有两条管理路线：产品线和资源线。其中产品线是由研发、测试、市场等不同部口的人员共同组成，这个团队贯穿整个产品研发的过程，由任命的产品经理负责组织产品研发团队（PDT）进行产品的研发、测试和技术支持等工作的组织协调。资源线包括研发部、测试部、市场部等专业职能部口。资源部门的经理可根据项目的实际情况进行人员安排和调配，还要负责组织必要的技术培训和指导工作，提高部门员工的工作技能，在工作中圆满地完成所承担的任务。

2. 人才队伍建设

引进德籍资深设计师，带领和指导设计师开展工作，培育了具有国际视野的设计团队，定期派遣设计团队到欧洲考察学习，掌握行业前端资讯，保持国际领先性，坚持对厨具产品的人性化、智能化、国际化研发，为厨房向科学化、艺术化发展奠定基础。

通过完善创新设计产学研合作机制，加强与行业、高校的合作，开展讲座、演讲、工作坊等多种活动，注重外部人力资源的引入，提升设计技能人才能力；通过与高校合作，发挥院校专家教授与自身企业优秀设计师的专长，建立长效人才培养计划，依托徐志磊院士团队的"双创"平台，共同培养设计师专家，通过链接全球设计师资源和制造企业设计需求的"大数据"，通过有效地组织和管理，实现设计需求和设计师的双向对接。

3. 设计项目运行

集团工业设计中心着重于下列领域的技术进行自主研发和创新：网络家电技术、控制技术、集成电路、环保、节能技术、智能家居集成技术、新材料、工业设计等。其主要职责是跟踪、分析和研究与集团发展密切相关的超前3～5年的技术，同时推进这些技术的产业化转化工作，形成新的高新技术产业。

每年推出一款使用新材料的产品；将新的技术运用到产品中去，制订相应的技术策略；将物联网的技术运用到橱柜产品中，人机界面的运用，与时俱进；节能环保也是这两年里面我们工作的重点，将可持续的发展观念贯穿整个设计，与浙江大学合作的变频直流油烟机产品年内上市。

（五）工业技术创新和设计成效

欧琳工业设计中心近两年来承担工业设计数目127项，专利申报70个，其中发明专利授权3个；取得国际工业设计（德国红点）大奖2个，国内奖项（中国红星创新大奖、和丰大奖、中国优秀工业设计奖入围、中国设计智造大奖智造奖、金勾奖等）12个。

设计中心将网络家电技术、控制技术、集成电路、环保、节能技术、智能家居集成技术、新材料结合起来，研究智能厨电设备；通过创新技术策略，快速推出结合新材料和物联网技术的厨电产品，人机界面、节能环保和可持续发展理念深入到整个产品设计和生产流程，产生了良好的社会和企业价值，产业化成果数为61，完成的工业设计成果转化值为11432万元。

近两年设计成果获奖情况如表8-5所示。

表 8-5　　近两年设计成果获奖情况　　　　　　　　　　　　　　　　　单位：万元

奖项名称	获奖作品	获奖时间	授奖部门（或机构）
2015 年浙江燃气具产品发明创新奖	"四翼速火"家用燃气灶	2015.11	浙江省
中国设计智造大奖智造奖	净化水槽 OL-G661	2016.6	中国设计智造大奖
中国设计智造大奖智造奖	净水水槽 JBS2T-OLGS860	2016.6	中国设计智造大奖
金勾奖一等奖	魔·方（Magic Box）	2015.10	金勾奖
金勾奖二等奖	奇幻厨吧（MINI BOX）	2015.10	金勾奖
金勾奖二等奖	素写	2015.10	金勾奖
金勾奖二等奖	e 大厨	2015.10	金勾奖
2016 红点奖	食品净化水槽 OL-Q02	2016	红点奖
中国优秀工业设计奖入围	果蔬净化水槽	2016.12	中国优秀工业设计奖工作委员会
中国优秀工业设计奖入围	MINBOX	2016.12	中国优秀工业设计奖工作委员会
中国设计智造大奖智造奖	智能水槽 JBS1T-GS-D400	2017.5	中国设计智造大奖
2017 红点奖	家用燃气灶 JZT-S901G	2017	红点奖

近两年主要设计成果产业化情况

项目名称	客户企业	完成交付时间	设计成果产业化及效果
智能水槽 JBS1T-GS-D400	代理商	2017	智能水槽可以间接 WIFI 和手机控制
果蔬净化水槽		2015	小批试制
净水水槽 JBS2T-OLGS860	代理商	2015	已上市销售
"四翼速火"家用燃气灶	代理商	2015	已上市销售
净化水槽 OL-G661	代理商	2016	已上市销售

近两年专利、版权及其他著作权获得情况（列出 15 项）

产品或项目名称	专利名称	专利号	权利人	授权单位	授权时间
净水水槽	一种利用明胶蛋白与氢氧化物纳米线改性中空纤维超滤膜的方法	201410182476.1	宁波欧琳厨具有限公司	国家知识产权局	2016.3.16

续表

产品或项目名称	专利名称	专利号	权利人	授权单位	授权时间
燃气灶	内焰火燃烧器	201410520655.1	宁波欧琳厨具有限公司	国家知识产权局	2016.8.31
水槽	具有臭氧消毒作用的水槽装置	201410789101.1	宁波欧琳厨具有限公司	国家知识产权局	2016.8.31
净化水槽	净化水槽（JBS2T-OLJH661）	201630085253.3	宁波欧琳厨具有限公司	国家知识产权局	2016.8.24
水槽	水槽（高边双槽JBS2T-OLGB881）	201630085251.4	宁波欧琳厨具有限公司	国家知识产权局	2016.8.17
洗碗机水槽	洗碗机水槽（2~3）	201630133132.1	宁波欧琳厨具有限公司	国家知识产权局	2016.9.21
净化水槽	净水水槽控制面板	201630150327.7	宁波欧琳厨具有限公司	国家知识产权局	2016.11.23
洗碗机水槽	水槽式清洗机	201630023427.3	宁波欧琳厨具有限公司	国家知识产权局	2016.6.1
净化水槽	一种净化水槽	201520742387.8	宁波欧琳厨具有限公司	国家知识产权局	2015.12.30
净化水槽	水槽式清洁设备的水槽结构	201620067514.3	宁波欧琳厨具有限公司	国家知识产权局	2016.7.6
厨具	多功能橱柜	201520694742.9	宁波欧琳厨具有限公司	国家知识产权局	2016.3.30
净化水槽	净水水槽	201520630527.2	宁波欧琳厨具有限公司	国家知识产权局	2015.2.10
洗碗机水槽	一种水槽式洗碗机盖板结构	201620067257.3	宁波欧琳厨具有限公司	国家知识产权局	2016.7.6
洗碗机水槽	一种水槽式洗碗机盖板	201620066481.0	宁波欧琳厨具有限公司	国家知识产权局	2016.7.6
洗碗机水槽	一种水槽式洗碗机餐具篮	201620069551.8	宁波欧琳厨具有限公司	国家知识产权局	2016.7.6

| 专栏 8-4 |　　　　　　　　　技术创新和设计服务

1. 低碳智能厨房

2010年，欧琳联合中国农科院及荷兰设计团队，在上海世博会上推出全球首款"低碳智能厨房"，向世界展示未来的厨房科技和前瞻性的厨房生活理念。这款低碳智能厨房打造了囊括"自足式植物工厂系统""多功能水净界系统""油烟净化过滤系统""互动式集成烹饪系统""人性化自动控制系统""嵌入式果蔬清洗系统""隐藏式环保真空吸尘系统"在内的"7系"概念，让上网冲浪、查阅菜谱、采摘蔬果在厨房中成为现实。

现在，这套世博低碳智能厨房的很多技术已经逐步在日常生活中得到应用。在欧琳的智能厨房设计理念中，厨房电器将成为"大数据"的一员，利用云存储，你就可以得知远在千里之外的父母这周开了几次冰箱门，做过几顿饭，更能实时查询食谱、观看烹饪视频、进行营养分析，还可能通过专用智能软件开发，实现以上智能控制功能，以及欧琳专用的网络平台，从人机交互到综合应用。

2. 欧琳 A8 水离子净洗水槽

欧琳 A8 水离子净洗水槽运用了水离子净化技术、超声涌浪去污技术、智能清洗技术等三大技术，拥有去病菌、去激素、去农残、长保鲜、净泥污等五大主要功能。欧琳水离子净化技术，通过水离子发生器，将农药、激素重新还原成水、二氧化碳和无机盐，达到消除农残、激素的目的，且不会形成二次污染。同时还可以应用于果蔬、谷物、肉类的常温杀菌功能。区别于同类型产品只能使用高温进行杀菌的技术。超声涌浪去污技术使得水分子快速高频震荡，涌浪翻滚，达到快速去除海鲜、果蔬表面泥沙的目的。智能清洗技术采用人性化智能操作系统，根据不同食材，设计了果蔬洗、禽肉洗、海鲜洗、谷物洗四种清洗模式，满足中国家庭食材的清洗需求。且操作简便，界面清晰，即便是老人也能轻松驾驭。

经国际权威检测机构 SGS 检测，欧琳 A8 水离子净洗水槽可有效去除水样中 95% 以上的大肠杆菌、金黄色葡萄球菌等病菌，以及激素克伦特罗，常见农药乐果、敌敌畏、毒死稗等。同时净洗水槽能有效延长清洗后果蔬的保

> 鲜期，还可清洗贝壳、海鲜表面的淤沙、污渍。同时，欧琳A8水离子净洗水槽配备了手机操控系统APP，用户只要将早上买好的菜经过简单清理后，放入水槽，设定好模式，下班时就可以提前开启水槽清洗功能，节约了操控时间。欧琳A8水离子净洗水槽，将去病菌、去激素、去农残等净洗功能完美融入水槽，改变传统洗涤方式，又一次为中国家庭带来健康净洗新体验，再度开启水槽行业中国智造新变革。

（六）典型的示范意义

1. 设计定位——欧洲技术与中国文化的深度融合

欧琳的产品全部采用欧洲风格，高贵典雅、简洁时尚是欧琳的设计基调。一方面，欧琳让设计师走出去，到欧洲一些国家学习先进的理念；另一方面，再经过自身不断地摸索，来建立、完善适合自身的研发思路。

此外，欧琳还拥有一个国际化的研发团队，与本土研发团队及时交流、共享各种信息与观点，避免了别的品牌的中国味道不浓的缺点。别的品牌之所以会出现这样的问题，主要是因为一些企业或品牌片面地强调产品的艺术个性，而忽略了家电产品本身的商品性与实用性，出现了一味追求产品设计而远离家电的本质，一味体现幻想主义色彩思想的现象。

对此，欧琳有自己的观点和做法。一方面，欧琳集团提倡产品的设计方案要有较强的创新精神和艺术修养，使产品具有超前的设计意识、设计理念；另一方面，要强调设计人员对家电产品本质的认识，立足于油烟机以及灶具产品的功用和结构、在工艺技术方面突出时尚与前卫，做到用良好的形式体现家电产品的功能价值。正是基于这种正确的设计意识及理念，欧琳的产品才得以充分展示出其高品位的内涵。

通常情况下，色彩能很好地反映出一定的民族性和地域性，有着非常敏感的界线。例如，北欧厨房偏向深色，意大利偏向明快绚丽的色彩。在国外，早就提出了厨房色彩这个概念，但在国内，这还是一种新提法。公司拥有一支研究厨房色彩的国际化团队，与中国流行色协会、中国美院一起，成立了中国流行色协会厨房色彩研发基地，联合国内外色彩专家，为不同的消费者提供具有中国文化内涵的最适合、最舒适的厨房。

2. 设计理念——把握智能制造脉动的智能美学厨电

在 AWE 2016 厨电盛会舞台上，OULIN 欧琳与国际品牌及国内一线知名品牌一起同台竞技，用强大的研发实力体现了 OULIN 欧琳"智能美学厨电"的产品哲学和设计理念。

OULIN 欧琳携精品家族高调亮相，其中 OULIN 欧琳超大火力"四翼速火"燃气灶香厨之王，迅猛火力可实现高于行业的 5.2KW 超宽频火力；火力无级动态调节；67.5% 超高热效率，在同等条件下，将烹饪时间缩短 25%，在家就能品尝到酒店大火烹饪菜肴的"火风味"；除此以外，更加安全：点火状态监测、弱点报警提示、热电偶失灵提醒等功能。欧琳让您将火的烹饪艺术"玩弄于股掌之中"。另一款自动免洗 IF6 吸油烟机解决家庭主妇最烦恼的清洁问题，采用国家专利的油烟分离技术，在油烟接触风机系统之前，利用高速旋转的离心式分离器将油烟进行分离，物理式避免产生油污。同时，近吸式的设计，内圈 3°的拢烟角以及黄金控烟区的准确控制在范围内；配合瞬吸风机系统，风量可瞬间飙升至每分钟 18 立方米。

OULIN 欧琳不断将最新发展趋势和时尚潮流注入产品设计中，推动中国厨电制造产业转型升级，引领厨电市场向着低碳环保、智能健康方向发展。

3. 设计组织——双线协同的产品设计研发组织结构

欧琳设计中心双线协同的工业产品设计，同时有产品线和资源线的矩阵式设计研发组织结构。

欧琳集团的设计研发资源调配比较灵活，可根据项目情况合理配置产品线和资源线项目组成员，形成协同效应，从而提高产品开发的效率，并保障产品开发的质量，能够满足该阶段公司的发展，并适合公司项目管理模式的改进。为了进一步提高组织的自我学习和调整能力，公司还增加经费进行团队建设，包括产品线的项目组及资源线的业务部门，都定期或不定期地组织团队建设活动，增加团队成员之间的情感链接，提高团队的凝聚力；另外，也把考核工作进行细化，增加团队的考核，而个人的最终绩效与团队的考核结果紧密相关，从而在多方面促进团队组织的积极性，不断在工作中主动发现问题并与团队一起进行改进。

四、案例：公牛集团股份有限公司

（一）公司概述

1. 基本情况

公牛集团成立于1995年，注册资本5.40亿元，其员工达到万人，22年来专注于电连接技术的研发和生产，2016年销售额达到67.50亿元，作为国内领先的高档开关插座、转换器的专业供应商，致力于为消费者提供优质的产品和服务，同时还始终致力于为大众营造更安全的用电环境。

秉承"忠信诚和、专业专注"的发展理念，公牛集团将专业精神融入公司运营的每一个环节，还积极推动企业创新文化建设。公牛集团为国内外市场和客户提供具有更高附加值的产品和服务，拥有多项国际领先的原创技术，如三重防雷、抗电磁干扰、插套啮合等，注重人们的生活享受品质更安全可靠。位居国内电工及电源连接器行业领先地位的公牛集团，不仅为客户提供更安全的全方位电源连接解决方案，而且还将业务开展到国外，目前在美国、德国、法国、日本等10多个发达国家和地区已有公牛产品销售。公牛集团未来发展目标是成为国际民用电工行业领导品牌。同时将在发展策略、业务模式、经营管理和产品开发方面坚持创新和可持续发展。

2. 技术能力

公牛品牌自1995年成立以来即成为中国插座专家，公牛始终专注于电工领域，以满足更广泛的消费者需求为出发点，着力提升核心技术，实行高标准的全程品质管理系统，为消费者带来优质且安全的产品。

也正源于公牛集团这样的企业作风，公牛插座在市场上的销量一直高居榜首，并已连续多年保持遥遥领先。2007年，公牛集团又向墙壁开关插座行业发起正式进军，公牛电器在短短8年间获得了良好的大众口碑，创造出又一个销售奇迹。

公牛产品技术能力的特点在于其公牛开关插座的外观、材质、设计及优化功能等方面。

（1）外观时尚化：全面装饰化质感。近年来，公牛投入大量的人力、物力、财力等资源,用于装饰化的技术工艺研究,如 IMR 模内转印技术、双色注塑工艺技术、钢化玻璃面板工艺、环保喷涂工艺等,打造了全新的装饰化墙壁开关插座外观设计,一改传统墙壁开关插座一白到底的形象,开启了墙壁开关插座装饰化之先河,引领了行业发展。

(2) 材质阻燃性:PC 材料全面阻燃。防助燃材料对于开关插座的安全性来说非常重要。劣质的开关面板往往采用 ABS 材料,这种低档工程塑料往往会产生开裂、褪色问题;另外,虽然很多公司也会采用 PC 材料,但高档 PC 材料在阻燃性能上存在着较大的区别,而公牛开关插座使用的是高档 PC 材料,具有高阻燃性能,并全面防止褪色、变色。

(3) 测使用寿命:可开关 8 万次。开关的使用寿命其实是衡量其产品质量最重要的标准,但是由于消费者在购买时不能直接感知到这一点,因而也易于受到忽略。经测试,公牛开关插座可以超过国家两倍标准的开关 8 万次的超长寿命,也因此,公牛坚信其产品的高品质是可经得起消费者的长期考验的。

(4) 体验设计人性化:22M 超大间距与 360°新型接线弯头。公牛的开关插座产品研发专家一直坚持人性化设计原则,希望让使用者体验到更舒适、方便的用电环境。例如,日常最易发生的插座二三级插之间的间距过短导致不能同时使用两个大插头问题,对此公牛就将传统的间距宽 8MM 插座改良为 22MM 超大间距二三插,能满足两个大尺寸插头同时插入;还有,公牛的电视插头采用新型接线弯头,具有 360 度方位调整接线的功能;再有,公牛插座在接线时能实现可靠连接两根粗细不同导线。

(5) 测内部用材:磷青铜镀镍工艺。公牛的工程师是有前瞻性的,他们早已敏锐洞察到铜易生锈这一事实,因此将精细化镀镍工艺运用到开关插座磷青铜表面,公牛插座优质产品的导电件采用优质锡磷青铜镀镍处理,抗氧化防铜锈。因此公牛的开关插座具有卓越的抗氧化、耐磨损、绝缘电火花等性能,还具有优异的导电性能。

(6) 更多优化功能:三重防雷设计为高价值电器护航。公牛是我国最早把防雷技术用在墙壁插座上的企业,其实在欧美发达国家,防雷插座早已被普遍采用,只是国内大众对于开关插座产品的防雷击问题重视度不高,因此未能普及开来。但值得一说的是,由公牛开发的防雷技术是全球领先的原创技术,能真正实现有效阻断雷电产生的高电压、强电流、超高温的三防功能,有效保护高价值电器安全的同时给电路和家人带来全面安全保障。

| 专栏 8–5 |　　　　　　　　公牛插座的技术特点

　　而公牛插座能在插座领域中插座生产采用立式注塑机，带给公牛以下几点优势：

　　1. 柔性扣位，拆装更方便。方便、快捷拆装，装配状态相对独立、互不影响的柔性轨梁式、孔槽增塑型弹性扣位结构，开启了模块组合式86型开关、插座固定架的新纪元。而传统的刚性结构模式会产生两侧边位置的功能件难拆装，并且功能件之间装配状态相互牵连、彼此影响。

　　2. 外观光洁，手感更稳定。公牛插座产品，外观处理光洁平整，色泽均匀，有一定的硬度和重量，晃动插座没有任何声响。

3. 主要产品

公牛电器主要产品线高档开关插座、转换器，拥有三重防雷、抗电磁干扰、插套啮合等多项国际领先的原创技术，根据不同场合用途和世界最新设计理念融于一体，为消费者生产最安全和美观的电源连接器。

公牛插座的主要使用者为普通家庭消费者和专业机构的使用者，但是不同的消费群体的需要和欲望是不尽相同的，然而公牛插座产品包括七大系列分别为：基础系列、强化系列、冠能系列、防雷系列、领袖系列、工程系列和特殊系列，因此通过系列产品分类可满足不同需求的消费群体。

基础系列分为有线类和无线类，无开关、单开关和多开关。强化系列的特点为超功率保护装置，自动断电，更安全的保障消费者；同时具有漏点保护装置，防止人体外防触电。冠能系列的特点为电源和信号防雷，全面阻燃750度耐高温，儿童安全保护口。防雷系列的特点为氧化锌压敏电阻，陶瓷气体放电管，高温熔断器。领袖系列的特点为三重防雷技术，高效滤波芯阻。工程系列的特点为采用抗摔材质，线盘承受功率大，过热和漏点保护。特殊系列为出国工作和学习或者外国人到我国提供插头的转换，能够使用于不同国家额定功率。

产品的特点是：①充分融合高新技术。公牛开关插座采用三重防雷技术、专利新型儿童保护门设计、专利鞍型接点端子、抗电磁干扰设计等领先科技和设计有效地保护电器，保障安全。专利悬摆技术、特有的磷青铜镀镍工艺、精选德国拜耳材质以及严谨的生产制造与品质管理，造就开关插座可靠耐用的品质,其中开关使用寿命达到 8 万次,是国家标准的两倍。②注重装饰性能。公牛装饰开关行业首次创新,采用领先 IMR 科技,打造出公牛装饰开关,满足不同家装风格。③强调使用安全。公牛家庭组合插座颠覆传统单个开关和插座拼装的做法,创新性采用集成化设计,将开关和插座等完美整合,外观简洁漂亮,美化墙面,而且使用方便,接线便捷,彻底解决单个开关和插座拼装带来的不美观、不安全的问题。

其产品系列包括:①公牛开关 G01 系列。公牛 G01 系列开关插座外观风格兼具极简、硬朗与美气质;特有专利独立悬摆技术,使用寿命达到国家标准[①]的 2 倍;专利鞍型接线端子,接线安全可靠;特有磷青铜精细化镀镍,更加可靠耐用。

IMR 工艺打造的公牛装饰开关,色彩与塑胶同步成型,图像分辨率高,颜色纹理永不褪色,耐磨且保留时间极长。与此同时,公牛装饰开关依然延续着公牛真材实料、精工细作的企业基因,它独创"专利悬摆技术",使开关能够连续开、关 8 万次,使用寿命超过国家标准 2 倍。

②家庭组合插座系列。公牛家庭组合插座具有客厅专用、书房专用、厨房专用、卧室专用及拉不脱五大系列,基本全面满足家庭墙面插座的需求,点亮家居,使用便利。2013 年,公牛家庭组合插座荣获宁波"和丰奖"工业设计大赛最佳设计产品奖。

③公牛 G20 3D 钻面开关。公牛 G20 3D 钻面开关不仅在外形上进行了全新的突破,对于内部设计与材质,更是用心,采用了先进的铜芯镀镍技术,核心部件进行全方位保护。

(二)企业发展的驱动因素

1. 社会环境因素——宏观环境变化催生插座产业创新

全球政治法律环境更加强调严格的产业安全政策,导致中国和国家对插座行业标准的制度及用电安全法律更加严格。

根据用电安全标准,国家质量监督检查检疫总局和中国国家标准化管理委员会在 2008 年 12 月 30 日发布了《家用和类似用途插头插座第 2 部分:转换器

---

① 2017 年浙江省相关检测机构检测数据。

的特殊要求》。新国标的发布对产品外观、尺寸、性能等均给出了明确的规定，要求市场上销售的插座必须按照标准进行生产和销售，从2011年6月1日起不允许销售大万用电源插座，若有违反将进行严格处罚。用电单位的对插座使用的监管力度加强，将让整个插座行业进入洗牌阶段，优胜劣汰剩下来的都将是行业的佼佼者。

社会文化环境的构成因素有很多，如人口规模、年龄结构、文化差异、消费行为、人口流动性等。其中人口规模和年龄结构对一个国家和地区插座销售影响最大，他们决定插座在该区域的市场容量和产品类型。

我国正在步入老龄化社会，这意味着现在人们的消费模式也会发生相应的变化，与当前西方发达国家的消费方式有相似之处，即社会上老人的消费实力很强，因为各个方面都比较稳定了；同时新生代的这些年轻人的消费实力也很强，进行超前消费。这两个因素都会推动插座产品的销售。与此同时，消费者的意识随着教育程度的增高也会大幅度上升，对于公牛插座高端产品的销售有很大的促进作用。作为消费品的公牛插座因为使用寿命长也属消耗品，科技的进步推动新产品的诞生，在销售基础产品的同时加强新上市产品的宣传与推广。随着社会医疗条件的不断进步，人类的平均寿命也大大增加了，民众平均寿命的增加，将使用更多的电器，这也必然增加对电源插座产品的需求。

2. 产业竞争因素——消费结构升级促进电源连接线行业市场竞争

全球持续经济增长环境导致消费结构升级。经济环境决定了消费者购买的欲望，经济环境主要由城乡居民收入水平、国际货币汇率、国内生产总值等方面构成。

中国经济的持续快速增长，为民众提高收入创造了条件。随着收入的提高，其可支配的收入也必然增加，即有更多钱来进行消费。而此时民众有能力承受更为昂贵但却更安全的电源插座消费。中国各个地区的经济发展状况各不相同，在经济发达地区的民众更愿意购买安全性更强或更多功能的产品；经济相对不发达地区民众倾向于购买单一通电功能的质量稳定电源插排。这就意味着电源插排行业进入细分市场时代，即从之前的单一同质化产品市场过渡到安全、环保、智能等各种细分市场竞争。中国宏观经济形势持续向好的趋势较为明朗，可预期民众可支配收入将有所提高，在消费品上的支出也必然提高，加之政府目前大力推广的"家电下乡工程"，都极大地提高了民众的家电的消费量，这时居民家庭中早期装修时铺设的固定插座数量难免会不足，此时就需要电源插座来救急。

目前在国内生产插座的厂家不下 1200 家，但在市场上有生产销售能力的约在 20 多家，公牛集团电源插座在各地的主要竞争对手不一，就全国范围而言，主要集中在以下厂家：宁波同事电器有限公司、北京突破电气有限公司、厦门视贝科技有限公司和飞雕电器集团。其中浙江省慈溪市公牛集团是第一品牌，产品系列全，更新换代快，能够很好地顺应消费者的个性需求。在最近几年，公牛插座在全国的销售额逐年增长，2013 年插座的销量额突破 28 亿元，2014 年销售额达到 30 亿元。2016 年达到 67.50 亿元。从市场占有率来看，处于第一梯队的是北京突破电气有限公司（该公司从 1995 年成立至今，主要致力于电气及电器集成互联网行业的投资，集研发、制造、销售、服务于一体的高新技术企业），是防雷器/转换器/插头/插座产品的国家标准的制定单位，突破插座作为它在国内的第一支电源型插座，不仅让它的功能技术在国际上首屈一指，而且品牌化的服务也是国内首创。处于第二梯队的是宁波同事电器有限公司，虽然比公牛集团成立的时间晚了几年，但是它在产品销售选择渠道方面却非常给力，在了解插座产品销售性质的基础上，将重心放在批发渠道，借助分销商的力量去覆盖和渗透到各个细分市场。处于第三梯队的是厦门视贝科技有限公司和飞雕电器集团，这两家公司的电源插座只是附带生产和销售的产品，而不是企业推广和销售的主打产品。

3. 企业发展因素——基于设计创新的品牌营销

公牛集团从企业开始创立后起，就一改周边企业依靠模具师傅依样画葫芦的做法，以结构设计为突破口，以"用不坏"为目标，专注品质提升，克服了插座使用过程中常见的松动、接触不良、非正常发热等质量问题，还开创性地增设按钮开关，率先实施双重安全保护，从而使产品美誉度与日俱增，销量也突飞猛进，2001 年 5 月 19 日，中华全国商业信息中心在《中国质量报》"比较"专栏上刊登了全国市场和各大片区插座品牌监测结果，公牛插座以超过 20.0% 的综合市场占有率夺取了全国第一的桂冠。

之后，公牛及时有效地将质量方针从"制造用不坏的插座"提升为"制造中国最安全的插座"，围绕"安全、时尚"两大主题，从材质到工艺、技术，建立了严格的质保体系，还先后通过美国 UL、德国 VDE、日本 PSE/JET 等产品认证和工厂审查。为确保品质卓越，公司成立了课题组，专门研究产品使用的方便性、安全性、可靠性，还建立了产品设计中心、电子设计中心、工程工艺中心，同时斥资 1000 万元建成国际最具权威性的安全实验与鉴定机构——美国 UL 国际专业组织认证的高标准实验室，满足新品开发和型式试验的需要。经过持续升级，公牛插座新品迭出，防雷系列、Q 系列、USB 系列、儿童防触电系列、炫彩系列、拉不脱系列……一个个卖点，一次次引爆市场，业内专家把公牛插座的卓越品质概括为"十重安全保护"，不仅健康环保、安全性高、导电性强，而且使用寿命长，15 年保用无忧，为国内插座行业竖起了标杆。公牛 20 年专注品质提升，集近 300 项专利技术、插座新国家标准主要起草单位等殊荣于一身，成为国内名副其实的"插座专家与领导者"。

专业专注，是公牛的企业文化。在公牛的创始人阮立平的观点中："民营公司基础比较差，在发展过程中，一直是短缺经济，不断投入再生产，没有富裕过。所以只能做好一件事，没有资金和精力去关心其他行业了。"在此种品牌信念的奠基下，公牛的专注不仅仅在于产品的质量上，在营销上更甚。

纵观公牛插座的发展史，公牛经历了三个时期的营销策略：第一时期是先期的借名营销，给 NBA 代言；第二时期是以安全为主题的标准营销，安全代言掌控标准；第三时期是奠定行业地位的终端营销，把"1 厘米的产品，做到 1 公里深"。从而公牛打造出了"小插座、大营销"的概念，紧跟互联网时代，公牛还开设了"公牛官方淘宝旗舰店"，打响了插座行业的网络营销模式的第一枪，推行刷脸无极限传播套路，公牛在每一家卖公牛插座的五金店面广告牌都打上了公牛的标识，通过这种野蛮的植入方式，让人们想买插座时，一出门就会注意到"公牛"。此外，从公牛的品牌包装设计来看，产品包装充分体现了品牌视觉和清晰的产品卖点——每一个图案都是卖货的，每一个颜色都是卖货的，每一个文字都是卖货的。从一个带着家庭作坊基因、两万元起家的小作坊，到如今数十亿元年销售额的大企业，在保证质量的前提下，从借势、认知、渠道再到无下限的刷脸模式，公牛似乎一直具备着超前的 Social 意识，在传播中强调品类领导地位，基于技术创新的专业化极大地推动了公牛集团成为中国插座行业的领导者。

（三）工业技术创新和设计机构的建设

1. 机构概况

公牛集团有限公司产品策划设计中心成立于 2010 年，江锦标高级设计师担任设计中心总监，现有专业设计师数十人，其中拥有中高级职称或本科以上学历设计师占产品策划设计中心总人数的 90% 以上，中心队伍强大、管理规范，每个设计师都有明确的设计职责，设计和绘图有一定的标准和规范。每年投入数千万元用于用户体验、市场调研、产品策划、工业造型设计等，开展研发项目近 100 余项。

2015 年公牛产品策划设计中心完成了 PI 手册，工业设计的理论指导体系和相关指导文件全部搭建完毕；2016 年成立了消费者研究中心，引进数位资深高级工程师，工业设计的全流程平台彻底搭建完成，结合设计方法论为公司产品策划设计提供设计标准及方向。

2. 机构营运

公牛集团产品策划设计中心作为第一批省级工业设计中心，每年都会针对产品策划设计、工业设计等内容进行内部与外部培训，近两年共完成了"CDOC""用户体验培训""IPD 培训""产品设计路线图 T – PLAN 培训""平行思维"等培训 30 余场，从多角度、全方位的内容来提升设计师的能力；针对新进大学生，中心制定了一整套从雏鹰到金鹰的培养计划，为公司建设提供梯队人才，近两年中心培训费用达 600 余万元。

公牛集团产品策划设计中心在重视自身内部设计师的能力培养的同时，也积极为集团其他两个事业部的策划中心输出了大量的工业设计人才及技术指导；为同行业的兄弟公司提供了相关的专业培训及指导。

（四）工业技术创新和设计实施措施

1. 组织体系建设

公牛集团股份有限公司是以战略目标为牵引的组织经营模式，公司的战略最本质的就是产品战略，所以在公司内部产品创新是写进公司年度战略规划的，在公司战略层面进行部署和保障的。

为了落实产品创新的策略，公司在集团层面设立了产品策划部门，产品策划部门下面设置了产品管理、工业设计、用户研究等相关的职能模块。公牛集团的组织体系设计的原则是虚、实线的双线管理模式，虚线负责业务，实线负责能力建设，虚线、实线共同对员工进行考核，产品策划的组织体系设计也是如此。目前公牛集团涉及转换器、墙壁开关插座、LED 照明和数码配件四块业务，在四个业务模块都分别设置了产品策划部，职能配置和集团层面的产品策划部保持一致，归集团产品策划部实线领导，业务模块的总负责人虚线领导。集团产品策划部负责人员能力、体系和方法论的建设，业务模块负责具体业务的开展。这种练兵和作战分开的实线、虚线的双线管理模式,有效地保障了产品创新业务的开展和产品创新能力的建设。

公司产品创新业务的开展是由产品策划负责承接和落地的,所以为了保障产品策划部门能顺利地推进产品创新业务,公司在产品策划内部的职能模块设计上也是充分考虑了资源的配置。从组织架构图中我们可以看到在产品策划部门配置了工业设计、产品管理、品质策划和项目管理四个职能模块,这些资源的配置都是为了保障产品创新战略的落地而设置的。工业设计是产品创新的先行者,用户研究团队就设置在工业设计的职能模块中,工业设计会从用户需求和技术发展层面来进行产品的创新设计。而产品管理团队最主要的工作是负责产品线、价格和渠道的管理工作。工业设计在进行产品创新完成后,产品管理团队会根据市场竞争情况,对产品创新的成果进行商业化的运作。所以工业设计是从用户需求的层面来做产品的创新,而产品管理团队是从市场竞争的层面来对产品创新进行商业化,这有效地保障了产品创新的成功率。品质策划的职责是在负责创新产品关键品质标准和检验方法的制定,所以公牛的产品创新是在产品定义和工业设计阶段就必须对产品的关键品质标准提出了要求,特别是创新点的品质要求。这是设计管理中非常突出的一点,是为了保障在供应链段生产的产品能否满足前期的产品定义和产品创新最主要的保障。项目管理是对产品准时上市的保障,好的产品不仅要有好的创意,最主要的是能按时上市,这是商业竞争层面的需要,所以项目管理部门的职责是在符合品质策划标准的前提下,按产品管理部门的项目要求,保障产品按时交付上市。

公牛集团的产品策划部门是国内跨学科、跨专业配置齐全的工业设计中心,或者说是产品创新中心。它在组织架构设计上就已经强调产品创新和产品创新的落地,是非常先进的一种组织架构模式,它是完全区别常规企业流程式的产品开发模式的。它强调以产品策划为龙头来驱动后端的供应链的模式,在前期就已经对产品创新的可行性进行了充分评估,而供应链仅仅是产品创新过程中配置资源的一个环节。所以对于公牛的产品策划部来说,为了保障产品创新的落地,它可以有非常大的权力来动用公司内外部的供应链资源,而不像常规的企业拘泥于内部能力而无法保障产品创新的落地。

在产品创新的方法轮上,产品策划部根据不同的产品品类提出了不同的方法,例如,根据转换器和led灯的产品特点,提出了场景开发方法论,让产品回归到使用场景中,在使用场景上来讨论产品的创新;在产品微创新基础上,产品策划部引进并普及了 CDOC 的产品开发流程。但无论何种方法论，公牛始终强调以用户为中心的产品开发流程，从前期用户痛点的挖掘到产品概念原型设计、从用户概念接受度测试到产品可用性测试，我们都可以看到用户参与的影子。所以公牛非常强调用户需求和用户体验，为此公司建立了与种子和极客用户的定期交流机制、产品用户评价的管理和分析机制、用户需求库的管理以及定期的用户访谈机制，充分保障了产品创新不脱离用户。

2. 人才队伍建设

公牛集团产品策划部是负责公司产品创新人员的能力建设和人员培养的责任部门，要为公司各种业务的开展输出了大量的专业的产品管理和工业设计人才，同时提供技术指导。公牛集团产品策划部作为第一批省级工业设计中心，每年都会针对产品策划设计、工业设计等内容进行内部与外部培训，近两年共完成了"CDOC""用户体验培训""IPD 培训""产品设计路线图 T – PLAN 培训""平行思维"等培训 30 余场，从多角度、全方位的内容来提升设计师的能力；针对新进大学生，中心制定了一整套从雏鹰到金鹰的培养计划，为公司建设提供梯队人才，近两年中心培训费用达 600 余万元。

同时产品策划部也非常重视产学研的结合培养人才队伍，对员工的成长采取鼓励自我提升＋引进的策略，内部通过再学习，奖励和支持员工的再教育，由本科晋升为硕士，多名设计师考取浙江省工业设计师职称。同时引进了有海外工作背景的新员工，注入新活力和新思维，设计中心的组织结构得以进一步优化和提升。同时公司也为同行业的兄弟公司提供了相关的专业培训及指导。

3. 技术创新项目运行

2015 年自主设计产品荣获 1 项 IF 设计奖，2016 年共获得 2 项 IF 产品设计奖和 7 项红星奖。公牛集团有限公司产品策划设计中心对所策划的产品进行申报专利实行了更高的标准，每年都会从设计成果中选取最优秀的 30 件产品进行申报各类专利。2015 年和 2016 年中心共授权专利 74 项，其中发明 1 项，实用新型 12 项。

（五）工业技术创新和设计成效

企业效益：2015 年和 2016 年工业设计中心共承担项目 84 项，完成项目 77 项，并实现了产业化，成果转化率为 92%，单 2016 年全新设计的产品就实现销售突破 7 亿元，如表 8-6 所示。

表 8-6　　　　　　　近两年设计成果获奖情况　　　　　　　单位：万元

奖项名称	获奖作品	获奖时间	授奖部门（或机构）
IF Product Design Award	桌面桌边插座	2015 年	If Industrie Forum Design
IF Product Design Award	车载充电器	2016 年	If Industrie Forum Design
IF Product Design Award	魔方 USB 插座	2016 年	If Industrie Forum Design
中国设计红星奖	插座固定器	2016 年 12 月 12 日	中国设计红星奖委员会
中国设计红星奖	多国旅行转换器	2016 年 12 月 12 日	中国设计红星奖委员会
中国设计红星奖	公牛防过充 USB 插座	2016 年 12 月 12 日	中国设计红星奖委员会
中国设计红星奖	公牛 USB 充电盒子	2016 年 12 月 12 日	中国设计红星奖委员会
中国设计红星奖	雪花理线器	2016 年 12 月 12 日	中国设计红星奖委员会
成功设计大奖	公牛智能防过充 USB 插座	2016 年 09 月	成功设计大赛组织委员会
最佳设计产品奖	防雨插座	2016 年	宁波人民政府
中国设计智造奖	防雨插座	2016 年	中国设计智造大奖主委会
宁波市发明创新大赛金奖	防雨插座	2016 年	宁波市知识产权局
中国设计红星奖	随身插座	2016 年	中国设计红星奖委员会
中国设计红星奖	防雨插座	2016 年	中国设计红星奖委员会
浙江省专利奖	防雨插座	2016 年	浙江省知识产权局
近两年主要设计成果产业化情况			
项目名称	客户企业	完成交付时间	设计成果产业化及效果
防雨插座	公牛集团	2015 年	1500 万元/良好
USB 系列插座	公牛集团	2015 年	12500 万元/良好
电商区隔系列	公牛集团	2015 年	7100 万元/良好
基础系列升级	公牛集团	2016 年	23500 万元/良好
魔方插座	公牛集团	2016 年	8617 万元/良好
车载充电器	公牛集团	2016 年	1100 万元/良好
近两年专利、版权及其他著作权获得情况（列出 15 项）				
产品或项目名称	专利名称	专利号	权利人	授权单位	授权时间
桌面插座	桌面插座（GN-U2020）	ZL201430530194.7	公牛集团有限公司	国家知识产权局	2015.6.10
立式插座	立式插座（GN-V106U）	ZL201430530373.0	公牛集团有限公司	国家知识产权局	2015.6.17

续表

产品或项目名称	专利名称	专利号	权利人	授权单位	授权时间
电力补充平台	电力补充平台	ZL201430530206.6	公牛集团有限公司	国家知识产权局	2015.7.22
防雨插座	插座（防淋雨）	ZL201530039635.8	公牛集团有限公司	国家知识产权局	2015.8.19
多开关插座	多开关插座（GN-B3033）	ZL201530243526.8	公牛集团有限公司	国家知识产权局	2015.11.18
旅行转换器	旅行转换器（L07系列）	ZL201530320037.8	公牛集团有限公司	国家知识产权局	2015.12.30
防水插座	防水插座	ZL201530375212.3	公牛集团有限公司	国家知识产权局	2016.3.2
USB充电盒子	USB充电器（GN-U2000）	ZL201530434881.3	公牛集团有限公司	国家知识产权局	2016.3.2
定时防过充插座	定时充电插座（GN-U201U）	ZL201530418226.9	公牛集团有限公司	国家知识产权局	2016.4.6
USB插座	插座（GN-B422U）	ZL201530532424.8	公牛集团有限公司	国家知识产权局	2016.6.8
魔方插座	插座（GN-U303U）	ZL201530461954.8	公牛集团有限公司	国家知识产权局	2016.8.31
高端抗电涌插座	插座（GN-H4053/H406U）	ZL201630071081.4	公牛集团有限公司	国家知识产权局	2016.9.7
防过充USB插座	充电器（防过充GN-U222T）	ZL201630201422.5	公牛集团有限公司	国家知识产权局	2016.9.21
基础系列升级1	插座（基础系列1）	ZL201630294729.4	公牛集团有限公司	国家知识产权局	2016.11.30
电商B5系列	插座（基础B5系列）	ZL201630341622.0	公牛集团有限公司	国家知识产权局	2016.12.28

插座作为连接电器的附件，对家庭用电安全却至关重要，劣质、不安全插座会给消费者的生命财产带来巨大危害。据公安部统计显示，我国近10年发生的火灾中，约30%是由插座引起的，居各类火灾原因之首。不安全插座不仅危

害巨大，而且充斥市场。国家工商总局 2008 年 3 月的一次抽查结果显示，不合格插座占抽样总数的 64%。

针对插座安全问题，公牛集团通过科学的安全设计，真材实料，严苛的检测程序和品控管理作保障，通过其独创的 27 道全方位安全设计，从源头上彻底消除了插座安全隐患；而百道严格的全方位安全检测程序，以及经过美国 UL 国际专业认证组织评定的检测实验室，都确保了公牛产品在设计、选材、生产、质检等各个环节，具有出色的安全表现，充分确保了消费者家庭用电安全。

| 专栏 8-6 |　　　　　　技术创新设计服务案例

1. 桌洞插座

（1）此产品是利用桌洞根据需求做出的创新型设计。根据办公桌实用场景研究，洞察出现在办公桌电脑及周边插座的使用情况，将桌上与桌下的电源使用分开，让使用者使用更加便利、使桌面桌下更加整洁。

（2）桌下用电部分长时间不会插拔（PC 电源、显示器、音响等），所以将其固定在桌洞下层，桌面因为会临时插拔，如笔记本充电等，故桌面也留有强电插孔，USB 充电则是更加符合当今电子设备增加，须经常充电，起到非常便捷的作用。

（3）为了节能环保和养成节省用电器待机能耗的思考，一般桌下插座因为插拔不便，所以不会关闭电源，此设计出于此类问题考虑，在桌面增设一个桌下通断电源的开关，起到节能环保的作用。

2. 防雨插座

通过对插座在水环境中的大量实地调研发现，插座遇水漏电多是由于雨淋和意外溅水引起，普通自制简易防水装置，存在着极大的安全隐患，易引发触电事故甚至造成人身伤害。

针对插座市场的细分研究，市面上暂无针对此类需求开发的防水插座。公牛为解决用户需求以及使用痛点，决定自主设计研发一款专为解决雨时取电的安全插座。该插座运用"1+1>2"的设计哲学，将"雨伞""挂钩"与"插座"有机结合，以最简的方式达到防水的效果。

通过设计，该防雨淋插座兼备以下几大创新点：①通过独特的罩形设计，

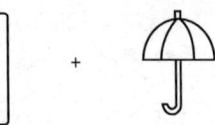 + 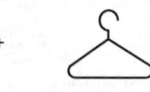 + 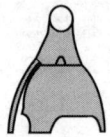 =

120°有效遮蔽雨水烈日，避免因雨水（或飞溅的水）导致的插座漏电；②突破传统插座的使用方式，既可以悬挂使用，又可以落地使用；③出线口以及插孔方向朝下的设计，有效避免雨水的淋溅与渗入底部；④卡线槽起到对用电器电源线理线的功能；⑤三角支柱的设计，增加了产品的稳定性。

作为一个新品类和小品类，防雨淋的设计对于用户而言，满足了沿街店铺等场景雨时安全取电；对于电工行业而言，新型式的防雨插座填补了行业的空白；对于公牛而言，该防水插座的制造成本较普通插座的制造成本几乎0增加，带来经济效益的同时开拓这样的创新和引领行业的精神。目前防雨淋已获1项发明专利，3项实用新型专利，1项外观专利；2016年IF产品设计奖、2016年红星奖，2016年IDA（中国设计智造）大奖、第十二届发明创新大赛金奖，中国优秀外观设计奖等多项国际大奖。

3. 魔方USB插座

（1）项目背景与目的：①2017年中国智能手机出货量达到4.59亿台。②智能手机也从原有的通讯设备成为沟通平台，智能手机周边的充电设备开发急速发展；市面上当时的USB插座刚刚起步，且基本都是普通插座+USB充电器的简单叠加，仅仅解决充电功能的问题，并没有充分考虑不同使用场景的体验，从体验角度考虑是突破点。③考虑到USB充电的使用特性，需要放在台面上，经常插拔，而现有产品是平铺式设计，占据空间太大，不方便使用，我们从用户思维考虑，利用纵向空间，采用集成设计方式，让产品的充电口立体布局。

（2）产品设计的创新性：①产品是业内同规格的最小体积；②从用户使用的场景出发，把插口放到3个侧面，打破平面排放的方式，让各个插头互不干扰，合理利用了空间；③微动开关：抛弃传统的机械式按键，采用微动开关，提升了用户体验，让插座更配合数码产品使用，并且比传统机械开关的寿命更长；④同规格的情况下，体积最小，整个技术自主创新，国内领先。

（3）创新设计的收益：①魔方USB插座2017年销额达到1.40亿元；②上市以来在京东、天猫的双十一品类全网双料冠军；③共取得了4个实用新型和1个外观专利；④获得2017年IF大奖。

（六）典型的示范意义

"前有狼，后有虎，中间还有一堆小老鼠"，在这个竞争激烈的插座行业，恶性的价格竞争交织着插座产品的品质参差不齐和不规范的买赠促销，很多企业在混乱的竞争格局下往往就止步不前，公牛插座的成功是一个中国品牌成长的奇迹，公牛插座高速崛起的背后是公牛的先进理念的和战略。

1. 品牌认知——安全插座

公牛创业初始首要任务是在消费者心目中建立清晰的品牌认知，也就是说，公牛插座的品牌要和市场上其他同类产品完成清晰的区隔，促进消费者关于公牛品牌的认知。那么如何构建公牛插座清晰的认知呢？要从消费者的购买行为分析中找到答案。消费者买插座最关注的是什么？公牛集团通过调研发现，是安全、安全还是安全！最初公司甚至怀疑这个调研的结论，答案真的是这样简单么？答案就是那么简单。消费者关注的插座的首要功能是安全。

直接而简单的安全插座定位，设计中心通过全面优化公牛插座的安全性能和结构，把安全这个消费者关注的核心利益和公牛插座直接对接。公牛成立了课题组，专门研究产品使用的方便性、安全性和可靠性，以结构设计为突破口，以"用不坏"为目标，专注品质，克服了插座使用过程中常见的松动、接触不良和非正常发热等问题。还建立了产品设计中心、电子设计中心和工程工艺中心，大到插头、电线、外壳和开关，小到内部铜片甚至螺丝，每一个公牛插座，都要经过27道全方位安全设计。同时，改变产品的名称，以前叫公牛插座，现在直接定义为公牛安全插座。

通过这样的产品品牌定位把插座切割为两块：安全插座和普通插座。那么消费者购买插座是买安全的还是普通的呢？当然是安全的。既然是安全插座，当然公牛插座的价格就比别人高，消费者认为这是理所应当的事情。就这么一招，就把对手逼向了普通插座这一侧，公牛安全插座切割出市场最大的一块蛋糕。因为没有任何一个利益对消费者来说，比安全更重要。所以公牛集团通过产品重新设计切割市场，切出了一大块蛋糕来。公牛安全插座有什么好处呢？给消费者带来什么利益呢？公牛安全插座——保护电器保护人。这个广告语应运而生。还有什么比这个更让消费者温馨亲切呢？

2. 产品标准——国标制定者

公牛集团清晰地认识到消费者的疑惑：为什么安全电器能保护人？你的产品标准是什么？你的产品究竟和别人有什么不同？通过消费者行为分析从消费者心中找答案。消费者心中所谓的不安全，是担心什么呢？是担心插座起火、漏电和电源线发热。

那么公牛插座能不能解决这些问题呢？公牛企业通过长期的技术积累解决了上述问题，成功地使其成为国家插座标准的主要制定者。公牛历经15年的庄严制造，给中国消费者推出了一代又一代品质过硬的插座，公牛插座受到了广大消费者极高的评价。有不少消费者反映，12年前买的公牛插座现在仍然使用得非常好。

那么是什么造就了公牛产品这种卓越的品质？是公牛企业内部的严格流程管理，特别是研发、制造和品控的优秀品质，公牛独特的技术研发体系造就了这些卓越的品质。通过插座再设计了三重防护的衣服：第一重防护，低阻减热，365天低温通电，确保电源线不发热；第二重防护，立体啮合，5000次插拔不松动，确保不漏电；第三重防护，双向阻燃，650度高温防火，也就是不起火。通过这三重防护，构成了公牛插座的安全标准。于是，三重防护甲，安全+++的产品标准也就顺利推出，公牛安全插座成为市场上插座产品的标杆，代表了中国插座制造的中国标准。

3. 高端形象——国际化品牌

小产品要大表现，国内企业要国际化表现。公牛品牌形象从国内形象全面提升为国际化品牌，先从产品的内外包装进行全面设计升级，要将产品的包装正面设计成电视广告的画面：每一个图案都是卖货的、每一个颜色都是卖货的、每一个文字都是卖货的，产品包装充分体现国际化的品牌视觉和清晰的产品卖点。

从产品包装设计上全面提升产品的价值认知，然后再从LOGO升级到终端形象升级、从店招形象到店内形象全面升级、从路牌设计到平面广告全面升级。对公牛的渠道进行现代化升级，从不同类型渠道的分销策略、经销商的管理、终端展示推广到销售团队管理几个方面全面塑造使用现代营销竞争的公牛模式。

在广告传播上摒弃了习惯上经常采用的叫卖式广告和激发式广告两种形式，大胆地采用了公益广告的形式，这样传播起来更有可信度和责任感。例如，在央视新闻联播中的报道中某大学的一幢楼失火，是因为不良插座引起的。于是公牛大胆地做出安全插座的创意：电器火灾猛于火，公牛插座提醒您——使用公牛安全插座，公牛安全插座保护电器保护人。

通过对公牛插座的品牌形象的横向延伸和纵向提升，使得公牛品牌形象一下子屹立于行业的高端。

五、案例：赛尔富电子有限公司

（一）公司概述

1. 基本情况

赛尔富电子有限公司成立于 2005 年，位于东海之滨宁波市的国家高新区，注册资本 5000 万元，是 LED 照明系统整体方案的解决者，也是一家高新技术民营企业。公司经过不断的发展，从 OEM 向自我品牌转型，不断创新设计，目前已是宁波 LED 行业的龙头企业之一。

公司擅长 LED 商业照明灯具及电源类产品的研发生产，当前主营产品包括 LED 套灯、LED 驱动器及控制器、电子镇流器、电子变压器等，多类产品和技术已获得 200 多项国内外专利，并通过德国 VDE、德国 TüV、美国 UL、瑞典 SEMKO 等权威机构认证，畅销于欧洲、北美、亚太和中国市场，产品的质量与销量均走在中国同行前列，其中冰柜灯具和展柜灯具为我司 LED 商业照明产品中的核心竞争力产品。

公司 2017 年通过重新评定再次被认定为国家级高新技术企业，2015 年公司工业设计中心被认定为浙江省省级工业设计中心，并获评省级企业技术中心、省级企业研究院、博士后科研工作站、国家知识产权优势企业、浙江省创新型示范企业、中国质量诚信企业、浙江省知名商号等几十项荣誉，"SELF" 也被评为浙江省出口名牌、浙江省著名商标，SELF 牌照明灯具及照明电子控制器获浙江名牌产品；SELF 牌电子变压器、冷链灯认定为宁波名牌产品。

2. 技术能力

赛尔富电子有限公司拥有坚实的科研力量、规范的体系管理、严格的质量控制，实现对 LED 灯具从市场调研、产品开发和设计、采购、生产、检验、产品交付到售后服务的全过程控制。公司拥有专职研发人员 145 人，中高级工程师 42 名，并配有空间光谱光度计、积分球、电子镇流器 ATE 系统、EMI 测试仪、BURN IN ROOM 烧机室、MHU-150L 可变程恒温恒湿试验箱等一系列先进研发设备，具备坚实的电子产品科研基础，注重产品的原始创新价值。公司在加紧产品研发的同时，也非常重视自有技术的开发与保护，成立了专利工作小组，配备有专业的专利工程师与法务专员，负责公司自有技术的知识产权申请与维权。

截至 2017 年年底，公司已拥有授权专利 238 项，包括发明专利 82 项，所有授权专利均已实现产业化生产；公司所有产品均为自主技术研发，达到功能创新多样、造型轻便美观的标准，在同行业中具备较强的竞争能力。同时为提高企业的研发能力，特别是为提升基础技术原理研究能力，公司与国内的优秀院校、科研院所产学研合作，攻克技术难关。

3. 主要产品

公司专注于展示照明领域，旨在为客户提供系统的商业照明解决方案。例如，公司为奢侈品商（珠宝商周大福、施华洛世奇等）提供顶部照明、柜台照明等产品及照明解决方案，为大型连锁商超如麦德龙和 LIDL 等提供冰柜照明产品及服务。

目前，公司的产品定位是为客户提供高端化的照明产品及系统照明解决方案定制服务，国家故宫博物院和中国人民革命军事博物馆是公司提供集成式照明解决方案的两个最新案例。此外，公司还完成了国家电力项目，以及美国第五大道等诸多海内外项目。

| 专栏 8-7 |　　　　　　　　公司主要产品

1. 居家照明。每个人都对生活有自己的向往，但对美好的向往是世界上通用的。在泛住宅照明中，灯光已是生活的一部分，但大部分都是随意的摆设和陈列，赛尔富通过 20 多年来对居家照明的理解，让每一寸空间因灯光而精彩，有光的地方便有美好。

2. 博物馆照明。博物馆展品丰富多样而且独一无二，针对不同的展品特性、不同形状大小、性质、色彩等，定制不同光束大小、不同配光方式，安全而充分展示出展品的形、色、质、意等各方面的特质。

3. 商业店铺照明。灯光是吸引顾客进入一家商店并鼓励他们购买的强大工具，因为灯光能更好地突出店铺内所陈列的商品。事实上，正确的照明和在货架上的产品一样重要。SELF 照明方案能提高商铺的整体外观，并有长达 5 年的产品保证承诺。

4. 商业超市照明。通过改善陈列，减少能源消耗和提供高显色性，SELF 照明方案优化了零售陈列环境的延续性。我们意识到零售商需求的改变，所以提供灵活的解决方案来提高零售商店的体验环境。

5. LED 照明部件。可靠性是 LED 照明部件市场客户关注的核心价值，因此我们专业的产品设计团队分别在研发阶段的元器件选型、电子设计、热学设计和标准测试四个阶段，以精益求精的态度注重每一个设计细节，从而确保产品的整体可靠性。

(二) 企业发展的驱动因素

1. 社会环境因素——节能环保趋势催生产业技术创新

麦肯锡通过广泛的调研分析，估算 2020 年全球照明市场总收入将达到 1500 亿美元，大部分增长来自 LED 照明，至少会达到总收入的 60%。"十三五" LED 照明行业规划正在进行中，重点项目包括鼓励和扶持 LED 上游和中游企业不断进行技术创新，国家加大对新技术创新的支持力度，到 2020 年 LED 产业规模达到 1 万亿元，LED 照明占一般照明比重达到 70%。

数据显示，照明用电占全球总耗电能的 15%，预计在 2030 年前会升至 50%。如果全部改为使用 LED 照明，可以减少 7 亿多吨碳排放。时至今日，能源紧张问题仍然广泛存在，特别是第三世界国家，电能短缺问题严重。日本福岛核泄漏问题更是给世界各国敲响了警钟，发达经济体更加谨慎使用核能发电。LED 照明因为其广泛的优势，受到世界各国的重视，多国出台政策鼓励加快 LED 照明的发展，投入巨资补助节能照明推广计划，成为各国节能环保产业重要领域。2015 年 12 月 8 日在巴黎气候大会上，中国、美国、印度等国家及宜家等企业同意未来几年在全球安装 100 亿支 LED 灯泡，减少全球碳排放总量的

5%。在全球节能环保理念的推动下,世界主要国家和地区已经从 2013 年开始陆续禁止生产及出售白炽灯泡。2011 年 11 月,国家发改委发布白炽灯淘汰路线图,根据规定,中国将逐步淘汰白炽灯,2016 年 10 月 1 日后将禁止进口及销售 15 瓦及以上的普通照明白炽灯。随着全球各个国家禁止销售白炽灯政策的进一步执行,对于 LED 灯企业来说是长期重大利好,LED 照明将加速取代传统照明。

2. 产业竞争因素——消费品味提升加速产业重构

随着社会的发展,人们消费品味不断提升,对各类商品、物品的展示要求越来越高,促进了 LED 技术的快速发展和进步,使其在社会的各个照明领域应用得以普及,陈列展示照明逐步成为一种专业和一个市场门类得到发展,并在国内外市场得以快速发展。据麦肯锡全球照明分析报告显示,2016 年全球通用照明市场容量达到 6112 亿元人民币,其中陈列展示照明相关的市场容量(包括零售终端、购物中心、商业店铺、超市卖场、居家酒店重点照明、博物艺术馆等)约为 1240 亿元人民币,占 28.20%;而随着 LED 技术的快速发展,2016 年 LED 照明已占全球通用照明市场的比例为 42%。

自从 2004 年以来,在"国家半导体照明工程"计划的推动下,我国 LED 产业迅速发展,步入"螺旋上升"时期,市场整体需求呈"平稳上升"之势。然而,LED 照明行业产品同质化严重,低价竞争依然存在,缺乏竞争力的厂商将逐渐被淘汰,这就要求企业注重产品创新,使市场竞争变得理性。当下,随着人们消费意识和生活品味的提高,能满足消费者需求的产品,才能快速占据市场,消费结构升级使得 LED 照明行业重新洗牌,并逐渐向细分市场靠拢,企业要有自己的创新点,找到并创造适合市场需求的产品,提升自己的产品力和品牌力,才能实现跨越式发展。

3. 企业发展因素——客户要求提高倒逼企业技术创新

欧盟市场对灯光品质要求最高,智能照明应用发展引领行业发展。公司将引进技术力量,进一步升级现有的智能照明系列,欧盟市场是公司智能照明产品的首要目标市场。东盟市场、中东市场、非洲市场进入门槛低,经济发展增速快,基础设施投资大,对替换照明产品(LED 灯泡、灯管)需求巨大,考虑到公司即将上马 LED 灯泡、灯管自动化设备,大幅度降低产品成本,这些市场是公司的首要目标市场。大型 DIY 连锁超市对灯光品质要求较高,智能照明成为市场需求方向,建筑安装行业基础设施对普通 LED 照明需求量要求很大。

随着公司进入商业照明领域,客户对产品种类及设计新颖度等方面的要求越来越高,使得公司对产品设计研发的要求也越来越高,商业照明产品的更新速度非常之快,想要在商照领域获得一席之地,公司就要不断加快在产品工业设计上的创新开发,这也促使公司在2012年成立了LED商业照明产品工业设计中心,不断设计开发高科技含量的LED新品,开创富有国际影响力理念和高品质的照明产品为用户创造现代文明的光文化,大大增强了企业的自主创新能力和核心竞争力,促进国内LED行业产品自主设计能力的提高。

(三)工业技术创新和设计机构的建设

1. 机构概况

LED商业照明产品工业设计中心依托于赛尔富电子有限公司,成立于2011年5月18日,以"光电源领域内的一流企业"为目标,以设计为主导,不断加快在产品工业设计上的创新开发,推动设计产业化。设计中心现有工作场所面积400平方米,工作人员42名,其中本科及以上学历人员数及占比达64.28%,中高级技师(或专业技术职务)的人员数及占比达57.14%,并配有EMI测试仪、2.5D锡膏测厚仪、分布光度计等先进仪器,拥有一流的人才和设备,保障开发设计持续创新。

2. 基本情况

LED商业照明工业设计中心基本情况如表8-7所示。

表8-7　　　　LED商业照明工业设计中心　　　单位:万元,平方米,个,%

	工业设计中心名称	LED商业照明工业设计中心		
基本情况	资产总额	802	两年净增	6.22
	职工人数	42	两年净增	40
	场所面积	400	两年净增	0
	中心性质	独立核算■非独立核算□		
	专业人员	工业设计从业人数		42
		其中,本科及以上学历人员数(含工业设计师及以上职业资格人员、中高级专业技术职务的人员)和占比		78.57

续表

复核期主要指标		2015 年	2016 年	两年总额
投入情况	投入总额	1346	1379	2725
	占企业 R&D 支出比重（%）	36.88	37.96	37.42
	其中，设计人员经费支出	294	343	637
运行情况	中心运营经费支出	329	361	690
	其中，培训费用	0	0	0
	工业设计服务外包额	0	0	0
	承担工业设计项目数	7	7	14
	其中，完成项目数	7	7	14
	产业化项目数	7	7	14
	拥有自主知识产权成果数	34	38	72
	其中，产业化成果数	34	38	72
	工业设计成果转化值	25232	35624	60856
	专利授权数	34	38	72
	其中，发明专利数	4	13	17
	版权授权数	0	0	0

3. 机构营运

近两年，以赛尔富电子有限公司为依托的 LED 商业照明产品工业设计中心，通过合理的规划和管理获得了以下成绩：

（1）技术方面。工业设计中心积极加强核心团队的工业设计能力，强调新技术、新材料的运用，每年制订相应年度的技术规划。

（2）产品创新方面。工业设计中心坚持"以客户为中心"原则，切实考虑产品的实用意义，2015 年、2016 年分别有一款产品被评为宁波市重点工业新产品。

（3）知识产权方面。工业设计中心进一步加强国际专利的申请与保护，并被认定为国家知识产权优势企业。

（4）人才方面。工业设计中心一直十分重视中高级人才的培养与引进，2016 年 4 月 2 名博士后科研人员顺利通过了中期考核，工业设计中心的组建大大增强了企业的自主创新能力和核心竞争力。

（四）工业技术创新和设计实施措施

1. 组织体系建设

公司在工业设计中心原有的组织体系建设的基础上，新增了产品总监对工业设计中心的发展方向及产品设计研发方向进行相关指导，并将产品造型工程师按照产品销售区域进行划分，使工程师的设计更符合该区域的审美及需求，同时成立了包装设计部以满足客户对产品包装的不同需求。

工业设计中心有着完整的运营体系，包含决策领导体系、市场研究体系、组织保障体系、制度保障体系、文化支持体系、资金支持体系、培训激励体系、创新工具体系。通过这八个体系的联合，推进工业设计中心创新体系的建设。决策领导小组负责定期召开技术研讨会，根据企业战略规划，决策工业设计中心发展方向。市场研究体系保障工业设计中心能针对不同的区域市场进行跟踪研究，并提供市场分析报告。由于公司的客户主要位于海外地区，为此公司在欧洲、美洲专设市场研究小组，开展对前瞻性技术的分析研究，并定期向公司总部报告。通过资金支持体系的建立，确保每年投入不少于R&D费用的30%，有效地保障了工业设计中心技术研发活动有序展开。此外，公司还建立了较完善的制度，如《项目管理制度》《产品设计开发管理制度》《设计开发记录管理制度》《设备管理制度》《预算管理制度》《设计和开发控制制度》《知识产权管理制度》等。

2. 人才队伍建设

工业设计中心现有专职人员42人，其中中高级工程师5名，博士后2名，具有本科以上学历或中级以上职称的技术人员27人，人才配备强大。工业设计中心高度重视人才的培养与引进，不断引进高学历、高素质、高能力的人才，与中国计量大学、南京航空航天大学建立人才对接，培养计划，专设赛尔富奖助学金，每年引进一批优秀的本硕毕业生，以充实公司的人才团队。并对现有的工业设计人才进行定期培训，通过内训，如请专业老师讲课、外训，如参加展会提供出国机会开拓眼界等各种方式，让他们接触最前端的工业设计作品，不断提升专业水平和创新能力。

2015年年初，研究院引进的2名智能控制方向博士后研究人员已于2017年4月底顺利通过了中期考核。近两年，公司新引进产品造型设计人才4名。目前已经形成了老、中、青三结合的人才梯队,工程师由高级、中级、初级等各层次构成。很多学士学位的设计开发人员一边工作、一边在职读研,学以致用,使公司的设计开发队伍后继有人,并为设计开发成果转化为生产力创造了良好的基础。

3. 设计项目运行

设计中心以项目方式进行业务运作,在整个赛尔富销售和产品体系中,设计处于整合点,市场和销售的数据由设计整合成方案,交由后端工程师进行研发,同时公司也明确产品项目经理负责制,根据产品的关注点不同,由工业设计师、结构工程师或电子工程师做项目主导开发。

工业设计中心运用新技术、新材料,不断设计开发高科技含量的 LED 新品,开创富有国际影响力理念和高品质的照明产品,为用户创造现代文明的光文化。每年开展 7~8 个项目的设计研究开发,以满足商业照明市场对于新品的需求。

(五) 工业技术创新和设计成效

1. 创新设计的社会、经济效益

公司 2016 年 2000 万元的设计、研发投入,成功转化为 2017 年 2.5 亿元的销售额,极大地提高了企业经济效益,目前赛尔富电子自主设计、研发的产品已超过 70%。针对细分市场的个性化需求,公司的产品理念、形态、功能及样式得到了客户的广泛认可,冷链灯和立式冰柜灯被评为宁波市重点工业新产品,竹节灯因模块化的拆装方式及灯头灵活性等特点荣获 IF 设计奖。目前赛尔富电子已成为周大福、施华洛世奇展柜、天花灯具的全球指定供应商。将自主设计、研发的通光透镜灯具成功应用于欧洲某食品超市连锁集团的冷链灯也让公司成功从飞利浦手中,抢下了 1000 万元的订单。如今,在冷链灯欧洲市场上公司的占有率排名第二,紧跟飞利浦。设计成果获奖情况如表 8-8 所示。

表 8-8　　　　　　　　　设计成果获奖情况

奖项名称	获奖作品	获奖时间	授奖部门(或机构)
宁波市重点工业新产品二等奖	COOLED-L108-220V LED 冷链灯	2015 年 4 月	宁波市经济和信息化委员会
宁波市重点工业新产品三等奖	FRIO2-L48-24V LED 立式冰柜灯	2016 年 5 月	宁波市经济和信息化委员会

续表

主要设计成果产业化情况			
项目名称	客户企业	完成交付时间	设计成果产业化及效果
商照智能有线 DALI 控制系统	赛尔富电子有限公司	2016 年 12 月	已累计销售 2040 余万元
居家照明多感应式智能控制系统	赛尔富电子有限公司	2016 年 12 月	已累计销售 530 余万元
组装方便、通用性强的冷链、冷柜灯具	赛尔富电子有限公司	2016 年 12 月	已累计销售 3790 余万元
智能可控光色的天花照明灯具	赛尔富电子有限公司	2016 年 12 月	已累计销售 1830 余万元
小巧、高效的展示柜用照明灯具	赛尔富电子有限公司	2016 年 12 月	已累计销售 2610 余万元
高光效、高显指、防眩光通照筒射灯	赛尔富电子有限公司	2016 年 12 月	已累计销售 2170 余万元
商照智能无线蓝牙控制系统	赛尔富电子有限公司	2016 年 12 月	已累计销售 1540 余万元
基于蓝牙技术的 LED 智能照明系统	赛尔富电子有限公司	2015 年 12 月	已累计销售 810 余万元
基于 DALI 技术的 LED 智能商业照明系统	赛尔富电子有限公司	2015 年 12 月	已累计销售 1400 余万元
多功能 LED 智能居家照明系统	赛尔富电子有限公司	2015 年 12 月	已累计销售 680 余万元
基于商场顶部应用的 LED 条形灯具	赛尔富电子有限公司	2015 年 12 月	已累计销售 2470 余万元
基于冰柜展示照明应用的 LED 条形灯具	赛尔富电子有限公司	2015 年 12 月	已累计销售 6080 余万元
高效珠宝存列展示照明模组	赛尔富电子有限公司	2015 年 12 月	已累计销售 5250 余万元
集成微波感应控制的智能照明灯具	赛尔富电子有限公司	2015 年 12 月	已累计销售 3890 余万元

| 专栏 8-8 |　　　　　　　　　　创新技术设计案例

1. 创新技术设计典型案例一

竹节冷链灯。创新设计的竹节灯除具有 LED 灯的一般照明特性外，外形设计更为精巧，节支状的杆子可自由组合连接，设计的新型灯体转动结构，特别增加了一个限位装置和具有弹性阻力的弹性机构，将灯体节与节之间连接器部件设计成部分有弹性的、紧配的圆弧凸台，同时在相应的外筒挖有沟槽，使得节与节之间的连接处能够 360°转动，方便插拔，同时又有防脱落功能，极大满足不同展示区域、不同展示高度、不同展示品种对光效的要求，方便与改良了商业照明的种种需求。并获得发明专利 1 件（竹节灯 ZL200810121154.0），2014 年被认定为国家重点新产品，获得德国 IF 产品设计奖，使工业设计成果实现产业化，获得全球市场认可，引领 LED 照明产品新潮流。

2. 创新技术设计典型案例二

冷链灯。创新设计的冷链灯增加了大功率发光二极管的颗数，缩短芯片间隔，在保证各层亮度一致的情况下，提高了同一层横向光斑均匀度，使光照射在价码牌上不会产生明显的反光，使冷柜各层照度照射光效一致；由两排 PCB 版条组成，一排 PCB 版安插 48 颗大功率 LED 发光二极管，另一排 PCB 版全部安装聚焦透镜的结构，通过光学反射原理，保证冷柜底层物品能够得到与顶层一致的充足照射光线，极大地满足了超市商业照明客户的需求，填补了国内外该技术领域的空缺，并获得发明专利 3 项，2015 年被认定为宁波市重点工业新产品。产品凭借构思巧妙，性能优良，性价比更高，防水性更好等优势，满足了国内外客户特别是商超客户的需求，已投放到欧洲、北美、亚太和中国区市场等国内外市场，并在国内外市场具有一定的知名度和占有率，技术性能处于国内外先进水平，为行业的创新发展起到带头作用。

3. 创新技术设计典型案例三

立式冰柜灯。立式冰柜灯安装在立式冰柜灯门框处，灯具照射面向内，增加异型透镜二次配光设计，以保证同面不同距离的衰亮度均匀，及不同深度的同面的光照效果均匀；防眩光与反射集成的巧妙设计，使得用户购物时

"见光不见灯";通过异型透镜进行二次配光设计,使得灯具能够实现更加均匀的光分布,满足现代人们的都市购物商业场所的照明需求,充分提升、吸引人们的购物体验,是包括国际连锁大超市在内等客户非常喜欢的一款产品。获得发明专利2项,2016年被认定为宁波市重点工业新产品。

2. 技术创新和设计为企业创造的价值

创新设计为赛尔富带来了飞跃式的发展,为LED照明行业注入了新的活力,推动了行业的大发展。赛尔富每年提取销售收入的5%作为研发费用,专项列支,每年工业设计中心投入费用占研发费用的30%以上,为公司创新设计提供了雄厚的资金保障,保持企业创新活力,加速设计成果转化,促进设计成果及时有效发挥效能,提升公司核心竞争力。近两年来,工业设计中心完成各类成果79项,新品率达到85%以上,获得国内外各类专利72项,两款产品获得宁波市重点工业新产品,多项产品被列入宁波市新产品试制计划。

(六)典型的示范意义

1. 设计先行的创新理念

公司采用专业的光学和散热分析软件,进行设计和优化,开发过程中"产品开发,设计先行"的研究思路,有别于行业内其他企业过分依赖经验,缺少理论设计与分析的开发模式,对同行业大多数企业具有借鉴意义。这种理论指导实践的产品开发模式能够大大节约产品开发周期,提高研发效率,节约开发成本和生产成本。

公司LED产品作为替换白炽灯、荧光灯的产品,通过设计先行的理念设计LED产品很好地满足传统灯具的产品尺寸需性能参数及配光要求,不要拆除原有灯具的基座,没有对原有建筑和室内环境产生破坏,使淘汰和替换传统灯具非常顺利,在发展和推广LED的过程中,既发挥LED优势特征,又不破坏家居环境的有机统一,LED灯泡插口设计与传统灯具的插口基座相配合,做到在新光源与传统灯具的完美对接,家庭不必重新添置新灯具,也能享受到新光源所带来的实惠。对于白炽灯螺口式这种单一的灯具接口,设计相对简单的LED灯泡插口,以这种接口为设计标准,并在灯具外形上模拟常规的白炽灯形态,基本上解决对传统白炽灯的替代问题。

公司充分认识到 LED 灯泡和 LED 日光灯在光源设计上和传统光源有些不同，如定向发光，即光线在一定光束角内定向辐射，那么在之后的 LED 灯具设计中，设计师考虑类似问题，巧妙地凸显其优势，弥补不足，设计了更高效的照明器 LED 光源用作室内功能性照明，而且结合设计了更良好的配光系统。常规灯泡的发光角度是 270°，如直接替代白炽灯安装在传统灯具（如台灯）或照明空间中，会出现半亮半黑的弊端，所以在 LED 灯泡替换白炽灯的过渡时期，结合 LED 灯泡的这种特点设计出相应的内部反光罩和其他结构，达到了像白炽灯那样的超过 270°全角度出光的照射效果，使需被照射面的照度均匀度，充分地满足消费者使用习惯。在推动 LED 灯具的发展和普及过程中，运用 LED 对灯具的形状、色彩等因素进行再设计，未来场景中所使用的灯具更加节能化、人性化、艺术化，形成特殊的氛围和意境，增加环境的美感，同时让人们心理、生理得到满足，对国内大部分灯具企业，在技术革新方法上有着带头和示范作用。

2. 技术创新推动产业链发展

2018 年，整个 LED 行业步入了第十三个五年计划，在"十三五"中树立和贯彻的创新、协调、绿色、开放、共享的发展理念贯彻到公司的未来技术发展规划中，把创新设计作为 LED 产品研发的重点。在"重点突破、支撑引领、开放融合、以人为本"的总体战略指引下，提升公司创新设计能力，加快实现产业制造向产业创造跨越。

公司的创新设计不仅致力于设计创新新产品，同时也包括设计创新工艺和装备，设计创新经营管理和商业服务模式创新。全球已进入知识网络时代，知识网络时代的创新设计已呈现新的特征，如绿色低碳、网络智能、超常融合、多元优化、共创分享等共性特征；多样化、个性化、定制式、集成化、更注重用户体验的产品特征。因此，公司从原来仅仅注重产品功能和成本效益，逐步拓展到注重制造过程、营销服务，使用运行到再制造等全生命周期的资源高效利用的全过程，通过创新设计推动 LED 产业的发展。公司的工业设计中心创新设计不仅仅促进了公司半导体照明产品出口，同时也推动我国半导体照明产业的产品结构优化，为我国半导体照明产业发展做出了贡献。

公司的工业设计中心创新设计产品大规模生产带动了上下游产业和其他相关产业的发展，促进了国内 LED 外延片和芯片产业、塑料工业、装备工业等上游产业创新设计，从而带动一批上游产业的发展，具有良好的示范作用，同时对促进节能减排，拉动内需，扩大就业，推进我国绿色照明工程、半导体照明工程实施，促进国民经济发展具有重要作用。

六、案例：浙江月立电器有限公司

（一）公司概述

1. 基本情况

浙江月立电器有限公司成立于1996年，是专业生产个人护理和衣物护理等家电产品的制造商，同时集设计、开发、生产、销售于一体，拥有自营进出口权。

公司先后获得高新技术企业、浙江省企业工程技术中心、浙江省工业设计中心、浙江省出口名牌、浙江省名牌产品、浙江省著名商标、浙江省专利示范企业、浙江省工商企业信用A级"守合同重信用"单位、海关A类企业和慈溪市二十强企业等荣誉称号，生产的产品行销全球市场，主要销往欧洲、南北美洲、南非、日本、韩国及东南亚等国家和地区，产品全部通过CE、GS、UL、ETL、KC、SASO等权威机构认证，公司也通过ISO 9001、2008国际质量体系、ISO 14001环境、GB/T28001-2001职业健康安全管理体系认证。

2. 技术能力

公司拥有现代化的装配流水线50条、自动喷涂线7条、国内领先的塑料注塑机258台，产品设计中心的高素质设计人员、信息化的管理流程和先进的检测设备保证了良好的生产和服务能力。

公司以"完善自我、回馈社会"为经营理念，努力提高全员素质和管理理念，提升产品质量和服务意识，致力于顾客、员工、社会、公司共同的发展。

3. 主要产品

浙江月立电器长期与飞利浦、TESCOM、康奈尔、沙宣等知名国际品牌合作，通过良好的设计和生产能力为国内外客户生产产品，建立了长期、友好的合作关系。

主要产品有：电吹风、直发器、卷发器、理发器、皮肤护理产品、电熨斗等。

（二）企业发展的驱动因素

1. 社会环境因素——新常态经济催生小电器需求增加

随着中国经济发展进入新常态，全球经济一体化进入新的阶段，人们更加注重生活品质，这为我国小家电企业开拓国际市场提供了广阔天地，意味着大家可以在一个公平互利的竞争环境中发展。

我国 GDP 居全球第二位，居民消费将呈现结构性的上升模式。小家电行业是家庭耐用消费品的主要组成和生活水平的重要标志之一。中国经济正处于一个高速发展的时期，经济收入增加、政策好，使小家电市场具有长期的增长潜力。随着居民收入的增加，人们对于生活水平的要求也不断提高，在小家电需求数量的消费上呈上升趋势，尤其是对小家电的要求变化最为明显，由最初的比较看重实用性和耐用性逐渐演变为现在的着重功能性和享受性。从生活中的细节改变我们不难看出，经济快速发展下的今天，小家电已经越来越深刻地影响着我们的生活。我国居民的收入呈逐年递增的趋势，恩格尔系数逐步降低，说明我国人民的生活水平也在逐年提高，因此我国居民已基本摆脱了贫困，进入了小康时代并逐渐走向富裕。所以居民对生活质量的要求逐渐升高，也更加注重生活的品位，同时会促进对小家电产品的消费，经济水平的提升对促进企业小家电的消费有着积极的作用，并将直接影响到小家电的销售量。

2. 产业竞争因素——大数据应用加剧小家电竞争强度

小家电制造业由于处于低进入和低退出的门槛限制，从业数量庞大，竞争非常激烈。现在，中国小家电行业就好像成为一片"蓝海"，市场发展空间巨大，行业体量也可容纳相当数量的参与者，各大小企业纷纷涌入各个价位层次的制造和销售。但是从买方来看，小家电品牌在欧美市场通过兼并等逐渐集中到几家主要控股公司手中，这更加大了制造商们的竞争强度。

现在中国小家电制造行业内的 OEM/ODM/OBM 工厂有超过 2000 家，由于商品的性质，大部分都是为欧美发达国家出口的。经过欧美发达国家的法律法规调整后，出口欧美市场必须考虑食品接触安规、安全认证、环境保护规定等，成本急剧上升，没有稳定客户和竞争力的制造企业逐渐被淘汰，存活下来的都是在某一方面和某一个品牌有相对优势的企业，随着网络经济的发展，从实体店的购买途径逐渐地发展为网上电商购买。现在，我们已经进入大数据时代，通过大量的数据分析，我们需要着重发展的点、着重改变的点都清晰地展现在我们面前。各个企业的商品、各个方面的信息逐渐地透明化，加剧了各行各业的市场竞争，物料的竞争、时间的竞争，谁在最快的时间占有部分市场便是赢家，大数据分析市场竞争实质上加剧了小家电行业市场竞争强度。

3. 企业发展因素——全球化经济一体化下的规模竞争

中国小家电市场的扩大导致了行业兼并也越来越多，外资著名品牌也希望加大自己的全球市场版图，它们不断将各个国家和地区的知名品牌纳入旗下，形成很多的品牌帝国，有了这些世界各地的品牌，它们的话语权越来越大，在中国制造商面前的议价能力也与日俱增。例如，在2007年，经过几年的谈判和中国国家监管机关的批文承认，欧洲最大的小家电品牌——赛博电器收购了中国著名制造企业苏泊尔，由此赛博也正式进入中国小家电市场的纷争中，强强联手，使行业内的竞争更加白热化。

公司初期作为一个小家电产品的OEM/ODM制造企业，其主要活动集中于设计、采购、制造和服务。在现阶段，公司将进入利润更加丰厚、营收更加稳定的品牌与市场服务领域。但这会是一个投入巨大、时间耗费相当长的过程。短期内，公司将只须集中优势，把设计、采购、制造和服务各流程进行战略整理优化，使公司具备更大的竞争力。设计方面，更多地参与客户的前期研发，使产品在萌芽阶段即全面考虑便于生产制造和品质控制，同时结合公司的标准部件，有利于后续大规模采购，降低成本；采购方面，寻找更加具有竞争力的供应商和物料；制造方面，进行标准化作业，减少报废，优化流程，提高效率，同时进行设备改造，减少人为影响，通过ERP（即Enterprise Resource Planning企业资源规划）系统进行物料管控；服务方面，要能够对客户的需求做出快速反应，要寻找新兴市场客户，通过全球化的市场扩大企业规模应对跨国行业兼并，提高产品的市场占有率，增加单个产品的出货规模。

（三）工业技术创新和设计机构的建设

1. 机构概况

2004年，浙江月立电器有限公司建立工业设计部门，浙江月立电器工业设计中心是浙江月立电器有限公司对内进行产品设计创新、研发、产品升级迭代的专业设计中心。

设计中心以浙江月立电器有限公司为科研基地,并有相当数量的专业设计师支持的高素质设计群体,主要为国内外企业提供以项目为核心全方位的产品开发设计服务,并结合企业需要进行中远期课题的研究及技术开发,把企业的课题引入科研领域,实行产学研整合的现代企业管理体系。

目前月立电器设计中心拥有 100 余人组成的研发设计团队,其中高级工程师 1 人、博士 1 人、硕士 3 人、中级工程师 3 人、中级工业设计师 5 人。设计中心以浙江月立电器有限公司为强大的科技力量支持,主要为欧洲、美洲、亚洲、非洲等国际品牌做设计服务,在设计实践中,已经形成了自己独特的设计体系,并有实力为企业提供多项产品开发设计服务。

(1)硬件设施。智能小家电工程技术中心是企业的核心,公司非常注重技术中心基础条件建设。目前位于公司办公大楼四楼,已设立各类实验室 11 个,包括化学实验室、FFU 性能实验室、TMP 安规实验室、发热体实验室、长期和短期寿命实验室、环境老化实验室等,实验室面积共计 700 平方米,实验室电力供应总计超过 150 千瓦。拥有工程开发人员 80 余人,实验室人员 30 余人,为保障技术中心的正常运转,中心先后投入大量的财力配备了当今国内外最先进的机器设备、检测仪器、耐压测试仪、接地导通电阻测试仪、高低温温热箱、电参数测量仪、数字闪光测速仪、电器安全测试系统、X 射线荧光分析装置、环境试验箱、摇摆测试机、盐雾测试机、数据采集器等各类仪器,总净值达 1200 多万元(见表 8-9)。

表 8-9　　　　　　　　　　技术中心主要仪器设备

器具名称	型　号	生产厂
智能耐压测试仪	AN9605W	青岛艾诺仪器公司
智能接地导通电阻测试仪	AN9611W	青岛艾诺仪器公司
智能泄漏电流测试仪	AN96200W	青岛艾诺仪器公司
电热恒温干燥箱	RD101-B	余姚恒温箱厂
数显表面温度计	SW-2	慈溪光华数显仪器厂
TES 噪音计	TES1350	泰仕电子工业股份有限公司
电吹风寿命测试仪	VG-3130-ATE	杭州威格仪器
寿命测试仪	VG3130	杭州威格仪器
电参数测量仪	GDW1200W	杭州威格仪器
秒表	PC1200A	CHAOSUDA

续表

器具名称	型号	生产厂
数字温度计	WMY-01	上海医用仪表厂
AC POWER SOURCE	WEW1050	深圳纬斯特电子有限公司
万用表	17B	美因福禄克公司北京办事处
扭力批	RTD120CN	日本东日
数字闪光测速仪	SS2A	苏州一光仪器有限公司
DC可调稳压电源	SK1760SL5A	SAKO SANKE ELECTRICAL.，LTD
多路温度测试仪	TC-3	杭州威博测量控制技术研究所
弹簧冲击器	0.5J	广州电器科学研究院
球压试验装置	—	广州电器科学研究院
试验指、针、销	—	广州电器科学研究院
电参数测试仪	PF100	杭州威博测量控制技术研究所
测温/风速计	AVM-01	泰仪电子股份有限公司
接地电阻测试仪	VG2678	杭州威格智能仪器研究所
带表四用卡尺	3-2061314	上工
精密交流电源	JJW-3000	东莞荣仕宝电子有限公司
带表四用卡尺	DJ802719	上海工具厂有限公司
电器安全测试系统	VG-43	杭州威格智能仪器研究所
架盘药物天平	BP-II	上海医用激光仪器厂
LCR数字电桥	HF2810B	常州市惠发电子有限公司
直流稳压电源	ZYDZ	智勇电子
台秤	AGT-10	上海宝山计量厂
烘箱温度仪	TEEA	余姚市远东自控仪表厂
数显调节仪	XMTA	余姚市工业温度仪表厂
空气负离子浓度测试仪	TFB2004-2	TRUMP ELECTRONIC
空气负离子浓度测试仪	TFB2004-4	TRUMP ELECTRONIC
红外线测温仪	DT-8811	深圳华昌机械实业有限公司
深度游标卡尺	—	上海量具刃具厂
高度游标卡尺	—	上海量具刃具厂
拉力测力计	SN-200	温州山度仪器有限公司
电吹风寿命测试仪	VG-3130-ATE	杭州威格仪器
带表四用卡尺	DH604557	上工

续表

器具名称	型号	生产厂
弹簧冲击器	0.5J	广州电器科学研究院
球压试验装置	—	广州电器科学研究院
TES噪音计	TES1350	泰仕电子工业股份有限公司

（2）软件设施。为提高技术研发人员工作效率，技术中心拥有102台计算机设备，实现与其他部门的信息传递与共享，技术中心在公司的统一规划下，完成了企业内部局域网建设，还使用了办公自动化OA、ERP、邮件交换、WEB服务等应用。设计部门全部采用PRO/E、PROTEL、PDM等软件系统，全面实行信息化手段。

2. 基本情况

浙江月立电器有限公司工业设计中心基本情况如表8-10所示。

表8-10　　　　浙江月立电器有限公司工业设计中心　单位：万元，平方米，个，%

	工业设计中心名称	浙江月立电器有限公司工业设计中心		
基本情况	资产总额	99521	两年净增	6.37%
	注册资本	4580	两年净增	—
	职工人数	2025	两年净增	9.46%
	所有制性质	有限责任公司	信用等级	A级
	主要服务领域	电吹风、美发器、电熨斗等美容美发器具		
	企业是否属于	上市企业□高新技术企业■		
专业人员	工业设计从业人数		30人	
	其中，本科及以上学历人员数（含工业设计师及以上职业资格人员、中高级专业技术职务的人员）和占比		25人	
经济指标	复核期主要指标	2016年	2017年	两年总额
	公司营业收入	102947	117770	220717
	其中，工业设计服务收入	—	—	—
	利税总额	13085	15833	28918
	利润总额	9099	8006	17105
工业设计成果	工业项目完成数	8	9	17
	承担服务外包项目数	—	—	—
	其中，承包国外项目数	—	—	—

续表

	复核期主要指标	2016 年	2017 年	两年总额
工业设计成果	专利授权数	71	56	127
	其中，发明专利数	1	3	4
	版权授权数			

3. 机构营运

公司设计中心在市政府的认可下，基于企业自身发展的需求，增加了设计中心的投入。

通过强化实验室建设，将现有分散管理的实验室尽快合并成工程技术中心的独立实验中心，统一管理，统一建设；成立专门的工程项目小组，主攻高端电子化的高端智能美容美发类和工业烫斗的整烫类产品；成立专门的培训小组，推行自我培训计划。定期对工程师进行新技术和新的市场导向产品的培训；成立人才储备库，进行护理美容类产品（如电推剪和剃须刀）的人才储备和培训工作。

同时整合产学研资源，将设计、工程研发、试验技术力量合并在一起，组成一个强有力的研发团队，以个人护理电器为主要研发对象，向节能、高效、智能化等高端发展；加大产学研合作，寻找国内外有实力研发公司、科研机构进行合作开发项目，争取到 2019 年，与公司有紧密的科研合作关系的研究机构国内达到 3 家、国际达 2 家，以共同研发新产品，使产品迈向国内顶尖水平、国际先进水平，实现国内电吹风行业综合排名位居第一。进一步加强人才队伍建设，3 年内引进或培养 20 名以上具有中级技术职称及 10 名以上具有高级技术职称的专业人才，为新产品研发提供强有力的人才储备。

通过不断完善设计研发技术中心，未来使月立电器成为全球家电护理行业综合排名位居前列，成为世界一流特殊功能电吹风的制造商，有效地带动地方经济发展，促进本行业企业的发展，为社会做出应有的贡献。

（四）工业技术创新和设计实施措施

1. 组织体系建设

2015 年 8 月，公司针对 YUELI 品牌注册了宁波悦立股份有限公司，目标就是做国内顶级的个人护理电器品牌，公司工业设计中心针对 YUELI 品牌专门划分出YUELI品牌产品设计专项小组，配备了最优良的设计团队，通过品牌创新、技术创新和设计创新，总体运营状况良好，发展态势稳定，并在原有的技术基础上大力推进新技术、新服务的引进和深化，为客户提供技术更先进的设计产品。

月立电器作为一个新锐的国产电器品牌，虽然绝对销售额还没有赶上一线品牌，但公司通过组织体系创新带动产品设计创新，在短时间内给用户创造了良好的口碑，并实现了快速的增长率和市场份额不断扩大。

2. 人才队伍建设

坚持人才是第一资源、智力是第一驱动力的理念，把人才队伍建设作为平台建设的重要内容，促进产业创新人才的引进和集聚。增强平台引才意识，大力开展阶梯性招才引智工作。

（1）基础型人才方面，每年会引进应届毕业生20余人，为企业培养大量高学历、高技能应用型人才。引进国内多年实践经验的专业领域研发人才，创造良好的条件帮助他们尽快提升技术水平，以使他们在宁波本地迅速扎根成长。

（2）充分优化人才机制，为了长期留用人才，建立高于市场的动态薪酬体系、青年英才培养、员工上升行政管理通道、员工上升年资通道、员工带薪年假等制度。

现在月立电器研发团队100人，设计中心有员工30人，本科生以上人数25人，人员学历和年龄结构合理，专业知识结构符合企业发展需要。到2018年，月立研发中心总人数将达到200人的规模，其中工业设计专职人员达到70人以上。

3. 设计项目运行

2017年，公司投入4500万元作为设计研发费用，工业设计中心一直保持高效率、高质量、高产出的良好态势，一年中总共承接了126个项目，其中包含87个新项目和39个老项目完善，实际完成118项，所完成的项目有116项已经投入生产，并实现了94%的高转化率。

直到2017年年底为月立品牌设计出近10款市场价值极高的引领性产品，2017年为YUELI品牌带来了5000万元的销售额，同比增长了268.90%。近两年，公司采取稳健性的资产结构调整，优化资金周转状况，资产总额2017年达到99521万元，同比上年增长6.37%。公司销售收入整体呈增长趋势，2015~2017年销售收入实现增长17%。公司采用科学的企业管理模式，锐意进取，开拓创新，2017年销售收入117770万元，创利税15833万元，达到了一个历史新高度。

（五）工业技术创新和设计成效

1. 技术创新和设计的社会、经济效益

浙江月立电器有限公司以"节能环保、创新发展"的理念为企业的发展方针，为公司工业设计指明了方向。2017 年公司被评为浙货出口领军企业，实现出口额 12.3 亿元人民币，解决了 3600 人的就业问题。公司在环保问题上也是作为重中之重来抓，投入 1500 余万元在公司搞环保建设，在产品喷漆环节，全部采用全自动喷涂线，为产品的环保安全性能和企业员工的健康做出了安全保障，取得了企业效益和社会效益的双丰收。

2017 年年底，公司在政府的扶持下开始启动智能制造工厂的项目，作为 2018 年的重点项目之一，公司成立了智能制造小组和推进小组，聚焦于智能化生产流程方面的改造升级，继续推动公司在生产效率和制造水平的大跨度提高，力争成为宁波市 2025 制造的标杆企业。

2. 创新设计为企业创造的价值

公司除了满足客户的设计需求服务外，更多的精力都投入产品的自主研发和创新发展上。2013 年被评为"省级工业设计中心"，2017 年被评为"宁波市企业研究院"。

虽然企业现在面临人民币升值、物料上涨、人员工资上涨等不利因素，但公司由于在前期设计研发上的优势，本着做高端高品质的产品理念，让公司真正体会到在国际大环境不利的情况下一样能够挺起腰板，以创新类的产品创超高附加值，避开低端价格战的红海。

近两年，月立电器设计的智能红外恒温电吹风入选中央电视台品质频道，并在黄金时段进行了播放。智能滑屏负离子电吹风荣获 2017 年金麦奖品质大奖。2017 年设计的高转速无刷马达电吹风设计稿刚刚出来就接到了来自海外客户 200 万台的订单。2017 年设计的红外超声美发护理器受到了宝洁集团的高度关注，并投出了合作的橄榄枝。2017 年为小米设计研发了震动按摩负离子梳、静音婴童理发剪、7 级防水修足器，得到了小米公司的高度认可，2018 年还将有近 10 款具有创新概念的个人护理电器在小米陆续上市。同时，月立品牌的代表性产品水润蒸汽直发器、直卷两用抛光美发器等在 2017 年崭露头角，销售业绩达到了单品同价位前三名的好成绩。

公司通过团队建设、标准化建设、企业文化建设、自动化建设,为企业在行业内夯实了基础,做出了表率,取得了丰硕的成果,2017年,公司实现了销售额为12.3亿元、年产量2400万台、人均产出32万元的可喜成绩,尤其是电吹风近几年出口量一直保持行业第一的位置。

| 专栏8-9 | 公司技术创新设计案例 |

1. 设计服务案例一

HC-339电动丝柔修足机。2017年,公司与杭州网易严选贸易有限公司合作,由公司设计研发的HC-339修足机,该产品为电动的磨砂轮设计,加上小巧外观和精良的工艺,携带方便,两节1.5V电池工作效率高,并且机身4级防水,深受消费者喜爱。该项目于2016年设计,并与2017年投产,上市10个月销售3万台有余,市场反响很不错,加上价格适中,因而广受好评。

2. 设计服务案例二

蒸汽直发器HS-977。2016年,浙江月立电器有限公司设计研发HS-977蒸汽直发器,该产品在普通的直发板的基础上,创新设计加上水箱功能,使得在直发的同时有水蒸气喷出,具有护发作用,缓解了多次夹发会有烫伤、烫焦的现象。产品采用加热速度较快的MCH发热体,水箱可取下加水,也可干烧。项目在2016年进行设计和完善,2017年上市销售,月销量达3000台,产生了良好的经济效益。

(六)典型的示范意义

月立电器是江浙为数不多最早成立工业设计部门的家电企业之一,并在政府的支持下先后被评为省级工业设计中心、宁波企业研究院、高新技术企业研发中心、慈溪市二十强企业、品质浙货出口领军企业等,公司成立20多年来,一直把工业设计作为公司发展的核心,在行业内起到了领军的作用。

1. 产品研发、用户为王

在产品研发方面,月立始终相信用户的体验和反馈是产品研发最有力的保障,月立的产品在研发之前将会对用户进行深入研究。公司有专门的用户产品体验小组,针对市场上不同品类的产品进行大量的信息收集及市场调研,并在每周的周会上对公司产品及同行产品在市场上的反馈进行汇总报告,梳理出有效信息,不断地为研发小组提供有力的研发迭代信息,以保证研发出的产品能够满足用户的需求,并能引领用户消费。

2. 产品创新、技术为王

在产品的技术方面,技术中心是公司技术创新的核心,公司从 2003 年开始筹建技术中心以来,就一直非常重视技术中心的未来发展,经过几年的运行,渐上轨道,于 2008 年被宁波市科技局、宁波市经委、宁波市财政局联合认定为"宁波智能小家电工程(技术)中心"。

3. 产品体验、品质为王

随着产品技术的升级迭代,迫在眉睫的就是品质问题,在提升品质方面,公司成立了产品内测小组,任何产品在上市之前,都会经过内测小组的暴力测试及体验测试,并对测试后的产品进行打分。打 10 分的为高品质产品,可以通过上市,打 9 分的为可改善产品,必须在改善后再次评估达到 10 分才可以上市。9 分以下的产品必须推倒重新开始,不允许上市。同时,公司的新产品在上市之前会抽出 100 台产品免费分发给 100 个月立的粉丝体验群,由粉丝使用后将试用报告反馈给内测小组,内测小组将以反馈信息作为打分的重要依据。月立品牌产品上市以后,公司品质部会对产品售后进行全方位监控,对用户的后台反馈进行及时分析,如发现产品存在质量问题的基数比较大,品质部将启动产品销售冻结预案,封存仓库所有的问题产品进行调查测试,直至问题解决才可以重新上市,并对存在重大问题的产品实施下架处理。基于公司严格的管理制度,公司实现了创新驱动、品牌驱动、品质驱动、效率驱动的发展目标,并会不断地完成产品突破、市场突破以及品牌突破,公司争取在未来 5 年内实现个人护理电器高端知名品牌的计划。

七、案例:宁波市鄞州德来特技术有限公司

(一)公司概述

宁波市鄞州德来特技术有限公司创立于 2004 年 4 月,作为国内唯一一家独立民营的第三方发动机专业设计咨询服务公司,2011 年被认定为国家高新技术

企业，2013年被评为浙江省工业设计中心、宁波市科技服务业示范企业，2014年被评为国家技术转移示范机构、宁波市服务名牌、宁波市企业工程技术中心，2012~2015年连续四年获得宁波市工业设计营业额前十名荣誉称号，2011~2014年连续四年获得科技部科技型中小企业技术创新基金扶持，2015年完成国家知识产权管理体系认证，2016年被评为国家知识产权优势企业，2017年3月被授予浙江省博士后科研工作站。

主要业务范围包括乘用车发动机、商用车发动机、摩托车动力总成系统、舷外机、通用机械、工程机械、新能源及航天等。德来特通过产学研吸收国内外先进工业设计的技术力量，在技术上紧跟国际一流的内燃机开发咨询公司的发展步伐。加大资金投入，积极巩固前沿技术研发储备和推动发动机台架试验基地建设，打造完善的发动机技术研发链：产品设计、CAE工程模拟分析、热力学性能实验开发、可靠性机械开发及完整的发动机燃烧系统标定、专项试验验证流程，未来的目标成为国内外一流的内燃机开发咨询服务平台。

1. 基本情况

宁波市鄞州德来特技术有限公司基本情况如表8-11所示。

表8-11　　宁波市鄞州德来特技术有限公司　　单位：万元，平方米，个，%

	工业设计中心名称	宁波市鄞州德来特技术有限公司		
基本情况	资产总额	2672.6	两年净增	693.1
	注册资本	500	两年净增	/
	职工人数	84	两年净增	17
	所有制性质	有限责任公司	信用等级	A级
	主要服务领域	机械装备、汽车零部件、发动机、模具的研发及设计		
	企业是否属于	上市企业□	高新技术企业■	
专业人员	工业设计从业人数	71		
	其中，本科及以上学历人员数（含工业设计师及以上职业资格人员、中高级专业技术职务的人员）和占比	88.7		
经济指标	复核期主要指标	2016年	2017年	两年总额
	公司营业收入	1671.4	1640.6	3312
	其中，工业设计服务收入	1671.4	1640.6	3312
	利税总额	553	560	1113
	利润总额	409	420	829

续表

	复核期主要指标	2016年	2017	两年总额
工业设计成果	工业项目完成数	40	48	88
	承担服务外包项目数	35	48	83
	其中，承包国外项目数	1	0	1
	专利授权数	11	5	16
	其中，发明专利数	0	1	1
	版权授权数	5	3	8

2. 技术能力

公司研发实力雄厚，创新能力强，汇集了一批高素质的管理人才和技术精湛的科研精英。目前拥有一支由70余人组成的研发设计团队，其中高级工程师4人，博士2人，硕士6人，中级工程师20余名，90%以上的设计人员来自国内各大主机厂，并具备丰富的设计开发经验。

经过12年的砺变，德来特现已具备从发动机整机设计、整机测试、静态分析、工艺分析、CAE分析、性能开发、样机试制、关键汽车零部件的研发及设计能力，可根据客户要求提供内燃机项目开发、产品设计、流程管理、生产工艺等方面的"一站式"交钥匙技术服务解决方案。目前，德来特已成功与北汽集团、吉利集团、上汽集团、众泰汽车等国内外100多家知名汽车公司、零部件供应商完成合作开发近100项项目。

3. 主要产品

目前，德来特承接整机开发项目近百项，已成功开发数10款发动机，多数研发产品现已量产上市，应用于自主品牌乘用车、工程用车、船舶等。

（二）企业发展的驱动因素

1. 社会环境因素——全球价值链整合促使中国汽车产业升级

20世纪80年代之后，在贸易自由化与汽车工业全球化持续扩张的趋势下，整车厂商与零部件制造商们都在不断扩大其全球触角。与此同时，由于国际贸易协定的限制，发展中国家促进国内汽车产业发展的政策工具日益受到限制。传统的进口替代与出口导向开始被国际化生产所替代。跨国汽车企业将生产环节分散到全球的不同地区，通过整合各国家的汽车工业建立起由其领导的全球价值链。

随着全球化的持续深入，汽车跨国企业将其业务集中到了研发、销售与服务等全球汽车产业价值链中的高附加值环节从而获得高额利润，而将生产组装等低附加值环节转移到其他的发展中国家。全球性生产网络的形成使得产品的价值创造环节分布于不同国家及地区，这无疑给发展中国家融入价值创造环节，完成产业结构调整、升级及增强国际竞争能力带来了机遇。

随着国际汽车贸易的不断发展，发达国家的跨国汽车公司不断地对生产进行垂直性剥离，把非核心的生产与服务业务分离出去，而通过全球性采购与生产获取更高的经济利润。中国作为其剥离业务的承接地，从此被纳入汽车产业全球价值链的体系之中。不过，由于承接的基本是非核心业务与劳动密集型加工制造环节，中国位于全球价值链的低附加值环节，而发达国家则控制着高附加值环节，并渐渐形成发达国家控制研发设计、品牌与销售等高附加值环节，中国控制劳动密集型加工制造环节的汽车产业全球价值链利润分布状况。中国是汽车工业大国，然而我们却不是汽车工业强国。目前，中国汽车工业正处于低附加值、劳动密集型的价值链环节，而在产品研发、销售与服务等高附加值环节，亟待改善，提升国际上的竞争力，加快产业转型升级。

2. 产业竞争因素——改革开放促进中国汽车产业竞争

改革开放以后，为进一步发展汽车产业，在用市场换技术思想指导之下，中国先后经历过两次合资高潮，很多国有汽车公司纷纷和国外汽车企业进行了汽车项目的合资，而新成立的合资公司为跨国企业生产其品牌的汽车产品，合资模式就成为当时中国汽车工业发展过程的一个重要特征。与国有汽车企业不同，吉利、奇瑞、比亚迪和哈飞等自主品牌汽车公司则选择了一条自主创新的发展道路。它们建立自主性研发平台，并且充分利用全球资源，进而逐步实现自主创新，成为我国汽车产业的振兴者。

在合资模式下，跨国公司是全球汽车价值链的治理者，控制着全球价值链中的高价值量环节。经过多年的合作，国外跨国汽车公司已经和大型汽车零部件公司建立战略合作关系。因此，跨国汽车公司也实际控制了这一环节，合资汽车公司只能介入全球价值链的生产环节，这是全球价值链中价值量较低的环节。合资汽车公司在融入跨国公司主导的全球生产体系后，承担了全球价值链中的生产制造工作，最终嵌入了跨国汽车公司全球价值链中的生产环节。在合资、合作的过程中，合资汽车公司逐步提升了质量管理水平与生产制造能力。

在合资发展的过程中，因为跨国汽车公司对核心技术的严格保护，限制了合资汽车公司的研发行为与能力，同时由于巨大市场需求所带来的高额利润，合资汽车公司在各种压力下，很可能会放弃自主创新行为，而甘于坐享其成。全球价值链在提升合资企业生产与制造能力的同时，也为其向产品的研发与营销等高附加值环节升级设置了障碍。跨国公司作为全球汽车产业价值链的治理者，在价值链前、后向的协调中发挥主导性作用，跨国公司的竞争优势会越来越集中在品牌、研发设计与营销等高附加值环节上，合资公司沿价值链的进一步功能升级与链条升级会受到跨国公司的阻碍和压制。

自主创新公司的发展历程其实是构建了一条自己主导的、定位于低端用户的全球价值链。而价值链的整个构建过程，就是自主创新公司实现升级的过程，并且这种升级是通过多种方式实现的。即通过构建自己的价值链，自主创新公司的升级从一开始就跨越了全球价值链上、下游环节内部与环节之间的层面，而直接实现了链条升级，然后在其构建的全球价值链中来实现工艺流程升级、产品升级与产业功能升级。在此背景下，汽车工业的升级方式会表现为自主创新公司的升级行为。自主创新公司的升级行为同样会受到各种限制：一是合资公司经过多年的持续发展已经形成较强大的竞争优势，自主创新公司的品牌是否可以得到消费者的认同，需要通过市场竞争的考验；二是目前自主创新公司所构建的是面向低端用户价值链，在提升整条汽车价值链价值量的过程中，往往会遭到来自跨国汽车企业的各种有形和无形的壁垒。

3. 企业发展因素——中国自主汽车品牌发展需要汽车工业设计创新

经过多年的持续发展，我国自主品牌汽车从最早的上海和红旗轿车发展到奇瑞、吉利与比亚迪等汽车，自主品牌汽车逐渐成长为汽车市场的中坚力量。2017年，我国自主品牌乘用车的销量为259.84万辆，占全部乘用车销量的11%。中国自主品牌汽车的自主创新发展先后经历了模仿型创新、技术外包型创新、技术引进型创新与开放型创新等四个阶段。与合资汽车公司不同，自主品牌汽车公司没有像合资汽车公司嵌入跨国性汽车企业的全球价值链生产环节之中，而是要通过模仿引进的技术、整合国内外的资源、改进性的创新、自主性创新的发展方式来构建自己的全球价值链。

有两个方面的原因让中国自主品牌汽车公司的研发设计能力得以提高，第一，合资汽车公司的工作人员会流动至自主品牌汽车公司中所产生的技术外溢现象；第二，全球零部件供应商会因为与跨国性汽车公司的伙伴合作关系而到中国市场投资和发展，从而很好地带动了中国汽车零部件的发展，并且极大地丰富了汽车行业零部件的供给。因此，中国自主品牌汽车公司得到了比较好的发展，在构建自己的全球价值链过程中，自主品牌汽车公司实现产业升级可以采取两个方面的措施：第一，对全球价值链中的自主品牌建设与产品研发等价值量比较高的环节实行直接控制；第二，提升其在全球价值链链条的治理能力。

中国汽车设计起源于20世纪五六十年代的"东风""红旗"，后因历史原因中断数十年；自90年代首批合资企业在中国建立设计力量（如北京吉普、上海通用泛亚），随后是中资自主品牌的起步和发力，至今已形成中资（含自主品牌及设计公司）、合资、外资（跨国品牌中国设计中心）三股设计力量。

自2000年家庭轿车元年起，经2006~2013年的市场迅速膨胀，中国成为全球最大的汽车市场，也是汇集品牌最多的市场；消费群从"60后""70后"到"80后""90后"。工业设计成为所有企业一致推崇的竞争利器。

企业创新动力来源于品牌的本土化与国际化目标。外资、合资品牌普遍在本土开展设计，既贴合市场、提高效率，也降低成本，如通用、大众、标致雪铁龙等。中资品牌从诞生之初就不可避免地与国际设计同台竞技，初期的抄袭模仿"好景不长"。随着原创设计力量的崛起，在练好国际化设计基本功的同时，以适销对路的原创设计逐步获得市场认可，推动品牌价值的提升，如长安、奇瑞、东风、长城哈弗、吉利帝豪等，而同时能获得国际设计同行、媒体与消费者好评的只有上汽荣威/MG、广汽传祺、观致等，其中坚持中国人主创的则只有东风和广汽传祺等。

（三）工业技术创新和设计实施措施

1. 组织体系建设

德来特作为一家专业的设计研发咨询服务公司，经过十余年的发展，形成了稳定、高效、简约的组织管理体系，未来德来特将根据公司的战略要求、发展需要，适当调整，不断完善公司的组织体系。

中心实行工业设计带头人负责制，设立了设计专家委员会作为中心的技术导向，制定了工业设计创新管理制度、培训制度、人才引进管理办法、知识产权管理制度、激励制度等多项制度与规定。

公司组织机构采取直线制，实行总经理负责，下设综合管理部、销售部以及设计研发技术中心，设计研发技术中心配备设计部、试制试验部、应用推广部，形成了完整的从设计研发、试制、试验、应用推广到最终产业化的设计服务管理体系。

2. 人才队伍建设

坚持人才是第一资源、智力是第一驱动力的理念，把人才队伍建设作为平台建设的重要内容，促进产业创新人才的引进和集聚。增强平台引才意识，大力开展阶梯性招才引智工作：鼓励"自我提升+引进"的策略，内部通过再学习，由本科晋升为硕士，多名设计师考取浙江省工业设计师职称。同时引进了有海外工作背景的新员工，注入新活力和新思维。

基础型人才方面，每年接收一定数量的实习研究生，近三年来引进应届毕业生50余人，除企业自留外，将人才输出至各大自主品牌汽车制造企业，直接带动了制造企业的整体技术实力提升，为业内培养大量高学历、高技能应用型人才。

应用型人才方面，引进国内多年实践经验的专业领域研发人才，创造良好的条件帮助他们尽快提升技术水平，以使他们在宁波本地迅速扎根成长。

高层次人才方面，聘请了2名专业从事工艺生产的国内知名专家进行指导培养；同时积极联络国内各大高校院，2017年建成浙江省博士后工作站，已引进2位内燃机领域博士开展联合培养。

海外人才方面，柔性引进3名国际知名发动机企业的海外专家，定期进行技术交流与指导，充分实现关键技术的引进、集成再创新。

同时，充分优化人才机制，为了长期留用人才，建立高于市场的动态薪酬体系、骨干员工购房10万元无偿补助、员工在职读研资助、青年英才培养、员工上升行政管理通道、员工上升年资通道、员工职业生涯规划、员工带薪年假等制度。至2019年，中心总人数将达到110人的规模，其中工业设计专职人员达到90人以上，培育出行业知名的发动机设计专家3~5名，培育工业设计技术带头人1名以上。

3. 设计运行

在现有的技术基础上大力推进新技术、新服务的引进和深化，加大拓展与国内具有自主品牌的发动机公司合作力度，为客户提供技术更先进的设计产品、CAE工程模拟分析、热力学性能试验开发、可靠性机械开发及完整的发动机燃烧系统标定等高技术含量的咨询和服务。

搭建完成了消费者研究组、设计策略组,是国内跨学科、跨专业配置齐全的工业设计中心。在模式创新上策划设计中心从中国台湾引进并普及了 CDOC 开发流程,并落实在新的项目实施中。

工业设计中心高度重视技术的先进性和适用性,通过集聚政府、高校院所、企业等多方面的创新设计资源,使每一项创新活动在人、财、物上都得到了有力的资源保障,大力提升产业和产品的技术水平,突破了一批产业核心技术。采用公共信息服务平台为核心的精细化服务管理机制,通过新的信息、技术、管理手段推进制造业的高端化。支持搭建线上线下信息平台,推动产业共生企业间通过信息平台开展标准化交易,提高信息沟通与技术解决方案的效率,降低成本、提升效益。

(四) 工业技术创新和设计成效

1. 创新设计的社会、经济效益

近两年,为 60 余家企业提供了超过 200 次的设计研发服务,被宁波市授予发动机及其零部件设计服务名牌,连续两年被评为宁波市工业设计营业额前十位企业。不仅积累了良好的客户口碑,也在全行业内树立起发动机及零部件开发的专项服务标杆,实现了服务零差评。公司始终遵循"以市场为导向,以客户为中心,以技术为保证,以研发促发展"的发展理念。坚持走自主创新道路,勇于挑起民族高技术服务业的重担,志在提高发动机产品质量,促进节能减排,实现能源与环境的可持续发展,与广大汽车企业携手,竭力促进我国发动机技术的发展。

2017 年,实现节能汽车动力系统的研发服务达到年设计开发 5 项整机项目的能力,新增节能新技术服务收入 2000 万元以上。促进舷外机电控系统技术的开发与推广应用,国内年产出口舷外机 10 万台,中国舷外机产业占国际市场 10% 的市场份额。实现专项智能检测装备的研发与推广,2017 年完成油气分离器智能测试装备的研制,实现年新增服务收入 500 万元以上。筹建杭州、金华两个服务场地,联合共建两个技术研发中心,平均年技术成果转化收入 1200 万元以上,产生的社会效益达到了几十亿元,例如,R10C 发动机设计开发量产在北汽银翔汽车有限公司的幻速等车型上产值达到 20 亿元,JT15T 发动机设计开发用于江苏三能动力总成有限公司,该款发动机已于 2016 年 8 月正式投产,项目达产后预计可实现年产高效节能发动机 30 万台套，年销售收入 40 亿元，创利税 6.5 亿元，新增 500 多个就业岗位，取得了良好的产业化效益。

2. 创新技术设计为企业创造的价值

公司实施以提高市场竞争力为核心的科研发展战略，坚持自主创新的理念，不断加大创新设计的投入，近两年取得诸多专利技术的突破。

近三年，公司已将销售收入 30% 以上的资金用于研发投入，研发支出高达 1745.82 万元，其中 2014 年研发投入为 563.96 万元，2015 年研发投入为 680.35 万元，2016 年研发投入为 501.51 万元。研发投入占销售收入的比例逐年递增，为加快高新技术产品的开发和产品市场覆盖率的提高，提供了雄厚的资金保障。未来公司每年将持续投入销售额的 35% 以上的资金用于技术更新换代的研发费用，不断深化技术节能以及产出效果。

近两年，通过不断地创新设计研发，采取科学的企业管理模式，公司销售收入整体呈增长趋势，2015～2017 年销售收入实现增长 10.70%，2017 年销售收入 1671.40 万元，创利税 553 万元，达到了一个历史新高度（见表 8-12）。

表 8-12　　　　　　　　近两年设计成果获奖情况　　　　　　　　单位：万元

奖项名称	获奖作品	获奖时间	授奖部门（或机构）
JT15T 发动机设计开发	"和丰奖"最佳示范设计对接奖	2017 年 4 月	宁波市人民政府
R10C 发动机设计开发	"和丰奖"最佳示范设计对接奖	2015 年 11 月	宁波市人民政府
德来特发动机研发设计团队	宁波市优秀工业设计团队	2014 年 7 月	宁波市工业设计联合会
近两年主要设计成果产业化情况（列出 10 家客户企业）			
项目名称	客户企业	完成交付时间	设计成果产业化及效果
R10C 发动机设计开发	北汽银翔汽车有限公司	2015 年 6 月	1.0TD 发动机完成前期的点火试验后，已于 2015 年 5 月份顺利交付。该产品具有高效、节能、轻量等优点，已于当年的 12 月份投产，将搭载北汽威望、北汽幻速等多款车型，现年产量已达 15 万台，年增产值近 20 亿元。该设计产品获得了 2015 年宁波市最佳设计对接奖

续表

项目名称	客户企业	完成交付时间	设计成果产业化及效果
曲轴、平衡轴三维设计	宁波吉利罗佑发动机零部件有限公司	2016年2月	两款发动机零部件产品已于2016年底顺利实现批量生产,满足了吉利汽车发动机的生产需求
JT15T发动机设计开发	江苏三能动力总成有限公司	2016年5月	JT15T发动机是公司研发设计团队历时8个多月时间为江苏三能动力开发的一款高性能涡轮增压发动机。该款发动机已于2016年8月份正式投产,项目达产后预计可实现年产高效节能发动机30万台套,年销售收入40亿元,创利税6.5亿元,新增500多个就业岗位,取得了良好的产业化效果
前端皮带系统测试设备设计开发	宁波裕江特种胶带有限公司	2016年8月	该产品是公司联合浙江大学宁波理工学院设计研发的测试试验设备。该产品目前已交付客户使用,能够改善和提高国内轮系及其附件汽车零部件制造企业(如皮带、皮带轮、张紧轮、汽车空调压缩机、助力转向泵等生产企业)的设计和验证能力,填补国内空白。项目完结后第一年实现测试设备年销售收入500万元,第二年预计实现销售收入1000万元,创利税超100万元
F40-F60两款舷外机设计开发	杭州海的动力机械股份有限公司	2016年11月	该项目是公司为杭州海的动力机械设计的两款舷外机产品,目前该项目已完成样机的试制,预计2017年下半年将批量生产,年产量将达10万台
6105M甲醇发动机燃烧开发	南充吉利商用车研究院有限公司	2016年12月	该项目是为南充吉利商用车研究院开发一款甲醇发动机,目前该项目已进入试验分析阶段,2017年底将进行样机的生产试制,2018年将实现量产销售

续表

近两年专利、版权及其他著作权获得情况					
产品或项目名称	专利名称	专利号	权利人	授权单位	授权时间
1.5G发动机技术开发	一种发动机及其冷却系统	ZL201210012514.x	宁波市鄞州德来特技术有限公司	国家知识产权局	2015-1-7
R10C发动机设计开发	机油冷却滤清器	ZL201410635106.9	宁波市鄞州德来特技术有限公司	国家知识产权局	2017-1-18
D65发动机设计开发	节温器总装结构及其节温器座	ZL201420602001.9	宁波市鄞州德来特技术有限公司	国家知识产权局	2015-1-28
D01缸体缸盖盖总成3D设计开发	一种发动机气缸体结构	ZL201420604141.x	宁波市鄞州德来特技术有限公司	国家知识产权局	2015-1-28
F13B、R13B发动机设计开发	凸轮轴固定工装	ZL201420743346.6	宁波市鄞州德来特技术有限公司	国家知识产权局	2015-4-29
发动机缸盖水套、气道和燃烧室等3D设计	发动机缸间冷却结构	ZL201520355184.3	宁波市鄞州德来特技术有限公司	国家知识产权局	2015-9-9
R10C发动机设计开发	一种新型油底壳结构	ZL201520451454.0	宁波市鄞州德来特技术有限公司	国家知识产权局	2016-1-27
R10C发动机设计开发	一种气缸连杆楔形小头结构	ZL201520657736.6	宁波市鄞州德来特技术有限公司	国家知识产权局	2016-1-27
1.5G发动机技术开发	新型缸盖螺栓垫片	ZL201520687295.4	宁波市鄞州德来特技术有限公司	国家知识产权局	2016-1-27
R10C发动机设计开发	一种曲轴前端摩擦传动结构	ZL201520687909.9	宁波市鄞州德来特技术有限公司	国家知识产权局	2016-1-27

续表

近两年专利、版权及其他著作权获得情况					
产品或项目名称	专利名称	专利号	权利人	授权单位	授权时间
F13B、R13B发动机设计开发	发动机真空泵驱动结构	ZL201520686564.5	宁波市鄞州德来特技术有限公司	国家知识产权局	2016-1-27
D65发动机设计开发	一种下机体的集成结构及内燃机	ZL201520586080.3	宁波市鄞州德来特技术有限公司	国家知识产权局	2016-3-2
前端皮带系统测试设备设计开发	发动机前端轮系测试设备	ZL201620095149.7	宁波市鄞州德来特技术有限公司	国家知识产权局	2016-6-15
前端皮带系统测试设备设计开发	发动机前端轮系测试设备的测试台	ZL201620088522.6	宁波市鄞州德来特技术有限公司	国家知识产权局	2016-6-15
前端皮带系统测试设备设计开发	减振皮带轮组件	ZL201620567084.1	宁波市鄞州德来特技术有限公司	国家知识产权局	2016-10-26
JT15T发动机设计开发	一种用于发动机上的曲轴	ZL201620568935.4	宁波市鄞州德来特技术有限公司	国家知识产权局	2016-10-26
JT15T发动机设计开发	一种进气歧管集成曲轴箱通风结构	ZL201620661766.9	宁波市鄞州德来特技术有限公司	国家知识产权局	2016-10-10
前端皮带系统测试设备设计开发	发动机试验信息采集检测系统V1.0	2016SR014186	宁波市鄞州德来特技术有限公司	国家版权局	2016-1-20
前端皮带系统测试设备设计开发	发动机前端附件系统测试软件	2016SR274004	宁波市鄞州德来特技术有限公司	国家版权局	2016-9-26
发动机附件试验信息测试软件开发	智能同步数据采集软件	2016SR347837	宁波市鄞州德来特技术有限公司	国家版权局	2017-1-10

续表

近两年专利、版权及其他著作权获得情况					
产品或项目名称	专利名称	专利号	权利人	授权单位	授权时间
设备运行自控软件	设备运行自控软件	2016SR360347	宁波市鄞州德来特技术有限公司	国家版权局	2017-1-8

| 专栏 8-10 | 公司创新设计服务案例

1. 设计服务案例一：JT15T 发动机设计开发项目

2016 年与众泰汽车下属的江苏三能动力总成有限公司合作开展的"JT15T 发动机设计开发"项目，该项目是由德来特公司自主设计开发的 1.5T 汽油发动机，采用燃油缸内直喷、废气涡轮增压、VVT 等主流发动机技术，达到高功率、高扭矩、低燃油消耗、低排放、低振动、低噪音、结构紧凑等目标。JT15T 发动机将搭载的车型为浙江众泰大迈 X5，JT15T 发动机的开发不仅能满足新的油耗和排放法规，而且在性能上将超越自主品牌的竞争车型。该项目已于 2016 年 8 月 28 日正式投产，预计可实现年产高效节能发动机 30 万台套。

2. 设计服务案例二：HH412QC 项目

2014 年为山西成功汽车的"HH412QC 发动机开发升级"项目做了全方位的技术评估。取得客户高度满意，随后委托我方开发该款 1.2L 发动机，我方负责项目的实施和监管，负责指导技术方案的制定等。采用 VVT、可变长度进气歧管、4-2-1 排气系统等主流发动机技术，达到高功率、高扭矩、低燃油消耗、低排放、低振动、低噪音、结构紧凑等目标。该项目顺利完成并通过技术验收，现该项目处于性能标定阶段。

3. 设计服务案例三：1.8TGDI 项目

2013 年为吉利提供 1.8TGDI 发动机开发服务，项目综合考虑精确发动机热管理系统控制、增压直喷燃烧系统设计等方面，实现升功率 66.7kW，升扭矩 138.9Nm，万有特效最低比油耗 250g/Kw.h 的设计指标。1.8TGDI 全新搭载的吉利博瑞，于 2015 年 3 月 20 日正式上市，成为中国外事礼宾用车。1.8TGDI 发动机的成功开发成为吉利汽车迈向中高档车型的关键一步。

（五）典型的示范意义

德来特公司自被认定为省级工业设计中心以来，积极发挥平台的先进引领带动作用，积累了丰富的设计服务经验，并在行业内推广，同时积极配合地方主管部门、相关机构，为推动区域工业设计发展，贡献力量。在区域甚至国内产生了积极的效应，提升了知名度。

1. 注重前期市场需求调研

定期进行市场调查、平台分析等工作，提前预估市场动向，布局更新服务内容。以国家技术转移示范机构为载体，拓展技术咨询业务方面的同时，重视科技服务模式创新，主要有：

（1）先进技术推广服务，实现线上线下联动。该中心建有技术支持发展的信息收集与分析、快速应用的三维造型、工程技术开发与应用经验的设计、适应专利规避与优化改型的数字化仿真分析等多模块。根据客户需求与技术转移市场化要求，提供专业化技术服务。

自 2013 年起，中心陆续新增线上服务，线上推广平台包括"企业推广—在线预约服务""浙江省科技创新云服务""小微企业创业创新平台服务"等交易平台，已成功签订近 10 项线上技术服务项目，通过线下技术交流与跟踪回访，均得到了客户单位的一致好评。

（2）建立相应评价机制，降低产品开发风险。研发过程需要投入大量资金、人员、设备等费用，风险更是研发项目的固有属性。企业研发中心平台建立相应的内部评价机制，健全风险评估体系，在项目开展之初对各种经济风险、技术风险和市场风险进行预先识别，然后将风险进行量化和综合分析，从而找到该项目的关键风险因素，提高企业产品开发的成功率。

企业研发中心平台同时设置相应的外部评价机制，通过筛选和确定企业新技术开发管理系统评价指标，实时跟进客户评价，在为制造企业规划新产品平台的同时，规避专利风险，降低因规划不完善造成的先进制造装备的购置风险以及投入的无用功耗。加强对新技术开发的管理，从而降低开发风险，有效整合社会资源,包括设备、资金、人力资源,以最小的成本支出达到最大化的使用效果,促进产品创新资源的配置和评价机制的逐步完善。

2. 加强产学研合作力度

近5年来,德来特公司不断探索加强与高校、科研院所联系、合作,拓宽产学研合作机制模式,取得了非常可喜成绩,产生了良好的社会效益。

(1)与高校、科研院所紧密的合作机制。2013年,德来特公司与天津大学合作共同开发气道稳流试验台,该试验台架能够实现缸盖进气道流通性、组织性能测试;缸盖排气道流通性测试;进、排气歧管压损特性测试;发动机后处理系统测试;空滤系统测试。该设备用于发动机性能测试,测试对象全面覆盖整个发动机进排气系统零部件,测试能力包括零部件流通性、组织性、均匀性等。对发动机核心件的气道性能采用国际先进的 AVL、Ricardo、FEV 等方法,测试能力和测试精度均处于国内领先地位。

2014年公司与浙江大学宁波理工学院合作开展了一项题为《发动机前端轮系设计方法研究、智能测试装备研发及产业化》的项目,本项目通过产学研合作方式,让项目团队成员参与到实际的项目研发过程中,从三维设计、CAE 设计验证、测试设备试制、性能试验和设备应用示范、技术跟踪、建立行业标准等环节,稳步推进项目的各项工作,完成相应的技术指标。通过学习高校的专业理论、研发单位的研发经验、生产单位的试制流程和技术成果验证,优化知识结构,以此提升项目团队成员的知识储备和实践能力。从而为宁波市培养出一批具有自主创新能力、前瞻性的探索思维、敏锐的技术洞察力、具备全面的系统研发能力的汽车发动机专业技术人员。

该产品的成功研制,能够改善和提高国内轮系及其附件汽车零部件制造企业(如皮带、皮带轮、张紧轮、汽车空调压缩机、助力转向泵等生产企业)的设计和验证能力,填补国内空白。项目完结后第一年实现测试设备销售收入500万元,第二年预计实现销售收入1000万,创利税超100万元,具有可观的经济效益。

(2)建设汽车发动机设计数据库"图书馆"。与国内的发动机公司进行国外先进发动机的 Benchmark 对标分析,以吸收国外发动机的先进技术,补充公司数据库。与国内的发动机公司进行针对本公司同等机型、排量的发动机进行 Benchmark 对标分析,以了解各自发动机的差异性,吸收优点作为技术升级的技术积累。在公司现有的基础上完善公司研发流程、体系、标准,以及各种技术规范、制度；完善公司设计和CAE数据库。

（3）推动汽车产业资源共享。整合平台技术相关的公共资源，不定期地开展全国汽车零部件供应商大会及工业设计企业的技术交流会，如有企业遇到技术难题，平台也会派专人前往企业，为其提供帮助，解决难题。还通过各级政府、技术交流市场、展览会等技术信息传播交流渠道，将公司服务平台的特点特色和优势介绍给更为广泛地域的客户，取得了较好的社会影响。

3. 完善的人才培养体系

德来特公司向来重视对专业人员的技术培训，建有完善丰富的员工培训管理制度，设立专项资金来完成对员工的培训，并且每年都在不断增加。

（1）定期邀请行业内技术专家来公司开展技术培训。德来特公司每年都会定期邀请行业内技术专家为大家讲解最新的行业技术及设计理念，始终让员工保持较高的创新意识，紧跟技术前沿。

（2）加强与高校科研院所的联系，建立教授专家工作室、技能大师工作室、大学生实训基地、浙江省博士后科研工作站等平台，利用国家海智计划，柔性引进海外华人发动机行业细分领域专家，充分合理利用各种条件，培养、提升各类技术人才。

（3）积极组织安排员工参加行业技术协会、俱乐部等开展的技术交流培训活动，掌握行业最新技术动态，学习最新的技术理念并在公司培训推广，让每一个员工都能紧跟时代潮流，丰富专业知识。

（4）参加国际科技合作交流，积极开展国际科技合作项目，派遣人员到国外参观考察学习，引进消化和吸收国外先进的技术，全面提高员工的技术开发能力。

4. 专业化、服务型运营模式

德来特作为一家专业发动机及其零配件设计的工业设计企业，能经受10多年的市场检验与洗礼，取得长足的发展和进步，关键靠德来特公司始终以市场需求为导向，坚持创新市场运营模式，形成了符合德来特公司自身特色的运营模式。

（1）专业集中型战略。公司将主营业务集中在发动机研发设计细分市场，并配备强大的研究力量。实施以提高市场竞争力为核心的科研发展战略，坚持自主创新的理念，不断加大科技改造和科研投入，近3年研发资金投入达1500万元。在发动机研发设计细分市场，具有很强的市场竞争力和行业影响力。

①德来特作为国内唯一一家第三方民营发动机研发设计公司，填补了国内发动机工程化设计咨询服务市场的空白；②组建发动机研发设计服务中心，搭建了自己发动机及其零部件研发设计服务平台，汇集、引进、培养了一大批技术水平高、经验丰富、专业理论知识扎实的设计开发、试验分析人才；③拥有先进的实验设备，如世界先进的激光扫描设备、天津大学国家重点实验室的气道稳流试验设备，先进的工作站及设计开发软件、仿真分析软件等硬件、软件等设施。

（2）模仿创新到自主创新的战略转型。①管理模式创新。德来特公司从最初的三维逆向设计，一步步走到发动机及其零部件改型设计、性能升级，再到发动机整机开发设计、试验标定，成功地为国内整车厂家开发设计了多款发动机，取得了很好的经济社会效益，关键在于德来特重视对研发的投入、人才的引进和培养、实验室建设以及软件开发和鼓励创新的奖励机制、开放式人性化的管理模式。②"一站式"设计开发服务流程。通过总结多年的发动机开发经验，德来特发动机研发设计团队创建了一套完整、详细的整机开发流程，从最初 Benchmark、概念设计到最终的可靠性试验 SOP，这大大缩短了开发流程，大大为客户降低了开发成本，缩短了开发时间。使每个技术人员能够术业专攻，提高了设计研发人员的技术水平。

八、案例：宁波舜宇集团

（一）公司概述

1. 基本情况

舜宇集团有限公司为中国领先的综合光学产品制造商，成立于 1984 年，2007 年 6 月 15 日在中国香港联交所主板上市，系内地首家在中国香港联交所主板上市的光学企业。30 多年来，公司聚焦光学产品领域，以光电产品（手机相机模组及其他光电模组）和光学仪器（显微镜、测量仪器及分析仪器），零件（玻璃/塑料镜片、平面镜、棱镜及各种镜头）为基础，进行产业链的上下游整合，公司大部分产品达到国内领先和世界先进水平，其中，车载镜头和手机摄像模组市场占有率世界第一，车载光学镜头已进入奔驰、宝马、奥迪、雷克萨斯等豪华车领域，成为国内最大的综合光学产品制造商。公司现有员工2万多名，总资产250亿元，2011年实现销售29.6亿元。2012年已实现销售40亿元，2015年，舜宇集团销售额首次突破百亿元大关，达到107亿元，在2017年营收中，舜宇集团达到223.7亿元人民币，其中光电产品事业部销售收入达177.71亿元人民币，较2016年同期增长55.80%，占舜宇集团总销售收入的79.50%。舜宇光学30年始终专注于光学领域，没有做指纹识别模组、手机外壳、声学器件、触摸屏，一直以来在摄像头领域深耕，奠定了其无可比拟的技术优势和市场份额。2017年，智能手机出货量整体增速放缓，但随着超薄、前后双摄、广角、光学变焦、3D sensing以及立体成像、AR效果等持续受到消费品的吹捧，为舜宇光学打开了全新的市场空间。此外，鉴于安卓手机3D感测市场需求将从2018年开启，能够提供全套先进解决方案的舜宇光学科技将会是最大的受益者。舜宇集团连续多年入选全国105个重点工业行业/仪器仪表行业"效益十佳企业"，根据2017年财富中国企业500强和2017年中国制造业企业500强榜单中，舜宇集团分别位列第404位、第357位。2017年8月，舜宇集团被列入宁波市7家千亿级龙头企业培育名单，吹响"千亿梦"集结号。

2. 技术能力

公司是国内少数能将光、机、电、算技术综合应用于产品开发和大规模生产的光学企业，在特种镀膜技术、光学非球面技术、自动对焦/变焦技术、硫系玻璃材料开发应用技术、嵌入式软件技术、3D扫描成像技术、三维超精密振动测量技术、微量元素分析检测技术、超高像素模组制程技术等核心光电技术的研究和应用上处于国内行业领先水平。

公司深知自主知识产权加强自身综合竞争力方面的重要性，于2017年申请了光学领域的诸多专利，其中包括多项国际专利，仅仅光学零件领域中一共已获得242项专利，其中106项为发明专利及134项为实用新型专利，有2项为外观设计专利，还有460项专利正在申请之中；光电产品领域一共已获得267项专利，其中28项为发明专利，226项为实用新型专利，还有13项为外观设计专利，此外，另有524项专利正在申请之中；光学仪器领域中一共已获得125项专利，其中10项为发明专利，47项为实用新型专利，还有68项为外观设计专利，此外，还有66项专利正在申请中。

3. 主要产品

公司主要产品包括三大类：一是光学零部件，主要包括玻璃/塑料镜片、平面镜及各种镜头；二是光电产品，主要包括手机相机模组及其他光电模组；三是光学仪器，主要包括显微镜、智能装备、测量仪器及分析仪器等。

公司产品主要应用于手机、汽车、相机等消费电子领域。其中，车载光学镜头市场占有率连续多年居全球首位，手机摄像镜头与手机摄像模组市场占有率达到国内第一位、全球第二位。车载光学镜头已进入奔驰、宝马、奥迪、雷克萨斯等豪华车领域，手机摄像模组已进入包括三星、华为、联想、小米等大部分国内外知名品牌手机厂商；公司主导产品30%左右均为出口国际著名客户，产品档次属于国内领先水平，部分达到国际先进水平，已发展成为具有较强国际竞争力的光电企业。

（二）企业发展的驱动因素

1. 社会环境因素——全球经济发展促使中国光电产业扩张

光电产业权威机构——PIDA 的调查显示，2012 年欧债风暴造成全球光电产值衰退 1%，估计造成的损失高达 4118 亿美元。不过在全球经济好转、产业秩序调整、新兴市场及新应用增长的多重利好带动下，2013 年起全球光电市场将回复到景气扩张阶段。2015 年全球光电产值达到两位数字的增长。中国光电产业享政策市场双利好，作为战略性新兴产业的重要组成部分，国家关于发展战略新兴产业的《国务院关于加快培育发展战略性新兴产业的决定》，无疑成为光电产业发展上的政策"强心针"。全球正处于新一轮科技革命的孕育期，无论是发达国家还是新兴国家，都在积极发展战略新兴产业。近年来，随着我国节能减排、宽带中国、重大装备等工程的不断深入，光电产业对国内电子信息产业发展的战略意义不断凸显，中央到地方的各级政府高度重视光电产业的发展。光电产业是以光电子技术为核心的高新技术产业，是世界公认的战略型产业之一。作为是 21 世纪全球最具活力与潜力的产业，光电产业涵盖光通信、精密光学、光电显示、LED 照明、激光红外、光伏等各个领域。其中，光纤通信、LED、激光加工、新型显示器件等细分产业都在我国国家战略性新兴产业规划中明确提及。这些新兴技术与上述战略性新兴产业密切相关、协同发展，产业之间的深度融合为光电产业发展创造了"新蓝海"。从 PIDA 的调查数据可以发现，即便市场情况在短时间内出现剧烈震荡，但从长远发展看，仍将保持平缓且稳定的态势。在过去的 10 年之间，全球光电市场总是以复合年增长率（CAGR）

10%左右的增长率持续增长,如2001~2011年之间全球光电市场的CAGR约10.80%。相信在未来中短期之内,全球光电市场的长时期CAGR仍能维持约10%的有效性增长,巨大持久的市场潜力和朝气蓬勃的产业发展速度使得光电子产业成为拉动中国经济的支柱产业和龙头产业。

2. 产业竞争因素——战略性新兴产业发展政策机遇促进中国光电产业整合

我国进行光电子技术研发较早,早在20世纪60年代就在长春、上海等地开展了激光技术领域的研究。近年来,在国家和相关部门的大力支持下,我国光电子技术研究取得突飞猛进的发展,很多领域与国外先进水平的差距不断缩小,尤其是在激光及光通信领域已居于前列。

在大力发展战略性新兴产业的历史机遇下,中国光电产业也迎来快速的发展时期,产业规模持续壮大,产业层次不断提高。目前,我国已初步建立了比较完整的光电子产业链,每年在深圳召开的中国国际光电博览会(CIOE)作为行业的晴雨表和风向标,忠实地反映了光电产业在中国的茁壮成长。

尽管前景美好,但光电产业始终也受到经济大环境的影响。中国国际光电博览会(CIOE)执行副主席兼秘书长杨宪认为光电产业虽好,但是过度发展也会导致恶性竞争。他表示,目前部分细分行业,如太阳能光伏、LED照明行业受到产能饱和、竞争激烈、出口受限等影响,陷入低谷,许多缺乏竞争力的企业在生存线上苦苦挣扎。为使行业健康发展,光电产业整合势在必行。深圳市半导体照明发展产业促进会名誉会长王殿甫认为,半导体照明产业2016年全国总产值近3000亿元,其中广东就占了一半,出口量逆势增长34%。作为新兴产业,这样的成绩很不容易。目前全国有大大小小LED企业5000多家,仅深圳就有1000多家,行业亟须洗牌,整合重组有效资源,帮助产业健康稳步发展,2016年业内知名的三安光电成功重组就是整合资源的最好例子。

3. 企业发展因素——创新产权制度弥补民营企业管理缺陷

舜宇集团是1984年由8位农民以6万元贷款起家的,30多年来,与国内外知名的科研单位、大专院校合作,坚持走产学研相结合的科技创新之路,大步跨入现代光电高新技术领域,95%的产品销往美、日、德等光学仪器发达的国家,成为我国最大的光学镜头和望远镜生产厂家,国家机电产品出口基地,被科技部评定为"国家级重点高新技术企业"。并于2007年6月在中国香港主板交易所成功上市,成为内地第一家光学产业在境外上市的公司。一个农民联办的企业,能够涉足科技含量较高的光学仪器领域,把产品销往仪器发达的国家,其奥秘何在？在调研中发现，别具特色的产权制度演变是舜宇集团发展壮大，走向国际化的核心因素。

舜宇成立至今，在产权关系上经历了三次重大变革：

(1) 从乡镇集体企业向股份制企业的转变。1984~1994年，舜宇属于乡镇集体企业，企业产权属于政府、全体职工，以及与其合作的浙江大学共同所有。该产权模式在企业创办初期对企业发展起到了积极的推动作用，但到了后期该模式与企业发展不相适应。1994年，舜宇成为宁波市首批股份制改革企业，企业资本划分为政府、浙江大学和职工劳动积累三大类。对于职工劳动积累的二次划分，舜宇集团与其他乡镇集体企业做法不同。舜宇并没有把主要股份分配给主要经营者及其家族，而是按员工的工龄长短、贡献大小、岗位职责等，把职工共同创造的积累资金量化配股给在册员工，有350多位员工获得了股份。作为舜宇集团的创始人王文鉴的个人股份制只有7%，而且一直保持到现在。

(2) 从静态股份结构向动态股份结构的转变。1994年，股份制改革大大促进了员工的积极性，企业得到了迅猛发展。但随着企业的快速发展，企业对人才的需求也越来越大，优秀人才队伍成为企业发展壮大的核心力量，企业为了引进人才、留住人才、让人才发挥作用，改变原来静态股份结构模式，采用人力资本入股的动态股权制。1996年，舜宇进行了产权关系上的第二次变革，对引进的人才给予股份，使人力资本成为企业新的股东。2003年，舜宇集团又建立了人才评价和期权股权激励制度，每次都要拿出总股本的2.5%对人力资本进行期权股权奖励。目前，已有50多位优秀人才获得每人每年5万~12万的股权或期权，目前人力资本已占股权总数的60%以上。舜宇的股东有400多名自然人，几乎所有骨干都是股东。舜宇集团本着"钱聚人散，钱散人聚"的产权理念，把集团大量的股份分配给对舜宇做出贡献的人，实行"股权化"奖励，运用利益杠杆，将企业员工的利益与企业的利益紧紧地捆绑在一起。

(3) 从股份有限公司向上市公司的转变。2007年6月15日，舜宇集团在中国香港联合交易所主板上市，成为内地第一家光学产业在境外上市融资的公司。在境外红筹上市大大提高了舜宇股权的流动性和合作方式的多元化，增加了与战略合作伙伴的合作机遇。在上市之前，舜宇集团就已经引入了美国基金和世界顶级工业投资公司 INVESTOR AB 等国际资本。香港成功上市，不仅让舜宇拥有了境外并购的非货币性手段，而且，公司还可以通过与欧美企业达成股权合作关系，间接获取国际先进企业的技术与人才。因此，上市成为公众公司，无疑是舜宇集团股权开放的最高境界。上市不仅让舜宇在加速国际化进程中获得了新的平台，而且在股权激励机制上更完善，能吸引到更多的优秀人才加盟。舜宇通过实施资本国际化、人才国际化和管理国际化，达到为客户创造更大价值的目的。

（三）工业技术创新实施措施

1. 布局为先，制定智能化转型战略

近年来，随着全球化范围工业 4.0 的兴起，"中国制造 2025"的发布以及舜宇集团千亿目标的确立，公司不断进行战略调整，提"两个转变"的战略方向：从光学产品制造商向智能光学系统方案解决商转变，从仪器产品制造商向系统方案集成商转变，全面提升企业研发、生产、管理和服务的智能化水平。为此，公司在推进智能制造方面开展了系列战略部署：设立浙江舜宇智能光学技术有限公司和宁波舜宇智能科技有限公司，分别承载智能光学系统方案解决和系统方案集成业务；完成了对仪器公司智能装备事业的业务重组，设立智能装备事业部等。2016 年，舜宇集团分别获得国家发改委增强制造业数字车间项目、工信部智能制造综合标准化和新模式应用项目立项。

2. 自主创新，研制智能生产设备

舜宇集团拥有省级重点企业研究院、省级工程技术中心、国家级博士后科研工作站等研发机构，拥有高等级无尘室，完善的可靠性实验室和柔性自动化生产线，高层次科技人才达到 400 多人。

同时，公司重视技术创新，每年投入销售收入 4% 以上的经费用于产品研发和科技创新。在强大的研发资源的支撑下，公司自主研制出多款智能生产设备，其中，蓝玻璃中片外观检测机主要应用于蓝玻璃中片的检测，其通过精密光学和图像算法，可以自动识别蓝玻璃的外观缺陷，同时，采用通用的治具，可以适应不同规格切片的检测，车载摄像模组 AA（自动对准）设备采用高精六自由度平台与图像处理算法相结合的模式，实现镜头光轴与芯片的主动对准，确保模组组立后的性能达到最佳水准；ACF 导电粒子检测机主要运用于检测液晶面板 bonding（连接）段，其利用线阵相机对液晶面板 COG、FOG 上 Bump（压合）区域进行图像采集，通过图像识别算法分析 ACF 导电粒子数量、压合状况，判断检测对象是否合格。

3. 个性需求，自制智能化车间

舜宇集团旗下的宁波舜宇智能科技有限公司是一家专注于提供智能数字工厂整体解决方案的高科技企业。公司的智能数字工厂整体解决方案是一套以数据驱动为核心的智能制造软硬件集成系统，秉承标准化、结构化、模块化的设计理念，由智能数字工厂管理系统（IFMS/MES+）、机加智能柔性生产解决方案（MIFIL）、复杂产品智能柔性装配检测解决方案、SMT防错料解决方案、智能工厂统一物流解决方案、大数据基础平台、数据采集系统、虚拟数字工厂系统、分析决策系统、人工智能服务系统、智能测量与传感等组成，可以根据不同行业、不同企业的管理需求进行灵活配置。该解决方案是自动化与信息化的深度融合，可实现多任务混线生产、故障自适应、主产异常报警、在线数据采集等功能，实现柔性、低成本、定制化的制造，完美打造新型生产模式。

当前，工业机器人大规模落地已成普遍趋势，数字化工业时代即将到来，舜宇集团将继续致力于数字化车间系统方案解决商和智能装备开发商这两大领域，力争在智能制造系统方案和智能装备研制与应用方面取得更大的突破、更可喜的成果，助力中国制造企业迈进"智能制造"时代，为实现"中国制造2025"贡献自己的一份力量，力争企业早日迈入千亿级行列。

九、案例：宁波江丰电子

（一）公司概述

1. 基本情况

宁波江丰电子材料股份有限公司创建于2005年，是一家由余姚市政府引进，"千人计划"专家姚力军博士领导的海外高层次归国留学生成员组成的创业团队所创立的高新技术企业，也是国内目前唯一从事超大规模集成电路芯片制造用超高纯度金属材料及溅射靶材的研发企业，专业从事超高纯金属溅射靶材研发、生产和销售的高新技术企业，先后承担了国家02重大科技专项、"863"重大专项等国家级产业化项目，公司于2017年6月15日在深圳证券交易所成功上市。

2005年年底，江丰电子成功研发出第一块国产靶材，填补了国内战略金属材料领域的技术空白。经过艰苦创业,江丰电子已成长为国内技术最先进、材料最齐全、工艺最完整、设备能力最强、产能最大的超高纯度金属材料及溅射靶材生产基地。2016年,江丰电子迈入中国半导体行业材料十强企业之列。

2. 技术能力

江丰电子坚持以科技创新为发展动力,十分注重自主研发与创新,拥有完整的自主知识产权,其中,由宁波江丰电子有限公司主导完成的"超大规模集成电路制造用溅射靶材关键技术研究及产业化"项目,依靠高技术水平和良好的效果应用荣获浙江省技术发明一等奖。截至2018年3月底,已累计授权专利213项,其中授权发明专利167项。2015年公司被国家知识产权局评为"国家知识产权优势企业"。产品荣获"国家战略性创新产品""中国半导体创新产品和技术奖";相关技术荣获"中国电子学会电子信息科学技术奖三等奖""中国有色金属工业科学技术一等奖""宁波市科学技术奖一等奖""浙江省技术发明一等奖""浙江省科学技术重大贡献奖"。部分科技成果参加了国家"十一五""十二五"重大科技成果展。

江丰电子秉承"为中国制造增添光荣"的宗旨,锐意创新,努力开拓,以领先的技术优势、完善的品质体系和卓越的客户服务水平,打造行业的优秀品牌。

3. 主要产品

江丰电子研发生产的超高纯金属溅射靶材,填补了中国在这一领域的空白,结束了产品依赖进口的历史,满足了国内企业不断扩大的市场需求,成功获得了国际一流芯片制造厂商的认证,并在世界先端的工艺实现批量供货,打破了美、日跨国公司的垄断格局,成为电子材料领域成功参与国际市场竞争的中国力量。公司主导并联合国内设备厂家研制了靶材生产、检测的关键装备,实现了生产线的国产化。目前江丰电子的销售网络覆盖欧洲、北美及亚洲各地,产品终端客户有台积电、联华电子、格罗方德、中芯国际、索尼、京东方、华星光电、SUNPOWER等国内外知名半导体、平板显示及太阳能电池制造企业。

(二)企业发展的驱动因素

1. 社会环境因素——全球经济增长促使中国半导体产业发展

据世界半导体贸易统计组织(WSTS)数据统计,2015年全球半导体市场增长缓慢，主要是因为3.9%的亚太地区增长抵消了0.3%的日本下滑和8.2%的欧洲下滑。半导体需求主要受到PC出货放缓、美元升值、日本经济萎缩、欧洲危机和中国股票市场影响。其中，中国半导体销售额占到全球半导体消费的50%以上。世界半导体贸易统计组织（WSTS）2015年统计全球半导体销售额增长至3360亿美元。全球半导体市场呈现回暖趋势，2016年和2017年分别增长1.4%和3.1%。2014年半导体销售额增长率为9.9%，在短期内还无法重复这一增长。此外，宏观经济能在此期间得以恢复。2016年全球半导体行业的最高增长率来自美洲地区，其次是日本半导体行业的复苏和欧洲半导体损失的降低。迄今为止，主要半导体市场亚太地区已经推动半导体行业增长；鉴于中国经济疲软，半导体市场将呈现缓慢增长趋势，2017年全球所有地区半导体呈现增长势头。基于PC和智能手机需求放缓，2018年除存储器外的所有半导体产品将呈现增长。

2. 产业竞争因素——全球范半导体产业链整合促进中国半导体企业全球并购

从技术进步的层面，全球范围内的半导体产业链将在未来出现快速整合的态势。目前，全球主要的半导体市场甚至国家与国家之间的合作也印证了这一趋势。包括2016年中国的长电科技收购新加坡的STATS ChipPAC、美国的Amkor对日本J-Dexice的收购，以及通富微电买下AMD位于苏州和马来西亚横城的封测厂、华天科技收购美国的FCI公司，这些现象表明在专业化分工阶段进入世界市场的企业都希望通过并购或合资实现技术"超车"。客观上，中国与西方半导体强国之间存在较大的技术势差。而目前，中国半导体产业的创新活动大量集中于产品的生产制造环节。为了进一步消除中国与西方国家之间在半导体产业创新能力方面的差距，中国企业在国家的引导和扶持下，双管齐下，开展了垂直整合产业链和网络化拓展知识交流渠道相结合的产业布局活动。2016年，中国企业在海外的投资达到了历史新高的150亿美元，一年内完成了10次国际并购。国家集成电路产业基金从2014年9月成立至今，在国内投资了25个芯片项目，金额共计400亿元人民币，地方政府基金则吸引了上百个集成电路投资落地。中国计划2015~2020年集成电路领域的投资总额能够达到1500亿美元。而在垂直整合方面，2016年4月中芯国际（SMIC）已成为长电科技单一最大股东，而中芯国际（SMIC）、长电科技未来产业链将由晶圆制造延伸至中段凸块及后段封装测试。如此一来，这种网络化的合并不仅将缔造出国内半导体的制造龙头，更有利于提升中国半导体企业在国际市场中的竞争力。

3. 企业发展因素——专业化创新推动企业快速发展

江丰电子成立于 2005 年，公司注册资本 1.60 亿元人民币，总投资额超过 5 亿元，2017 年营业收入 55002.57 万元，比上年同期增长 24.21%。经历了创业期的筚路蓝缕，如今已经步入稳步的发展上升期，现在成为目前我国规模最大、设备最先进、技术最领先的溅射靶材生产基地。

从创立公司到现在 13 年来，江丰电子只做了一件事：将所有的资源放在半导体用溅射靶材这一个点上。凭借当初的判断以及不懈的坚持，江丰电子有了今天的成就。术业专精，技术的突破与积累是江丰电子的核心竞争力。据介绍，江丰电子在研发上的投入巨大，并拥有 150 人的研发团队。目前，江丰电子的溅射靶材产品已经逐步扩展到半导体芯片、液晶平板电视、太阳能电池、磁记录及光学工业用各类靶材领域。公司坚持以科技创新为动力，持续投入研发，2017 年投入研发费用为 3249.49 万元，占公司营业收入的比重分别为 5.91%，较 2016 年增加 560.55 万元，增长幅度为 20.85%。公司不断完善和攻克集成电路 28～14 纳米技术节点用钽靶、钛靶的晶粒晶向控制技术、靶材焊接技术、精密机械加工技术及清洗封装技术，部分样品已送达客户端进行评价，部分产品已在客户端量产，16 纳米用钽环已经在客户端量产，14 纳米用钛靶也已经在客户端进行评价，随着钽靶、钛靶在 28～14 纳米技术节点的全面量产，将使公司的销售得到显著提高，公司的竞争能力和行业影响力得到了进一步提升。截至 2017 年 12 月 31 日，公司共取得国内专利 204 项，包括发明专利 160 项，实用新型 44 项。另外，公司取得韩国发明专利 2 项、中国台湾地区发明专利 1 项。上述发明专利的取得，对公司开拓市场和提高产品质量将产生积极的影响，有利于公司进一步维护知识产权保护体系，形成持续创新机制，发挥自主知识产权优势，提高公司的核心竞争力。

（三）工业技术创新实施措施

1. 专注研发创新，掌握金属靶材制造核心技术

江丰电子注重技术创新与知识管理，在全球半导体材料领域取得了核心竞争优势。自 2005 年，江丰电子自主研发生产第一块靶材起，姚力军与他的创业团队便一直投身于技术攻关与创新，不断突破半导体材料领域的多项关键技术。2016 年 3 月，江丰电子"超大规模集成电路制造用溅射靶材关键技术研究及产业化"项目荣获"浙江省技术发明一等奖",是唯一一个以第一完成单位获此殊荣的企业,也是宁波地区唯一一个一等奖。截至2016年,企业共获得授权专利183项,其中发明专利139项,制定国家/行业标准11项。

如今,江丰电子已经掌握了Al、Ti、Cu、Ta等多种金属靶材料制造的关键技术,自主知识产权覆盖了制造全工艺流程,产品已经成功打入中芯国际、台积电、富士通、东芝、索尼、松下、三星、海士力等280家世界主流半导体制造企业供应体系,包括iPhone 7核心处理器A10芯片也采用了江丰电子产品,这是中国电子产品第一次在16纳米FinFET+技术大规模集群的成功应用。

2. 推行产学研用合作,促进成果转化

江丰电子长期致力于产学研合作,拥有"电子薄膜用超高纯金属靶材与关键部件研发团队""先端粉末冶金材料研发团队"等产学研合作团队,拥有国家"千人计划"专家3人、浙江省"千人计划"专家1名。企业与中芯国际、哈尔滨工业大学、重庆大学、金川集团等多家单位形成产学研用联盟,先后承担了国家02重大科技专项、国家"863"重大专项、发改委高技术产业发展项目、工信部电子发展基金等国家级科研及产业化项目,通过协同创新、协同制造等模式,促进溅射靶材等技术加速产业化。2016年,在第十届中国产学研合作创新大会上,江丰电子荣获"2016年中国产学研合作创新奖",成为全国产学研合作标杆企业。通过多年的产学研深化合作,江丰电子在引进培养大批研发人才的同时,也为公司打造了更加开放共赢的产学研用战略性新模式。

3. 聚焦高端合金材料,打造行业高、精、尖产品

江丰电子聚焦高端合金材料,旨在打造行业高、精、尖产品,产品包括铝及合金靶、铜及合金靶、铁靶、担靶、钨铁靶等各种高纯溅射靶材产品,应用于超大规模集成电路芯片、液晶面板、薄膜太阳能电池制造的物理气相沉积(PVD)工艺和电子薄膜材料的制备。高纯溅射靶材制造技术要求高、品质体系管理严格、使用条件苛刻,经过10多年的科技攻关和产业化应用,在集成电路制造的超高纯担(Ta)、超高纯铜(Cu)及合金、超高纯钦(Ti)、超高纯铝(Al)及合金等超大规模溅射靶材领域,具有技术先进的前道工艺今突破28纳米应用技术,产品完全取代进口。目前,江丰电子产品已经赶超同领域的美国及日本企业,进入TSMC为代表的世界一流企业的最先进技术应用,得到国际高端市场认可。

十、案例：宁波海天塑机

（一）公司概述

1. 基本情况

宁波海天塑机集团有限公司系海天国际子公司之一，创立于 1966 年，是一家从事研发、制造和销售塑料注射成型机（简称注塑机）的高新技术企业。自 1972 年研发成功第一台注塑机以来，公司一直专注于该细分产品市场，目前注塑机产品销售收入几乎占到企业全部业务收入 100%。2016 年实现营业收入 82.3 亿元，成功入选工信部单项冠军示范（培育）企业和中国制造业 500 强。作为塑机领域的龙头企业，海天塑机以小港装备产业基地为依托，加大与基地内中小企业合作，积极开展产业链上下游企业的协同创新与协同制造，形成了携手共进、多方共赢的发展模式。目前，小港装备产业基地已有上市企业 4 家、新三板企业 1 家、拟上市企业 4 家。

2. 技术能力

海天塑机已具备加工模板、高精度拉杆、螺杆等复杂主关零件的加工手段和检测手段，拥有国际顶尖注塑机企业所具有的所有高、尖、精加工设备，年产量 3 万多台注塑机，远销 130 多个国家和地区——使其各项经济指标居全球同行之首，已成为我国乃至全球塑料注射成型装备行业的龙头企业，是世界最大的塑料机械生产基地，企业整体实力及各项经济指标连续 10 余年在全国同行业中名列首位，代表中国注塑机的最高水平。

3. 主要产品

经过 50 多年的发展，主导精密高效、节能环保的注塑机产品，集注塑机及其集成化解决方案的研发、生产及销售于一体。海天国际以技术强企，旗下有"长飞亚""海天""天剑"三大品牌面向高中低市场，可覆盖塑料加工行业的各个领域。秉承"技术应恰到好处"的产品创新战略，聚焦广大用户的切实所需，以最优性价比实现生产效率与灵活性之间的完美平衡，为客户创造竞争优势。

（二）企业发展的驱动因素

1. 社会环境因素——经济生活水平的提升促进了塑料产品应用和加工技术提升

塑料是人类文明的产物，推动了社会的发展，影响着人们的日常生活。由于塑料的独特性能，塑料的运用在全球越来越广泛，它已成为日常生活中不可或缺的材料，塑料工业发展成为当今极具活力的产业。在国民经济中被广泛应用于工业、农业、电子、国防、建筑及日常生活等各个领域。塑料产业是现代工业发展不可缺少的重要组成部分，在当今国民经济迅速发展的社会中，塑料新材料工业作为战略性的基础工业，它的专业技术水平和产业规模已成为衡量一个国家经济发展、科技进步和综合国力的重要标志，塑料工业发展水平也代表着一个国家总体发展水平。随着石油化工迅速发展，随着世界制造业和高新科学技术产业的飞速发展，对新材料的需求日益增长，塑料材料必将得到更广泛的运用，塑料产业发展前景十分广阔。

改革开放以来，中国塑料工业实现了跨越式发展。以塑料制品业为核心的"朝阳工业"产业规模一直处于蓬勃发展中，塑料加工机械产量已经达到世界第一，并正由制造大国转变为先进的自主开发强国。塑料合成树脂由大量依赖进口逐渐转变为立足国内生产，现产量已位居世界第二。塑料制品加工业也正在由低端产品加工转向到拥有自主知识产权的中国品牌，并已达到世界第二。总体而言，中国塑料加工技术获得了极大的提升，企业研发中也和高新技术企业数量不断增多，中国塑料工业与西方发达国家正在缩小差距，其整体优势得到了明显提升和加强，在某些方面甚至已经达到世界先进水平，进入从大国向先进强国迈进的可持续发展的重要阶段。

2. 产业竞争因素——巨大的塑料产品市场导致了塑料机械行业需求高涨

庞大的塑料市场对塑料机械行业的发展起到了大大的推动作用。塑料机械行业应用范围非常广阔，包括包装、农业、建筑、汽车等众多领域。西方发达国家的塑料机械行业十分注重技术创新，发展后劲非常强，欧洲占到了每年全球塑料机械行业出口额的一半以上，尤其是德国表现得最为突出。我国塑料机械行业生产规模目前已位居世界第一，产业规模还在不断地扩大。中国政府也非常重视塑料机械行业的发展。2009年5月，国务院颁布的《装备制造业调整和振兴规划》，将塑料机械行业的多项产品列入发展重点，这是新中国成立以来塑料机械行业第一次被列入装备制造业发展规划，第一次上升为国家战略，是塑料机械行业发展史上的重要里程碑。2010 年 5 月，工信部颁布的《装备产业技术进步和技术改造投资方向（2010 年）》，将塑料机械行业的节能塑料橡胶注射成型机等 8 个重点产品列入其中，这次国家政府主管部门首次将塑料机械作为单列行业，首次将塑料机械产品列入技改技革目录，具有标志性的意义。这些重大战略、重大举措的出台和实施，将为加快推进我国塑料机械产业的发展，提供更为有利的条件和重要机遇。

3. 企业发展因素——以技术创新推动企业发展

海天塑机集团有限公司始创于 1966 年，现已发展成为我国塑料注射成型装备行业的龙头企业。自 1994 年以来，海天塑机综合经济指标在中国塑料注射成型装备行业连续位居全国第一，2008 年以来更是位居世界第一，产量相当于整个欧洲的总量，2016 海天国际取得令人惊艳的销售业绩，业绩达 80.98 亿元人民币，较 2015 年的 73.36 亿元增长了 10.4%，创下新的历史纪录。海天塑机生产的塑料注射成型装备的国内市场占有率，大型机达 60%，中小型机达 30%，产品大批量出口欧、美等 130 多个国家和地区。

"国家兴亡，匹夫有责。我们国家的机械工业比较弱，发展民族工业是我一直以来的心愿。"海天塑机集团董事长张静章说。欧美日企业长期占据全球中高端注塑机的技术和市场，海天人坚持走自主创新之路，经过多年努力，终于改变了这一局面。海天塑机的主要产品是各种类型的注塑机。注塑机又名注射成型机或注射机，是将热塑性塑料或热固性材料利用塑料成型模具制成各种形状的塑料制品的主要成型设备。欧美日企业长期占据全球中高端注塑机的技术和市场，我国的注塑机制造水平原本并不高，但是海天塑机经过多年努力，厚积薄发，终于改变了这一局面。

为了发展民族工业，海天人一直坚持走自主创新的实业兴国之路，而海天集团的两次重大跨越，也正是发生在两次重大技术创新之后。

第一次跨越发生在 20 世纪 90 年代。我国第一台电脑控制的液压注塑机 1992 年在海天诞生，取得了注塑机从简单的继电器机械控制到专用电脑自动控制的重大技术突破。两年后的 1994 年，海天塑机即凭借此技术优势跃居该行业综合经济指标的全国第一。

第二次跨越发生在 2006 年，J5 伺服节能注塑机的研制成功并投向市场，实现了从普通型注塑机到节能型注塑机的突破。2010年，经受过2008年国际金融危机考验的海天塑机，年销售量超过3万台。

2006年，海天斥资2亿元在德国建设的2万平方米的研发中心已经启用。海天在当地聘请了7名资深工程师，从国内派遣了3名研发人员，共同研发高附加值产品。海天集团积极依托产学研合作突破产业关键技术，增强自主创新能力。2005年，海天塑机与北京化工大学共同投资创建了宁波海天北化科技有限公司，与浙江大学合作组建了海天—浙大塑机研发与信息集成平台；2007年，海天与浙江大学、北京化工大学联合承担国家科技支撑计划"精密塑料注射成型装备研发"项目的5个课题。2016年，海天塑机已经拥有200余件专利，还有多件通过《专利合作条约》（PCT）途径提交的国际专利申请，并已经在德国、巴西、土耳其、印度、越南、印度尼西亚等国家和地区设立了研发机构或生产基地。现在，海天技术中心平均每年完成技术项目20余项。企业构建了以集团国家认定企业技术中心、德国研发中心为主体的研发体系，共完成各级研发项目百余项。近几年来，海天塑机年销售收入快速增长，其中新产品贡献率达60%。

（三）工业技术创新实施措施

1. 以合作开发提升协同创新水平

海天塑机牢牢把握注塑机整机生产的定位，在注塑机零部件研发生产方面积极与弘讯科技、菲仕电机、日月重工等科技型中小企业开展合作，大力推进协同创新。海天塑机与弘讯科技自20世纪90年代开始合作，共同开发了一系列注塑机控制器。近期刚刚合作开发的5530、5580控制器系统，使产品性能显著提升，填补了国内空白，实现了进口替代。同时，海天塑机目前已建成条形码管理系统、供应商协同系统等信息化管理系统，实现了研发、销售、采购、仓储、制造、物流等环节的全信息化覆盖，并向协作企业开放共享，协作企业可以实时看到海天塑机的所有订单需求、产品入库情况，大幅度地提高了协同制造水平，有效改善了生产缺料问题，降低了50%的在制品库存，整机按时完成率从80%提升到了90%。

2. 强化研发体系、开发全方位产品系列

注塑机是产量最大、使用量最多的塑料加工设备，在塑料成型设备领域占据主导地位。随着全球汽车、建筑、家用电器、包装、物流等产业对注射制品的需求不断加大，在很大程度上推动了注塑成型技术的发展和注塑机市场需求的扩张。海天塑机拥有研发人员 500 余名，2012 年公司与北京化工大学和浙江大学分别合作完成的"塑料精密成型技术与装备的研发及产业化"项目以及"复杂装备与工艺工装集成数字化设计关键技术及系列产品开发"项目同时获得"国家科技进步二等奖"。海天塑机研究开发的"海天牌"塑料注塑成型装备已经形成了 MA、MAG、JU、VE、ZE、HA 等 7 大系列产品，合模力从 580KN 到 66000KN，注射量从 50 克到 518000 克，拥有 40 余种规格、100 多个品种、120 多项核心专利，大中型塑料注射成型装备和小型塑料注射成型装备在国内市场占有率分别达到 60% 和 30%，公司 2009 年获评"全国首创创新型切"；2013 年被工信部命名为"国家技术创新示范企业"，获评国家级企业技术中心。

3. 建设海外基地、拓展多层次国际市场

海天塑机产品远销海内外，其中出口产品占比约 31%，市场覆盖美国、欧洲、南美洲、中东、东南亚等 130 多个国家和地区，产量和销售额均居中国同行业首位，约占国内注塑机出口总量的 40%，年出口创汇超过 2 亿美元。公司在全球设有 60 个分销点，拥有 20 多家国际销售代理商，在美国、墨西哥、巴西、德国、土耳其开设了境外公司和组装厂，为完善外销体系、提高国际注塑机市场占有率奠定了良好的基础，并以 5 个境外公司为中心，辐射周边国家和地区。2016 年，海天塑机在德国及印度的工厂完成扩建并投入运行，并将位于巴西、越南及土耳其的现有设施升级至应用中心，同时还分别在印度尼西亚、墨西哥及泰国设立应用中心，具备完善的售前售后服务网络。

4. 打造自主品牌、提升核心竞争优势

为了实现公司的可持续发展，在继承"人本、资本、成本"三本管理的同时，海天塑机重点加强三个创新，即"产品创新、销售创新、管理创新"，加快自主品牌建设。2015 年 12 月，由中国品牌建设促进会、中央电视台、中国资产评估协会、中国国际贸促会等 7 家单位联合举办的涵盖金融、制造、服务等各行业的"2015 年中国品牌价值评价信息发布会"在北京隆重举行，海天塑机在从数千家企业中脱颖而出的 183 家企业品牌中名列前茅，成为继 2013 年、2014 公司第三次入围中国机械制造品牌价值十强。在本次评价中，其品牌强度达 844.00，品牌价值达 61.42 亿元，在上榜的 25 家机械制造企业中位列第三，在参与品牌价值评选的塑料机械企位列第一，这是对公司多年来品牌发展成绩的认同与肯定。

在承前启后的未来 5 年，"走出去"是海天"十三五"的重要战略。海天计划再投入 20 亿元，扩建海外生产规模，建立海外新工厂。"十三五"期间，海天发展的另一个重点是"工业 4.0"。国家大力发展"中国制造 2025"，促进自动化、智能化的转型升级，也是工业 4.0 思路的一个体现。近几年，海天一直在为布局工业 4.0 做大量的基础工作，建立信息的无损化传输，布局 MES、DNC 等软件系统，推动建立组件化生产的基础平台，发展零件 RFID 射频标签的应用，加快产品转型升级。随着海天塑机"走出去"和"工业 4.0"的持续推进，公司也将带动全市注塑机上下游配套企业走向世界，为实现国产装备制造的腾飞做出更大的贡献。

第九章

宁波推进《中国制造2025》试点政策

一、国家出台的智能制造宏观政策趋向与特征

（一）国家出台的智能制造宏观政策

近年来，国家、各个省、自治区、直辖市陆续出台了一系列鼓励企业技术改造和转型升级的政策，财政扶持企业的力度是前所未有的。从2015年国务院出台《中国制造2025》（国发〔2015〕28号）开始，3年多来，国家陆续出台了《关于深化制造业与互联网融合发展的指导意见》（国发〔2016〕28号）、《国家信息化发展战略规划》《智能制造发展规划（2016～2020年）》《新一代人工智能发展规划（2017年）》等意见和条例，从政策上予以扶持。2016年12月，工业和信息化部、发展改革委、科技部、财政部联合印发了《智能制造工程实施指南（2016～2020年）》。2018年1月《国家智能制造标准体系建设指南（2018年版）》（征求意见稿）出台，该计划预计到2019年，累计制修订300项以上智能制造标准，逐步建立起较为完善的智能制造标准体系（详见表9-1）。

（二）我国智能制造宏观政策的特征

1. 通过中共中央、国务院重要会议引导和推进智能制造

进入21世纪，特别是十八届三中全会以来，中国共产党全国代表大会以及一年一度的中央经济工作会议和国务院总理《政府工作报告》，都把推进智能制

表 9-1　国家层面出台的部分智能制造宏观政策（2016~2018年）

名称	出台时间	出台部门	主要内容
《"十三五"国家战略性新兴产业发展规划》	2016-12-19	国务院	加快培育和发展节能环保、新一代信息技术、生物、高端装备制造、新能源、新材料、新能源汽车等七大战略性新兴产业。规划提出了完善管理方式、构建产业创新体系、强化知识产权保护和运用、深入推进军民融合、加大金融财税支持、加强人才培养与激励等6方面政策保障支持措施，并部署了21项重大工程。提出到2020年，形成新一代信息技术、高端制造、生物、绿色低碳、数字创意等5个产值规模10万亿元级的新支柱，并在更广领域形成大批跨界融合的新增长点，平均每年带动新增就业100万人以上
《智能制造发展规划（2016~2020年）》	2016-12-7	工业和信息化部	2025年前，推进智能制造实施"两步走"战略：第一步，到2020年，智能制造发展基础和支撑能力明显增强，传统制造业重点领域基本实现数字化制造，有条件、有基础的重点产业智能转型取得明显进展；第二步，到2025年，智能制造支撑体系基本建立，重点产业初步实现智能转型。同时，提出了十个重点任务：一是加快智能制造装备发展，二是加强关键共性技术创新，三是建设智能制造标准体系，四是构筑工业互联网基础，五是加大智能制造试点示范推广力度，六是推动重点领域智能转型，七是促进中小企业智能化改造，八是培育智能制造生态体系，九是推进区域智能制造协同发展，十是打造智能制造人才队伍
《信息化和工业化融合发展规划（2016~2020年）》（工信部规〔2016〕333号）	2016-10-12	工业和信息化部	从全局出发，以激发制造业创新活力、发展潜力和转型动力为主线，围绕着力打造支撑制造业转型的创业创新平台，积极培育新产品、新技术、新模式、新业态、新生态，加快构建支撑融合发展的基础设施体系等发展重点，增强制造业转型升级新动能，构筑精细、柔性、智能、绿色的新型制造体系，不断提升中国制造全球竞争新优势，推动制造强国建设。强调从基础硬件、核心软件、服务平台、网络基础、安全保障等方面构建完善支撑融合发展的基础设施体系，尤其强调加快自动控制与感知技术基础、核心工业软硬件、工业云与大数据服务、工业互联网等四类基础设施建设，完善工业信息安全保障体系，提升支撑两化深度融合发展的服务能力。设置了7项主要任务、6大重点工程以及5个方面的保障措施

续表

名称	出台时间	出台部门	主要内容
《促进中小企业国际化发展五年（2016～2020年）行动计划》（工信部企业函〔2016〕314号）	2016-8-3	工业和信息化部、中国银行	（1）聚焦重点产业，对符合国际产能合作、"中国制造2025"、"互联网+"行动计划、国家产业结构调整方向的高端制造、生物医药、节能环保、信息技术等重点行业联合开展跨境专题撮合。（2）聚焦重点国家和国内重点地区，围绕"一带一路"、京津冀协同发展、长江经济带、自贸区等重点区域联合开展专题跨境撮合活动。（3）发挥APEC中小企业技术交流暨展览会、中国国际中小企业博览会、中德中小企业合作交流会以及各地组织的展览会、洽谈会、项目对接会等对外交流合作平台的作用，开展跨境撮合、金融产品推介等活动
《智能制造试点示范2016专项行动实施方案》	2016-3-31	工业和信息化部	在有条件、有基础的重点地区、行业，分类开展离散型智能制造、流程型智能制造、网络协同制造、大规模个性化定制、远程运维服务5种新模式试点示范，并遴选60个以上智能制造试点示范项目。同时，方案部署了智能制造综合标准化体系建设，启动并组织实施重点领域智能化改造工作，开展智能制造网络安全保障能力建设，开展智能制造经验交流与推广，组织智能制造试点示范项目集中展示等重点工作
《关于深化制造业与互联网融合发展的指导意见》（国发〔2016〕28号）	2016-5-20	国务院	要以建设制造业与互联网融合"双创"平台为抓手，围绕制造业与互联网融合关键环节，积极培育新模式新业态，强化信息技术产业支撑，完善信息安全保障，夯实融合发展基础，营造融合发展新生态，到2018年，制造业重点行业骨干企业互联网"双创"平台普及率达到80%，成为促进制造业转型升级的新动能来源，并让制造业数字化、网络化、智能化取得明显进展
《工业绿色发展规划（2016～2020年）》（工信部规〔2016〕225号）	2016-6-30	工业和信息化部	在工业领域坚持把发展资源节约型、环境友好型工业作为转型升级的重要着力点，把节能减排作为转方式、调结构的重要抓手，发挥政府在推进工业绿色发展中的引导作用，强化企业在推进工业绿色发展中的主体地位，并争取到2020年，让工业绿色发展推进机制基本形成

续表

名称	出台时间	出台部门	主要内容
《"十三五"国家信息化规划》（国发〔2016〕73号）	2016-7-27	国务院	战略总目标是建设网络强国。而在未来的目标是：到2020年，核心关键技术部分达到国际先进水平；到2025年，建成国际领先的移动通信网络；到21世纪中叶，信息化将全面支撑富强民主文明和谐的社会主义现代化国家建设，网络强国地位日益巩固，在引领全球信息化发展方面有更大作为
国家智能制造标准体系建设指南（2018年版）（工信部联科〔2018〕154号）	2018-10-12	工业和信息化部国家标准化管理委员会	2018年，我国将累计制修订150项以上智能制造国家标准和行业标准，基本覆盖基础共性标准和关键技术标准；到2019年，累计制修订300项以上智能制造国家标准和行业标准，全面覆盖基础共性标准和关键技术标准，逐步建立较为完善的智能制造标准体系
《工业控制系统信息安全防护指南》（工信部信软〔2016〕338号）	2016-10-17	工业和信息化部	涵盖工业控制系统设计、选型、建设、测试、运行、检修、废弃各阶段防护工作要求，并针对坚持企业的主体责任及政府的监管、服务职责，聚焦系统防护、安全管理等安全保障重点，提出了11项防护要求，以保障工业企业工业控制系统信息安全。各企业可根据工业和信息化部统筹安排，指导本企业制定工控安全防护实施方案，从而促进工业控制系统从单机走向互联，从封闭走向开放，从自动化走向智能化
《工业强基工程实施指南（2016~2020年）》（工信厅联规〔2016〕83号）	2016-5-12	工业和信息化部	贯彻落实《中国制造2025》重点任务，根据工业强基专项行动要求，围绕产业发展基础选择部分重点方向，联合财政部组织实施一批重点项目。核心零部件（元器件）重点支持机器人"三大件"、高端传感器、高端医疗设备部件、高速光通信器件等方面；关键基础材料重点支持新一代信息技术和产品用高端材料、特种陶瓷等材料；先进基础工艺重点支持集成电路制造、精密及超精密加工、轻量化材料精密成形、增材制造等工艺；产业技术基础公共服务能力提升重点围绕新型材料、大数据、航空轴承、制笔等方面
《关于组织开展绿色制造系统集成工作的通知》（财建〔2016〕797号）	2016-11-16	财政部、工业和信息化部	重点在机械、电子、化工、食品、纺织、家电、大型成套装备等行业，围绕绿色设计平台建设、绿色关键工艺突破、绿色供应链系统构建三个方向，推进绿色制造系统集成工作

续表

名称	出台时间	出台部门	主要内容
《关于深化"互联网+先进制造业"发展工业互联网的指导意见》	2017-11-27	国务院	建设工业互联网网络、平台、安全三大体系要求，一是提升工业互联网网络能力，重点支持工业互联网标识解析体系建设、集成创新应用、关键技术和标准研究与试验验证，推动工业企业内、外网络改造和IPv6改造升级。二是工业互联网平台建设及推广，重点支持建设工业互联网平台试验测试体系、公共服务体系和标准体系。三是提升工业互联网安全保障能力，重点支持研制安全标准规范，推动安全技术手段建设，促进安全产业发展
《智能制造综合标准化与新模式应用项目管理工作细则》（工信厅装〔2018〕21号）	2018-3-29	工业和信息化部	旨在建立健全国家智能制造标准体系，并在制造业重点领域宣贯实施。培育推广智能制造新模式，加快智能制造关键技术装备集成应用
《工业互联网发展行动计划（2018~2020年）》和《工业互联网专项工作组2018年工作计划》（工信部信管函〔2018〕188号）	2018-6-12	工业和信息化部	以供给侧结构性改革为主线，以全面支撑制造强国和网络强国建设为目标，着力建设先进网络基础设施，打造标识解析体系，发展工业互联网平台体系，同步提升安全保障能力，突破核心技术，促进行业应用，初步形成有力支撑先进制造业发展的工业互联网体系，筑牢实体经济和数字经济发展基础

资料来源：根据国务院、国家发展改革委、国家工业和信息化部等各大网站整理。

造和制造业高质量发展作为一项重要工作内容，为研究和制定智能制造宏观政策提供了指导思想、工作要求和重要依据。党的十九大报告中关于"推动高质量发展"有着这样的表述：明确了发展经济的着力点是"实体经济"，把"提高供给体系质量"作为主攻方向，必须坚持"质量第一、效益优先"两大原则，推动经济发展的三大变革，即"质量变革、效率变革、动力变革"，努力实现"更高质量、更有效率、更加公平、更可持续"的发展目标，并指出从"要推进中国制造向中国创造转变，中国速度向中国质量转变，制造业大国向制造业强国转变"的三大转变。2018年年初，习近平总书记在两会期间指出"要大力培育新产业、新动能、新增长极，发展现代装备制造业，发展新材料、生物医药、电子信息、节能环保等新兴产业，发展现代服务业，发展军民融合产业，补足基础设施欠账，发挥国家向北开放重要桥头堡作用，优化资源要素配置和生产力空间布局，走集中集聚集约发展的路子，形成有竞争力的增长极。"2018年12月，习近平《在庆祝改革开放40周年大会上的讲话》中再次强调指出：不断实现人民对美好生活的向往，我国经济发展将由高速增长阶段转向高质量发展阶段。这指引我国制造业在未来很长一段时间要走科技创新、智能制造的发展之路。2006年，国务院召开全国现代物流工作会议，国务院领导同志在会议上作了专题报告，提出了推动现代物流发展的指导思想、重点任务和具体部署。经过持续不断的努力，政府和国内学术界、行业协会、企业界对加快推进现代物流形成了高度共识，现代物流的定义、概念、内涵和政策要求日趋清晰，为政策和保障体系的形成提供了重要的思想基础和良好的环境条件。

2. 通过不同层次的规划，引导和推进智能制造

2015年李克强总理签署并发布了《中国制造2025》，部署全面推进实施制造强国战略。《中国制造2025》明确了9项战略任务和重点；通过政府引导、整合资源，实施国家制造业创新中心建设、智能制造、工业强基、绿色制造、高端装备创新等五项重大工程。要求通过"三步走"实现制造强国的战略目标：第一步，到2025年迈入制造强国行列；第二步，到2035年我国制造业整体达到世界制造强国阵营中等水平；第三步，到新中国成立100年时，我国制造业大国地位更加巩固，综合实力进入世界制造强国前列。紧接着2016年8月四部委又发布了"5大工程实施指南"，其中第一项便是《制造业创新中心建设工程实施指南》。可以说，这些规划顺应了装备制造高端化、智能化、服务化、国际化等发展趋势，重点瞄准智能制造、先进轨道交通、汽车、新能源、航空、海洋工程、基础装备、工程与专用装备等重大领域，发展先进装备制造业。

其后，全国其他区域也陆续出台了一些政策，例如，广东省政府于2015年陆续出台了《广东省智能制造发展规划（2015~2025年）》《广东省工业转型升级攻坚战三年行动计划（2015~2017年）》《广东省机器人产业发展专项行动计划（2015~2017年）》，并培养广东省的战略性新兴产业骨干（培育）企业（智能制造领域）。2016年山东省颁布《〈中国制造2025〉山东省行动纲要》，于2017年《山东省智能制造发展规划（2017~2022年）》。2017年1月湖北省颁布《湖北省智能制造装备"十三五"发展规划》（鄂经信规划〔2017〕10号）。2017年四川省先后颁布了《〈中国制造2025〉四川行动计划》和《四川省推进智能制造发展的实施意见》。河南省政府于2018年4月发布的《河南省智能制造和工业互联网发展三年行动计划（2018～2020年）》，其后河南省工信委联合财政厅制定了《2019年省先进制造业发展专项资金项目申报指南》。2018年10月贵州省出台了《智能贵州发展规划（2017～2020年）》。

2016年12月10日，甘肃省智能制造职教集团成立；2017年12月12日，山东省成立山东省智能制造职业教育集团，山东全省行业协会、骨干企业、院校等200余家单位参加。这些校企合作平台将打造政行校企资源共享、优势互补、互惠共赢的平台，有利于加快推进产教融合，凝聚校企合力，加快推进职业教育资源的共建共享，为服务区域经济发展，加快建设制造业强省做出新贡献。这些教育集团也必将推进制造强省战略目标的实现提供人才支持，为地方智能制造业的发展、为地方经济又快又好的发展做出更大的贡献。

从长三角地区看，上海市政府发布《上海市工业互联网产业创新工程实施方案》，进一步明确未来三年上海工业互联网发展的发展目标、主要任务和保障措施，推动传统产业转型升级，此外，在2018年9月发布《长三角智能制造协同创新发展倡议》，共推长三角地区智能制造"十百千万"工程。江苏省印发《"十三五"智能制造发展规划》，并制定了《江苏省智能制造示范工厂建设三年行动计划（2018～2020年）》；浙江省发布《浙江省智能制造行动计划（2018～2020年）》（浙政发〔2015〕51号），设立七大行动实施工程，并确定全省17个市、县（市、区）为2017年省级智能制造试点示范市县（区）。

3. 通过"1+X"专项政策，推进智能制造

围绕"中国制造2025"战略以及由此形成的"1+X"规划体系，另一条是供给侧结构性改革和发展服务型制造。无论是哪一条路径，都必须明确产业政策的驱动力（实现制造业转型升级目标和解决制造业主要矛盾）、目标（制造强国战略目标）和依据（"1+X"规划体系）、政策工具（其中，经济性政策杠杆包括财政、税收、金融等政策工具；非经济性政策包括法规、技术标准、行政指导、业绩考核、文化教育、职业培训等政策工具）、政策主要载体（产业联盟或创新平台）、政策两大路径（做大增量和做优存量）和不同层级产业政策的协调性（宏观政策、中观政策和微观政策）等问题。

相继出台的一系列有关大数据、装备制造、智能硬件、机器人、智能光伏、增材制造（3D打印）等产业提升发展规划或行动方案，围绕间接服务于智能制造的高端智能再制造业、制造服务业、软件和信息技术服务业等产业规划也同时出台，在国家层面形成"1+X"较为完整的产业政策体系（见表9-2）。

表9-2　国家层面出台的智能制造相关的部分产业政策

名　称	出台时间	出台部门	内　容
《机器人产业发展规划（2016～2020年）》（工信部联规〔2016〕109号）	2016-3-21	工业和信息化部、发展改革委、财政部	提出了五项主要任务，以及六项政策措施。其中，大力发展机器人关键零部件，全面突破高精密减速器、高性能伺服电机和驱动器、高性能控制器、传感器和末端执行器等针对五大关键零部件的要求直指我国工业机器人产业发展的薄弱环节
《装备制造业标准化和质量提升规划》（国质检标联〔2016〕396号）	2016-8-2	质检总局、国家标准委、工业和信息化部	该规划围绕新一代信息技术、高档数控机床和机器人、航空航天装备、海洋工程装备及高技术船舶、先进轨道交通装备、节能与新能源汽车、电力装备、农业装备、新材料、高性能医疗器械10大重点领域，提出标准化和质量提升要求。 到2020年，工业基础、智能制造、绿色制造等标准体系基本完善，质量安全标准与国际标准加快接轨，重点领域国际标准转化率力争达到90%以上；到2025年，系统配套、服务产业跨界融合的装备制造业标准体系基本健全，装备制造业标准和质量的国际影响力大幅提升
《智能硬件产业创新发展专项行动（2016～2018年）》（工信部联电子〔2016〕302号）	2016-9-19	工业和信息化部、国家发展和改革委员会	深入贯彻供给侧结构性改革和创新驱动发展战略，提升我国智能硬件共性技术和高端产品的供给能力。同时，深入贯彻供给侧结构性改革和创新驱动发展战略，以推动终端产品及应用系统智能化为主线，着力强化技术攻关，突破基础软硬件、核心算法与分析预测模型、先进工业设计及关键应用，提高智能硬件创新能力
《关于印发促进大数据发展行动纲要的通知》（国发〔2015〕50号）和《大数据产业发展规划（2016～2020年）》（工信部规〔2016〕412号）	2016-12-18	国务院、工业和信息化部	推动大数据产业创新发展，其后出台《工业和信息化部办公厅关于组织开展2018年大数据产业发展试点示范项目申报工作的通知》（工厅信软〔2017〕987号）

续表

名　称	出台时间	出台部门	内　容
《软件和信息技术服务业发展规划（2016～2020年）》（工信部规〔2016〕425号）	2017-1-17	工业和信息化部	以产业由大变强和支撑国家战略为出发点，以创新发展和融合发展为主线，着力突破核心技术，积极培育新兴业态，持续深化融合应用，加快构建具有国际竞争优势的产业生态体系，加速催生和释放创新红利、数据红利和模式红利，实现产业发展新跨越，全力支撑制造强国和网络强国建设
《高端智能再制造行动计划（2018～2020年）》（工信部节〔2017〕265号）	2017-11-9	工业和信息化部	加快实施绿色制造，推动工业绿色发展，聚焦盾构机、航空发动机与燃气轮机、医疗影像设备、重型机床及油气田装备等关键件再制造，以及增材制造、特种材料、智能加工、无损检测等绿色基础共性技术在再制造领域的应用，推进高端智能再制造关键工艺技术装备研发应用与产业化推广，推动形成再制造生产与新品设计制造间的有效反哺互动机制，完善产业协同发展体系，加强标准研制和评价机制建设，探索高端智能再制造产业发展新模式，促进再制造产业不断发展壮大。 到2020年，突破一批制约我国高端智能再制造发展的拆解、检测、成形加工等关键共性技术，智能检测、成形加工技术达到国际先进水平；发布50项高端智能再制造管理、技术、装备及评价等标准；初步建立可复制推广的再制造产品应用市场化机制；推动建立100家高端智能再制造示范企业、技术研发中心、服务企业、信息服务平台、产业集聚区等，带动我国再制造产业规模达到2000亿元
《服务业创新发展大纲（2017～2025年）》（发改规划〔2017〕1116号）	2017-6-13	国家发展改革委	加快发展生产性服务业、推动制造业和服务业互促共进，推进产业融合和产业升级。到2025年，服务业市场化、社会化、国际化水平明显提高，发展方式转变取得重大进展，支撑经济发展、民生改善、社会进步、竞争力提升的功能显著增强，人民满意度明显提高，由服务业大国向服务业强国迈进的基础更加坚实。发展环境全面优化

续表

名称	出台时间	出台部门	内容
《增材制造产业发展行动计划（2017~2020年）》（工信部联装〔2017〕311号）	2017-12-13	工业和信息化部、发展改革委、教育部、公安部、财政部、商务部、文化部、国家卫生计生委、国资委、海关总署、质检总局、知识产权局	增材制造（又称3D打印）是以数字模型为基础，将材料逐层堆积制造出实体物品的新兴制造技术，将对传统的工艺流程、生产线、工厂模式、产业链组合产生深刻影响，是制造业有代表性的颠覆性技术。我国高度重视增材制造产业，将其作为《中国制造2025》的发展重点。到2020年，增材制造产业年销售收入超过200亿元，年均增速在30%以上。关键核心技术达到国际同步发展水平，工艺装备基本满足行业应用需求，生态体系建设显著完善，在部分领域实现规模化应用，国际发展能力明显提升
《智能光伏产业发展行动计划（2018~2020年）》（工信部联电子〔2018〕68号）	2018-4-19	工业和信息化部、住房和城乡建设部、交通运输部、农业农村部、国家能源局、国务院扶贫办	从智能光伏工厂建设、智能制造技术装备突破、智能光伏产品供给、智能光伏系统建设运维、智能光伏产业发展环境等多个角度出发，提出了到2020年的总体发展目标。提出智能光伏工厂建设成效显著，行业自动化、信息化、智能化取得明显进展；智能制造技术与装备实现突破，支撑光伏智能制造的软件和装备等竞争力显著提升。提出智能光伏产品供应能力增强并形成品牌效应，"走出去"步伐加快；智能光伏系统建设与运维水平提升并在多领域大规模应用，形成一批具有竞争力的解决方案供应商。提出智能光伏产业发展环境不断优化，人才队伍基本建立，标准体系、检测认证平台等不断完善。同时，围绕上述目标，细化为多项具体行动

资料来源：根据国家发展改革委、国家工业和信息化部等各大网站整理。

二、宁波推进中国制造2025政策体系

（一）宁波相继出台推进智能制造的政策

2015年5月国务院印发《关于印发〈中国制造2025〉的通知》（国发

〔2015〕28号），2016年，国家工业和信息化部公布《关于宁波市创建"中国制造2025"试点示范城市的批复》（工信部规函〔2016〕242号），宁波成为首个《中国制造2025》试点示范城市。2016~2018年，宁波陆续出台了一系列政策，从全局性、分类指引和保障性政策三类来划分，涵盖了智能制造所涉及的方方面面（见表9-3）。

表9-3　推进宁波市《中国制造2025》试点城市建设政策

分类	政策	出台部门	备注
其后性政策	"中国制造2025"宁波行动纲领（甬党办〔2016〕84号）	市级	"中国制造2025"总的行动纲领
	宁波市建设"中国制造2025"试点示范城市实施方案（甬政办发〔2016〕152号）	市级	"中国制造2025"实施方案
	宁波市推进"中国制造2025"试点示范城市建设的若干意见（甬政发〔2017〕12号）	市级	"中国制造2025"推进性方案
	宁波市推进"中国制造2025"试点示范城市建设的若干意见的实施细则（甬经信综调〔2017〕174号）	经信委	"中国制造2025"实施细则
	关于深化实施海外高层次人才和高端创新创业团队引进"3315计划"的意见（甬党办〔2016〕48号）	市级	高层次人才方案
	宁波市产业用地政策指引	市级	产业用地政策
分类指引政策	关于推进大数据发展的实施意见（甬政发〔2016〕92号）	市级	大数据推进方案
	关于加快推进集成电路产业发展的实施意见（甬政办发〔2017〕39号）	市级	集成电路产业发展的实施方案
	宁波市工业投资（技术改造）项目管理办法（试行）（甬经信技改〔2017〕134号）	经信委	工业投资（技术改造）项目管理方案
	宁波市全面改造提升传统制造业实施方案（2017~2020年）（甬政发〔2017〕77号）	市级	改造提升传统制造业实施方案
	宁波市加快军民融合产业发展实施细则（甬经信装备〔2017〕162号）	经信委	军民融合产业发展实施方案
	关于培养"港城工匠"的实施意见（甬总工〔2016〕66号）	市总工会	培养"港城工匠"实施方案
	推进宁波股权交易中心建设转移支付资金管理办法（甬金办〔2016〕27号）	市金融办	股权资管方案

续表

分类	政策	出台部门	备注
保障性政策	宁波市工业标准化补助经费管理办法（甬质联发〔2017〕2号）	质监局	工业标准化补助经费管理办法
	金融支持宁波建设"中国制造2025"试点示范城市专项行动方案（甬银发〔2017〕26号）	市银监会	金融支持
	关于金融支持工业经济发展的意见（甬银发〔2016〕87号）	市银监会	金融支持
	关于推进宁波市"中国制造2025"试点示范城市建设有关税收政策的若干意见（甬国税发〔2017〕17号）	市国税局	关税政策支持
	关于进一步降低企业成本减轻企业负担推进实体经济稳增促调的若干意见（甬政发〔2016〕14号）	市级	减轻企业负担推进实体经济稳增促调
	关于为《"中国制造2025"宁波行动纲要》提供有力司法保障的实施方案（甬中法发〔2016〕6号）	市法制办	司法保障

（二）宁波推进智能制造政策的评价

1. 与国家政策对照：应对宏观政策的反应迅速

智能制造政策体系是涵盖制造业领域各个方面的各项政策组合。宁波智能制造政策体系应在国家宏观政策体系的框架下，以地方性物流产业引导政策、具体实施性政策为核心，结合"中国制造2025"示范城市建设要求，根据宁波制造业特点，构建其智能制造政策体系。总体上宁波响应国家智能制造的速度应该是非常迅速的，这得益于宁波具有优秀深厚的制造业产业基础和资源。

2015年国家发布《中国制造2025》，2016年宁波市就获批"中国制造2025"示范性城市，按照"中国制造2025"示范性城市建设实施规划和要求，从市级、区县两级在核心政策、配套政策多维度规划和实施。特别是建立"3315"产业政策、产业标准、监督管理等核心政策，建立金融、税收、科技、用地、人才等配套政策（见图9-1）。

从具体落实来看，宁波市陆续引进、成立、建设了宁波智能制造技术研究院、宁波智能制造产业研究院、宁波工业互联网研究院和北航宁波产业孵化基地、宁波市智能制造协会、启迪之星（宁波）加速器和国家智能制造装备产品质量监督检验中心（浙江）等研究型和服务性平台，很多是国内首创和创新之举。宁波市

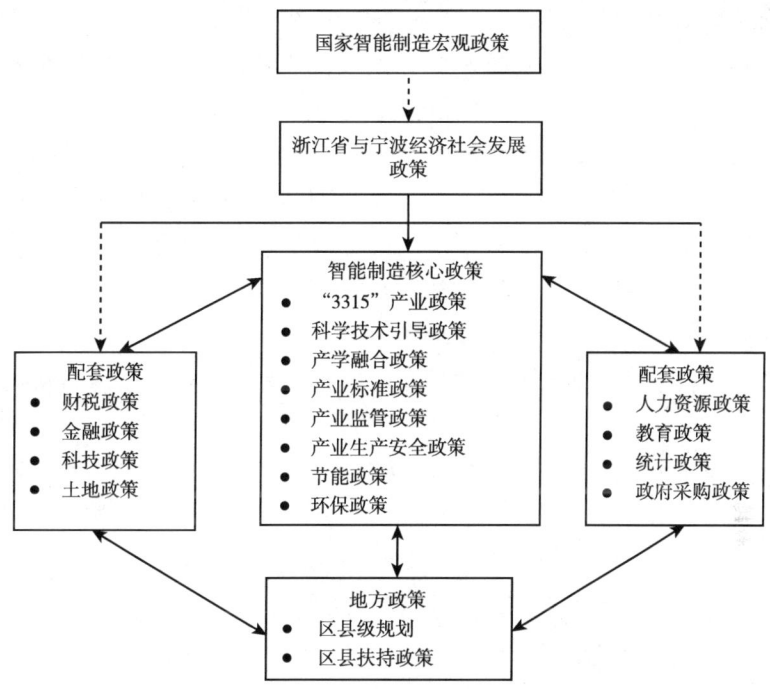

图 9-1　宁波智能制造政策体系基本框架关系

将聚焦新能源汽车、智能器件/先进半导体芯片及应用软件、先进材料、高性能电机与高档数控机床、机器人与高端装备、生物医药与高性能医疗器械、新能源与节能环保和关键基础零部件等10大领域，力争用5年时间，攻克200个左右重大关键核心技术，推出100个左右战略性创新产品，形成若干个特色技术链条，催生带动一批千亿级、百亿级产业，全面提升优化企业、人才、平台等创新资源。

2. 与同类城市对照：与深圳、苏州相比

本章主要选取了深圳和苏州两市作为参照对象，对宁波市智能制造政策现状进行评判。

为了打造世界级的智能制造高地，加快建设现代化、国际化、创新型城市和国际科技、产业创新中心，深圳近年来不断完善政策支撑体系，早在2014年就出台了《深圳市机器人、可穿戴设备和智能装备产业发展规划（2014～2020年）》及《深圳市机器人、可穿戴设备和智能装备产业发展政策》，加大战略性新兴产业和未来产业扶持力度，2016年制定了《"中国制造2025"深圳行动计划》和《支持企业提升竞争力的若干措施》，推动装备制造业向精密制造、高端智能制造方面转型升级,以"互联网+先进制造"为重点深化制造业与互联网融合发展等举措,大力发展装备制造业。深圳的高端制造政策导向明显,主攻智能制造,即主要围绕机器人、可穿戴设备和智能装备产业,兼顾航空航天和海洋装备工程等领域。依托良好的电子及通信产业基础,深圳的卫星及应用产业也取得长足发展,卫星及应用产业企业数量近1300家,如华讯方舟卫星通信、伊爱高新技术、中青北斗科技等。深圳非常重视产业化和商业化,所以推动了高新技术产业发展,制造业的结构显著优于全国。不仅是诸多新产业领域,深圳早期形成的一批传统产业,如服装、家具、家电、印刷、通用机械制造、珠宝首饰、钟表等行业都已经经过了几轮的技术改造,用新技术、新设备、新材料提质创优。虽然是传统产业,但是也迈入了先进制造业。

苏州市为加快智能制造产业快速发展,2016年6月出台了《关于加快智能装备和物联网应用的若干政策的通知》,2017年3月出台了《苏州工业园区关于推动产业转型升级的若干意见》《苏州工业园区人工智能产业发展行动计划(2017~2020年)》,通过下属县区有针对性产业的发展状况,并出台一系列配套政策、方案、措施推动了智能制造体系基本形成。因此苏州市呈现出工业园区、吴中区、高新区、相城区、吴江区,以及昆山市、常熟市等各地智能产业发展特色显现。例如,苏州工业园区形成了以智能控制系统、传动装置、仪器仪表、变频器、新型传感器、重大智能制造成套装备、智能化工程机械及工业机器人为代表的智能制造装备产业体系。苏州高新区系统集成、昆山机器人、常熟智能控制产业集聚各具特色,太仓中德中小企业合作示范园拥有智能装备产业企业80余家。初步形成包含智能设计、智能生产、智能产品、企业资源计划管理、供应链管理、企业电子商务等环节的智能制造体系。2017年苏州开始实施的"创新发展十项重点工程"之一的"智能制造发展工程"中明确提出:到2017年年底,"培育1~2家智能工厂,建设50家智能车间,推动300家企业智能装备升级,推广应用3000台工业机器人,改造提升规模以上传统企业超过20%。力争到2020年,培育10家智能工厂,建设100家智能车间,推动1000家企业智能装备升级,推广应用10000台工业机器人,改造提升规模以上传统企业超过60%,新认定50个以上重大装备及关键部件首台(套)。"并配套成立了苏州大学相城机器人与智能装备研究院、苏州智能制造研究院、昆山市工业技术研究院、苏州工业园区云计算产业联盟协会和苏州市智能制造协会等智能制造相关平台。

如表9-4所示,结合宁波市与深圳、苏州两市在智能制造政策方面的表

表 9-4　政策对比评价表

比较项目	国家	宁波	苏州	深圳	评价
管理协调机制建立	2015年，国务院牵头建立，国家发改委、工业和信息化部、财政部等多部委联合承担	2016年，宁波市成立了由市委、市政府主帅的"中国制造2025"示范城市领导小组，办公室设在工信委	2016年，由苏州市工信委、苏州市发改委负责领导全市智能制造工作	2016年，深圳成立了智能制造工作领导和协调小组，负责领导全市智能制造工作。	管理机构（机制）建设：宁波较早成立了以智能制造领导机构，智能制造领导重视程度级别高
纲领性文件制定	2016年，工业和信息化部联合发布了关于《智能制造发展规划（2016~2020年）》	2016年，宁波市政府出台了《"中国制造2025"宁波行动纲领》，为宁波市首次出台的专门针对制造产业发展的纲领性政策	2016年，苏州市发布了《关于加快智能装备和物联网应用的若干政策的通知》；2017年出台《苏州工业园区关于推动产业转型升级的若干意见》《苏州工业园区人工智能产业发展行动计划（2017~2020年）》，推动了智能制造体系基本形成	2016年，深圳市发布《"中国制造2025"深圳行动计划》，以"互联网+先进制造"为重点，大力发展装备制造业	政策响应时间与全国、苏州和深圳主要政策出台时间对比，发现宁波的政策响应时间较快
总体发展规划	2016年，工业和信息化部联合发布了关于《智能制造发展规划（2016~2020年）》	2016年，宁波市发布了《宁波市建设"中国制造2025"试点示范城市实施方案》	2016年，苏州市发布《关于加快智能装备和物联网应用的若干政策的通知》；2017年出台《苏州工业园区关于推动产业转型升级的若干意见》《苏州工业园区人工智能产业发展行动计划（2017~2020年）》	2016年，深圳市发布《"中国制造2025"深圳行动计划》，以"互联网+先进制造"为重点，大力发展装备制造业	根据政策出台之后，发现宁波的各项政策相关的措施响应速度高，各项响应措施响应速度高

续表

比较项目	国家	宁波	苏州	深圳	评价
产业振兴规划	2016年，工业和信息化部联合发布《信息化和工业化融合发展规划（2016～2020年）》，从全局出发，激发制造业创新活力、发展潜力和转型动力	2017年，宁波市发布"中国制造2025"试点示范城市建设的若干意见，同年，宁波市经信委发布《宁波市推进"中国制造2025"试点示范城市建设的实施细则》全面推进"中国制造2025"试点示范城市建设	2017年苏州市开始实施"创新发展十项重点工程"，其中之一为"智能制造发展工程"	2016年，深圳市制定了《支持企业提升竞争力的若干措施》，推动装备制造业向精密制造、高端智能制造方面转型升级，以"互联网+先进制造"为重点深化制造业与互联网融合发展等举措，大力发展装备制造业	制造业政策体系：结合对比以上各个项目，国家和各市都有了较完备的总体规划、产业发展规划及产业政策。在具体产业发展政策上，宁波与苏州和深圳相比，政策更为全面具体，指导性较强，但政策体系仍待完善
其他专项或特色政策	《关于印发促进大数据发展行动纲要的通知》《大数据产业发展规划》《装备制造业标准化和质量提升规划》《智能硬件产业创新发展专项行动》等一批支持智能制造业发展、改善制造业营运环境的政策法规陆续出台，《机器人产业发展规划》《智能光伏产业发展行动计划》《增材制造产业发展行动计划》等专项规划发布	《关于推进大数据发展行动要的通知》《关于加快推进集成电路产业发展的实施意见》《宁波市工业投资（技术改造）项目管理办法》《宁波市智能制造提升传统制造业实施方案》等多项分类指引政策陆续发布	配套成立了苏州大学相城机器人与智能制造装备研究院、昆山市工业技术研究院、苏州工业园区云计算产业联盟协会和苏州市智能制造协会等智能制造相关平台	主攻智能制造，即主攻戴纳围绕机器人、可穿戴装备和智能装备产业，兼顾航空航天和海洋工程等领域	

续表

比较项目	国家	宁波	苏州	深圳	评价
扶持力度	国家在对"智能制造"的支持上并没有太厚此薄彼，无论是各类技术改造项目，都有机会获得国家提供的补贴。按照中央两部门联合下发的申报通知，2018年国家对省先进制造业发展专项资金重点支持企业技术改造项目开发，节能降耗，"两化"融合。资金采取事后奖补方式，对企业技术改造项目的设备、研发投入，按照实际完成投资额（以发票为准）给予不高于30%的补助，最高不超过1000万元。2018年国家专项资金（中小企业类）发展专项资金主要支持中小企业公共服务（示范）平台以及小型微型企业创业创新示范基地发展壮大，鼓励服务平台为中小企业提供服务。支持方式为事后奖补，同时，综合考虑其成效数量因素，综合服务业绩效等因素，单个项目补助资金一般不超过300万元	2016～2017年，宁波市陆续出台了《关于金融支持工业经济发展的意见》《金融支持宁波建设"中国制造2025"试点示范城市专项行动方案》《关于推进宁波市"中国制造2025"试点示范城市建设有关税收政策的若干意见》等保障性政策，为宁波市制造业发展提供了金融与政策上的支持	2017年，苏州市出台一系列配套政策、方案、措施，推动了智能制造体系基本形成。同时配套成立了苏州大学相城机器人与智能装备研究院、苏州市智能制造研究院、昆山市工业技术研究院、苏州工业园区云计算产业联盟协会和苏州市智能制造相关平台，为苏州市智能制造提供了平台支持	深圳市智能制造各项累计扶持资金已经达到200亿多元，并由不同的部门积极实施	政策扶持力度：国家对智能制造的扶持力度是空前的，宁波相对于苏州、深两市扶持面更广，更有针对性，扶持力度更大

现，发现三市在智能制造组织机构的成立、纲领性文件的发布、规划的制定、发展扶持资金的发放等方面都制定了相应的政策，政策出台的时间基本处在同一时间段，宁波成为全国智能制造试点城市早于这两个城市，总体上，宁波在智能制造政策体系还是非常全面和卓有成效的。另外，与深圳、苏州等智能制造在全国走在智能制造前列的城市相比，宁波在很多政策力度方面还存在一定差距，具体来看，与深圳相比，主要体现在金融和财政支持力度上的差距还是比较突出；与苏州相比，则体现为苏州各个区县在政策上更加主动，更有动能。而这些地方性的智能制造政策的出台是由地方发展实际和特点所决定的，因此这种状况会在一定时期内还会长期存在。

三、存在的问题与政策建议

（一）宁波智能制造政策存在的问题

1. 政策精准性依然不够

目前宁波市智能制造政策主要倾向于基础较好、体量较大的大中型制造业企业，而对于制造业企业中的民营企业、小微企业等弱势群体则相对较少能够涉及。多数小微创新型企业面临研发能力弱、人力资源总量少、成本高、税赋高、融资难融资贵以及市场波动风险大等困难。另外，资金"脱实向虚"问题突出，这些资金多数进入房地产、P2P等虚拟领域，形成对制造业的"挤出"效应。

2. 面向智能制造科学基础研究还不够

2018年1月19日，国务院发布《国务院关于全面加强基础科学研究的若干意见》（以下简称《意见》），《意见》指出要全面加强基础科学研究，也要加大力度支持企业国家重点实验室的发展。宁波市缺少高水平的大学，也缺少企业国家重点实验室，因此科学基础研究力量薄弱，对于制造业智能制造领域的技术研发和创新保障能力较为低下，还不足以为企业智能制造起到保驾护航的作用。

3. 政策制定者的理念还需要不断更新

智能制造作为一种旨在从根本上改革生产方式的工业革命，前期相关机器设备以及技术学习的成本过高，直接导致企业投资智能化基础设施积极性不高，企业方面阻力很大。另外，智能制造的核心理念是网络式、智能化、系统性的生产制造新模式，与传统生产方式相比具有颠覆性改变，在政策奖励上地方政府过度扶持产品同质化现象严重，所以企业学习消化过程中也面临人、财、物多方面的成本压力。如果政策制定者不能从根本上把握政策投放的力度和精准度，那么就会使得政策要么束之高阁，要么激励企业作用不到位，要么流于形式。因此，加强企业调研，把握好政策方向，将是政策制定者亟须解决的课题。

(二) 宁波智能制造政策建议

1. 凝聚政策合力，创新智能制造政策体系

国家有支持、宁波有配套，以宁波市建设"中国制造2025"示范城市为契机，围绕企业发展和行业发展的共性需求，形成政策合力。面向宁波市制造业创新发展的重大需求，政策以重点领域前沿技术和共性关键技术的研发供给、转移扩散和首次商业化为重点，支持制造业创新中心建设，对市级制造业创新中心的创新能力建设项目给予无偿资助，对升级成为国家制造业创新中心的，以获得国家制造业创新中心专项资金数额为依据，给予地方资金配套支持。对获批国家、省级重大专项资金支持项目和产业试点示范项目，按实际获得支持金额给予等额资金奖励。

2. 加大力度支持科学基础研究的投入

按照《国务院关于全面加强基础科学研究的若干意见》精神，结合宁波产业特色，创新体制机制，推动基础研究、应用研究与产业化对接融通，促进宁波市科研院所、高校、企业、创客等各类创新主体协作融通，把国家重大科技项目等打造成为融通创新的重要载体。充分发挥宁波智能制造企业，特别是转制科研院所在产学研深度融合中的作用，推动基础研究和应用研究工程化，吸引国内外资金、技术，提升产业竞争力。

逐步优化宁波基础研究发展机制和环境，促进科技资源开放共享，完善分类评价机制，调动科学家、科研院所、高校、企业等方面的积极性和创造性；支撑组建人才团队国际化、投入模式多元化、运行机制市场化的新型研发机构，围绕产业链，部署创新链，形成研发、中试、应用各环节贯通的创新体系，激发基础研究的需求和活力。

3. 着力打造智能制造产业生态的政策体系

围绕打造智能产业生态，进一步完善上下游产业链，政策应聚焦智能芯片、人工智能软硬件等智能科技产业核心重点领域，大力支持集成电路、大数据等智能新兴产业发展，打造宁波智能科技核心产业高地。支持大数据企业在重点行业研发、设计、生产、管理等全生命周期深入应用，积极申报工业和信息化部等部门批准的国家级试点示范，对符合条件的项目给予资金支持。在支持行业龙头企业和"小而美""小而新""小而强"的小微企业发展方面，支持企业长期专注于制造业特定细分产品市场，不断提升生产技术和产品市场占有率。对于主营产品市场占有率全国领先的龙头企业，给予重点扶持；对于主营产品创新度高、技术全国领先的小微企业，也应给予资金支持。从而能够培育出一批核心技术能力突出、集成创新能力强、引领产业发展、具有国际竞争力的创新型龙头企业和小微企业，在产业细分领域培育一批"隐形冠军"和高成长性企业。

参考文献

[1] 黄阳华. 德国"工业4.0"计划及其对我国产业创新的启示[J]. 经济社会体制比较, 2015 (02): 1-10.

[2] 李金华. 德国"工业4.0"与"中国制造2025"的比较及启示[J]. 中国地质大学学报(社会科学版), 2015, 15 (5): 71-79.

[3] 徐广林, 林贡钦. 工业4.0背景下传统制造业转型升级的新思维研究[J]. 上海经济研究, 2015 (10): 107-113.

[4] 杨帅. 工业4.0与工业互联网: 比较、启示与应对策略[J]. 当代财经, 2015 (08): 99-107.

[5] 方晓霞, 杨丹辉, 李晓华. 日本应对工业4.0: 竞争优势重构与产业政策的角色[J]. 经济管理, 2015 (11): 20-31.

[6] 李政新. "德国工业4.0"对河南工业升级的启示[J]. 区域经济评论, 2015 (2): 85-91.

[7] 韩硕. 探索中国制造业的新未来——德国工业4.0对中国制造业发展的启示[J]. 中国集体经济, 2015 (6): 9-10.

[8] 丁纯, 李君扬. 德国"工业4.0": 内容、动因与前景及其启示[J]. 德国研究, 2014 (04): 49-66.

[9] 裴长洪, 于燕. 德国"工业4.0"与中德制造业合作新发展[J]. 财经问题研究, 2014 (10): 27-33.

[10] 罗文. 德国工业4.0战略对我国推进工业转型升级的启示[J]. 工业经济论坛, 2014 (6): 72-79.

[11] 张曙. 工业4.0和智能制造[J]. 机械设计与制造工程, 2014 (08): 1-5.

[12] 王喜文. 工业4.0: 智能工业[J]. 物联网技术, 2013 (12): 3-4.

[13] 吴晓波,朱克力.读懂中国制造2025 [M].北京:中信出版集团股份有限公司,2015.11.

[14] 李仁发,谢勇,李蕊,李浪.信息——物理融合系统若干关键问题综述 [J].计算机研究与发展,2012,49(06):1149-1161.

[15] 张彩霞,程良伦,王向东.基于信息物理融合系统的智能制造架构研究 [J].计算机科学,2013,40(06A):37-40.

[16] 崔晓文.国外"智慧工厂"发展研究 [J].竞争情报,2014(3):38-49.

[17] 陈渊源,吴勇毅.决胜未来构建——工业4.0的信息物理系统网络平台 [J].家用电器,2015(03):52-55.

[18] 戴亦舒,叶丽莎,董小英,胡燕妮.CPS与未来制造业的发展:中德美政策与能力构建的比较研究 [J].中国软科学,2018(02):11-20.

[19] 郑向歌.智能制造背景下的工业物联网技术 [J].科技风,2018(02):28.

[20] 韩丽,李孟良,卓兰,杨宏,张晓.《工业物联网白皮书(2017版)》解读 [J].信息技术与标准化,2017(12):30-34.

[21] 杜玉河.《工业物联网白皮书》正式发布 [J].起重运输机械,2017(10):34-35.

[22] 王玉峰,戴伟.工业物联网:未来制造业生态入场券 [J].中国工业评论,2017(04):28-34.

[23] 赵升吨,贾先.智能制造及其核心信息设备的研究进展及趋势 [J].机械科学与技术,2017,36(01):1-16.

[24] 郑树泉.工业物联网大数据平台架构与应用 [J].软件产业与工程,2016(06):15-18.

[25] 王媛媛.智能制造领域研究现状及未来趋势分析 [J].工业经济论坛,2016,03(05):530-537.

[26] 章立东."中国制造2025"背景下制造业转型升级的路径研究 [J].江西社会科学,2016,36(04):43-47.

[27] 王友发,周献中.国内外智能制造研究热点与发展趋势 [J].中国科技论坛,2016(04):154-160.

[28] 李龙.新工业时代下中国工业物联网发展现状及趋势 [J].电子产品

世界,2016,23(Z1):9-12.

[29] 纪成君,陈迪."中国制造2025"深入推进的路径设计研究——基于德国工业4.0和美国工业互联网的启示[J].当代经济管理,2016,38(02):50-55.

[30] 康世龙,杜中一,雷咏梅,张璟.工业物联网研究概述[J].物联网技术,2013,3(06):80-82,85.

[31] 董志学,刘英骥.工业4.0浪潮下智能制造的路径研究[J].企业管理,2015(09):107-110.

[32] 周济.智能制造——"中国制造2025"的主攻方向[J].中国机械工程,2015,26(17):2273-2284.

[33] 吴晓蓓.《中国制造2025》与自动化专业人才培养[J].中国大学教学,2015(08):9-11.

[34] 曹雨平.如何应对"中国制造2025"[N].中国教育报,2015-07-16(011).

[35] 张茉楠.中国制造2025实现变道超车[J].全球化,2015(06):78-90+132.

[36] 王喜文.工业4.0、互联网+、中国制造2025中国制造业转型升级的未来方向[J].国家治理,2015(23):12-19.

[37] 黄群慧,贺俊.中国制造业的核心能力、功能定位与发展战略——兼评《中国制造2025》[J].中国工业经济,2015(06):5-17.

[38] 贺正楚,潘红玉.德国"工业4.0"与"中国制造2025"[J].长沙理工大学学报(社会科学版),2015,30(03):103-110.

[39] 吕铁,韩娜.智能制造:全球趋势与中国战略[J].人民论坛·学术前沿,2015(11):6-17.

[40] 郭朝先,王宏霞.中国制造业发展与"中国制造2025"规划[J].经济研究参考,2015(31):3-13.

[41] 张洁,吕佑龙.智能制造的现状与发展趋势[J].高科技与产业化,2015(03):42-47.

[42] 陈渊源,吴勇毅."中国制造2025"对垒德国工业4.0[J].进出口经理人,2015(03):26-28.

[43] 许颖丽.从"两化融合"到"中国制造2025"[J].上海信息化,

2015 (01): 24-27.

[44] 李云志. "工业4.0" 时代的管理架构研究 [J]. 管理观察, 2014 (24): 95-96.

[45] 张曙. 工业4.0和智能制造 [J]. 机械设计与制造工程, 2014, 43 (08): 1-5.

[46] 姚锡凡, 练肇通, 杨屹, 张毅, 金鸿. 智慧制造——面向未来互联网的人机物协同制造新模式 [J]. 计算机集成制造系统, 2014, 20 (06): 1490-1498.

[47] 左世全. 我国智能制造发展战略与对策研究 [J]. 世界制造技术与装备市场, 2014 (03): 36-41, 59.

[48] 李士宁, 罗国佳. 工业物联网技术及应用概述 [J]. 电信网技术, 2014 (03): 26-31.

[49] 姚锡凡, 于淼, 陈勇, 项子灿. 制造物联的内涵、体系结构和关键技术 [J]. 计算机集成制造系统, 2014, 20 (01): 1-10.

[50] 朱剑英. 智能制造的意义、技术与实现 [J]. 机械制造与自动化, 2013, 42 (03): 1-6, 10.